ITALIAN MADE SIMPLE

BY

EUGENE JACKSON, A.B.

Chairman of Foreign Languages (Ret.)
Samuel J. Tilden High School, Brooklyn, N.Y.

AND

JOSEPH LOPREATO, Ph.D.

University of Texas, Austin

MADE SIMPLE BOOKS
DOUBLEDAY & COMPANY, INC.
GARDEN CITY, NEW YORK

ABOUT THIS BOOK

Italian for Tourist, Traveler, and Businessman

Do you wish to attain rapidly and easily the ability to pronounce Italian well, to engage in everyday conversation, to read simple Italian texts — in short, do you wish to acquire enough knowledge of Italian to meet your needs as tourist, traveler, or businessman in an Italian-speaking country? ITALIAN MADE SIMPLE is the book for you.

The bilingual text which eliminates the burdensome and time-consuming looking up of words in the dictionary, the dialogues dealing with common topics, the word building exercises, the Italian questions and the answer-key for self-checking, all these will enable you to attain your goal pleasantly and effectively.

The important words and expressions and many cultural facts are easily remembered because they appear naturally in a series of conversations between the Italian teacher Mr. Facci and his pupil Mr. Cabot, a businessman of New York, who like you is about to take a trip to Italy and wishes to be able to get along in Italian.

Italian for Students

Do you wish a thorough grounding in the Italian language for secondary school or college? ITALIAN MADE SIMPLE will enable you to attain your goal. The essential grammatical facts of Italian grow naturally out of the conversation and reading texts. The facts are clearly explained. Non essentials are omitted. The numerous illustrative drills and exercises, and the answer key for self-checking will enable you to gain a thorough knowledge of the elements of Italian and lay the foundation for advanced study of the language.

ITALIAN MADE SIMPLE thus meets the needs of the self-learner, whether his aim is the practical conversation and comprehension ability needed by the tourist, traveler, or businessman, or a thorough grounding in the fundamentals of the Italian language desired by the high school or college student. It can also serve as an excellent refresher course for those who already have had some study of the language.

Italian Text for Classroom Use

Although primarily designed for self-study, ITALIAN MADE SIMPLE can serve as a textbook in Italian classes in secondary schools or college. The material is practical; the conversational approach is simple and interesting; and the cultural aspects are closely integrated with the language elements. The book offers an easy method for acquiring vocabulary, everyday expressions, and even grammatical facts which are generally a bugbear to students. ITALIAN MADE SIMPLE is a refreshing change from the conventional textbook with its academic approach and over-emphasis on grammar.

— EUGENE JACKSON
— JOSEPH LOPREATO

TABLE OF CONTENTS

CAPITOLO 1 (UNO) CHAPTER 1

MEET THE ITALIAN LANGUAGE

1. *Italian is not a complete stranger.*

As you begin your study of the Italian language, you will be pleased to learn that you already know, or can make a good guess at, the meaning of many Italian words that you see for the first time. For there are many Italian words which differ only slightly in spelling, often not at all, from corresponding English words with the same meaning. Let us examine some of these words.

a. Italian words which are spelled exactly like corresponding English words except that they have an additional vowel sound (**a**, **o**, or **e**) at the end.

poeta	problema	artista	forma	lista	persona	pianista	musica
poet	*problem*	*artist*	*form*	*list*	*person*	*pianist*	*music*
concerto	moderno	evento	periodo	spirito	calmo	monumento	porto
concert	*modern*	*event*	*period*	*spirit*	*calm*	*monument*	*port*
colore	cordiale	cereale	classe	generale	regione	importante
color	*cordial*	*cereal*	*class*	*general*	*region*	*important*

b. Italian words which have a vowel sound where the corresponding English word has a final silent *e*.

rosa	guida	data	statura	vaso	uso	sincero	fortunato	stato
rose	*guide*	*date*	*stature*	*vase*	*use*	*sincere*	*fortunate*	*state*

c. Italian words differing more or less in spelling from corresponding English words, but whose meaning is easily guessed.

appartamento	articolo	scuola	generoso	teatro	famoso	famiglia	programma
apartment	*article*	*school*	*generous*	*theatre*	*famous*	*family*	*program*
letteratura	edificio	centro	turista	attore	dottore	gruppo	scultura
literature	*edifice*	*centre*	*tourist*	*actor*	*doctor*	*group*	*sculpture*

d. Words in which the Italian ending –zione equals the English ending –*tion*.

conversazione	emozione	stazione	informazione	competizione	disposizione
conversation	*emotion*	*station*	*information*	*competition*	*disposition*

e. Words in which the Italian ending à (or **ia**) equals the English ending **y**.

popolarità	opportunità	quantità	qualità	città	dignità	formalità	gloria
popularity	*opportunity*	*quantity*	*quality*	*city*	*dignity*	*formality*	*glory*
varietà	attività	identità	velocità	commedia	geografia	società	facilità
variety	*activity*	*identity*	*velocity*	*comedy*	*geography*	*society*	*facility*

f. Some musical and culinary words borrowed directly from the Italian, often with only slight changes in pronunciation.

sonata	soprano	contralto	alto	opera	primadonna	fortissimo	pianissimo
spaghetti	maccheroni (*English:* macaroni)		ravioli	minestrone	antipasto	spumone

g. Some of the many verbs which differ from corresponding English verbs only in the matter of ending.

visitare	conversare	presentare	arrivare	confessare	decidere	preferire
to visit	*to converse*	*to present*	*to arrive*	*to confess*	*to decide*	*to prefer*
studiare	indicare	preparare	informare	costare	dividere	differire
to study	*to indicate*	*to prepare*	*to inform*	*to cost*	*to divide*	*to differ*

The similarities between the Italian and English vocabularies will be a great help to you in learning Italian. However, you must bear in mind that words with the same or similar spelling in the two languages are in most cases pronounced differently. Also, you must be on the lookout for some Italian words which are alike or similar in spelling to English words, but differ in meaning.

2. *Italian is not difficult to pronounce and spell.*

Italian is a phonetic language. This means that words are spelled as they are pronounced. There are no silent letters in Italian except **h,** which occurs in only a few words and which is always silent. How much simpler this is than in English, where the spelling of such words as *height, knight, cough, rough, rogue, weigh, dough,* and many others, give so much difficulty to the foreigner learning English.

When you see the letter **a** in Italian words like **data, natura, artista,** you know it is pronounced like *a* in father, because the Italian **a** is always pronounced that way. It is never pronounced like *a* in *cat, all,* or *fame.* Like **a,** the other letters of the Italian alphabet are an accurate guide to the pronunciation of the words.

In Chapter 2, the pronunciation of the Italian sounds and their spelling are explained in detail. Most of the Italian sounds have like sounds in English, or sounds so similar that they are easy to learn. The description of the sounds should enable you to pronounce them quite well. If possible, you should get some Italian-speaking person to help you with your pronunciation, for it is important for you to hear the sounds correctly spoken and to have your own pronunciation checked.

You can improve your pronunciation and understanding of the spoken word by listening to Italian recordings and radio broadcasts. The "commercials" are particularly valuable for this purpose, because they contain so much repetition and emphatic expression. At first, a few minutes of listening each day will suffice. As you progress in your study of Italian, you should increase your listening time.

3. *A Preview of Some Interesting Features of the Italian Language.*

a. Italian words end in vowels, rarely in consonants.

Examine the words listed in Section 1 of this chapter. You will be surprised to find that every one ends in a vowel! With comparatively few exceptions, all Italian words end in vowels. The final vowels that predominate are **o, a, e,** and **i.** The vowel ending **–u** is very rare. Nouns and adjectives with few exceptions end in **o, a,** or **e** in the singular.

b. The letter **s** is not used to form the plural of nouns.

This is true for all nouns except a few borrowed from other languages. You will soon learn that most nouns end with **i** or **e** (not **s**) in the plural. This is also true of adjectives, which in Italian agree with the nouns they modify in number and gender.

c. English *the* is represented by seven forms in Italian; English *a* by four forms.

The definite and indefinite articles in Italian offer a real challenge. However, you will not have trouble in mastering their forms and uses if you conscientiously do all the practice exercises dealing with these words. In Chapters 3, 4 and 5 you will learn to use all the forms of the definite and indefinite articles. Here are a few examples of *the* and *a* in Italian to whet your appetite:

il libro	the book	**la penna**	the pen	**l'americano**	the American
i libri	the books	**le penne**	the pens	**gli americani**	the Americans
un libro	a book	**una penna**	a pen	**un americano**	an American

d. *Italian verbs have endings.*

English verbs (except in the *he, she, it* form) have no endings. Thus: *I go, you go, he goes, we go, you go, they go.* The verb ending, as you will learn, is very important in Italian, since it indicates the person and tense of the verb. Thus: **parlo** means *I speak,* **parliamo** *we speak.* Here the ending **–o** = *I,* and the ending **–iamo** = *we.* The subject pronouns for *I, you, he, it,* etc., are usually omitted in Italian because the verb ending makes the meaning clear.

e. *The position of object pronouns is rather intriguing.*

You are accustomed, of course, to placing the object pronoun after the verb. Thus: I see *him;* we take *it;* we like *her*, etc. You will be surprised to find that in Italian the pronoun usually comes before the verb. The Italian arrangement of the above sentences would be: I *him* see; we *it* take; we *her* like.

There are other features of Italian which you will discover and master as you proceed in your study of the language. Those that have been mentioned will serve as a slight introduction to the really exciting experience which lies before you.

CAPITOLO 2 (DUE)

ITALIAN PRONUNCIATION

In Part 1 of this chapter you will learn the elements of Italian pronunciation. The words used to illustrate the Italian sounds need no translation, for they are chosen from easily recognized words similar to those you have met in Chapter 1. As you learn the correct Italian pronunciation of these words, you are beginning to build your Italian vocabulary.

The description of each Italian sound is accompanied by a pronunciation key, which indicates the nearest English equivalent of that sound. This key will be used freely throughout the book to help you in the pronunciation of new words, phrases and sentences.

In Part 2 of this chapter you will practice the correct Italian pronunciation of words and expressions useful for the traveler.

PARTE PRIMA (*pahr-tay pree-mah*) FIRST PART

Italian Sounds Illustrated in Familiar Words

Italian Vowels

Pronounce each vowel sound aloud. Use the English equivalent as a guide.
Pronounce each Italian word aloud. Stress (emphasize) the syllable in heavy type.

ITALIAN VOWEL	NEAREST ENGLISH SOUND	KEY SYMBOL	ITALIAN WORD
a	Like a in father	ah	data (*dah-tah*)
u	" oo in boot	oo	statura (*stah-too-rah*)
i	" ee in feet	ee	turista (*too-ree-stah*)
e (close)	" a in date	ay [1]	teatro (*tay-ah-troh*)
e (open)	" e in met	eh	problema (*proh-bleh-mah*) [3]
o (close)	" o in hotel	oh [1]	colore (*koh-loh-ray*) [2]
o (open)	" aw in thaw	aw	opera (*aw-pay-rah*)

NOTES: 1. The English sound *ay* (as in *date*) is not exactly the same as the Italian e (close); and the English *oh* (as in *hotel*) is not exactly the same as the Italian o (close). But they are near enough for practical purposes. 2. Close e (*ay*) and close o (*oh*) are used in all unstressed syllables and often in stressed syllables. The pronunciation key will tell you which to use.

Practice aloud. Stress the syllables in heavy type. Pronounce all syllables clearly. Syllables are never slurred in Italian.

sonata (*soh-nah-tah*)	cordiale [1] (*kohr-dyah-lay*)	pianista [1] (*pyah-nee-stah*)
lista (*lee-stah*)	studente (*stoo-dehn-tay*)	fortissimo (*fohr-tees-see-mo*)
forma (*fohr-mah*)	persona (*payr-soh-nah*)	monumento (*moh-noo-mayn-toh*)
totale (*toh-tah-lay*)	artista (*ahr-tee-stah*)	fortunato (*fohr-too-nah-toh*)
evento (*ay-vehn-toh*)	portico (*pawr-tee-koh*)	popolarità [3] (*poh-poh-lah-ree-tah*)
guida (*gwee-dah*)	scuola [2] (*skwaw-lah*)	opportunità (*ohp-pohr-too-nee-tah*)

NOTES: 1. In the combinations ia, ie, io, iu, the i is pronounced like the English *y*. 2. In the combinations ua, ue, ui, uo, the u is pronounced like the English *w*. 3. The accent mark (`) is used to show that the stress falls on the last syllable. There are no other accent marks in Italian.

Italian Consonants

Most Italian consonants are pronounced like the corresponding English consonants. The following, however, need special attention.

c before **a, o, u,** or any consonant equals English *k*.　　Thus: **colore** (*koh-loh-ray*)
c before **i,** or **e** equals English *ch* in *church*.　　Thus: **centro** (*chehn-troh*)
ch is used only before **i,** or **e.**　It equals English *k*.　Thus: **chimica** (*kee-mee-ka*)

Practice: **ca**　　**co**　　**cu**　　**che**　　**chi**　　**cia**　　**cio**　　**ciu**　　**ce**　　**ci**
　　　　(*kah*)　(*koh*)　(*koo*)　(*kay*)　(*kee*)　(*chah*)　(*choh*)　(*choo*)　(*chay*)　(*chee*)

cereale (*chay-ray-ah-lay*)　　　　**centro** (*chehn-troh*)　　　　**maccheroni** (*mahk-kay-roh-nee*)
cinema (*chee-nay-mah*)　　**colore** (*koh-loh-ray*)　　**classe** (*klahs-say*)　　**concerto** (*kohn-chehr-toh*)

g before **a, o, u,** or any consonant, equals English hard *g* as in *good*.
g before **i,** or **e** equals English *j* as in *just*.
gh is used only before **i,** or **e.**　It equals English hard *g*.

Practice: **ga**　　**go**　　**gu**　　**ghe**　　**ghi**　　**gia**　　**gio**　　**giu**　　**ge**　　**gi**
　　　　(*gah*)　(*goh*)　(*goo*)　(*gay*)　(*gee*)　(*jah*)　(*joh*)　(*joo*)　(*jay*)　(*jee*)

generale (*jay-nay-rah-lay*)　　**regione** (*ray-joh-nay*)　　**gloria** (*glohr-yah*)　　**gala** (*gah-lah*)
geografia (*jay-oh-grah-fee-ah*)　　**fragile** (*frah-gee-lay*)　　**spaghetti** (*spah-geht-tee*)

h (aside from **gh** and **ch**) appears only in a few short words and is always silent.

ho (*aw*) I have　　**hai** (*ahy*) you have　　**ha** (*ah*) he has　　**hanno** (*ahn-noh*) they have

r is trilled with the tip of the tongue as in the telephone operator's *thrrr-ee*.
s is usually like English *s* as in *see*.　Sometimes (especially between vowels) it is like *s* in *busy*, that is to say like English *z*.

sincero (*seen-chay-roh*)　　**spirito** (*spee-ree-toh*)　　**studente** (*stoo-dehn-tay*)　　**rosa** (*raw-zah*)

z is like English *ts* in *its* and sometimes like *dz* in *adze*.

stazione (*stahts-yoh-nay*)　　**conversazione** (*kohn-vayr-sahts-yoh-nay*)　　**zero** (*dzeh-roh*)

Double consonants are prolonged and pronounced more strongly than single consonants.

Stress in Italian Words

As in English, there are no good rules for determining the syllable on which the stress falls. However, the majority of Italian words are stressed on the next to last syllable. When the stress falls on the last syllable (`) an accent mark is used. In this book, the pronunciation key, given for new words as they appear, indicates the syllable stress in heavy type.

importante (*eem-pohr-tahn-tay*)　　**pianissimo** (*pyah-nees-see-moh*)　　**quantità** (*kwahn-tee-tah*)

Some Common Italian First Names

Practice aloud:

Paolo (*pah-oh-loh*) Paul	Arturo (*ahr-too-roh*) Arthur	Antonio (*ahn-tohn-yoh*) Anthony
Pietro (*pyeh-troh*) Peter	Enrico (*ayn-ree-koh*) Henry	Edoardo (*ay-dwahr-doh*) Edward
Luigi (*loo-ee-gee*) Louis	Roberto (*roh-behr-toh*) Robert	Giovanni (*joh-vahn-nee*) John
Carlo (*kahr-loh*) Charles	Peppino (*payp-pee-noh*) Joe	Giuseppe (*joo-zehp-pay*) Joseph
Giorgio (*jawr-joh*) George	Alberto (*ahl-behr-toh*) Albert	Francesco (*frahn-cheh-skoh*) Frank
Lucia (*loo-chee-ah*) Lucy	Teresa (*tay-reh-zah*) Teresa	Isabella (*ee-zah-behl-lah*) Isabel
Maria (*mah-ree-ah*) Mary	Luisa (*loo-ee-zah*) Louise	Beatrice (*bay-ah-tree-chay*) Beatrice
Rosa (*raw-zah*) Rose	Gianna (*jahn-nah*) Jane	Carlotta (*kahr-lawt-tah*) Charlotte
Anita (*ah-nee-tah*) Anita	Emilia (*ay-meel-yah*) Emily	Silvia (*seel-vyah*) Sylvia
Irene (*ee-ray-nay*) Irene	Bianca (*byahn-kah*) Blanche	Francesca (*frahn-cheh-skah*) Frances

The Days of the Week

Practice aloud:

lunedì (*loo-nay-dee*) Monday
martedì (*mahr-tay-dee*) Tuesday
mercoledì (*mayr-koh-lay-dee*) Wednesday
giovedì (*joh-vay-dee*) Thursday

venerdì (*vay-nayr-dee*) Friday
sabato (*sah-bah-toh*) Saturday
domenica (*doh-may-nee-kah*) Sunday
settimana (*sayt-tee-mah-nah*) week

PARTE SECONDA (*pahr-tay say-kohn-dah*)   SECOND PART

The second part of this chapter contains important words and expressions of common usage. If you follow the instructions for pronunciation practice, you will learn many of them without difficulty. *Do not try to memorize all of them at this point. They will appear again in later chapters when you will have the opportunity to learn them thoroughly.*

Some Useful Words and Expressions for the Traveler

A. Practice the Italian aloud.

1. Per piacere (*payr pyah-chay-ray*) Please
2. Signore (*seen-yoh-ray*) Mr.
3. Signora (*seen-yoh-rah*) Mrs.
4. Signorina (*seen-yoh-ree-nah*) Miss
5. Grazie (*grahts-yay*) Thanks
6. Prego (*preh-goh*) You're welcome *or* Don't mention it
7. Mi scusi (*mee skoo-zee*) Excuse me
8. Quanto costa? (*kwahn-toh kaw-stah*) How much does it cost?
9. È molto caro (*eh mohl-toh kah-roh*) It is very dear
10. È a buon mercato. (*eh ah bwawn mayr-kah-toh*) It is cheap
11. Desidero (*day-zee-day-roh*) I want
12. Dov'è . . . ? (*doh-veh*) Where is . . . ?
13. Ha Lei . . . ? (*ah lehy*) Have you . . . ?
14. Dove posso comprare . . . ? (*doh-vay paws-soh kohm-prah-ray*) Where can I buy . . . ?
15. Dove posso trovare (*troh-vah-ray*) . . . ? Where can I get . . . ?
16. Capisco (*kah-pee-skoh*) I understand
17. Non (*nohn*) capisco I do not understand

Ho – I have

B. Read headings I, II, and III aloud with the words listed under them.

1. Quanto costa . . . ?

1. il cappello (*eel kahp-pehl-loh*) the hat
2. il vestito (*vay-stee-toh*) the suit, dress
3. il soprabito (*soh-prah-bee-toh*) the overcoat
4. la camicia (*kah-mee-chah*) the shirt
5. la camicetta (*kah-mee-cheht-tah*) the blouse Tshirt
6. la giacca (*jahk-kah*) the jacket
7. la gonnella (*gohn-nehl-lah*) the skirt
8. la cravatta (*krah-vaht-tah*) the tie
9. la borsetta (*bohr-seht-tah*) the handbag
10. questo paio (*kway-stoh pah-yoh*) this pair
11. questo paio di guanti (*dee gwahn-tee*) this pair of gloves
12. questo paio di scarpe (*skahr-pay*) this pair of shoes
13. questo paio di calze (*kahlt-say*) this pair of stockings
14. questo paio di calzini (*kahlt-see-nee*) this pair of socks

NOTE: il (*the*) is the masculine form, and la (*the*) the feminine form of the definite article. In Chapters 3, 4 and 5 you will learn more about the definite article.

II. Desidero . . .

1. una tazza (*oo-nah tahts-sah*) a cup
2. di caffè (*dee kahf-fay*) of coffee
3. un bicchiere (*beek-kyeh-ray*) a glass
4. d'acqua (*dahk-kwah*) of water
5. una camera (*kah-may-rah*) a room
6. con bagno (*kohn bahn-yoh*) with bath
7. un giornale (*johr-nah-lay*) a newspaper
8. una penna (*payn-nah*) a pen
9. la lista (*lee-stah*) the menu
10. una rivista (*ree-vee-stah*) a magazine
11. telefonare (*tay-lay-foh-nah-ray*) to telephone
12. mangiare (*mahn-jah-ray*) to eat
13. dormire (*dohr-mee-ray*) to sleep
14. andare (*ahn-dah-ray*) to go
15. andare a casa (*ah kah-sah*) to go home
16. al cinema (*ahl chee-nay-mah*) to the movies
17. al teatro (*ahl tay-ah-troh*) to the theatre
18. al negozio (*ahl nay-gawts-yoh*) to the store
19. pagare (*pah-gah-ray*) to pay
20. il conto (*eel kohn-toh*) the bill

NOTE: un (*a, an*) and una (*a, an*) are the masculine and feminine forms of the indefinite article. In Chapters 4 and 5 you will learn more about the indefinite article.

III. Per piacere, signore, dov'è . . . ?

1. la posta (*paw-stah*) post office
2. la questura (*kway-stoo-rah*) police station
3. il centro (*chehn-troh*) the center
4. il telefono (*tay-leh-foh-noh*) telephone
5. il gabinetto (*gah-bee-neht-toh*) toilet
6. la sala d'aspetto (*sah-lah dah-speht-toh*) the waiting room
7. l'ambasciata americana (*ahm-bah-shah-tah ah-may-ree-kah-nah*) American Embassy
8. Via Sistina (*vee-ah see-stee-nah*) Sistina Street
9. Villa Borghese (*veel-lah bohr-gay-say*) the Borghese Villa
10. il Caffè Donèy (*kahf-fay doh-nay*) the Donèy Café

The Numbers 1–21

C. Practice aloud and memorize. Numbers are important words in any language.

1. uno (*oo-noh*)
2. due (*doo-ay*)
3. tre (*tray*)
4. quattro (*kwaht-troh*)
5. cinque (*cheen-kway*)
6. sei (*sehy*)
7. sette (*seht-tay*)
8. otto (*awt-toh*)
9. nove (*naw-vay*)
10. dieci (*dyeh-chee*)
11. undici (*oon-dee-chee*)
12. dodici (*doh-dee-chee*)
13. tredici (*tray-dee-chee*)
14. quattordici (*kwaht-tohr-dee-chee*)
15. quindici (*kween-dee-chee*)
16. sedici (*say-dee-chee*)
17. diciassette (*dee-chahs-seht-tay*)
18. diciotto (*dee-chawt-toh*)
19. diciannove (*dee-chahn-naw-vay*)
20. venti (*vayn-tee*)
21. ventuno (*vayn-too-noh*)

Dialogo (*dyah-loh-goh*) Dialogue

D. Practice aloud:

1. — Buon giorno, signor Facci. Come sta? Good day, Mr. Facci. how are you?
2. — Molto bene, grazie, e tu? Very well, thank you, and you?
3. — Molto bene, grazie. Very well, thank you.
4. — Arrivederci, Filippo. Good-bye, Philip.
5. — Arrivederci, Signor Facci. Good-bye, Mr. Facci.

1. (*bwawn johr-noh, seen-yohr fah-chee, koh-may stah*)?
2. (*mohl-toh beh-nay, grahts-yay, ay too*)?
3. (*mohl-toh beh-nay, grahts-yay*)
4. (*ahr-ree-vay-dayr-chee, fee-leep-poh*)
5. (*ahr-ree-vay-dayr-chee, seen-yohr fah-chee*)

The Italian Alphabet

LETTER	NAME	PRONUNCIATION	LETTER	NAME	PRONUNCIATION	LETTER	NAME	PRONUNCIATION
a	a	(*ah*)	h	acca	(*ahk-kah*)	q	cu	(*koo*)
b	bi	(*bee*)	i	i	(*ee*)	r	erre	(*ehr-ray*)
c	ci	(*chee*)	l	elle	(*ehl-lay*)	s	esse	(*ehs-say*)
d	di	(*dee*)	m	emme	(*ehm-may*)	t	ti	(*tee*)
e	e	(*eh*)	n	enne	(*ehn-nay*)	u	u	(*oo*)
f	effe	(*ehf-fay*)	o	o	(*oh*)	v	vu	(*voo*)
g	gi	(*jee*)	p	pi	(*pee*)	z	zeta	(*dzeh-tah*)

The letters j (i lungo), x (iccase), k (cappa), w (doppio vu) and y (ipsilon) rarely appear in Italian words. When they do, they are usually in words borrowed from other languages.

CAPITOLO 3 (TRE)

CHI È IL SIGNOR CABOT? WHO IS MR. CABOT?

You have acquired a good working knowledge of Italian pronunciation and are familiar with a considerable number of words and expressions. You are now ready for a closer study of the Italian language. Follow all directions for study, reading aloud and speaking. Remember: The only way you can learn to speak a language is by speaking it.

This chapter will introduce you to Mr. Cabot, a New York businessman who is as eager as you are to learn Italian. You will also meet his congenial teacher, **Signor Facci** (*fah-chee*), an Italian living in New York. As he teaches Mr. Cabot he will also teach you in a pleasant and interesting way.

So, **Buona Fortuna** (*bwaw-nah fohr-too-nah*) Good Luck and **Buon Viaggio** (*bwawn vyahj-joh*) Happy Voyage, as you accompany Mr. Cabot on the road which leads to a practical knowledge of the Italian language.

Come studiare ogni (*ohn-yee*) **capitolo.** How to study each chapter.

Read the Italian text silently, referring to the English when necessary to get the meaning.

Cover up the English text and read the Italian text silently.

Practice aloud, with the help of the pronunciation key, the words and expressions under "Building Vocabulary."

Then read the Italian text aloud, pronouncing carefully.

Study the "Grammar Notes" and do all the "Practical Exercises."

Check your answers to each exercise in the "Answers" section.

CHI È IL SIGNOR CABOT?

1. Il signor Cabot è un commerciante.
2. Egli è americano.
3. Egli ha un ufficio nella città di Nuova York.
4. La famiglia Cabot abita in un sobborgo della città.
5. Nella famiglia ci sono sei persone: il padre, il signor Cabot; la madre, la signora Cabot; e quattro figli.
6. Ci sono due ragazzi e due ragazze.
7. Il signor Cabot è un uomo di trentasette anni.[1]
8. La signora Cabot è una donna di trenta cinque anni.
9. Essa è americana.
10. La casa del signor Cabot ha sette stanze: il salotto, la sala da pranzo, la cucina, tre camere da letto, e una camera per la domestica.
11. C'è anche una stanza da bagno.
12. È una casa privata.
13. Il lunedì, il martedì, il mercoledì, il giovedì e il venerdì, il signor Cabot va in città.
14. Il sabato e la domenica non va in città.
15. Egli lavora tutto il giorno.

WHO IS MR. CABOT?

1. Mr. Cabot is a merchant.
2. He is an American.
3. He has an office in the City of New York.
4. The Cabot family lives in a suburb of the city.
5. In the family there are six persons: the father, Mr. Cabot; the mother, Mrs. Cabot, and four children.
6. There are two boys and two girls.
7. Mr. Cabot is a man of thirty-seven.[1]
8. Mrs. Cabot is a woman of thirty-five.
9. She is an American.
10. The house of Mr. Cabot has seven rooms: the living room, the dining room, the kitchen, three bedrooms, and a room for the maid.
11. There is also a bathroom.
12. It is a private house.
13. On Mondays,[2] Tuesdays, Wednesdays, Thursdays and Fridays, Mr. Cabot goes to the city.
14. On Saturdays and Sundays he does not go to the city.
15. He works all day.

NOTES: 1. anni which means *years* is omitted in the English translation. 2. **Il lunedì, il martedì**, etc. (literally *the* Monday, *the* Tuesday, etc.), are translated *on* Mondays, etc.

Building Vocabulary

il (*eel*) the — *with a masculine noun*
il bambino (*bahm-bee-noh*) the child, little boy
il commerciante (*kohm-mayr-chahn-tay*) the merchant
il figlio (*feel-yoh*) the son; figli (*feel-yee*) children
il fratello (*fraht-tehl-loh*) the brother
il padre (*pah-dray*) the father
il ragazzo (*rah-gaht-soh*) the boy
il salotto (*sah-lawt-toh*) the living room
il sobborgo (*sohb-bawr-goh*) the suburbs

la (*lah*) the — *with a feminine noun*
la bambina (*bahm-bee-nah*) the child, little girl

la camera (*kah-may-rah*) the room, bedroom
la casa (*kah-sah*) the house
la città (*cheet-tah*) the city
la cucina (*koo-chee-nah*) the kitchen
la domestica (*doh-meh-stee-kah*) the servant, maid
la donna (*dawn-nah*) the woman
la famiglia (*fah-meel-yah*) the family
la figlia (*feel-yah*) the daughter
la madre (*mah-dray*) the mother
la persona (*payr-soh-nah*) the person
la ragazza (*rah-gaht-sah*) the girl
la sala da pranzo (*prahnd-zo*) the dining room
la sorella (*soh-rehl-lah*) the sister

la stanza (*stahnt-sah*) the room
la stanza da bagno (*bahn-yoh*) the bathroom
l' the — *before any word beginning with a vowel*
l'americano (*lah-may-ree-kah-noh*) the American (*m.*)
l'americana the American (*f.*)
l'anno (*lahn-noh*) the year
l'ufficio (*loof-fee-choh*) the office
l'uomo (*lwaw-moh*) the man
è (*eh*) he, she, it is
ha (*ah*) he, she, it has
abita (*ah-bee-tah*) he, she, it lives (dwells)

lavora (*lah-voh-rah*) he, she, it works
va (*vah*) he, she, it goes
egli (*ayl-yee*) he; essa (*ays-sah*) she
anche (*ahn-kay*) also, too
a to; a + il = al to the
di of; di + il = del of the; di + la = della of the
in in; in + la = nella in the
per (*payr*) for
un (*oon*), una (*oo-nah*) a, an
e (*ay*) and
sì (*see*) yes; no (*naw*) no
non (*nohn*) not

Espressioni Italiane (*ay-sprays-syoh-nee ee-tahl-yah-nay*) Italian Expressions

1. C'è (*cheh*) There is . . .
2. C'è . . . ? Is there?
3. Ci sono . . . (*chee soh-noh*) There are . . .
4. Ci sono . . . ? Are there . . . ?
5. tutto il giorno (*toot-toh eel johr-noh*) all day
6. in città (*een cheet-tah*) to the city, in the city
7. a Nuova York, a Roma, etc. In New York, or to New York, etc., in Rome, etc.

Grammar Notes and Practical Exercises

1. The Definite Article and Noun — Singular.

Masculine Singular

il ragazzo *the* boy
il libro *the* book
il padre *the* father
l'americano *the* American (*male*)

Feminine Singular

la ragazza *the* girl
la casa *the* house
la madre *the* mother
l'americana *the* American (*female*)

The definite article agrees with its noun in number and gender.
il (*the*) is used with masculine singular nouns. la (*the*) is used with feminine singular nouns.
l' (*the*) is used instead of il or la when the next word begins with a vowel.

2. The Gender of Nouns.

Nouns in Italian are either masculine or feminine in gender. There is no neuter gender.
Nouns ending in –o are nearly all masculine. (il ragazzo, il libro, l'americano, l'ufficio)
Nouns ending in –a are generally feminine. (la ragazza, la signora, la casa, l'americana)
Nouns ending in –e are masculine or feminine. (il padre, il signore, la madre, l'amore *m.* love; l'arte *f.* art)

Esercizio (*ay-zayr-cheets-yoh*) No. 1. Exercise No. 1

Study the nouns in "Building Vocabulary." Use with each of the following nouns the correct form of the definite article (il, la, l'). Check your answers and the answers to all future exercises in the "Answers" section.

Esempio (*ay-zehmp-yoh*) Example: l'uomo

1. l'uomo
2. donna
3. padre
4. madre
5. anno
6. libro
7. camera
8. figlia
9. amico
10. cucina
11. signore
12. arte
13. salotto
14. signora
15. ragazzo
16. ragazza
17. famiglia
18. ufficio
19. americano
20. americana
21. signorina
22. commerciante
23. sala da bagno
24. domestica

3. The Definite Article and Noun — Plural.

Masculine

Singular	Plural	
il ragazzo	i ragazzi	the boys
il padre	i padri	the fathers
l'americano	gli americani	the Americans

Feminine

Singular	Plural	
la ragazza	le ragazze	the girls
la madre	le madri	the mothers
l'americana	le americane	the Americans

Definite Article: **il** becomes **i** in the plural. **l'** (*before a masculine noun*) becomes **gli** in the plural.
 la becomes **le** in the plural. **l'** (*before a feminine noun*) becomes **le** in the plural.

Nouns ending in –o or –e form their plural by changing –o or –e to –i.
Nouns ending in –a form their plural by changing –a to –e.

Esercizio No. 2

Change these nouns to the plural, using the correct plural forms of the definite article (**i, gli, le**).

Esempi (Examples) **il libro   i libri   la camera   le camere   l'anno   gli anni   l'arte** *f.* **le arti**

1. il ragazzo	4. la donna	7. il figlio [1]	10. la signorina	13. il fratello	16. la cucina
2. la famiglia	5. il salotto	8. l'ufficio [1]	11. l'americana	14. la sorella	17. la figlia
3. l'americano	6. la signora	9. la madre	12. il commerciante	15. il signore	18. l'uomo [2] *gli uomini*

Notes: 1. Use only one **i** in the plural: **figli, uffici.** 2. Irregular plural: **uomini.**

4. About Italian Verbs

Italian verbs have endings which usually indicate quite clearly what the subject pronoun is. Hence subject pronouns such as **egli** *he*, **essa** or **ella** *she*, and others which you will learn later, are usually omitted. Thus:

1. **è** = he, she, or it is   *sono (pl.)*
2. **ha** = he, she, or it has
3. **abita** = he, she, or it lives
4. **lavora** = he, she, or it works
5. **sono** = they are (also I am)
6. **va** = he, she, or it goes

In the early chapters the subject pronouns will be used quite frequently so that you may become familiar with them. Later they will generally be dropped according to Italian usage.

Esercizio No. 3. Complete the following sentences by translating the English verbs into Italian.

Esempio: Il signor Cabot (is) un commerciante. Il signor Cabot **è** un commerciante.

1. La signora Cabot (is) americana. *è*
2. Essa (has) quattro figli. *ha*
3. (There are) sei persone nella famiglia. *Ci sono*
4. Il padre (goes) in città. *va*
5. Egli (works) tutto il giorno. *lavora*
6. La famiglia (lives) in una casa privata. *abita*
7. (There are) sette stanze. *Ci sono*
8. (There is) anche una stanza da bagno. *C'è*
9. Il signor Cabot e la signora Cabot (are) americani. *sono*
10. Essa (is) in casa. *è*

Esercizio No. 4

Domande (*doh-mahn-day*) e Risposte (*ree-spoh-stay*) Questions and Answers

Read silently each Italian question and answer, noting the English meaning.
Read aloud each Italian question and answer twice, without referring to the English.

1. Chi è il [1] signor Cabot?
   Egli è un commerciante di Nuova York.
2. È americano il signor Cabot?
   Sì, signore, egli è americano.
3. Dove ha un ufficio il signor Cabot?
   Ha un ufficio a Nuova York.
4. È americana la signora Cabot?
   Sì, signore, essa è americana.
5. Quante persone ci sono nella famiglia Cabot?

   Nella famiglia Cabot ci sono sei persone.
6. Quanti ragazzi ci sono?
   Ci sono due ragazzi.
7. Quante bambine ci sono?
   Ci sono due bambine.

1. Who is Mr. Cabot?
   He is a New York merchant.
2. Is Mr. Cabot an American?
   Yes, sir, he is an American.
3. Where has Mr. Cabot an office?
   He has an office in New York.
4. Is Mrs. Cabot an American?
   Yes, sir, she is an American.
5. How many persons are there in the Cabot family?
   In the Cabot family there are six persons.
6. How many boys are there?
   There are two boys.
7. How many girls are there?
   There are two girls.

8. Quante stanze ha la casa del signor Cabot?
La casa ha sette stanze.

8. How many rooms has Mr. Cabot's house?
The house has seven rooms.

9. C'è anche una stanza da bagno?
Sì, c'è anche una stanza da bagno.

9. Is there also a bathroom?
Yes, there is also a bathroom.

10. Quando va il commerciante in città?
Egli va in città il lunedì, il martedì, il mercoledì, il giovedì e il venerdì.

10. When does the merchant go to the city?
He goes to the city on Mondays, Tuesdays, Wednesdays, Thursdays and Fridays.

NOTE 1. The definite article is used with titles preceding a name, except in direct address. Thus:

Il signor Cabot è un commerciante. *But* Buon giorno, signor Cabot.

Signore before a name, drops the final –e. This is also true of other titles like dottore, professore, etc.

Learn the question words:

chi (*kee*)? who?
dove (*doh-vay*)? where?

quando (*kwahn-doh*)? when?
quanti (*kwahn-tee*)? *or* quante (*kwahn-tay*)? how many?

CAPITOLO 4 (QUATTRO)

PERCHÈ IL SIGNOR CABOT STUDIA L'ITALIANO
WHY MR. CABOT IS STUDYING ITALIAN

1. Il signor Enrico Cabot è un commerciante di Nuova York.

1. Mr. Henry Cabot is a New York merchant.

2. Egli importa oggetti d'arte e altri articoli dall'Italia.

2. He imports art objects and other articles from Italy.

3. Egli ha un rappresentante nella città di Roma.

3. He has a representative in the city of Rome.

4. In primavera egli desidera fare un viaggio in Italia.

4. In the spring he wants to take a trip to Italy.

5. Egli desidera visitare il rappresentante.

5. He wants to visit the representative.

6. Desidera anche visitare molti posti interessanti in Italia.

6. He wants also to visit many interesting places in Italy.

7. Ma il signor Cabot non parla italiano.

7. But Mr. Cabot does not speak Italian.

8. Perciò studia la lingua italiana.

8. Therefore he is studying the Italian language.

9. Ha un buon maestro.

9. He has a good teacher.

10. Il maestro si chiama signor Riccardo Facci.[1]

10. The teacher's name is Mr. Richard Facci.

11. Egli è un uomo di quarantacinque anni. È italiano.

11. He is a man of forty-five. He is an Italian.

12. Tutti i martedì e i giovedì i due signori hanno un appuntamento.

12. Every Tuesday and Thursday the two gentlemen have an appointment.

13. L'appuntamento è quasi sempre in casa del signor Cabot.

13. The appointment is almost always in Mr. Cabot's house.

14. Là essi parlano italiano.

14. There they speak Italian.

15. Il signor Cabot è molto intelligente.

15. Mr. Cabot is very intelligent.

16. Egli impara rapidamente.

16. He learns quickly.

17. Impara i nomi di molte cose in italiano.

17. He learns the names of many things in Italian.

18. Impara molte espressioni italiane.

18. He learns many Italian expressions.

19. Impara: Buon giorno; buona sera; buona notte.

19. He learns: Good day (*or* good morning); good evening; good night.

20. Impara anche: Arrivederci; a domani; a giovedì; a più tardi.

20. He also learns: Good-bye; until tomorrow; until Thursday; until later.

NOTE 1. Literally: The teacher calls himself Mr. Richard Facci.

Building Vocabulary

il posto (*poh-stoh*) place
il maestro (*ma-eh-stroh*) teacher
il nome (*noh-may*) name
il rappresentante (*rahp-pray-zehn-tahn-tay*) representative
la cosa (*kaw-sah*) thing
la lingua (*leen-gwah*) language ~tongue~
la primavera (*pree-mah-veh-rah*) spring
l'appuntamento (*lahp-poon-tah-mayn-toh*) appointment
l'articolo (*lahr-tee-koh-loh*) article
l'Italia (*lee-tahl-yah*) Italy
l'oggetto (*lohj-jeht-toh*) object
l'oggetto d'arte art object
parlare (*pahr-lah-ray*) to speak ~parlo-I speak~
visitare (*vee-zee-tah-ray*) to visit
desidera (*day-zee-day-rah*) he, she, it wants
impara (*eem-pah-rah*) he, she, it learns
importa (*eem-pawr-tah*), he, she, it imports
studia (*stood-yah*) he, she, it studies ~studio-I study~
parla (*pahr-lah*) he, she, it speaks
parlano (*pahr-lah-noh*) they speak
hanno (*ahn-noh*) they have
si chiama (*see kyah-mah*) his, her, its name is (he, she, it calls himself, herself, itself)
altri (*ahl-tree*) other; altri posti other places

~mi chiamo~

buon (*bwawn*) good (*shortened form of* buono)
intelligente (*een-tayl-lee-jehn-tay*) intelligent
interessante (*een-tay-rays-sahn-tay*) interesting
molto (*mohl-toh*) much, very
molti, molte (*mohl-tee, mohl-tay*) many
là (*lah*) there
quasi (*kwah-zee*) almost
rapidamente (*rah-pee-dah-mayn-tay*) rapidly
sempre (*sehm-pray*) always
perciò (*payr-chaw*) therefore
ma (*mah*) but
essi (*ays-see*) they
di (*dee*) of; da from; in (*een*) in
di + le = delle (*dayl-lay*) of the
da + l' = dall' from the
in + il = nel (*nayl*) in the
perchè (*payr-kay*) why, because

Alcune lingue dell'Europa (*ay-oo-roh-pah*) sono:
   Some languages of Europe are:
l'italiano (*lee-tahl-yah-noh*) Italian
l'inglese (*leen-glay-say*) English
il francese (*frahn-chay-zay*) French
lo spagnolo (*spahn-yaw-loh*) Spanish
il tedesco (*tay-deh-skoh*) German
il russo (*roos-soh*) Russian

Espressioni Italiane

buon giorno (*bwawn johr-noh*) good day, good morning
buona sera (*bwaw-nah say-rah*) good evening
buona notte (*bwaw-nah nawt-tay*) good night
arrivederci (*ahr-ree-vay-dehr-chee*) good-bye

a domani (*ah doh-mah-nee*) until tomorrow
a più tardi (*ah pyoo tahr-dee*) until later
fare un viaggio (*fah-ray oon vyah-joh*) to take a trip
tutti i giovedì (*toot-tee ee joh-vay-dee*) every Thursday

Grammar Notes and Practical Exercises

1. The Indefinite Article *a*, *an* in Italian.

un (*a, an, one*) is used with masculine nouns.

un padre   un uomo   un fratello   un viaggio   un amico (friend, *m.*)   un giorno   un nome

una (*a, an, one*) is used with all feminine nouns that do not begin with a vowel.

una madre   una donna   una cosa   una notte   una lingua   una casa   una sorella   una sera

un' is used with all feminine nouns that begin with a vowel.

un'americana   un'italiana   un'espressione   un'arte   un'amica (friend, *f.*)

Esercizio No. 5. Place the correct form of the indefinite article (un, una, or un') before each noun.
   Esempi: un americano; un'americana; una famiglia.

un 1. americano	*un* 5. esempio	*un'* 9. amica	*una* 13. sera	*una* 17. signora	*un'* 21. espressione (*f.*)
un' 2. americana	*un* 6. viaggio	*un* 10. oggetto	*un* 14. nome	*un* 18. salotto	*un* 22. esercizio
una 3. famiglia	*una* 7. cosa	*un* 11. giorno	*un* 15. arte	*un* 19. ufficio	*un* 23. italiano
un 4. ragazzo	*un* 8. uomo	*una* 12. donna	*un'* 16. italiana	*una* 20. camera	*un* 24. signore

Esercizio No. 6. Complete these sentences in Italian using the correct forms of the definite article (il, la, l', i, gli, le) and of the indefinite article (un, una, un').

Esempio: Il maestro è un amico del commerciante. The teacher is a friend of the merchant.

1. (The) *Il* maestro è (a) *un* amico del commerciante.
2. (The) *il* commerciante ha (an) *un* appuntamento.
3. (The) *la* famiglia abita in (a) *una* casa privata.
4. C'è (a) *una* camera per (the) *la* domestica.
5. (The) *la* casa ha (a) *un* salotto e (a) *una* sala da pranzo.
6. (The) *la* signora Cabot è (an) *un'* amica di Carlotta.
7. (The) *i* ragazzi e (the) *le* ragazze sono intelligenti.
8. (The) *gli* uomini non parlano italiano.
9. «Buon giorno» è (an) *un'* espressione italiana.
10. Dov'è (the) *l'* ufficio del maestro?
11. (The) *i* signori hanno (the) *gli* oggetti d'arte.
12. Chi impara (the) *l'* italiano?

2. About Verb Endings.

A large majority of Italian verbs have the ending –are in the infinitive. Thus:

parlare to speak	**imparare** to learn	**abitare** to live	**desiderare** to want
chiamare to call	**visitare** to visit	**studiare** to study	**lavorare** to work

To form the present tense, third person singular (the *he, she, it* form) of an –are verb, drop the ending –are and add –a.

To form the third person plural (the *they* form), drop the ending –are and add –ano. Thus:

parl*are* to speak
p*a*rla he speaks, is speaking, does speak
p*a*rlano they speak, are speaking, do speak

studi*are* to study
non st*u*dia he does not study, is not studying
non st*u*diano they do not study, are not studying

NOTE: The vowel in italics, in each verb form, indicates the syllable which is stressed.

Esercizio No. 7. Review the verb forms in "Building Vocabulary." Then complete each sentence by translating the verb into Italian.

1. Egli (wants) fare un viaggio.
2. Essa (works) tutto il giorno.
3. Carlo (is learning) l'italiano.
4. La signora Cabot (is calling) Anita.
5. Egli (lives) in città.
6. Il signor Cabot (is going) *va* a Roma.
7. (She is visiting) l'ufficio.
8. Enrico (is learning) a parlare francese.
9. (They speak) francese e inglese.
10. Egli desidera (to take) un viaggio. *fare*
11. Anita non desidera (to study) l'inglese.
12. I signori (have) un appuntamento. *hanno*

3. The Negative and the Interrogative of Verbs.

The negative of a verb is formed by placing **non** (*not*) before it.

Egli lavora tutto il giorno.   He works all day.
Egli non lavora tutto il giorno.   He does not work all day.

The interrogative in Italian may be formed in three ways.

a. By using a question mark and inflection of the voice without changing the *Subject-Verb* word order.
b. By placing the *Subject* after the *Verb*, as in English.
c. By placing the *Subject* of the question at the end of the sentence.

  a. Il signor Cabot impara l'italiano?   Is Mr. Cabot learning Italian?
  b. Impara il signor Cabot l'italiano?   Is Mr. Cabot learning Italian?
  c. Impara l'italiano il signor Cabot?   Is Mr. Cabot learning Italian?

Esercizio No. 8. Domande e Risposte

1. Chi [1] è un commerciante di Nuova York?
   Il signor Cabot è un commerciante di Nuova York.
2. Che cosa [2] importa egli?
   Importa oggetti d'arte e altri articoli.
3. Quando desidera fare un viaggio in Italia?
   In primavera desidera fare un viaggio in Italia.

1. Who [1] is a New York merchant?
   Mr. Cabot is a New York merchant.
2. What does he import?
   He imports art objects and other articles.
3. When does he want to take a trip to Italy?
   In the spring he wants to take a trip to Italy.

4. **Chi**[1] desidera visitare egli?
Desidera visitare il rappresentante a Roma.

4. Whom[1] does he want to visit?
He wants to visit the representative in Rome.

5. Parla italiano il signor Cabot?
Non parla italiano.[3]

5. Does Mr. Cabot speak Italian?
He does not speak Italian.

6. Che lingua studia egli?
Studia l'italiano.[3]

6. What language is he studying?
He is studying Italian.

7. Come si chiama il maestro?
Si chiama signor Facci.

7. What is the teacher's name?
His name is Mr. Facci.

8. È americano?
Non è americano. È italiano.

8. Is he an American?
He is not an American. He is an Italian.

9. Quando hanno un appuntamento i due signori?
Tutti i martedì e i giovedì.

9. When do the two gentlemen have an appointment?

Every Tuesday and Thursday.

10. Dove hanno l'appuntamento?
Quasi sempre in casa del signor Cabot.

10. Where do they have the appointment?
Nearly always in the house of Mr. Cabot.

11. È intelligente il signor Cabot?
È molto intelligente.

11. Is Mr. Cabot intelligent?
He is very intelligent.

12. Impara rapidamente o lentamente?
Impara rapidamente.

12. Does he learn rapidly or slowly?
He learns rapidly.

NOTES: 1. **chi** means *who* or *whom*. It may be used as subject or object. 2. **che cosa** means *what*. It may be used as subject or object. 3. The names of languages usually take the definite article. When they appear immediately after the verb **parlare** the definite article is omitted.

CAPITOLO 5 (CINQUE)

I NOMI DELLE COSE SONO IMPORTANTI, SIGNORE
THE NAMES OF THINGS ARE IMPORTANT, SIR

1. Il maestro dice — I nomi delle cose sono importanti. Perciò bisogna imparare i nomi di molte cose.

1. The teacher says: "The names of things are important. Therefore it is necessary to know the names of many things."

2. Allora indica una sedia, una tavola, un divano, e così via, e domanda — Che cosa è questo?

2. Then he points to a table, a chair, a sofa, etc., and asks: "What is this?"

3. Il signore Cabot risponde — È una sedia; una tavola; un divano; e così via (ecc.).

3. Mr. Cabot answers: "It is a chair; a table; a sofa"; and so forth (etc.).

4. Il signor Facci fa altre domande e il signor Cabot risponde. Così:

4. Mr. Facci asks other questions and Mr. Cabot answers. Thus:

5. Signor F. Dov'è il pianoforte?

5. Mr. F. Where is the piano?

6. Signor C. Ecco il pianoforte.

6. Mr. C. Here is the piano.

7. Signor F. Dove sono la matita e la penna?

7. Mr. F. Where are the pencil and the pen?

8. Signor C. Ecco la matita e la penna.

8. Mr. C. Here are the pencil and the pen.

9. Signor F. Vede Lei la porta?

9. Mr. F. Do you see the door?

10. Signor C. Sì, signore, io vedo la porta.

10. Mr. C. Yes, sir, I see the door.

11. Signor F. Vede Lei lo specchio?

11. Mr. F. Do you see the mirror?

12. Signor C. Sì, io vedo lo specchio.

12. Mr. C. Yes, I see the mirror.

13. Signor F. Ha Lei un orologio?

13. Mr. F. Have you a watch?

14. Signor C. Sì, io ho un orologio.

14. Mr. C. Yes, I have a watch.

15. Così il signor Cabot impara l'espressioni[1]: Che cosa è questo? — Dov'è...? — Dove sono...? — Vede Lei...? — Io vedo... — Ha Lei...? — Io ho... Ecco....

15. Thus Mr. Cabot learns the expressions: What is this? — Where is...? — Where are...? Do you see...? — I see... Have you...? — I have.... Here is... or Here are...

16. Impara anche le parole: la tavola; la lampada; la scrivania; la penna stilografica; la porta; la finestra; la matita; la parete; il ritratto; il libro; l'orologio; lo specchio; lo scaffale.

16. He also learns the words: the table; the lamp; the desk; the fountain pen; the door; the window; the pencil; the wall; the portrait; the book; the watch; the mirror; the bookcase.

17. Impara anche questo dialogo a memoria.	17. He also learns this dialogue by heart.
18. Come sta, signor Facci?	18. How are you, Mr. Facci?
Molto bene, grazie. E Lei?	Very well, thank you. And you?
Molto bene, grazie.	Very well, thank you.

NOTE 1.   The feminine plural of the definite article (le) becomes (l') *only* before a word beginning with e. Thus: l'espressioni *but* le americane.

Building Vocabulary

il cestino (*cheh-stee-noh*) basket
il divano (*dee-vah-noh*) sofa
il pianoforte (*pyah-noh-fawr-tay*) piano
il ritratto (*ree-traht-toh*) portrait
la domanda (*doh-mahn-dah*) question
la finestra (*fee-neh-strah*) window
la lampada (*lahm-pah-dah*) lamp
la matita (*mah-tee-tah*) pencil
la porta (*pawr-tah*) door
la parete (*pah-ray-tay*) wall
la penna stilografica (*payn-nah stee-loh-grah-fee-kah*)
    fountain pen
la parola (*pah-raw-lah*) word
la risposta (*ree-spoh-stah*) answer
la scrivania (*skree-vah-nee-ah*) desk
la sedia (*sehd-yah*) chair
la tavola (*tah-voh-lah*) table
l'orologio (*loh-roh-law-joh*) watch
lo scaffale (*skahf-fah-lay*) bookcase

lo specchio (*spehk-yoh*) mirror
bisogna (*bee-zawn-yah*) it is necessary
dice (*dee-chay*) he, she, it says
domanda (*doh-mahn-dah*) he, she, it asks
indica (*een-dee-kah*) he, she, it points to
risponde (*ree-spawn-day*) he, she, it answers
ha Lei? (*ah lay*) have you?
io ho (*ee-oh aw*) I have
vede Lei? (*vay-day lay*) do you see?
io vedo (*ee-oh vay-doh*) I see
altri, altre (*ahl-tree, ahl-tray*) other
importante (*eem-pohr-tahn-tay*) important
questo (*kweh-stoh*) this
allora (*ahl-law-rah*) then
così (*koh-see*) so
come (*koh-may*) how
che cosa (*kay kaw-sah*)? what? (*subject or object*)
Che cosa è questo? What is this?
o (*oh*) or

Espressioni Italiane

dov'è (*doh-vay*)? where is?
ecco (*ehk-koh*) here is *or* here are
e così via (*ay koh-see vee-ah*) and so forth
dove sono (*soh-noh*)? where are?

fare domande (*fah-ray doh-mahn-day*) to ask questions
fa domande he, she, it asks questions
a memoria (*ah meh-mohr-yah*) by heart

Practice reading aloud:

Bisogna imparare i nomi delle cose.
It is necessary to learn the names of things.
Bisogna imparare molto a memoria.
It is necessary to learn much by heart.

Bisogna fare molte domande.
It is necessary to ask many questions.
Bisogna fare un viaggio.
It is necessary to take a trip.

Grammar Notes and Practical Exercises

1. The Definite Article lo. The Indefinite Article uno.
    Lo is used instead of il, and uno is used instead of un before masculine nouns that begin with s plus a consonant, known as s-impure[1] (sc, sp, st, etc.), or with a z. Gli (*the*) is the plural of lo (*the*).

Singular		*Singular*		*Plural*	
lo scaffale	the bookcase	uno scaffale		gli scaffali	the bookcases
lo specchio	the mirror	uno specchio		gli specchi	the mirrors
lo studente	the student	uno studente		gli studenti	the students
lo zero (*dzeh-roh*)	the zero	uno zero		gli zeri	the zeros
lo zio (*tsee-oh*)	the uncle	uno zio		gli zii (*tsee-ee*)	the uncles

NOTE: S-impure or z does not affect the article before feminine nouns. Thus:

la stanza	the room	una stanza		le stanze	the rooms
la zia (*tsee-ah*)	the aunt	una zia		le zie (*tsee-ay*)	the aunts
la studentessa	the student (*f.*)	una studentessa		le studentesse	the students (*f.*)

2. Summary of the Definite and Indefinite Articles.

Definite Article

Masculine			*Feminine*	
Singular: *il* libro	*lo* zio	*l'*americano	*la* casa	*l'*americana
Plural: *i* libri	*gli* zii	*gli* americani	*le* case	*le* americane

Indefinite Article

Masculine			*Feminine*	
un libro	*uno* zio	*un* americano	*una* casa	*un'*americana

Esercizio No. 9. Place the correct form of the definite and indefinite article before each singular noun. Place the correct form of the definite article before each plural noun.

Esempio: 1. *l'*orologio, *un* orologio   2. *gli* orologi

1. orologio	5. divano	9. cucina	13. parete	17. uomo	21. studentessa
2. orologi	6. divani	10. cucine	14. pareti	18. uomini	22. studentesse
3. sedia	7. specchio	11. ufficio	15. cestino	19. studente	23. ritratto
4. sedie	8. specchi	12. uffici	16. cestini	20. studenti	24. ritratti

3. **io** (*ee-oh*) (I)   **Lei** (*lehy*) (you)

When the subject of the verb is **io** (expressed *or* omitted), the verb in the present tense always ends in –o.
When the subject of the verb is **Lei**, the verb ending in the present tense is **a** or **e**, the same as in the third person singular (the *he, she, it form*).

(io) **parlo**	I speak	(io) **studio**	I study	(io) **ho**	I have	(io) **vedo**	I see
(Lei) **parla**	you speak	(Lei) **studia**	you study	(Lei) **ha**	you have	(Lei) **vede**	you see
(egli) **parla**	he speaks	(egli) **studia**	he studies	(egli) **ha**	he has	(egli) **vede**	he sees
(essa) **parla**	she speaks	(essa) **studia**	she studies	(essa) **ha**	she has	(essa) **vede**	she sees

Note the various ways of translating the present tense.

Abita Lei a Roma? { Do you live in Rome? / Are you living in Rome? }   **Io abito a Roma.** { I live in Rome. / I am living in Rome. / I do live in Rome. }

Esercizio No. 10. Answer each question with **sì** and **no**. Translate each question and answer.

Esempio: Studia Lei l'inglese?   Sì, signore, studio l'inglese.   No, signore, non studio l'inglese.
        Are you studying English? Yes, I am studying English.   No, I am not studying English.

1. Vede Lei lo scaffale?
2. Abita Lei in un sobborgo?
3. Desidera Lei fare un viaggio?
4. Impara Lei le parole?
5. Lavora Lei tutto il giorno?

6. Visita Lei il maestro?
7. Indica Lei gli oggetti d'arte?
8. Ha Lei molti libri?
9. Importa Lei articoli italiani?
10. Chiama Lei i bambini?

Esercizio No. 11. Complete each sentence in Italian.

1. (What) **vede Lei?**
2. **Vedo** (the lamp).
3. **Che cosa è** (this)?
4. **È** (the bookcase).
5. **Dov'è** (the mirror)?
6. (Here is) **il ritratto.**

7. **Dove sono** (the students, *m.*)?
8. (Here are) **gli studenti.**
9. **Ha Lei** (a pen and [1] pencil)?
10. **Impara Carlo** (the words)?
11. **Egli indica** (the tables and [1] chairs).
12. (Who) **ha gli specchi?**

NOTE 1. The definite article must be repeated before each noun.

Esercizio No. 12. Domande e Risposte

1. Che impara prima di tutto il signor Cabot?
Impara i nomi di molte cose.
2. Che dice il professore?
Dice — I nomi delle cose sono importanti.
3. Perchè [1] bisogna imparare i nomi delle cose?

Perchè [1] i nomi delle cose sono importanti.
4. Chi indica molte cose?
Il professore indica molte cose.
5. Che [2] domanda egli?
Domanda — Che cosa è questo?
6. Che risponde il signor Cabot?
Risponde — È una sedia; una tavola; ecc.
7. Vede il signor Cabot la porta?
Sì, egli vede la porta.
8. Vede egli lo specchio?
Sì, vede lo specchio.
9. Ha il signor Cabot un orologio?
Sì, egli ha un orologio.
10. Che dialogo impara a memoria il signor Cabot?
Impara questo dialogo:
— Come sta, signor Facci?
— Molto bene, grazie. E Lei?
— Molto bene.

1. What does Mr. Cabot learn first of all?
He learns the names of many things.
2. What does the teacher say?
He says, "The names of things are important."
3. Why is it necessary to learn the names of things?
Because the names of things are important.
4. Who points to many things?
The teacher points to many things.
5. What does he ask?
He asks, "What is this?"
6. What does Mr. Cabot answer?
He answers: "It is a chair, a table, etc."
7. Does Mr. Cabot see the door?
Yes, he sees the door.
8. Does he see the mirror?
Yes, he sees the mirror.
9. Has Mr. Cabot a watch?
Yes, he has a watch.
10. What dialogue does Mr. Cabot learn by heart?
He learns this dialogue:
"How are you, Mr. Facci?"
"Very well, thank you. And you?"
"Very well."

NOTES: 1. perchè? (*payr-kay*) why? perchè because   2. che? what? *object pronoun*.   It equals che cosa?

CAPITOLO 6 (SEI)

IL SALOTTO DEL SIGNOR CABOT

MR. CABOT'S LIVING ROOM

1. È martedì, il 5 (cinque) gennaio. Sono le otto di sera.
2. Il signor Cabot è seduto in salotto.
3. Il signor Facci è seduto vicino al signor Cabot.
4. Il signor Facci dice al signor Cabot — Intorno a noi ci sono molte cose: nella casa; nell'ufficio; nella strada; nel parco; nella città e nella campagna.
Negli Stati Uniti e in Inghilterra bisogna sapere i nomi delle cose in inglese.
In Spagna bisogna sapere i nomi delle cose in spagnolo.
In Francia bisogna sapere i nomi delle cose in francese.
In Germania bisogna sapere i nomi delle cose in tedesco.
5. — Sì, signor Facci, e in Italia bisogna sapere i nomi delle cose in italiano.

1. It is Tuesday, January 5. It is eight o'clock in the evening.
2. Mr. Cabot is seated in the living room.
3. Mr. Facci is seated near Mr. Cabot.
4. Mr. Facci says to Mr. Cabot: "Around us there are many things: in the house; in the office; in the street; in the park; in the city and in the country.
In the United States and in England it is necessary to know the names of things in English.
In Spain it is necessary to know the names of things in Spanish.
In France it is necessary to know the names of things in French.
In Germany it is necessary to know the names of things in German.
5. Yes, Mr. Facci, and in Italy it is necessary to know the names of things in Italian.

6. — Benissimo, signor Cabot. Lei è uno studente che [1] impara rapidamente.
Ora vediamo se Lei sa dire i nomi delle cose in questa stanza.
Mi [2] dica, per favore, che cosa c'è sul pianoforte?

6. Very good, Mr. Cabot. You are a student who learns quickly.
Now let us see if you know the names of the things in this room.
Tell me, please, what is there on the piano?

7. — Una lampada elettrica e un libro di musica.

7. An electric lamp and a music book.

8. — Bene. Che cosa c'è sulla parete sopra il pianoforte?

8. Good. What is there on the wall over the piano?

9. C'è un ritratto di mia moglie. Ella suona bene il pianoforte.

9. There is a portrait of my wife. She plays the piano well.

10. — Che cosa c'è fra le due finestre?

10. What is there between the two windows?

11. — Fra le due finestre c'è uno specchio.

11. Between the two windows there is a mirror.

12. — Che cosa c'è davanti al divano?

12. What is there in front of the sofa?

13. — Un tavolino. Sul tavolino c'è un vaso italiano con fiori.

13. A little table. On the little table is an Italian vase with flowers.

14. — Che vede Lei sulla scrivania? Sotto la scrivania? Dietro la scrivania? Vicino alla scrivania?

14. What do you see on the desk? Under the desk? Behind the desk? Near the desk?

15. — Sulla scrivania vedo alcuni libri e alcune carte. Sotto la scrivania vedo un cestino. Dietro la scrivania vedo uno scaffale. Vicino alla scrivania vedo una sedia.

15. On the desk I see some books and some papers. Under the desk I see a basket. Behind the desk I see a bookcase. Near the desk I see a chair.

16. Stupendo! Lei sa molto bene i nomi delle cose in questa stanza.
Per oggi, basta. Arrivederci, signor Cabot.

16. Great! You know the names of the things in this room very well.
Enough for today. Good-bye, Mr. Cabot.

17. A giovedì, signor maestro.

17. Until Thursday, teacher.

NOTES: 1. Che (*who*) is here a relative pronoun. 2. mi, *me* or *to me* is an object pronoun. Object pronouns usually precede the verb.

Building Vocabulary

il fiore (*fyoh-ray*) flower
il parco (*pahr-koh*) park
il tavolino (*tah-voh-lee-noh*) little table
il vaso (*vah-zoh*) vase
la campagna (*kahm-pahn-yah*) country
la strada (*strah-dah*) street
l'abitante (*ah-bee-tahn-tay*) inhabitant
mia moglie (*mee-ah mohl-yay*) my wife
il francese (*frahn-chay-say*) Frenchman
l'inglese (*leen-glay-zay*) Englishman
gli Stati Uniti (*lyee stah-tee oo-nee-tee*) the United States
sapere (*sah-pay-ray*) to know, to know how
sa (*sah*) he, she, it knows (how)
suona (*swaw-nah*) he, she, it plays
vediamo (*vayd-yah-moh*) we see, let us see

seduto (*say-doo-toh*) seated *he, she sits*
dire (*dee-ray*) to say, to tell
mi dica (*dee-kah*) tell me
con (*kohn*) with
fra (*frah*) between
per (*payr*) through, for
sopra (*soh-prah*) on, upon, over
su (*soo*) on, upon
sotto (*soht-toh*) under
davanti a (*dah-vahn-tee ah*) in front of
dietro (*dyeh-troh*) behind
intorno a (*een-tohr-noh ah*) around
vicino a (*vee-chee-noh ah*) near
noi (*noy*) we, us
che (*kay*) who, which (*relative pronoun*)
se (*say*) if

Alcuni Paesi dell'Europa (*pah-ay-zee dayl-lay-oo-roh-pah*) Some Countries of Europe

Italia (*ee-tahl-yah*) Italy
Francia (*frahn-chah*) France
Inghilterra (*een-geel-tehr-rah*) England

Germania (*jehr-mahn-yah*) Germany
Spagna (*spahn-yah*) Spain
Russia (*roos-syah*) Russia

Practice reading aloud:

Gli abitanti dell'Italia parlano italiano.   Gli abitanti della Germania parlano tedesco.
Gli abitanti della Francia parlano francese.   Gli abitanti della Spagna parlano spagnolo.
Gli abitanti dell'Inghilterra parlano inglese.   Gli abitanti della Russia parlano russo.
Gli abitanti degli Stati Uniti parlano inglese.

Espressioni Italiane

basta (*bah-stah*)! enough!   benissimo (*bay-nees-see-moh*) very good
per oggi (*payr aw-jee*) for today   ebbene (*ehb-beh-nay*) well
bene (*beh-nay*) good   stupendo (*stoo-pehn-doh*)! wonderful!

Grammar Notes and Practical Exercises

1. Contractions of Prepositions with the Definite Article.

When the prepositions **a** (*to, at*); **di** (*of*); **da** (*from, by*); **in** (*in, into*); **su** (*on*); and **con** (*with*) are followed by a definite article, the preposition and article contract and form one word, as follows.

	to the		*of the*		*from the*
a + il =	*al* padre	di + il =	*del* figlio	da + il =	*dal* ragazzo
a + la =	*alla* donna	di + la =	*della* figlia	da + la =	*dalla* ragazza
a + lo =	*allo* zio	di + lo =	*dello* studente	da + lo =	*dallo* specchio
a + l' =	*all'*uomo	di + l' =	*dell'*amico	da + l' =	*dall'*americano
a + i =	*ai* padri	di + i =	*dei* figli	da + i =	*dai* ragazzi
a + le =	*alle* donne	di + le =	*delle* figlie	da + le =	*dalle* ragazze
a + gli =	{ *agli* zii / *agli* uomini	di + gli =	{ *degli* studenti / *degli* amici	da + gli =	{ *dagli* specchi / *dagli* americani

	in, into the		*on the*		*with the*
in + il =	*nel* cestino	su + il =	*sul* ritratto	con + il =	*col* maestro
in + la =	*nella* strada	su + la =	*sulla* scrivania	con + la =	*con la* maestra
in + lo =	*nello* specchio	su + lo =	*sullo* scaffale	con + lo =	*con lo* studente
in + l' =	*nell'*ufficio	su + l' =	*sull'*orologio	con + l' =	*con l'*uomo
in + i =	*nei* cestini	su + i =	*sui* ritratti	con + i =	*coi* maestri
in + le =	*nelle* strade	su + le =	*sulle* scrivanie	con + le =	*con le* maestre
in + gli =	{ *negli* specchi / *negli* uffici	su + gli =	{ *sugli* scaffali / *sugli* orologi	con + gli =	{ *con gli* studenti / *con gli* uomini

NOTE: 1. The preposition **con** contracts only with il and i.   con + il = col   con + i = coi.
         2. In compound prepositions like **davanti a, vicino a**, the a contracts with the article.

     davanti alla scrivania   **davanti allo specchio**   **vicino all'ufficio**
     in front of the desk   in front of the mirror   near the office

Esercizio No. 13. Complete the following sentences in Italian.

Esempio 1. Ci sono molti libri sulla scrivania.

1. Ci sono molti libri (on the) scrivania. *Sulla*
2. Bisogna sapere i nomi (of the) cose. *delle*
3. Il commerciante risponde (to the) professore. *al*
4. Le matite sono (in the) scrivania. *nella*
5. Il professore è (with the) studenti. *con gli*
6. Che cosa è (on the) scaffale? *Sullo*
7. Chi parla (to the) studenti? *agli*
8. Che vede Lei (in the) libro? *nel*
9. I signori sono seduti (on the) divano. *sul*
10. Le penne sono (in the) cestino. *nel*
11. Che vede Lei (in the) specchio? *nello*
12. Egli va (from the) casa (to the) ufficio. *dalla, all'*
13. Chi è seduto (near the) professore? *vicino al*
14. C'è un tavolino (in front of) la finestra. *davanti alla*
15. Il maestro parla (to the) ragazzi. *ai*
16. Dov'è la camera (of the) domestica? *della*
17. Ella è un'amica (of the) maestra. *della*
18. C'è una lampada (on the) pianoforte. *sul*
19. Parlano inglese (in the) Stati Uniti? *negli*
20. I fiori sono (in the) vasi (on the) tavola. *nei*, *sulla*

Esercizio No. 14. Complete the following phrases in Italian.

1. (on the) vaso *sul*
2. (in the) vaso *nel*
3. (from the) città *dalla*
4. (of the) città *della*
5. (in the) cestino *nel*
6. (near the) cestino
7. (from the) famiglia *dalla*
8. (to the) famiglia *alla*
9. (with the) zio *con lo*
10. (to the) zio *allo*
11. (of the) amici
12. (to the) amici
13. (from the) **studentesse**
14. (to the) **studentesse**
15. (near the) **scaffali**
16. (behind the) **scaffali**

2. Possession with the Preposition di.

la casa del professore	**la zia di Carlotta**	**il padre dei bambini**	**gli amici d'Elena**
the house of the teacher	the aunt of Charlotte	the father of the children	the friends of Helen
the teacher's house	Charlotte's aunt	the children's father	Helen's friends

Possession is indicated in Italian by a phrase with (**di**), never by an apostrophe. **Di** becomes **d'** before a vowel.

Esercizio No. 15. Read silently. Translate into English. Practice speaking aloud.

1. Di chi [1] è questa matita?
   È la matita di Bernardo.
2. Di chi è questo ritratto?
   È il ritratto della signora Cabot.
3. Questa penna è d'Alberto o di Carlo?
   Questa penna è d'Alberto.
4. Dove abita la domestica?
   Abita nella casa del signor Cabot.
5. Dove è l'orologio della ragazza?
   È sulla scrivania della maestra.
6. Chi ha i libri di Riccardo?
   Giorgio ha i libri di Riccardo.
7. Quante stanze ha la casa del commerciante?
   Ha sette stanze.
8. Dove sono i bambini della signora Cabot?
   Sono nel parco.
9. Chi è il signor Facci?
   È il maestro del signor Cabot.
10. Il padre di Paolo parla italiano?
    Sì. Parla italiano e inglese.

NOTE 1. **di chi** whose (of whom)

Esercizio No. 16. Domande

The answers to all **Domande** are found in the "Answers" section.

1. Chi è seduto in salotto?
2. Chi è seduto vicino al signor Cabot?
3. Ci sono molte cose intorno a noi?
4. Dove bisogna sapere i nomi delle cose in italiano?
5. Chi impara rapidamente?
6. Dov'è la lampada elettrica?
7. Dov'è lo specchio?
8. Dov'è il ritratto della signora Cabot?
9. Chi suona bene il pianoforte?
10. Dov'è il tavolino?
11. Che cosa c'è sul tavolino?
12. Che cosa c'è sulla scrivania?
13. Che cosa c'è dietro la scrivania?
14. Dov'è la sedia?
15. Che cosa sa bene il signor Cabot?

REVISIONE (REVIEW 1)

CAPITOLI 1–6 (CHAPTERS 1–6)

Each Review Chapter will begin with a summary of the most important words and expressions that have occurred in the chapters reviewed. Check yourself as follows:

1. Cover up the English words on the right of the page with a piece of paper or blotter. Read one Italian word at a time aloud and give the English meaning. Uncover the English word with same number and check your answer.

2. Cover up the Italian words. Say aloud, one at a time, the Italian for each English word. Uncover the Italian word and check your answer.

3. Write several times, if necessary, the words you have trouble remembering.

Revisione di Parole (Review of Words)

NOUNS

1. l'amico	17. la madre	33. la ragazza	1. friend *m.*	17. mother	33. girl
2. l'amica	18. il maestro	34. il ritratto	2. friend *f.*	18. teacher *m.*	34. portrait
3. l'anno	19. la maestra	35. lo zio	3. year	19. teacher *f.*	35. uncle
4. l'arte *f.*	20. la matita	36. la zia	4. art	20. pencil	36. aunt
5. il bambino	21. la moglie	37. il salotto	5. child (little)	21. wife	37. living room
6. la camera	22. il nome	38. la sedia	6. room	22. name	38. chair, seat
7. la casa	23. la notte	39. la sorella	7. house	23. night	39. sister
8. la cosa	24. l'oggetto	40. lo specchio	8. thing	24. object	40. mirror
9. la donna	25. l'orologio	41. la stanza	9. woman	25. watch	41. room
10. il figlio	26. il padre	42. la strada	10. son	26. father	42. street
11. la figlia	27. la parete	43. la tavola	11. daughter	27. wall	43. table
12. la finestra	28. la parola	44. l'ufficio	12. window	28. word	44. office
13. il fiore	29. la penna	45. l'uomo	13. flower	29. pen	45. man
14. il fratello	30. la persona	46. gli uomini	14. brother	30. person	46. men
15. il giorno	31. la porta	47. la sala	15. day	31. door	47. dining room
16. la lingua	32. il ragazzo	da pranzo	16. language	32. boy	

VERBS

1. abitare	10. studia	19. (essa) parla	1. to live, dwell	10. he studies	19. she speaks
2. chiamare	11. sa	20. (essi) parlano	2. to call	11. he knows (how)	20. they speak
3. domandare	12. va	21. vede (Lei)?	3. to ask	12. he goes	21. do you see?
4. desiderare	13. bisogna	22. (io) vedo	4. to want	13. it is necessary	22. I see
5. imparare	14. ha (Lei)? [2]	23. dice	5. to learn	14. have you?	23. he says, tells
6. lavorare	15. (io) ho	24. mi dica	6. to work	15. I have	24. tell me
7. parlare	16. parla (Lei)?	25. risponde	7. to speak	16. do you speak?	25. he answers
8. sapere	17. (io) parlo	26. è	8. to know	17. I speak	26. he is
9. domanda [1]	18. (egli) parla	27. sono	9. he asks	18. he speaks	27. I am *or* they are

NOTES: 1. The verb form used for *he* is also good for *she, it, you*. Thus: domanda = he, she, it asks, you ask; è = he, she, it is, you are; etc. 2. The parenthesis around the subject pronouns is a reminder that they are usually omitted in Italian.

ADJECTIVES

1. altro	4. molti (molte)	7. interessante	1. other	4. many	7. interesting
2. buono (buon) [1]	5. importante	8. privato	2. good	5. important	8. private
3. molto	6. intelligente	9. seduto	3. much	6. intelligent	9. seated

NOTE 1. buono becomes buon before a masculine noun beginning with a consonant: buon giorno.

ADVERBS

1. anche	4. così	7. sempre	1. also	4. so	7. always
2. allora	5. molto	8. forse	2. then	5. very	8. perhaps
3. bene	6. quasi		3. well	6. almost	

PREPOSITIONS

1. a	6. fra	11. davanti a	1. to, at	6. between	11. in front of
2. di	7. per	12. dietro	2. of	7. for, through	12. behind
3. da	8. su	13. intorno a	3. from	8. on, upon	13. around
4. in	9. sopra	14. vicino a	4. in	9. on, above	14. near
5. con	10. sotto		5. with	10. under	

QUESTION WORDS

1. chi?	4. dove?	7. quanti, quante?	1. who? whom?	4. where?	7. how many?
2. che cosa?	5. quando?	8. perchè?	2. what?	5. when?	8. why?
3. che?	6. quanto?		3. what?	6. how much?	

CONJUNCTIONS

1. e	3. allora	5. perciò	1. and	3. then	5. therefore
2. o	4. ma	6. perchè	2. or	4. but	6. because

COMMON EXPRESSIONS

1. Buon giorno	11. a domani	1. Good day, good morning	11. until tomorrow
2. Buona sera	12. a più tardi	2. Good evening	12. until later
3. Buona notte	13. a memoria	3. Good night	13. by heart
4. arrivederci	14. stupendo!	4. good-bye	14. wonderful!
5. ebbene	15. e così via	5. well	15. and so forth
6. dov'è?	16. fa domande	6. where is?	16. he asks questions
7. ecco	17. fare un viaggio	7. here is, here are	17. to take a trip
8. grazie	18. in città	8. thanks	18. in(to) the city
9. basta	19. che cosa è questo?	9. enough	19. what is this?
10. per oggi	20. tutto il giorno	10. for today	20. all day

Esercizio No. 17. From Group II select the antonym (opposite) for each word in Group I.

I

1. sì *h*   5. Buon giorno *a*   9. oggi *f*
2. domanda *g*   6. l'uomo *j*   10. davanti a *c*
3. il padre *g*   7. il fratello *l*   11. il giorno *b*
4. sopra *e*   8. dov'è *k*   12. lo zio *d*

II

a. Buona notte   e. sotto   i. risponde
b. la notte   f. domani   j. la donna
c. dietro   g. la madre   k. ecco
d. la zia   h. no   l. la sorella

Esercizio No. 18. Complete the following sentences in Italian.

1. Il signor Cabot lavora (all day).
2. Mi dica, (please).
3. (Good evening), signore.
4. Il signor Cabot va (to the city).
5. (Therefore) egli studia l'italiano.
6. I due signori (have an appointment).
7. Egli importa (art objects).
8. Il signor Facci è (a good teacher).
9. Egli impara (rapidly) perchè è (intelligent).
10. (It is necessary) sapere i nomi delle cose.
11. Egli desidera (to take a trip) in Italia.
12. Ebbene, (enough for today).
13. Ecco (the) matite, (the) penne, (the) fiori (and so forth).
14. Until tomorrow. Until later.

Esercizio No. 19. Select the group of words in Column II which best completes each sentence begun in Column I.

Esempio: (1d) Nella famiglia Cabot ci sono sei persone.

I

1. Nella famiglia Cabot *d*
2. La casa del signor Cabot *e*
3. Il signor Cabot prende il treno *i*
4. Egli studia l'italiano *k*
5. Egli lavora tutto il giorno *h*
6. Egli sa leggere un po' l'italiano *g*
7. Egli impara rapidamente *c*
8. Durante la prima lezione egli *a*
9. Il martedì e il giovedì *j*
10. La moglie del signor Cabot suona *b*
11. Il signor Cabot va a fare un viaggio *f*

II

a. impara molte parole italiane.
b. bene il pianoforte.
c. perchè è molto intelligente.
d. ci sono sei persone.
e. è in una cittadina vicino a Nuova York.
f. in Italia e forse (perhaps) in Francia.
g. ma non parla italiano.
h. al suo ufficio.
i. per arrivare al suo ufficio in città.
j. i due signori hanno un appuntamento.
k. perchè desidera viaggiare in Italia.

Esercizio No. 20. Review Chapter 6, Grammar Note No. 1. Then complete these phrases.

1. (in the) strada. *nella*
2. (between the) finestre. *Fra*
3. (near the) porta. *Vicino alla*
4. (above the) pianoforte. *Sopra*
5. (from the) scrivania. *della*
6. (under the) tavola. *Sotto*
7. (with the) fiori. *coi*
8. (on the) tavolino. *sul*
9. (on the) pianoforte. *sul*
10. (with the) studenti *con gli*
11. (into the) ufficio. *nell'*
12. (of the) oggetti. *degli*

13. (in front of the) casa *devanti alla*   19. (behind the) ragazzo   25. (the teacher's house) [1]
la casa della maestra
14. (with the) uomini *con gli*   20. (near the) ufficio *dall'*   26. (the girl's mother) [2]
15. (around the) tavola *intorno alla*   21. (from the) città *dalla*   27. (the boys' house) [3]
16. (under the) specchio *in sotto*   22. (to the) zio *allo*   28. (the children's friend) [4]
17. (for the) madre *per la*   23. (from the) salotto *dal*   29. (Mary's desk) [5]
18. (for the) padre *per il*   24. (from the) porta *dalla*   30. (Paul's watch) [6]
l'orologio de Paul

NOTES: 1. the house of the teacher 2. the mother of the girl 3. the house of the boys 4. the friend of the children 5. the desk of Mary 6. the watch of Paul.

Esercizio No. 21. Translate.

1. Who is Mr. Cabot?
2. He is a New York merchant.
3. Where does he live?
4. He lives in a suburb.
5. Why is he learning Italian?
6. Because he wants to take a trip to Italy.
7. Who is the teacher?
8. The teacher is Mr. Facci.
9. How are you?
10. Very well, thank you.
11. Good day. Good-bye.
12. Mr. Cabot is an American.
13. There are seven rooms.
14. There is also a room for the maid.

Dialogo 1

Read each dialogue silently several times, using the English translation to make certain of the meaning. Practice the Italian text aloud many times. Follow this procedure with all dialogues.

DOV'È LA VIA DEL TRITONE?

1. Mi scusi, signore, dov'è la Via del Tritone?
2. Continui diritto, signorina.
3. È lontana?
4. No, signorina, è a pochi passi da qui.
5. Grazie tante, signore.
6. Di nulla, signorina.

1. Pardon me, sir, where is Tritone Street?
2. Continue straight ahead, Miss.
3. Is it far?
4. No, Miss, it's a little distance from here.
5. Thank you very much, sir.
6. Don't mention it, Miss.

Dialogo 2

DOVE SI FERMA L'AUTOBUS?

1. Per favore, signore, dove si ferma l'autobus?
2. Si ferma all'angolo laggiù, signorina.
3. Grazie infinite, signore.
4. Non c'è di che.[1]

1. Please, sir, where does the bus stop?
2. It stops at the corner over there, Miss.
3. Thank you so much, sir.
4. Don't mention it. (You're welcome.)

NOTE 1. Non c'è di che = di nulla = Don't mention it *or* you're welcome.

Esercizio 22. Lettura (Reading Selection).

How to read the Letture

1. Read the passage silently from beginning to end to get the meaning as a whole.
2. Reread the passage, looking up any words you may have forgotten in the Italian-English dictionary at the end of this book. There are some new words in the Letture of the Review Chapters and the meaning of these words is given in footnotes.
3. Read each passage silently a third time. Then translate it and check your translation with that given in the "Answers" section of the appendix.
4. Follow this procedure in all succeeding Letture.

IL SIGNOR CABOT IMPARA L'ITALIANO

Il signor Cabot è un commerciante che importa oggetti d'arte dall'Italia. Perciò egli desidera fare un viaggio in Italia in primavera. Egli desidera parlare al suo rappresentante. Egli desidera anche visitare molti posti interessanti in Italia. Ma non sa parlare italiano. Perciò impara la lingua.

Il signor Cabot ha un buon maestro. È un professore italiano che abita a Nuova York e che si chiama signor Facci. Tutti i martedì e i giovedì il professore prende il treno per andare dal [1] suo studente. Là i due signori parlano un po' in italiano. Il signor Cabot è molto intelligente e impara rapidamente.

Durante la prima lezione, per esempio, egli impara a memoria i saluti [2] e gli addii. [3] Egli sa già dire: Buon giorno; Come sta Lei? A più tardi; e A domani. Egli sa già dire in italiano i nomi di molte cose che sono nel suo salotto e sa rispondere correttamente alle domande: Che cosa è questo? Dov'è . . . ?

Il signor Facci è molto contento dei progressi del suo studente ed [4] egli dice — Molto bene; Basta per oggi; A più tardi; Arrivederci.

NOTES: 1. to the home of his student. 2. greetings. 3. farewells. 4. e (*and*) becomes ed when the following word begins with an e.

CAPITOLO 7 (SETTE)

I VERBI SONO IMPORTANTI, SIGNORE

THE VERBS ARE IMPORTANT, SIR

1. Il signor Cabot e il signor Facci sono seduti nel salotto.
   Il maestro comincia a [1] parlare.
   Il commerciante ascolta attentamente.

2. — Lei sa già che i nomi delle persone e delle cose sono importanti, signore.
   Ma anche i verbi sono importanti.
   Non è possibile conversare senza verbi.
   Facciamo [2] un esercizio con alcuni verbi comuni.
   Io faccio delle domande. Lei risponde.
   Se Lei non sa la risposta, dica — Non so.

3. — Bene, signor Facci. Se non so la risposta, dico — Non so.
   Cominciamo! [2]

4. — È un commerciante americano Lei, signor Cabot?

5. — Sì, signore, sono un commerciante americano, importatore d'oggetti d'arte e d'altri articoli dall'Italia.

6. — Perchè studia Lei l'italiano?

7. — Studio l'italiano perchè desidero fare un viaggio in Italia.

8. — Perchè desidera Lei fare un viaggio in Italia?

9. — Perchè desidero visitare il mio rappresentante a Roma.

10. — Parla l'inglese il suo rappresentante?

11. — Non parla l'inglese. Parla soltanto l'italiano. Desidero parlare italiano con lui.

12. — Conta Lei di [1] visitare altri paesi?

13. — Altri paesi, no. Ma conto d' [1] andare in Sicilia.

14. — Quando parte Lei da Nuova York per l'Italia?

1. Mr. Cabot and Mr. Facci are seated in the living room.
   The teacher begins to speak.
   The merchant listens attentively.

2. You already know that the names of persons and of things are important.
   But the verbs also are important.
   It is not possible to converse without verbs.
   Let us do an exercise with some common verbs.
   I ask some questions. You answer.
   If you do not know the answer, say: "I don't know."

3. Good, Mr. Facci. If I don't know the answer, I say: "I do not know."
   Let's begin!

4. Are you an American merchant, Mr. Cabot?

5. Yes, sir, I am an American merchant, importer of art objects and other articles from Italy.

6. Why are you studying Italian?

7. I am studying Italian because I want to take a trip to Italy.

8. Why do you want to take a trip to Italy?

9. Because I want to visit my representative in Rome.

10. Does your representative speak English?

11. He does not speak English. He speaks only Italian. I want to speak with him in Italian.

12. Do you intend to visit other countries?

13. Not other countries. But I intend to go to Sicily.

14. When do you leave New York for Italy?

15. — Parto il 31 (trentuno) maggio.	15. I leave May 31.
16. — Viaggia in piroscafo o in aeroplano?	16. Are you traveling by steamer or airplane?
17. — Viaggio in aeroplano perchè questo è il modo più rapido.	17. I am traveling by airplane because that's the quickest way.
18. — Quanto costa il volo?	18. How much does the flight cost?
19. — Non so. Ma domani conto di chiedere delle informazioni e di riservare un posto.	19. I don't know. But tomorrow I intend to ask for information and to reserve a place.
20. — Benissimo, signore. Lei impara l'italiano rapidamente.	20. Very good, sir. You are learning Italian quickly.
21. — Mille grazie, signor Facci. Lei è molto gentile.	21. A thousand thanks, Mr. Facci. You are very kind.
22. — È la verità. Ebbene, per oggi basta. Arrivederci.	22. It's the truth. Well, enough for today. Au revoir.
23. — A giovedì prossimo. Arrivederci.	23. Until next Thursday. Au revoir.

NOTES: 1. After certain verbs the complimentary infinitive is preceded by **a** or **di**. Thus: **Comincia a parlare.** *He begins to speak.* **Conto di viaggare.** *I intend to travel.* Before a vowel di becomes d'. 2. The noi (*we*) form of the present tense is also used as an imperative in the sense of *let us.* Thus: **Cominciamo** *We begin* or *Let's begin;* **Facciamo** *We do,* or *Let's do.*

Building Vocabulary

il modo (*maw-doh*) way, method
il paese (*pah-ay-zay*) country, (nation)
il posto (*poh-stoh*) place, seat
il verbo (*vehr-boh*) verb
il volo (*voh-loh*) flight
il mio rappresentante (*mee-oh rahp-pray-zehn-tahn-tay*) my representative
il suo (*soo-oh*) rappresentante his representative
la frase (*frah-zay*) sentence
la verità (*vay-ree-tah*) truth
andare (*ahn-dah-ray*) to go
ascoltare (*ah-skohl-tah-ray*) to listen
cominciare (a) (*koh-meen-chah-ray*) to begin
contare (di) (*kawn-tah-ray*) to intend, to count
conversare (*kawn-vehr-sah-ray*) to converse
costare (*koh-stah-ray*) to cost
desiderare (*day-zee-day-rah-ray*) to want, desire
riservare (*ree-sehr-vah-ray*) to reserve
viaggiare (*vee-ah-jah-ray*) to travel
fare (*fah-ray*) to make, to do

io faccio (*fah-choh*) I make, I do
facciamo (*fah-chah-moh*) we make, do; let us make, do
non so (*soh*) I do not know
partire (*pahr-tee-ray*) to leave
parto (*pahr-toh*) I leave
dire (*dee-ray*) to say, to tell
dico (*dee-koh*) I say
comune (*koh-moo-nay*) common
gentile (*jayn-tee-lay*) kind, nice
grande (*grahn-day*) big, great
il più rapido (*eel pyoo rah-pee-doh*) the fastest, quickest
possibile (*pohs-see-bee-lay*) possible
prossimo (*praw-see-moh*) next
attentamente (*aht-tayn-tah-mayn-tay*) attentively
già (*jah*) already
soltanto (*sohl-tahn-toh*) only
senza (*saynt-sah*) without
che (*kay*) that (*conjunction*)

Espressioni Italiane

chiedere (*kyay-day-ray*) delle informazioni (*een-fawr-mahts-yoh-nee*) to ask for information

in aeroplano (*ah-eh-roh-plah-noh*) by airplane
in piroscafo (*pee-raw-skah-foh*) by steamer

Practice speaking aloud:

1. Chi chiede (*kyay-day*) delle informazioni?
   Who is asking for information?
   Il viaggiatore chiede delle informazioni.
   The traveler is asking for information.

2. Desidera Lei viaggiare in aeroplano o in piroscafo?
   Do you want to travel by plane or steamer?
   Desidero viaggiare in piroscafo.
   I want to travel by steamer.

Grammar Notes and Practical Exercises

1. More About Verb Endings.

The infinitive is the base form of the verb. In English it is expressed by *to*. Thus: *to speak, to live, to write*, etc. The infinitives of Italian verbs end in –are, –ere, *or* –ire, which endings mean *to*. Thus:

parl-*are to* speak   ved-*ere to* see   cap-*ire to* understand

That part of the verb which is left after the endings have been removed is called the stem. Thus the stems of **parlare, vedere** and **capire** are **parl–**, **ved–**, and **cap–**.

The infinitive ending of the verb is dropped and other endings are added to indicate the various persons and tenses of the verb.

Note how the endings change and what they mean in the present tense of **parlare** to speak.

2. Present Tense of parlare to speak, Model Regular –are Verb.

io	parl-o (*pahr-loh*)	I speak	noi	parl-iamo (*pahr-lyah-moh*)	we speak
tu	parl-i (*pahr-lee*)	you speak (*fam.*)	voi	parl-ate (*pahr-lah-tay*)	you speak (*fam.*)
Lei		you speak (*pol.*)	Loro		you speak (*pol.*)
egli	parl-a (*pahr-lah*)	he speaks	essi	parl-ano (*pahr-lah-noh*)	they speak *m.*
ella		she speaks	esse		they speak *f.*

a. The endings of a regular –are verb in the present tense are:

Singular   –o   –i   –a   Plural   –iamo   –ate   –ano

Verb endings indicate the subject pronoun. Thus: –o means io (I), –iamo means noi (we), etc. Therefore subject pronouns are usually omitted in Italian except when necessary to make the meaning clear or for emphasis. Thus:

Io studio l'inglese. *Essa* studia il francese.   *I* am studying English. *She* is studying French.

b. Note that the stress in all forms of the verb (except the noi and voi forms) is on the stem, *not* on the ending. Thus: **parlano** (*pahr-lah-noh*).

c. The present tense may be translated into English by the simple present, the emphatic present, or the progressive present. Thus: **studio** = *I study, I do study, I am studying.*

d. In addition to the subject pronouns indicated above with the verb **parlare**, there are:

esso (*ays-soh*) he, or it *m.*; **essa** (*ays-sah*) she or it *f.*; and **loro** they

Note that **egli** (*he*), **ella** (*she*) and **loro** (*they*) are used only for persons, while **esso** (*he, it*), **essa** (*she, it*), **essi** (*they*), **esse** (*they*) are used for either persons or things.

3. Polite and Familiar *you*.

Lei singular, and **Loro** plural, are the polite or formal forms of *you*. They are used most of the time.

Suona Lei il pianoforte, signora?   Do you play the piano, Madam?
Loro parlano bene l'italiano, signori.   You speak Italian well, gentlemen.

tu singular, and **voi** plural, are used in speaking to members of the family, to close friends and to children. They should be used only when the sense clearly requires them.

Conti tu di fare un viaggio, papà?   Do you intend to take a trip, father?
Voi parlate troppo, ragazzi.   You speak too much, children.

4. Regular –are Verbs You Have Already Met.

parlare	to speak	viaggiare	to travel	ascoltare	to listen	cominciare	to begin
costare	to cost	visitare	to visit	domandare	to ask	desiderare	to want
contare (di)	to intend (to)	imparare	to learn	importare	to import	conversare	to converse
abitare	to live	suonare	to play	chiamare	to call	lavorare	to work

The vast majority of verbs in Italian are Regular –are Verbs.

Esercizio No. 23. Say each verb form aloud at least three times. Be sure to stress the syllable in heavy type in the pronunciation key. Translate each verb form.

Esempio: egli domanda (*doh-mahn-dah*) he asks   domandiamo (*doh-mahn-dyah-moh*) we ask

1.	essa conversa	(*kohn-vehr-sah*)	7. suoni	(*swaw-nee*)
	conversano	(*kohn-vayr-sah-noh*)	suonate	(*swoh-nah-tay*)
2.	cominciamo	(*koh-meen-chah-moh*)	8. imparo	(*eem-pah-roh*)
	comincio	(*koh-meen-choh*)	impariamo	(*eem-pahr-yah-moh*)
3.	ascoltiamo	(*ah-skohlt-yah-moh*)	9. esse visitano	(*vee-zee-tah-noh*)
	ascoltate?	(*ah-skohl-tah-tay*)?	visitiamo	(*vee-zeet-yah-moh*)
4.	essi viaggiano	(*vee-ahj-jah-noh*)	10. lavora egli?	(*lah-voh-rah*)?
	viaggiamo	(*vee-ahj-jah-moh*)	lavori?	(*lah-voh-ree*)?
5.	egli studia	(*stoo-dyah*)	11. abitano Loro?	(*ah-bee-tah-noh*)?
	studiamo	(*stood-yah-moh*)	abita Lei?	(*ah-bee-tah*)?
6.	loro chiamano	(*kyah-mah-noh*)	12. desidero	(*day-zee-day-roh*)
	egli chiama	(*kyah-mah*)	egli desidera	(*day-zee-day-rah*)

Esercizio No. 24. Brevi Dialoghi.

Read the short dialogues silently. Translate them. Practice them aloud.

1. — È italiano Lei?
  — No, signore, non sono italiano.
  — Ma Lei parla bene l'italiano.
  — Grazie, signore, Lei è molto gentile.
2. — Studia Lei il francese?
  — Sì, signora, lo [1] studio.
  — Perchè lo [1] studia?
  — Desidero fare un viaggio in Francia.
3. — Suoni tu il pianoforte, Luisa?
  — No, signora, non lo [1] suono.
  — Suona Rosa il pianoforte?
  — Sì, signora, essa lo suona bene.

4. — Importa automobili il signor Cabot?
  — No, signore, non importa automobili.
  — Conta di fare un viaggio in Francia?
  — No. Conta di fare un viaggio in Italia.
5. — Abitano gli studenti in una casa privata?
  — No, signore, abitano in un appartamento.
  — In che strada?
  — In Via Salute.
6. — Ascoltate attentamente in classe, ragazzi?
  — Sì, signorina. Ascoltiamo attentamente.
  — Imparate molto?
  — Sì, signorina, impariamo molto.

NOTES: 1. lo studio I study it. lo *him* or *it* is a direct object pronoun. In Italian, object pronouns generally precede the verb. 2. l'automobile *f.* (*low-toh-maw-bee-lay*).

Esercizio No. 25. Read each sentence aloud, completing each with the correct verb ending.

1. I signori non parl__ italiano.
2. Noi stud__ la lezione.
3. Chi import__ oggetti d'arte?
4. Desider__ Lei imparare l'italiano?
5. Egli cominci__ a parlare l'italiano.
6. Cont__ Lei di fare un viaggio in Italia?
7. Loro parl__ bene l'italiano, signori.
8. Ascolt__ voi attentamente, ragazzi?
9. Essi non impar__ rapidamente.
10. Anch'io suon__ il pianoforte.

11. Anch' esse desider__ viaggiare in Italia.
12. Il signor Cabot chiam__ un tassì (taxi).
13. Perchè non stud__ tu la lezione, Carlo?
14. Voi parl__ troppo, ragazze.
15. Dove abit__ Lei, signore?
16. Quanto cost__ quest'orologio?
17. Quanto cost__ questi libri?
18. Che cosa domand__ il maestro?
19. Studi__ loro l'inglese?
20. Noi ascolt__. Essi non ascolt__.

NOTE 1. anch'io *I also*, anche noi *we also*, anch'esse *they also*. When anche *also*, *too* is used, the subject pronoun is never omitted.

Esercizio No. 26.   Domande

1. Dove sono seduti i signori?
2. Chi comincia a parlare?
3. Chi ascolta attentamente?
4. Sono importanti i verbi?
5. Chi fa le domande e chi risponde?
6. Che dice il signor Cabot se non sa la risposta?
7. Chi è un commerciante?

8. Che cosa importa egli?
9. Perchè desidera fare un viaggio in Italia?
10. Parla inglese il suo rappresentante?
11. Quando parte il commerciante per l'Italia?
12. Viaggia in piroscafo o in aeroplano?
13. Come impara l'italiano, rapidamente o lentamente?
14. Chi è molto gentile?

CAPITOLO 8 (OTTO)

LA FAMIGLIA DEL SIGNOR CABOT

1. È giovedì il 14 (quattordici) gennaio, alle otto di sera.
2. Il signor Facci suona il campanello di casa della famiglia Cabot.
3. La domestica apre la porta e dice — Buona sera, signor Facci. Passi [1] nel salotto per favore.
4. Nel salotto il signor Cabot aspetta il signor Facci.
5. Quando il maestro entra nel salotto, il commerciante dice — Buona sera. Come sta?

6. — Molto bene, grazie. E Lei? E la famiglia?
7. — Io sto bene, grazie. Ma la mia bambina, Lucia, è malata. Ha raffreddore e febbre.
8. — Mi dispiace molto. Ha Lei altri bambini?
9. Naturalmente. Ho quattro bambini, due figli e due figlie.
10. — Come si chiamano i suoi bambini?
11. — Si chiamano Paolo, Carlo, Bianca e Lucia.

12. — Quanti anni hanno?
13. — Paolo ha dieci anni. È il maggiore. Carlo ha otto anni. Bianca ha sei anni. Lucia ha cinque anni. È la più giovane. Tutti eccetto Lucia vanno a scuola.
14. I due signori conversano ancora un po' circa la famiglia Cabot.
15. Allora il signor Cabot invita il signor Facci a visitare il suo ufficio lunedì prossimo alle dodici e mezza del pomeriggio.
16. Il signor Facci accetta l'invito con piacere.
17. Alle nove il signor Facci dice — Arrivederci!
18. Il signor Cabot risponde — A lunedì alle dodici e mezza.

1. It is Thursday, January 14, at eight o'clock (*Lit.* at the eight) in the evening.
2. Mr. Facci rings the house bell of the Cabot family.
3. The maid opens the door and says, "Good evening, Mr. Facci. Please go into the living room."
4. In the living room Mr. Cabot is waiting for Mr. Facci.
5. When the teacher enters the living room, the merchant says, "Good evening. How are you?"
6. Very well, thanks. And you? And the family?
7. I am well, thank you. But my daughter, Lucia, she has a cold and fever.
8. I'm very sorry. Have you other children?
9. Of course. I have four children, two sons and two daughters.
10. What are the names of your children?
11. Their names are Paul, Charles, Blanche, and Lucy.
12. How old are they?
13. Paul is ten years old. He is the oldest. Charles is eight years old. Blanche is seven years old. Lucia is five years old. She is the youngest. All except Lucia go to school.
14. The two gentlemen converse a little longer about the Cabot family.
15. Then Mr. Cabot invites Mr. Facci to visit his office the following Monday at 12:30 P.M. (*Lit.* at twelve and half in the afternoon).
16. Mr. Facci accepts the invitation with pleasure.
17. At nine o'clock Mr. Facci says, "Good-bye!"
18. Mr. Cabot answers, "Until Monday at 12:30."

NOTE 1. passi *pass, go* is the singular imperative form of passare. Lei is understood. Regular –are verbs end in –i in this form of the imperative. Thus: Parli! speak! Mi scusi. Excuse me.

Building Vocabulary

il campanello (*kahm-pah-nehl-loh*) the (small) bell
l'invito (*leen-vee-toh*) invitation
il maggiore (*mah-joh-ray*) the older
la scuola (*skwaw-lah*) school
malato (*mah-lah-toh*) sick, ill
giovane (*joh-vah-nay*) young
la più giovane the smallest, youngest child (*fem.*)
tutti (*toot-tee*) all (*plu.*)
allora (*ahl-loh-rah*) then
naturalmente (*nah-too-rahl-mayn-tay*) of course
un po' (*poh*) a little (*shortened form of* un poco)
eccetto (*ay-cheht-toh*) except

accettare (*ah-chayt-tah-ray*) to accept
aspettare (di) (*ah-spayt-tah-ray*) to wait for, to expect
entrare (*ayn-trah-ray*) to enter
invitare (a) (*een-vee-tah-ray*) to invite
passare (*pahs-sah-ray*) to pass
passi (*pahs-see*) pass! (*imperative*)
stare (*stah-ray*) to be
andare (*ahn-dah-ray*) to go, walk
vanno (*vahn-noh*) they go
aprire (*ah-pree-ray*) to open
apre (*ah-pray*) he, she, it opens

The Italian ending –mente equals the English ending –*ly.*

naturalmente	naturally	veramente	really	industriosamente	industriously
lentamente	slowly	rapidamente	rapidly	specialmente	especially
solamente	only	attentamente	attentively	correttamente	correctly

Espressioni Italiane

con piacere (*pyah-chay-ray*) with pleasure
mi dispiace (*mee dees-pyah-chay*) I am sorry
di pomeriggio (*poh-mayr-ree-joh*) in the afternoon
di sera (*say-rah*) in the evening
alle dodici e mezza (*doh-dee-chee ay med-zah*) at half
past twelve (*Lit.* at the 12 and half)

Practice saying aloud:

— Come sta, signor B.?
— Così, così. Ho raffreddore.
— Mi dispiace. Come sta la sua famiglia?
— Tutti stanno bene, grazie.

Ancora un po' a little while longer
Ella ha raffreddore (*rahf-frayd-doh-ray*) She has a
cold.
Quanti anni ha Lei? How old are you? (*Lit.* How
many years have you?)
Ho venti anni. I am twenty years old. (*Lit.* I
have twenty years.)

— Quanti anni ha Giorgio?
Ha undici (11) anni.
Quanti anni ha Elena?
Ha dodici (12) anni.

Grammar Notes and Practical Exercises

1. Present Tense of avere (*ah-vay-ray*) to have.

io	ho (*aw*)	I have	noi	abbiamo (*ahb-byah-moh*)	we have
tu	hai (*ahy*)	you have (*fam.*)	voi	avete (*ah-vay-tay*)	you have (*fam.*)
Lei		you have (*pol.*)	Loro		you have (*pol.*)
egli	ha (*ah*)	he has	essi	hanno (*ahn-noh*)	they *m.* have
essa		she has	esse		they *f.* have

Esercizio No. 27. Complete in Italian with the correct forms of avere. Omit subject pronouns unless they are given in Italian.

Esempio 1. Quanti bambini ha Lei? Ho quattro bambini?

1. Quanti bambini (have) Lei, signor Marti?
   (I have) quattro bambini.
2. Quante sorelle (has) Elena?
   Essa (has) tre sorelle.
3. (Have you) lo specchio, Luisa?
   No, signora, (I do not have) lo specchio.
4. Gli studenti (have) i libri?
   (They do not have) i libri.
5. (Have) le ragazze un buon maestro?
   Sì, signora, (they have) un buon maestro.

6. Maria e Carlo, (have) voi i fiori d'Anita? *avete*
   No, signora, (we haven't) i fiori d'Anita.
7. (Have you) molti amici a Roma, signori?
   Sì, (we have) molti amici a Roma.
8. (Has) il signor Facci un ufficio a Nuova York?
   (He has not) un ufficio in questa città.
9. Quanti anni (have) tu, Giovanni?
   (I have) dieci anni.
10. Chi (has) raffreddore.
    Luisa e Lucia (have) raffreddore.

2. Present Tense of essere (*ehs-say-ray*) to be.

io	sono (*soh-noh*)	I am	noi	siamo (*syah-moh*)	we are
tu	sei (*sehy*)	you are (*fam.*)	voi	siete (*syeh-tay*)	you are (*fam.*)
Lei		you are (*pol.*)	Loro		you are (*pol.*)
egli	è (*eh*)	he is	essi	sono (*soh-noh*)	they *m.* are
essa		she is	esse		they *f.* are

Esercizio No. 28. Complete in Italian with the correct forms of essere. Omit subject pronouns unless they are given in Italian.

1. (Are) italiano Lei, signore?
   Sì, signore, (I am) italiano.

2. (Are) italiani Loro, signori?
   Noi (are not) italiani. (We are) francesi.

3. (Are) seduti i signori?
No, (they are not) seduti.

4. Di dove (are) Lei, signore?
(I am) di Nuova York.

5. (Is) presente Isabella?
No, signorina, essa (is) assente.

6. (Are) professori questi signori?
(They are not) professori. (They are) dottori.

7. Dove (are) i ragazzi?
(They are) nel parco.

8. (Are) tu diligente a scuola, Giorgio?
Sì, papà, (I am) molto diligente.

9. Chi (is) italiano e chi (is) americano?
Io (am) americano ed egli (is) italiano.

10. Perchè (are not) i ragazzi a scuola?
(They are) malati.

Esercizio No. 29. Translate.

1. Mr. Facci rings the bell and the maid opens the door.
2. I am awaiting Mr. Facci in the living room.
3. Mr. Cabot says: "How are you, Mr. Facci?"
4. Very well, thank you.
5. But my (mia) daughter Lucia is sick.
6. I am very sorry. What is the matter with her? (Translate: What has she?)
7. She has a cold and she has fever.
8. How many children have you?
9. I have four children.
10. How old is the youngest?
11. She is five years old.
12. How old are you, Mr. Cabot?
13. I am 38 (trentotto) years old.
14. They chat a little longer.
15. Mr. Cabot invites Mr. Facci to visit his (il suo) office.
16. Mr. Facci says: "I accept the invitation with pleasure."

Esercizio No. 30. Domande

1. Chi suona il campanello?
2. Chi apre la porta?
3. Che dice il signor Cabot quando il professore entra nel salotto?
4. Chi è malata?
5. Ha raffreddore la bambina Lucia?
6. Quanti bambini ha il signor Cabot?
7. Quante persone ci sono nella famiglia?
8. Come si chiamano i bambini?
9. Quanti anni ha Paolo?
10. Quale [1] bambino è il maggiore?
11. Quale bambino è il più giovane?
12. Vanno tutti i bambini a scuola?
13. Il commerciante, chi invita egli a visitare il suo ufficio lunedì prossimo?
14. Accetta il signor Facci l'invito?

NOTE 1. quale bambino which child, quali bambini which children

❦

CAPITOLO 9 (NOVE)

NELL'UFFICIO DEL SIGNOR CABOT

1. L'ufficio del signor Cabot è al ventunesimo piano d'un grattacielo in Via Whitehall.
2. Non è grande, e non è piccolo, ma è comodo.
3. Due grandi finestre danno sulla strada. Dalle finestre si può vedere la Via Whitehall. In Via Whitehall ci sono altri grandi edifici.
4. Alle pareti grigie ci sono dei cartelli illustrati e una grande carta geografica d'Italia.
5. Sulla scrivania del signor Cabot ci sono molte carte e delle [1] lettere.
6. Fra le due finestre c'è una lunga tavola.
7. Sulla tavola ci sono dei [1] giornali, delle [1] riviste e un bel portacenere.
8. Il signor Cabot è seduto alla sua scrivania quando il signor Facci arriva.
9. Egli va alla porta per salutarlo.[3]

1. Mr. Cabot's office is on the twenty-first floor of a skyscraper on Whitehall Street.
2. It is not large and it is not small, but it is comfortable.
3. Two large windows face (*Lit.* give on) the street. From the windows one can see Whitehall Street. On Whitehall Street there are other tall buildings.
4. On the gray walls there are some illustrated posters and a large map of Italy.
5. On Mr. Cabot's desk there are many papers and some letters.
6. Between the two windows there is a large table.
7. On the table there are some[1] newspapers, some[1] magazines and a handsome ash tray.
8. Mr. Cabot is seated at his desk when Mr. Facci arrives.
9. He goes to the door to greet him.[3]

10. — Buon giorno, signor Facci. Sono molto contento di riverderla.³
11. — Buon giorno, signor Cabot. Come sta?
12. — Molto bene, grazie.
13. — Il suo ufficio è molto bello, signor Cabot. Mi piace questa carta geografica d'Italia, e anche questi cartelli illustrati. Come sono belli i colori! A proposito, signor Cabot, che cosa vede Lei su questo cartello?
14. — Vedo il cielo, il sole, e un castello bianco su una collina verde. Ha un tetto rosso e molti caminetti.
15. — Di che colore è il sole?
16. — È giallo e immenso.
17. — Di che colore sono il cielo e i caminetti?
18. — Il cielo è azzurro. I caminetti sono neri. Mio Dio, Signor Facci! È già l'una! Basta con i colori. Comincio ad aver fame. E Lei? Non ha fame?
19. Sì, anch'io ho fame.
20. Ebbene, non molto lontano da qui c'è un buon ristorante.
21. Allora andiamoci.

10. Good day, Mr. Facci. I am very glad to see you ³ again.
11. Good day, Mr. Cabot. How are you?
12. Very well, thank you.
13. Your office is very beautiful, Mr. Cabot. I like this map of Italy, and also these illustrated posters. How beautiful the colors are! By the way, Mr. Cabot, what do you see on this poster?
14. I see the sky, the sun, and a white castle on a green hill. It has a red roof and many chimneys.
15. What color is the sun?
16. It is yellow and very large.
17. What is the color of the sky and the chimneys?
18. The sky is blue. The chimneys are black. Goodness, Mr. Facci! It is already one o'clock! Enough of colors. I am beginning to get hungry. And you? Aren't you hungry?
19. Yes, I am hungry too.
20. Well, not far from here there is a good restaurant.
21. Then let's go there.

NOTES: 1. di plus the definite article is often used to express *some*. 2. lo *him* (also *it*) is an object pronoun. Object pronouns usually precede the verb; but they follow the verb and are attached to it, when the verb is an infinitive. 3. la *you* (also *her* or *it*) is an object pronoun.

Building Vocabulary

il caminetto (*kah-mee-neht-toh*) chimney
il castello (*kah-stehl-loh*) castle
il cielo (*cheh-loh*) sky
il grattacielo (*graht-tah-cheh-loh*) skyscraper
il colore (*koh-loh-ray*) color
il portacenere (*pawr-tah-chay-nay-ray*) ash-tray
il ristorante (*rees-toh-rahn-tay*) restaurant
il sole (*soh-lay*) sun
il tetto (*tayt-toh*) roof
il giornale (*johr-nah-lay*) newspaper
il cartello (*kahr-tehl-loh*) advertisement, poster
la carta (*kahr-tah*) paper
la collina (*kohl-lee-nah*) hill
la lettera (*leht-tay-rah*) letter
la rivista (*ree-vee-stah*) magazine
arrivare (*ahr-ree-vah-ray*) to arrive
salutare (*sah-loo-tah-ray*) to greet

bello (*behl-loh*) beautiful
azzurro (*ahd-zoor-roh*) blue
bianco (*byahn-koh*) white
comodo (*kaw-moh-doh*) comfortable
contento (*kohn-tehn-toh*) glad
giallo (*jahl-loh*) yellow
geografica (*jay-oh-grah-fee-kah*) geographic
grigio (*gree-joh*) gray
illustrato (*eel-loo-strah-toh*) illustrated
immenso (*eem-mehn-soh*) immense
lontano (*lohn-tah-noh*) far
lungo (*loon-goh*) long
nero (*nay-roh*) black
rosso (*raws-soh*) red
verde (*vayr-day*) green
qui (*kwee*) here

Espressioni Italiane

anch'io (*ahn-kee-oh*) I too
andiamoci (*ahn-dyah-moh-chee*) let us go there
Ha fame Lei? (*ah fah-may lay*) Are you hungry?
Ho appetito (*ap-pay-tee-toh*) I am hungry (have an appetite)
Ho fame (*oh fah-may*). I am hungry.

a proposito (*proh- paw-see-toh*) by the way
mio Dio! (*mee-oh dee-oh*) Goodness!
di che colore? (*dee kay koh-loh-ray*) what color?
mi piace (*mee pyah-chay*) I like (*Lit.* is pleasing to me)
questo edificio mi piace I like this building

Practice aloud:

Chi ha appetito?	Who is hungry?	Ha appetito essa?	Is she hungry?
Ha appetito Lei?	Are you hungry?	Essa ha appetito.	She is hungry.
Io ho appetito.	I am hungry.	Hanno appetito Loro?	Are you hungry?
Non ho appetito.	I am not hungry.	Non abbiamo appetito.	We are not hungry.

Grammar Notes and Practical Exercises

1. Present Tense of vendere (*vayn-day-ray*) to sell, Model –ere Verb.

io	vend–o (*vayn-doh*)	I sell	noi	vend–iamo (*vaynd-yah-moh*)	we sell
tu	vend–i (*vayn-dee*)	you sell (*fam.*)	voi	vend–ete (*vayn-day-tay*)	you sell (*fam.*)
Lei		you sell (*pol.*)	Loro		you sell (*pol.*)
egli	vend–e (*vayn-day*)	he sells	essi	vend–ono (*vayn-doh-noh*)	they *m.* sell
essa		she sells	esse		they *f.* sell

a. Compare the endings of a regular –are verb with those of a regular –ere verb:

–are Verb:	Singular	–o	–i	–a	Plural	–iamo	–ate	–ano
–ere Verb:	Singular	–o	–i	–e	Plural	–iamo	–ete	–ono

b. Some common verbs like vendere in the present tense are:

rispondere to answer, vedere to see, leggere to read, scrivere to write, prendere to take

Esercizio No. 31. Repeat each verb form aloud at least three times. Be sure to stress the syllable in heavy type in the pronunciation key. Translate each verb form.

1. prendere (*prayn-day-ray*)
   prendiamo (*prayn-dyah-moh*)
   prendete (*prayn-day-tay*)
2. scrivere (*skree-vay-ray*)
   scrivo (*skree-voh*)
   Lei scrive (*skree-vay*)
3. leggere (*lehj-jay-ray*)
   loro leggono (*lehg-goh-noh*)
   leggiamo (*lehj-jah-moh*)
4. vedere (*vay-day-ray*)
   essi vedono (*vay-day-noh*)
   egli vede (*vay-day*)
5. rispondere (*ree-spohn-day-ray*)
   rispondo (*ree-spohn-doh*)
   rispondi (*ree-spohn-dee*)
6. scrivono (*skree-voh-noh*)
   leggono (*lehg-goh-noh*)
   prendono (*prayn-doh-noh*)

Esercizio No. 32. Brevi Dialoghi. Read the short dialogues silently. Translate them. Practice saying them aloud.

1. — Che scrive Lei?
   — Scrivo una lettera.
   — A chi scrive Lei?
   — Scrivo al mio professore.
2. — Che leggete, ragazzi?
   — Leggiamo una storia italiana.
   — È interessante la storia? [1]
   — Sì, signora, è molto interessante.
3. — Chi risponde bene alle domande del maestro?
   — Riccardo risponde bene.
   — Chi risponde male? [2]
   — Enrico e Paolo rispondono male.
4. — Che vendono qui? [3]
   — Vendono oggetti d'arte italiani.
   — Sono a buon mercato? [4]
   — No, sono molto cari. [5]
5. — Che prende, signora?
   — Prendo un caffè.
   — Che prende Lei, signore?
   — Anch'io prendo un caffè.
6. — Che vedi su questa carta geografica, Carlo?
   — Vedo i fiumi [6] e le montagne [7] d'Italia.
   — Vedi le città d'Italia?
   — Non ci sono città su questa carta, signora.

NOTES: 1. la storia story 2. male badly 3. qui here 4. a buon mercato cheap 5. caro dear 6. il fiume river 7. la montagna mountain

Esercizio No. 33. Complete these verbs with the correct endings.

1. io ved*o*
2. egli legg*e*
3. noi prend*ete*
4. essa scriv*e*
5. loro vend*ono*
6. tu rispond*i*
7. Lei vend*e*
8. voi ved*ete*
9. essi scriv*ono*
10. esse vend*ono*
11. tu legg*i*
12. noi non vend*iamo*
13. prend*ono* Loro?
14. legg*ete* voi?
15. scriv*ono* loro?

2. Agreement of Adjectives.

You have met adjectives ending in –o and adjectives ending in –e. Thus:

rosso   giallo   comodo   molto   piccolo   grande   verde   gentile *polite*   intelligente   quale *which*

Study the following expressions, noting how the endings of the adjectives vary.

| il libro rosso | i libri rossi | il ragazzo gentile | i ragazzi gentili |
| la penna rossa | le penne rosse | la ragazza gentile | le ragazze gentili |

Endings of Adjectives in –o   Endings of Adjectives in –e

	Singular	Plural		Singular	Plural
Masculine	–o	–i	Masculine	–e	–i
Feminine	–a	–e	Feminine	–e	–i

a. Adjectives agree with the nouns they modify in number and gender.
b. Note that the four endings of adjectives in –o match exactly the singular and plural endings of nouns in –o and –a.
c. The endings of adjectives in –e are the same for both masculine and feminine. Their plural ends in –i. These endings are the same as those on –e nouns. **il padre   i padri   la madre   le madri**

3. Position of Adjectives.

Descriptive adjectives usually follow their nouns. However, here are some adjectives which usually precede their nouns.

grande big   **bello** beautiful   **buono** good   **giovane** young   **nuovo** new   **lungo** long
piccolo small   **brutto** ugly   **cattivo** bad **vecchio** old   **vecchio** old **breve** short

Nell'ufficio c'è una lunga tavola.   In the office there is a long table.

Adjectives of quantity, demonstrative adjectives, and interrogative adjectives precede their nouns.

molto danaro much money   **quale bambino** which child   **quanta carta** how much paper
molte cose   many things   **quali colori** which colors   **quanti giorni** how many days

Esercizio No. 34.   Complete these sentences in Italian with the correct forms of the adjectives.

Esempio: Abitano in una casa (private).   **Abitano in una casa privata.**

1. L'ufficio è (beautiful and comfortable).
2. Le pareti dell'ufficio sono (grey).
3. Vedono Loro i cartelli (illustrated)?
4. (All) i colori sono (beautiful).
5. Ecco la (large) carta geografica.
6. Desidera Lei vedere i (new) oggetti d'arte?
7. Elena e Maria sono ragazze (intelligent).
8. Esse hanno un'automobile (blue and gray).
9. Mi piace il vaso (yellow).
10. Le (little) sedie sono per i bambini.
11. Ha Carlo una matita (black)?
12. (How many) studentesse sono (present)?
13. (This) salotto ha tre (big) finestre.
14. Scrivo una (short) lettera.
15. (Which) rivista leggono Loro?
16. Ci sono (many) lettere sulla scrivania.
17. Desideriamo vedere la (new) carta.
18. Rosa non è (present) perchè è (sick).
19. (Which) giornali legge Lei?
20. Non ho (much) danaro.

Esercizio No. 35.   Domande

1. È grande l'ufficio del signor Cabot?
2. Dove ci sono dei cartelli illustrati?
3. Dove ci sono molte carte?
4. Che cosa c'è fra le due finestre?
5. Che cosa c'è sulla lunga tavola?
6. Chi è seduto alla scrivania?
7. Che fa il signor Cabot quando il professore entra?
8. Che piace al signor Cabot?
9. Di che colore è il castello sul cartello?
10. Di che colore è la collina?
11. È azzurro il cielo?
12. Sono rossi o neri i caminetti?
13. Chi comincia ad [1] aver appetito?
14. Ha appetito anche il professore?

NOTES 1.   **a** becomes **ad** when the next word begins with a vowel.   **aver = avere**

CAPITOLO 10 (DIECI)

IL SIGNOR CABOT SALUTA UN AMICO AL SUO UFFICIO

1. Il signor Roberto Vico, un amico del signor Enrico Cabot, abita a Nuova York. Però egli parla bene l'italiano perchè i suoi genitori sono Italiani.

   È un uomo di trentacinque anni.

2. Il signor Vico sa che il suo amico Cabot impara l'italiano.

   Egli desidera vedere se il suo amico fa progressi nei suoi studi.

   Perciò un giorno entra nell'ufficio del signor Cabot e lo [1] saluta in italiano.

   Ecco la loro conversazione:

3. — Buon giorno, Enrico. Come va?

4. — Così, così. Sono molto contento di vederti,[2] Roberto.

5. — Vedo, amico mio, che tu [2] impari l'italiano.

6. — Certamente. Io imparo a parlare, a leggere e a scrivere l'italiano.

7. — Trovi [2] l'italiano difficile a imparare?

8. — No. L'italiano non è una lingua difficile a imparare, e io lo studio industriosamente.

9. — Chi è il tuo maestro d'italiano?

10. — Il signor Riccardo Facci è il mio maestro. È un buon maestro e io parlo, leggo e scrivo l'italiano sempre meglio ogni giorno.

    Imparo le parole e l'espressioni della vita giornaliera.

    Io capisco il signor Facci quando egli parla italiano, ed egli mi capisce quando io gli [3] parlo.

    L'italiano mi piace molto.

11. — Amico mio, tu parli italiano a meraviglia.

12. — Grazie, tu sei molto gentile.

13. — Niente affatto. È la verità. A proposito, i miei amici mi dicono che tu conti di fare un viaggio in Italia quest'[4]estate. È vero?

14. — Sì infatti. Spero partire in primavera, il 31 (trentuno) di maggio. Io viaggio sempre in aeroplano. Desidero arrivare in Italia al più presto possibile.

15. — Buon viaggio e buona fortuna! Arrivederci, amico mio.

16. — Arrivederci, Roberto.

---

1. Mr. Robert Vico, a friend of Mr. Henry Cabot, lives in New York. But he speaks Italian well because his parents are Italian.

   He is a man of thirty-five.

2. Mr. Vico knows that his friend Mr. Cabot is learning Italian.

   He wants to see if his friend is progressing (making progress) in his studies.

   Therefore, one day he enters Mr. Cabot's office and greets him [1] in Italian.

   Here is their conversation:

3. Good day, Henry. How goes it?

4. So, so. I am very glad to see you,[2] Robert.

5. I see, my friend, that you [2] are learning Italian.

6. Certainly. I am learning to speak, to read and to write Italian.

7. Do you find Italian difficult to learn?

8. No. Italian is not a difficult language to learn and I am studying it industriously.

9. Who is your Italian teacher?

10. Mr. Richard Facci is my teacher. He is a good teacher and every day I speak, read and write Italian better and better (always better).

    I learn the words and expressions of daily life.

    I understand Mr. Facci when he speaks Italian and he understands me when I speak to him.[3]

    I like Italian very much.

11. My friend, you speak Italian wonderfully.

12. Thanks. You are very kind.

13. Not at all. It is the truth. By the way, my friends tell me that you intend to take a trip to Italy this summer. Is that so?

14. Yes, indeed. I hope to go in the spring, May 31. I always travel by plane. I want to arrive in Italy as soon as possible.

15. Happy voyage and good luck! Good-bye, my friend.

16. Good-bye, Robert.

NOTES: 1. lo *him* or *it*. Object pronoun. 2. Mr. Cabot and Mr. Vico are intimate friends. Therefore, they use the familiar form tu (*you*) as subject and ti (*you*) as object. 3. gli *to him*, indirect object pronoun. 4. questo and questa become quest' when the next word begins with a vowel.

Building Vocabulary

il genitore (*jay-nee-toh-ray*) parent

la conversazione (*kohn-vayr-saht-syoh-nay*) conversation

la fortuna (*fohr-too-nah*) fortune

partire (*pahr-tee-ray*) to leave

capire (*kah-pee-ray*) to understand

capisco (*kah-pee-skoh*) I understand

capisce (*kah-pee-shay*) he, she, it understands

la verità (*vay-ree-tah*) truth
la vita (*vee-tah*) life
l'estate (*lay-stah-tay*) summer, *f.*
lo studio (*stood-yoh*) study
trovare (*troh-vah-ray*) to find
sperare (*spay-rah-ray*) to hope, expect
leggere (*leh-jay-ray*) to read
scrivere (*skree-vay-ray*) to write

dicono (*dee-koh-noh*) they tell, say
difficile (*deef-fee-chee-lay*) difficult
giornaliero (*johr-nahl-yeh-roh*) daily
ogni (*ohn-yee*) each, every
certamente (*chayr-tah-mayn-tay*) surely
meglio (*mehl-yoh*) better (*adv.*)
però (*pay-raw*) but
presto (*preh-stoh*) soon

Espressioni Italiane

amico mio my friend
Come va? How goes it?
così così so so
a meraviglia (*may-rah-veel-yah*) wonderfully

al più presto (*preh-stoh*) as soon as possible
niente affatto (*nee-ehn-tay ahf-fah-toh*) not at all
fare progressi (*proh-grehs-see*) to progress
non è vero? (*eh vay-roh*) isn't that so?; isn't it? etc.

Practice speaking aloud:

Lei è americano, non è vero?
Importa oggetti d'arte, non è vero?
Ha un ufficio a Nuova York, non è vero?
I suoi genitori sono italiani, non è vero?
    Your parents are Italian, aren't they?

Mi piace parlare italiano. I like to speak Italian.
Mi piace leggere l'italiano. I like to read Italian.
Mi piace scrivere l'italiano. I like to write Italian.
In breve mi piace l'italiano.
    In short, I like Italian.

Grammar Notes and Practical Exercises

1. Present Tense of partire and capire, Regular –ire Verbs.

partire (*pahr-tee-ray*) to leave		capire (*kah-pee-ray*) to understand	
I leave, you leave, etc.		I understand, you understand, etc.	
io	part-o (*pahr-toh*)	io	cap-isc-o (*kah-pee-skoh*)
tu	part-i (*pahr-tee*)	tu	cap-isc-i (*kah-pee-shee*)
Lei egli essa	part-e (*pahr-tay*)	Lei egli essa	cap-isc-e (*kah-pee-shay*)
noi	part-iamo (*pahrt-yah-moh*)	noi	cap-iamo (*kahp-yah-moh*)
voi	part-ite (*pahr-tee-tay*)	voi	cap-ite (*kah-pee-tay*)
Loro essi esse	part-ono (*pahr-toh-noh*)	Loro essi esse	cap-isc-ono (*kah-pee-skoh-noh*)

The endings of –ire verbs are the same as those of –ere verbs except in the voi form.

    Singular –o   –i   –e   Plural –iamo   –ite   –ono

Some –ire verbs, like capire, add –isc to the stem in all persons except noi and voi.
Like partire: aprire to open, sentire to hear. Like capire: finire to finish, preferire to prefer.

Esercizio No. 36. Brevi Dialoghi. Read silently. Practice reading aloud.

1. — Capisce Lei quando il maestro parla italiano?
— Capisco bene quando parla adagio.[1]
— Che dice Lei quando non capisce?
— Dico, «Parli più adagio,[1] per favore.»
2. — Quando parte Lei per Roma?
— Parto il 10 (dieci) di giugno.
— Parte solo[2] o con la sua famiglia?
— Parto solo.

3. — Senti suonare il campanello, Pietro?
— Sì, papà. Vado[3] ad aprire la porta.
— Chi è, Pietro?
— Sono le mie amiche,[4] Irene e Emilia.

NOTES: 1. adagio = lentamente 2. solo alone 3. vado I am going (from andare to go) 4. le amiche friends, *plural of* l'amica.

Esercizio No. 37. Say each verb form aloud at least three times. Translate each form.

1. preferisco (*pray-fay-ree-skoh*)	2. sentite (*sayn-tee-tay*)	3. finiamo (*feen-yah-moh*)
preferite (*pray-fay-ree-tay*)	senti (*sayn-tee*)	aprono (*ah-proh-noh*)
preferiscono (*pray-fay-ree-skoh-noh*)	finiscono (*fee-nee-skoh-noh*)	aprite (*ah-pree-tay*)
sentono (*sayn-toh-noh*)	finite (*fee-nee-tay*)	apre (*ah-pray*)

Esercizio No. 38. Complete these verbs with the correct endings.

1. cap__ tu?
2. io non cap__
3. Carlo e Maria fin__
4. noi sent__
5. voi apr__
6. sent__ Loro?
7. voi prefer__
8. noi fin__
9. egli fin__
10. chi part__?
11. loro cap__
12. io prefer__
13. tu fin__
14. sent__ tu?
15. io non sent__

2. The Possessive Adjectives.

Study the forms of the possessive adjectives in the following expressions.

Masculine Singular	Masculine Plural	Feminine Singular	Feminine Plural	Meaning
il *mio* maestro	i *miei* maestri	la *mia* maestra	le *mie* maestre	my
il *tuo* maestro	i *tuoi* maestri	la *tua* maestra	le *tue* maestre	your (*fam.*)
il *suo* maestro	i *suoi* maestri	la *sua* maestra	le *sue* maestre	your (*pol.*)
il *suo* maestro	i *suoi* maestri	la *sua* maestra	le *sue* maestre	his, her, its
il *nostro* maestro	i *nostri* maestri	la *nostra* maestra	le *nostre* maestre	our
il *vostro* maestro	i *vostri* maestri	la *vostra* maestra	le *vostre* maestre	your (*fam.*)
il *loro* maestro	i *loro* maestri	la *loro* maestra	le *loro* maestre	your (*pol.*)
il *loro* maestro	i *loro* maestri	la *loro* maestra	le *loro* maestre	their

The possessive adjective is usually preceded by the definite article. Both article and adjective agree in number and gender with the noun they modify.

The possessive adjectives (except **loro**) have the same endings as the other adjectives ending in –o: (*Singular* –o, –a *Plural* –i, –e). The form **loro** never changes.

Note that the forms **miei** and **suoi** add an extra letter before the regular adjective ending.

3. Use of tuo, vostro, suo, loro, meaning *your*.

Carlo, perchè non hai (tu) il *tuo* libro?	Charles, why haven't you *your* book?
Ragazzi, amate (voi) la *vostra* maestra?	Children, do you love *your* teacher?
Dov'è il *suo* ufficio, signor Martinelli?	Where is *your* office, Mr. Martinelli?
Signori, hanno (Loro) i *loro* biglietti?	Gentlemen, have you *your* tickets?

tuo (tuoi, tua, tue) *your* is used in speaking to a person for whom you would use the familiar **tu** *you.*

vostro (vostri, vostra, vostre) *your* is used in speaking to more than one person for whom you would use the familiar **voi** *you.*

suo (suoi, sua, sue) *your* is used in addressing a person for whom you would use the polite **Lei** *you.*

loro *your* is used in addressing more than one person for whom you would use the polite **Loro** *you.*

4. Use of suo (suoi, sua, sue) meaning *his, her, its;* and of loro meaning *their.*

Giorgio è seduto alla *sua* scrivania.	George is seated at *his* desk.
Evelina è seduta alla *sua* scrivania.	Evelyn is seated at *her* desk.
Ora il dottore visita i *suoi* pazienti.	Now the doctor is visiting *his* patients.
Gli studenti scrivono i *loro* esercizi.	The students are doing *their* exercises.

In Italian possessive adjectives agree in number and gender with the nouns they possess. In English they agree with the person who possesses. The sense of the particular sentence makes the meaning clear.

Esercizio No. 39. Read silently. Translate. Practice reading aloud.

1. Dove sono le mie lettere?
   Le sue lettere sono sulla scrivania.
2. È grande la camera di Luisa?
   La sua camera è grande e comoda.
3. Dove sono i nostri posti?
   Ecco i loro posti, signori.
4. Fa Lei progressi nei suoi studi?
   Sì. Faccio progressi rapidi nei miei studi.
5. Che fanno [1] gli studenti?
   Scrivono i loro esercizi.
6. Signor Rossi, come si chiama il suo dottore? [2]
   Il mio dottore si chiama Luigi Covello.
7. Mamma, chi ha la mia bambola?
   Anita ha la tua bambola, bambina mia. [4]

8. Quanti alunni ci sono nella vostra classe?
   Nella nostra classe ci sono trenta alunni.
9. Giulia, hai tu il mio cestino?
   No, signorina, non ho il suo cestino.
10. Dov'è il tuo ufficio, papà?
    Il mio ufficio è a Nuova York, bambino mio.
11. Suo [4] fratello è medico?
    No, signore, mio fratello [4] è maestro.
12. Signori, hanno i loro passaporti?
    Ecco i nostri passaporti, signore.
13. Dove abitano i genitori del signor Facci?
    I suoi genitori abitano a Roma.
14. Dov'è l'orologio del signor Vivaldi?
    Il suo orologio è sulla tavola.

NOTES: 1. fanno *are doing* 2. il dottore *doctor;* il medico *medical doctor* 3. The possessive adjective is used after the noun for emphasis. 4. The article is omitted when any possessive (except loro) precedes the singular of padre, madre, sorella, fratello, moglie, zio and zia. Thus: mio padre, sua madre, etc.

Esercizio No. 40. Insert the correct form of mio, tuo, suo, nostro, vostro, loro.

Esempio: Dove abita il (your) dottore? Dove abita il suo dottore?

1. Essi finiscono le (their) lettere.
2. Mi piace molto la (my) maestra.
3. Le (my) amiche studiano l'italiano.
4. Ogni giorno studiamo le (our) lezioni.
5. Sono francesi i (your) genitori, signore?
6. Trovo la (their) conversazione interessante.
7. I (my) amici imparano l'italiano.
8. I (her) genitori sono americani.
9. Chi è il (your) professore, signore?
10. Dov'è (your) madre, bambino mio?
11. Signori, ecco la (your) automobile.
12. (His) moglie suona il pianoforte.

Esercizio No. 41. Domande

1. Dove abita l'amico del signor Cabot?
2. Come parla l'amico l'italiano?
3. Sono Italiani i suoi genitori?
4. Che cosa sa il signor Vico?
5. Dove entra un giorno l'amico?
6. Comincia a parlare inglese o italiano?
7. Chi impara a parlare, a leggere e a scrivere l'italiano?
8. Il signor Cabot trova l'italiano difficile?
9. Quali parole ed espressioni impara egli?
10. Il signor Facci capisce il signor Cabot quando egli parla italiano?
11. Come parla il commerciante l'italiano?
12. Quando conta di partire per l'Italia?
13. Viaggia egli sempre in aeroplano o in piroscafo?
14. Che dice alla fine l'amico?

REVISIONE (REVIEW) 2

CAPITOLI 7-10

Revisione di Parole

NOUNS

1. l'aeroplano	9. il genitore	17. la primavera	1. airplane	9. parent	17. spring
2. il cartello	10. il giornale	18. la rivista	2. poster	10. newspaper	18. magazine
3. il caffè	11. il mercato	19. il ristorante	3. coffee	11. market	19. restaurant
4. la carta	12. l'invito	20. la scuola	4. paper	12. invitation	20. school
5. il cielo	13. il paese	21. il sole	5. sky	13. country	21. sun
6. il colòre	14. il piroscafo	22. lo studio	6. color	14. steamer	22. study
7. l'estate	15. il pomeriggio	23. la vita	7. summer	15. afternoon	23. life
8. la frase	16. il posto	24. il volo	8. sentence	16. place, seat	24. flight

VERBS

1. accettare	12. salutare	23. scrivere	1. to accept	12. to greet	23. to write
2. arrivare	13. suonare	24. vedere	2. to arrive	13. to play (*music*)	24. to see
3. ascoltare	14. stare (bene)	25. vendere	3. to listen	14. to be (*well*)	25. to sell
4. aspettare	15. studiare	26. capire (isco)	4. to wait for	15. to study	26. to understand
5. cominciare	16. viaggiare	27. finire (isco)	5. to begin	16. to travel	27. to finish
6. contare (di)	17. visitare	28. aprire	6. to intend (to)	17. to visit	28. to open
7. domandare	18. avere	29. partire	7. to ask, ask for	18. to have	29. to leave
8. entrare	19. essere	30. fare	8. to enter	19. to be	30. to make, do
9. invitare	20. legg~re	31. faccio	9. to invite	20. to read	31. I make, do
10. passare	21. prendere	32. facciamo	10. te pass	21. to take	32. we make, do
11. ritornare	22. rispondere	33. vanno	11. to return	22. to answer	33. they go

ADJECTIVES

1. azzurro	9. gentile	17. nero	1. blue	9. kind	17. black
2. alcuni	10. giallo	18. ogni	2. some	10. yellow	18. every
3. bello (bel) [1]	11. grande	19. piccolo	3. beautiful	11. big, great	19. little
4. bianco	12. grigio	20. prossimo	4. white	12. gray	20. next
5. breve	13. giovane	21. questo	5. short, brief	13. young	21. this
6. contento	14. lontano	22. vecchio	6. glad, happy	14. distant	22. old
7. difficile	15. lungo	23. rosso	7. difficult	15. long	23. red
8. facile	16. malato	24. verde	8. easy	16. sick, ill	24. green

NOTE 1. **bello** becomes **bel** before a masculine noun beginning with a consonant: **un bel posto.**

ADVERBS

1. allora	6. meglio	11. qui	1. then	6. better	11. here
2. attentamente	7. un poco	12. solamente	2. attentively	7. a little	12. only
3. certamente	8. un po' più	13. spesso	3. certainly	8. a little more	13. often
4. già	9. presto	14. tanto	4. already	9. quickly, soon	14. so much, so
5. lentamente	10. là, lì	15. troppo	5. slowly	10. there	15. too, too much

PREPOSITIONS

1. eccetto	2. senza	3. lontano da	1. except	2. without	3. far from

CONJUNCTIONS

1. che	2. quando	3. se	4. allora	1. that	2. when	3. if	4. then

ITALIAN EXPRESSIONS

1. a proposito	13. si può	1. by the way	13. one may
2. a meraviglia!	14. Come va?	2. wonderfully!	14. How goes it?
3. anch'io	15. Così, così.	3. I also	15. So, so.
4. mio Dio!	16. Ho appetito.	4. goodness!	16. I am hungry
5. di sera	17. Ho fame.	5. in the evening	17. I am hungry
6. di pomeriggio	18. Ho venti anni.	6. in the afternoon	18. I am 20 years old.
7. in aeroplano	19. Quanti anni ha Lei?	7. by plane	19. How old are you?
8. in piroscafo	20. Ho raffreddore.	8. by steamer	20. I have a cold.
9. con piacere	21. mi piace	9. with pleasure	21. I like
10. al più presto	22. mi dispiace	10. as soon as possible	22. I'm sorry
11. niente affatto	23. fare delle domande	11. not at all	23. to ask questions
12. non è vero?	24. chiédere delle informazioni	12. Isn't it so? Isn't it, etc.?	24. to ask for information

Esercizio No. 42. Select the group of words in Col. II which best completes each sentence begun in Col. I.

Esempio: (1c) Sono un importatore d'oggetti d'arte italiani.

I	II
1. Sono un importatore d'oggetti	a. dica: «non so».
2. Non capisco bene quando	b. non facciamo dei progressi rapidi.
3. Se Lei non sa la risposta	c. d'arte italiani.
4. Il signor Cabot dice: «La mia bambina Lucia	d. non troppo lontano da qui.
5. Essi vanno in aeroplano perchè	e. il maestro parla rapidamente.
6. Se non studiamo diligentemente	f. a tutte le domande.
7. Quando ho fame	g. ha raffreddore e la febbre.»
8. C'è un buon ristorante	h. e dice: «Come sta Lei?»
9. Il suo amico saluta il signor Cabot	i. è il modo più rapido.
10. Non so la risposta	j. vado al ristorante.

Esercizio No. 43. Answer these questions in the negative.

Esempi: Ha fame Lei?   No, non ho fame.
        Hanno fame Loro?   No, non abbiamo fame.

1. Ha raffreddore Lei?
2. Studia Lei la lezione?
3. Aspetta Lei il professore?
4. Impara Lei a scrivere l'italiano?
5. Ascolta Lei la radio?
6. Leggono Loro le riviste?
7. Capiscono Loro le domande?
8. Partono Loro per Roma?
9. Loro sono americani?
10. Hanno Loro i giornali?

Esercizio No. 44. Answer these questions in Italian, using the correct form of the given adjectives.

Esempio: Le matite sono rosse.

1. Di che colore sono le matite? (rosso)
2. Di che colore è la parete? (verde)
3. Di che colore sono gli specchi? (nero)
4. Di che colore sono i fiori? (bianco) [1]
5. Di che colore è il cielo? (azzurro)
6. Di che colore è la casa? (bianco [1] e azzurro)
7. Di che colore è il libro? (grigio)
8. Di che colore sono le carte? (bianco) [1]
9. Di che colore sono i cartelli? (giallo)
10. Di che colore è la penna? (bianco) [1]

NOTE 1. *sing.* bianco bianca; *pl.* bianchi bianche

Esercizio No. 45. Complete these sentences in Italian. Use the polite or familiar forms of the verb depending upon the person addressed.

Esempio: (Are you studying) le vostre lezioni, ragazzi?   Studiate le vostre lezioni, ragazzi?

1. Che lingua (are you studying), Giorgio?
2. Che cosa (are you writing), Anita?
3. (You are) molto gentile, signor Facci.
4. (You are) americana, non è vero, signora?
5. (Are you learning) l'italiano, signorina?
6. (You are) molto attenti, ragazzi.
7. (Are you) italiani, signori?
8. (Are you listening to) la radio, bambini?
9. (You are not) contenti, amici miei.
10. Dove (do you live), signorine?

Esercizio No. 46. Complete these sentences in Italian.

1. (We are selling) la nostra casa.
2. (They are learning) a parlare italiano.
3. (I understand) il professore.
4. (He reads) i giornali italiani.
5. (Are you (Lei) writing) gli esercizi?
6. (I take) il treno in città.
7. Perchè (do you (tu) not answer) alle domande?
8. Chi (has) la rivista italiana?
9. (They are not) americani.
10. Essa (is taking) un viaggio in Sicilia.
11. Chi (are they waiting for)?
12. Che cosa (are you (voi) reading)?
13. (Are you (Loro) visiting) posti interessanti?
14. Quanti anni (have you), Paolo?
15. (I have) dieci anni.
16. Dove (are) gli oggetti d'arte?
17. (I am finishing) la mia lezione.
18. (They are not opening) le porte.
19. (We are not traveling) in piroscafo.
20. I signori (are entering) nel salotto.

Esercizio No. 47. Complete these sentences in Italian.

Esempio: **Dove sono (your) amici, Carlo? Dove sono i tuoi amici, Carlo?**

1. Dove sono (your) amici, signore?
2. (My) amici abitano a Roma.
3. (Our) conversazioni (*f.*) sono molto interessanti.
4. (His) maestro è il signor Facci.
5. (Their) bambini vanno a scuola.
6. Siamo sei persone nella (our) famiglia.
7. Bambini, dove è (your) madre?
8. (His) moglie suona il pianoforte.
9. (Your) sorella è maestra, signorina?
10. Accettiamo (their) invito con piacere.
11. Quando parte (your) treno, signorina?
12. (My) treno parte alle sei e mezza.

Dialogo 1

CHE AUTOBUS SI DEVE PRENDERE?

1. — Scusi, signore, che autobus si deve prendere per il Colosseo? (per Piazza del Popolo?) (per Villa Borghese?) ecc.
2. — Prenda l'autobus ED, ecc. Si ferma qui all'angolo.
3. — Grazie tante, signore.
4. — Di nulla, signore.

1. Excuse me, sir, which bus must one take for the Colosseum? (for the Piazza del Popolo?) (for Villa Borghese?) etc.
2. Take the ED bus, etc. It stops right here at the corner.
3. Thank you very much, sir.
4. Don't mention it, sir.

Dialogo 2

QUALE AUTOBUS VA . . . ?

1. — Scusi, signore, può Lei dirmi quale autobus va al teatro dell'Opera? (al Foro Romano?) (alle Catacombe?) ecc.
2. — Mi dispiace, signore. Non sono di qui.[1] Non lo so. Ma quella guardia all'angolo lo saprà certamente.
3. — Grazie infinite, signore. Vado a domandarle.

NOTE 1. *Lit.* I am not from here.

1. Excuse me, sir, can you tell me which bus goes to the Opera House? (to the Roman Forum?) (to the Catacombs?) etc.
2. I'm sorry, sir. I'm a stranger here. I don't know. But that policeman at the corner will surely know.
3. Thank you very much, sir. I am going to ask him.

Esercizio 48. Lettura 1

DUE AMICI DEL SIGNOR CABOT

Il signor Cabot sa già i nomi di tutti gli oggetti nella sua casa. Adesso egli comincia a studiare i verbi perchè desidera leggere, scrivere e parlare l'italiano. Desidera anche imparare i numeri in italiano.

Siccome [1] egli desidera fare una visita al suo rappresentante in Italia, che non parla inglese, egli impara a parlare italiano al più presto possibile.

Perciò ha bisogno di fare molta pratica con le persone che parlano bene l'italiano. Fortunatamente egli ha due amici italiani che sono negli affari [2] vicino al suo ufficio in via Whitehall.

Un giorno il signor Cabot fa una visita a questi signori italiani. I due signori ascoltano con attenzione mentre [3] il signor Cabot parla italiano con loro. Dopo dieci minuti di conversazione i due signori fanno molte domande al loro amico ed essi sono molto contenti dei suoi progressi.

NOTES: 1. since. 2. negli affari in business. 3. while.

Esercizio 49. Lettura 2

IL SIGNOR CABOT È MALATO

Giovedì, 22 aprile alle nove di sera il signor Facci arriva a casa del suo studente, signor Cabot. Il figlio maggiore,[1] un ragazzo di dieci anni, apre la porta e saluta il maestro educatamente.[2]

Entrano nel salotto dove d'abitudine il signor Cabot aspetta il suo maestro. Ma quella sera non c'è. Anche la signora Cabot non c'è.

Il signor Facci è molto sorpreso e domanda al ragazzo — Dov'è tuo padre? Il figlio risponde triste-
mente [3] — Papa è malato. È a letto [4] perchè ha raffreddore e febbre.

Il maestro diviene [5] triste e dice — Peccato! Mi dispiace molto. Ebbene la settimana prossima noi dobbiamo [6] studiare due ore. Arrivederci a martedì prossimo, bambino mio.

Il ragazzo risponde — Arrivederla, signor Facci.

NOTES: 1. older. 2. politely. 3. sadly. 4. a letto in bed. 5. becomes. 6. we must.

CAPITOLO 11 (UNDICI)

NELLA SALA DA PRANZO

1. Il signor Cabot e il signor Facci sono seduti nella sala da pranzo.

Sulla tavola ci sono due tazze con i piattini, quattro cucchiaini, due forchette, due coltelli, una lattiera, una zuccheriera, e una torta di frutta in un piatto.

I due signori prendono il caffè con torta.

2. Il signor Cabot dice — Le piacciono [1] queste tazze e questi piattini?

3. — Sì, mi piacciono [2] molto, risponde il signor Facci. Questa tazza bianca ornata di fiori azzurri è della ditta Doccia, non è vero?

4. — Sì, proprio. La bella porcellana della ditta Doccia presso Firenze è celebre.

5. — E quella attraente lattiera con i disegni verdi da dove viene?

6. — Quella lattiera viene da Faenza. È una cittadina celebre per la sua ceramica.

7. — Ci sono altre regioni in Italia conosciute per i loro prodotti ceramici, non è vero?

8. — Certamente. Soprattutto la regione dell'Umbria. E ciascuna regione ha il suo proprio stile.

La maiolica di Perugia è molto carina. La ceramica della Toscana è anche molto carina.

9. — Vedo che Lei conosce bene il suo mestiere, signor Cabot.

10. — Sì, certo, è necessario, signor Facci.

Ho anche qui dei campioni di ceramica ordinaria per la cucina. Questa ceramica è generalmente molto semplice come quei piatti là sulla credenza.

11. — Sono dei piatti semplici ma belli, dice il signor Facci.

12. — Vuole ancora una tazza di caffè? E un po' di questa torta di frutta?

13. — Grazie tante. Tutto è delizioso.

14. — I due signori conversano ancora un po' e allora il signor Facci parte.

1. Mr. Cabot and Mr. Facci are seated in the dining room.

On the table there are two cups and saucers, four teaspoons, two forks, two knives, a milk pitcher, a sugar bowl, and a fruit tart on a plate.

The two gentlemen are having coffee and cake.

2. Mr. Cabot says, "Do you like these cups and saucers?"

3. "Yes, I like them very much," answers Mr. Facci. This white cup adorned with blue flowers is from the firm of Doccia, isn't it?

4. Yes, indeed. The beautiful porcelain of the firm of Doccia near Florence is famous.

5. And that attractive milk pitcher with green designs, where does it come from?

6. That milk pitcher comes from Faenza. It is a town famous for its pottery.

7. There are other districts in Italy known for their ceramic products, aren't there?

8. Surely. Above all the district of Umbria. And each region has its own style.

The majolica of Perugia is very pretty. The pottery of Tuscany is also very pretty.

9. I see that you know your trade very well, Mr. Cabot.

10. Yes, surely, it is necessary, Mr. Facci.

I also have here some samples of ordinary pottery for the kitchen. This pottery is generally very simple like those plates there on the sideboard.

11. "They are simple but beautiful plates," says Mr. Facci.

12. Do you want another cup of coffee, Mr. Facci? And a little of this fruit tart?

13. Many thanks. Everything is delicious.

14. The two gentlemen converse a little longer and then Mr. Facci leaves.

NOTES: 1. *Lit.* To you are pleasing these saucers? 2. *Lit.* To me they are very pleasing.

Building Vocabulary

il caffè (*kahf-fay*) coffee
il campione (*kahmp-yoh-nay*) sample
il coltello (*kohl-tehl-loh*) knife
il cucchiaino [1] (*kook-kyah-ee-noh*) teaspoon
il disegno (*dee-zayn-yoh*) design
il mestiere (*may-styeh-ray*) trade
il piatto (*pyaht-toh*) plate
il piattino [1] (*pyaht-tee-noh*) saucer
il prodotto (*proh-dawt-toh*) product
lo stile (*stee-lay*) style
la ceramica (*chay-rah-mee-kah*) ceramics
la cittadina [1] (*cheet-tah-dee-nah*) town
la ditta (*deet-tah*) firm
la frutta (*froot-tah*) fruit
la forchetta (*fohr-keht-tah*) fork
la lattiera (*laht-tyeh-rah*) milk pitcher
la maiolica (*mah-yaw-lee-kah*) majolica
la porcellana (*pohr-chayl-lah-nah*) porcelain
la regione (*ray-joh-nay*) region
la tazza (*tahts-sah*) cup
la torta (*tohr-tah*) cake

la zuccheriera (*tsoo-kayr-yeh-rah*) sugar bowl
l'industria (*leen-doo-stree-ah*) industry
trovare (*troh-vah-ray*) to find
prendere (*prehn-day-ray*) to take
conoscere (*koh-noh-shay-ray*) to know
viene (*vyeh-nay*) he, she, it comes
attraente (*aht-trah-ehn-tay*) attractive
carina (*kah-ree-nah*) pretty
celebre (*cheh-lay-bray*) famous
certo (*chehr-toh*) certain
ciascuno (*chah-skoo-noh*) each one
conosciuto (*koh-noh-shoo-toh*) known
delizioso (*day-leets-yaw-soh*) delicious
individuale (*een-dee-vee-dwah-lay*) individual
ordinario (*ohr-dee-nahr-yoh*) common
ornato (*ohr-nah-toh*) adorned
necessario (*nay-chays-sahr-yoh*) necessary
semplice (*saym-plee-chay*) simple
presso (*prehs-soh*) near
soprattutto (*soh-praht-toot-toh*) especially
quello (*kwehl-loh*) that

NOTE 1. The ending –ino (–ina) indicates *little, small*. Thus: cucchiaio *tablespoon;* cucchiaino (*teaspoon (little spoon)*).

Espressioni Italiane

Grazie tante (*grahts-yay tahn-tay*) many thanks
sì, proprio (*see praw-pree-oh*) yes, indeed
in tutti i casi (*een toot-tee ee kah-zee*) in any case

Le piacciono i piattini? (*lay pyah-choh-noh ee pyaht-tee-nee*) Do you like the saucers? (To you are pleasing the saucers?)
I piattini mi piacciono. I like the saucers.

Practice aloud:

Le piacciono questi disegni?
Sì proprio, mi piacciono molto.
Le piacciono queste tazze?
Niente affatto! Non mi piacciono.

Do you like these designs?
Yes indeed, I like them very much.
Do you like these cups?
Not at all! I don't like them.

Grammar Notes and Practical Exercises

1. Present Tense of volere (*voh-lay-ray*) to want, to wish.

voglio (*vawl-yoh*)	I want	vogliamo (*vohl-yah-moh*)	we want
vuoi (*vwoy*)	you want (*fam.*)	volete (*voh-lay-tay*)	you want (*fam.*)
vuole (*vwaw-lay*)	you want (*pol.*) / he, she, it wants	vogliono (*vawl-yoh-noh*)	you want (*pol.*) / they want

Esercizio No. 50. Complete these sentences with the correct form of volere.

1. (I do not want) viaggiare in aeroplano.
2. (Do you want) finire quella lezione, signorina?
3. Essa (wants) imparare l'italiano.
4. (Do you not want) quell'orologio, signore?
5. (We want) viaggiare in piroscafo.
6. (They do not want) vendere la loro casa.
7. (Do you want) ancora una torta, Carlo?
8. (Do you want) visitare la scuola, signori?
9. Chi (wants) leggere questi libri?
10. (Do you want) partire oggi, ragazzi?

Vuole is often used in the sense of *will you.* Thus:

Vuole cominciare, per favore? Will you please begin.
Vuole passare lo zucchero? Will you please pass the sugar?

2. The Demonstrative Adjectives questo *this*, **quello** *that*.

a. questo this

You have already learned that questo has four forms like other adjectives ending in **-o.**
Note that questo and questa become quest' before words beginning with a vowel.

Questo disegno è molto semplice.	*This* design is very simple.
Questi disegni sono molto semplici.	*These* designs are very simple.
Questa tazza è bellissima.	*This* cup is very beautiful.
Queste tazze sono bellissime.	*These* cups are very beautiful.
*Quest'*orologio è mio.	*This* watch is mine.
*Quest'*arancia non è dolce.	*This* orange is not sweet.

b. quello that

Observe the close similarity between the definite article and the corresponding forms of quello. The forms of quello are used according to the rules given for the use of the definite article.

DEFINITE ARTICLE		DEMONSTRATIVE ADJECTIVE quello	
il piattino	the saucer	*quel* piattino	that saucer
la forchetta	the fork	*quella* forchetta	that fork
*l'*articolo	the article	*quell'*articolo	that article
lo specchio	the mirror	*quello* specchio	that mirror
i piattini	the saucers	*quei* piattini	those saucers
le forchette	the forks	*quelle* forchette	those forks
gli articoli	the articles	*quegli* articoli	those articles
gli specchi	the mirrors	*quegli* specchi	those mirrors

Esercizio No. 51. Substitute the correct form of quello for each definite article.

Esempio 1: *l'*ufficio   *the* office   *quell'*ufficio   *that* office
gli uffici   *the* offices   *quegli* uffici   *those* offices

1. l'ufficio	5. lo studio	9. la tazza	13. la moglie	17. l'italiana
2. gli uffici	6. gli studi	10. le tazze	14. le mogli	18. le italiane
3. l'oggetto	7. il coltello	11. il paese	15. l'americano	19. il posto
4. gli oggetti	8. i coltelli	12. i paesi	16. gli americani	20. i posti

Esercizio No. 52. Complete in Italian with the correct forms of questo or quello as required.

1. (These) signori prendono caffè.
2. (This) tazza è della ditta Doccia.
3. (Those) riviste sono bellissime.
4. (Those) disegni sono molto semplici.
5. (That) casa è molto vecchia.
6. (That) ritratto è di mia moglie.
7. (That) ufficio è al ventesimo piano.
8. (This) lettera è di mio padre.
9. (This) orologio è di mia madre.
10. (This) italiano è molto gentile.
11. Mi piacciono (these) piattini.
12. Mi piacciono (those) nuove sedie.
13. Non mi piacciono (these) ritratti.
14. Non mi piace (that) cartello.
15. Vuole Lei un po' di (this) torta?
16. Vogliamo (those) oggetti d'arte.
17. Vuole leggere (this) lettera?
18. Non voglio parlare a (that) uomo.
19. Lei trova interessanti (those) studi?
20. Dov'è (that) nuovo specchio?

Esercizio No. 53. Domande

1. Dove sono seduti i signori?
2. Che prendono?
3. Che dice il signor Cabot?
4. Di dove è la tazza bianca?
5. Quale porcellana è celebre?
6. Da dove viene la lattiera carina?
7. Di che colore sono i disegni sulla lattiera?
8. Perchè è celebre la cittadina di Faenza?
9. È molto carina la maiolica di Perugia?
10. Chi conosce bene il suo mestiere?
11. Che cosa ha il signor Cabot per la cucina?
12. Com'è [1] quella ceramica, semplice od [2] ornata?
13. Prende il signor Facci ancora una tazza di caffè?
14. Com'è tutto?

NOTE 1. Com'è = Come è just as dov'è = dove è. 2. o becomes od if the next word begins with an o.

CAPITOLO 12 (DODICI)

I NUMERI, SEMPRE I NUMERI

1. —Signor Cabot, Lei sa già che i nomi delle cose sono importanti.

   Lei sa già che non è possibile fare una frase senza verbi.
2. —È vero, signor Facci.
3. —Ebbene, signor Cabot, c'è una categoria di parole che è così importante come i nomi e i verbi.

   Infatti è difficile immaginare la nostra civiltà moderna senza queste parole.

   Può Lei indovinare a che cosa penso?
4. —Credo di sì. Lei vuole dire i numeri.
5. —Ha ragione. Può Lei spiegare in quali occasioni i numeri sono indispensabili nella vita moderna?
6. —Certo. Niente di più facile. Noi abbiamo bisogno dei numeri per gli affari.
7. —Ah! Ah! Il commerciante pensa subito agli affari. Però senza il danaro i numeri non valgono molto, non è vero?
8. —Ebbene, noi abbiamo bisogno dei numeri per cambiare danaro, per indicare le date, l'ora del giorno, la temperatura; per esprimere quantità, per telefonare, per la radio, per tutte le scienze e per mille altre cose.
9. —Numeri, sempre numeri. Sì, signor Cabot, i numeri sono essenziali.

   Però è necessario non solo conoscere i numeri ma anche saperli[1] usare rapidamente e correttamente nella vita quotidiana.
10. —Lei ha ragione. Io voglio fare tutto il possibile per capirli e usarli correttamente.
11. —Nel frattempo voglio dirle[2] che Lei fa dei progressi rapidi nei suoi studi.
12. —Lei è troppo gentile, signor Facci.
13. —No davvero. È la verità. Ebbene, basta per oggi.
14. —Arrivederci, signor Cabot.
15. —A giovedì prossimo, signor Facci.

1. Mr. Cabot, you already know that the names of things are important.

   You already know that it is not possible to make a sentence without verbs.
2. That's true, Mr. Facci.
3. Well, Mr. Cabot, there is a class of words which is just as important as nouns and verbs.

   In fact, it is difficult to imagine our modern civilization without these words.

   Can you guess what I am thinking of?
4. I think so. You mean numbers.
5. You are right. Can you explain on what occasions numbers are indispensable in modern life?
6. Certainly. Nothing easier. We need numbers for business.
7. Ha! Ha! The businessman thinks immediately of business. However, without money, numbers are not worth much, are they?
8. Well, we need numbers to change money, to indicate dates, the time of day, the temperature; to express quantities, to telephone, for the radio, for all the sciences and for a thousand other things.
9. Numbers, always numbers. Yes, Mr. Cabot, numbers are essential.

   But it is necessary not only to know the numbers but how to use them[1] rapidly and correctly in daily life.
10. You are right. I want to do everything possible to understand them and to use them correctly.
11. In the meantime, I want to tell you[2] that you are progressing rapidly in your studies.
12. You are too kind, Mr. Facci.
13. Indeed not. It is the truth. Well, enough for today.
14. Good-bye, Mr. Cabot.
15. Until next Thursday, Mr. Facci.

NOTES: 1. li *them m.* is an object pronoun. Object pronouns usually precede the verb. Exception: they follow an infinitive as here (saperli). 2. le (*to*) *you* is an indirect object pronoun.

Building Vocabulary

il denaro (*day-nah-roh*) *or* danaro money
il numero (*noo-may-roh*) number
la categoria (*kah-tay-goh-ree-ah*) class, kind
la civiltà (*chee-veel-tah*) civilization
la data (*dah-tah*) date
la quantità (*kwahn-tee-tah*) quantity

conoscere (*koh-noh-shay-ray*) to know, to be acquainted with
esprimere (*ay-spree-may-ray*) to express
sapere (*sah-pay-ray*) to know, to know how
valgono (*vahl-goh-noh*) are worth
certo (*chehr-toh*) certain, certainly

la radio [1] (*rahd-yoh*) radio
la temperatura (*taym-pay-rah-too-rah*) temperature
la scienza (*shehnt-sah*) science
l'affare (*lahf-fah-ray*) business
l'occasione (*lahk-kahz-yoh-nay*) occasion
l'ora (*loh-rah*) hour, time
indicare (*een-dee-kah-ray*) to indicate
immaginare (*eem-mah-jee-nah-ray*) to imagine
indovinare (*een-doh-vee-nah-ray*) to guess
pensare (a) (*payn-sah-ray*) to think (of)
spiegare (*spyay-gah-ray*) explain
telefonare (*tay-lay-foh-nah-ray*) to telephone
usare (*oo-zah-ray*) to use

essenziale (*ays-saynts-yah-lay*) essential
facile (*fah-chee-lay*) easy
moderno (*moh-dehr-noh*) modern
indispensabile (*een-dee-spayn-sah-bee-lay*) indispensable
quotidiano (*kwoh-tee-dyah-noh*) daily
correttamente (*kohr-rayt-tah-mayn-tay*) correctly
subito (*soo-bee-toh*) at once
davvero (*dahv-vay-roh*) indeed
infatti (*een-faht-tee*) in fact
niente (*nyehn-tay*) nothing
così ... come as ... as
non solo ... ma anche (*ahn-kay*) not only ... but also

NOTE 1. Two exceptions to the rule that—o nouns are masculine are: la radio *radio* and la mano *hand*.

Espressioni Italiane

aver bisogno di (*bee-zohn-yoh dee*) to need (to have need of)
credo di sì (*kray-doh dee see*) I think so
fare tutto il possibile to do everything possible
fare progressi rapidi (*proh-grehs-see rah-pee-dee*) to make rapid progress

nel frattempo (*fraht-tehm-poh*) in the meantime
vuole dire (*vwaw-lay dee-ray*) it means, (wishes to say)
aver ragione (*rah-joh-nay*) to be right
aver torto (*tawr-toh*) to be wrong
niente di più facile (*fah-chee-lay*) nothing easier

Practice reading aloud:

1. — Che vuole dire in inglese la parola «niente»?
   — In inglese «niente» vuole dire "nothing."
   — Lei ha ragione. Vedo che fa progressi rapidi in italiano.
   — Grazie. Lei e molto gentile. Faccio tutto il possibile per imparare la lingua.

2. — Fa progressi rapidi il suo amico Giovanni?
   — Credo di sì. Però egli ha bisogno di una buona grammatica italiana.

3. — Aspetto il mio professore di musica.
   — Che fa Lei nel frattempo?
   — Ascolto la radio perchè non c'è niente di più facile.

Grammar Notes and Practical Exercises

1. Present Tense of potere (*poh-tay-ray*) can, to be able, may.

posso (*paws-soh*) I can, am able
puoi (*pwaw-ee*) you can, are able (*fam.*)
può (*pwaw*) { you can, are able (*pol.*) / he, she, it can, is able

possiamo (*pohs-syah-moh*) we can, are able
potete (*poh-tay-tay*) you can, are able (*fam.*)
possono (*paw-soh-noh*) { you can, are able (*pol.*) / they can, are able

Esercizio No. 54. Substitute the correct form of volere or potere as required. Translate.

Esempio 1. Io non posso fare quest'esercizio. I cannot do this exercise.

1. Io non (potere) fare questo esercizio.
2. Che (volere) dire questa parola?
3. Io (volere) fare un viaggio in Italia.
4. (Potere) Lei indovinare la risposta?
5. (Potere) Loro fare progessi rapidi?
6. Noi non (potere) fare frasi senza verbi.
7. Noi (volere) usare queste parole correttamente.

8. (Volere) ancora una torta, Pietro?
9. (Potere) vedere la lavagna,[1] ragazzi?
10. Ora noi (potere) chiamare un tassì.[2]
11. Quali posti (volere) visitare, signori?
12. Essi (volere) ascoltare la radio.
13. Ognuno [3] (volere) guardare [4] la televisione.
14. Nessuno [5] (potere) rispondere a questa domanda.

NOTES: 1. blackboard 2. taxi 3. ognuno (*ohn-yoo-noh*) everyone 4. to watch 5. nessuno no one

2. **Numeri da 1 (uno) fino a 100 (cento).**

1. uno (*oo-noh*)	17. diciassette (*dee-chahs-seht-tay*)	40. quaranta (*kwah-rahn-tah*)
2. due (*doo-ay*)	18. diciotto (*dee-chawt-toh*)	41. quarantuno
3. tre (*tray*)	19. diciannove (*dee-chahn-naw-vay*)	43. quarantatrè
4. quattro (*kwaht-troh*)	20. venti (*vayn-tee*)	48. quarantotto
5. cinque (*cheen-kway*)	21. ventuno	50. cinquanta (*cheen-kwahn-tah*)
6. sei (*sehy*)	22. ventidue	51. cinquantuno
7. sette (*seht-tay*)	23. ventitrè	54. cinquantaquattro
8. otto (*awt-toh*)	24. ventiquattro	58. cinquantotto
9. nove (*naw-vay*)	25. venticinque	60. sessanta (*says-sahn-tah*)
10. dieci (*dyeh-chee*)	26. ventisei	61. sessantuno
11. undici (*oon-dee-chee*)	27. ventisette	65. sessantacinque
12. dodici (*doh-dee-chee*)	28. ventotto	70. settanta (*sayt-tahn-tah*)
13. tredici (*tray-dee-chee*)	29. ventinove	71. settantuno
14. quattordici (*kwaht-tohr-dee-chee*)	30. trenta (*trayn-tah*)	80. ottanta (*oht-tahn-tah*)
	31. trentuno	81. ottantuno
15. quindici (*kween-dee-chee*)	32. trentadue	90. novanta (*noh-vahn-tah*)
16. sedici (*say-dee-chee*)	38. trentotto	100. cento (*chehn-toh*)

Observe that **venti, trenta, quaranta, cinquanta,** etc., drop the final vowel when they combine with **uno** or **otto**.

uno, when used with a noun takes the forms of the indefinite article:

un giorno; una strada; un'amica; uno studente

uno is omitted before **cento** (one hundred) and **mille** (one thousand).

Esercizio No. 55. Write out the numbers in Italian. Then read each expression aloud.

1. 30 torte dolci	6. 14 grandi città	11. 70 buoni bambini
2. 10 lezioni facili	7. 25 belle ragazze	12. 95 oggetti d'arte
3. 50 studenti americani	8. 68 carte verdi	13. 88 nomi italiani
4. 49 cartelli inglesi	9. 18 campioni semplici	14. 11 tavole lunghe
5. 12 piatti bianchi	10. 13 uffici comodi	15. 17 stanze comode

Esercizio No. 56. Read each arithmetical expression aloud in Italian.

Note: *plus* (+) = **più**   *minus* (−) = **meno**   *times* (×) = **per**   *divided by* (÷) = **diviso per**

Esempio: $4 + 6 = 10$ quattro più sei fa (makes) **dieci.**

a. $4 + 9 = 13$	c. $12 - 3 = 9$	e. $7 \times 8 = 56$	g. $69 \div 3 = 23$	i. $7 \times 7 = 49$
b. $8 + 7 = 15$	d. $10 - 2 = 8$	f. $9 \times 10 = 90$	h. $55 \div 11 = 5$	j. $9 \times 9 = 81$

Esercizio No. 57. Read each sentence aloud. Answer each in a complete Italian sentence, saying the numbers in Italian. Esempio 1. In un giorno ci sono (24) ventiquattro ore.

1. Quante ore ci sono in un giorno?
2. Quanti mesi ci sono in un anno?
3. Quanti giorni ci sono in una settimana?
4. Quanti minuti ci sono in un'ora?
5. Quanti secondi ci sono in un minuto?
6. Quanti giorni ci sono nel mese di settembre?
7. Quanti anni ha Lei? (19)
8. Quanti anni ha Luigi? (16)
9. Quante automobili ci sono nel garage? (15)
10. Quanti libri ci sono sullo scaffale? (100)
11. Dove abita Lei? (in Via Marsala 89)
12. Quanti stati ci sono negli Stati Uniti?

NOTES: 1. il mese month 2. la settimana week 3. il minuto minute 4. il secondo second

Esercizio No. 58. Domande

1. Che sa già il signor Cabot?
2. Quale categoria di parole è così importante come i nomi e i verbi?
3. A che cosa pensa il maestro?
4. Di che cosa abbiamo bisogno per gli affari?
5. A che cosa pensa subito il commerciante?
6. I numeri valgono molto senza il danaro?
7. Che possiamo indicare per mezzo di [1] numeri?
8. Chi vuole capire e usare i numeri correttamente?
9. Fa dei progressi rapidi o lenti [2] il signor Cabot?
10. Dica ad alta [3] voce i numeri 10, 20, 30, 40, 50, 60, 70, 80, 90, 100.

NOTES: 1. **per mezzo di** by means of   2. **lento** slow   3. **ad alta voce** in a loud voice

CAPITOLO 13 (TREDICI)

IL SISTEMA MONETARIO D'ITALIA

1. — Nella nostra ultima conversazione abbiamo detto che è difficile immaginare la nostra civiltà moderna senza i numeri, cioè, senza la matematica.

   È ugualmente difficile immaginare un viaggio senza la matematica. Sa Lei quante volte si fa uso della matematica in un viaggio?
2. — Io credo di sì. Si fa uso della matematica per cambiare il danaro, per comprare i biglietti, per pagare i pasti e il conto dell'albergo, per pesare i bagagli, per calcolare le distanze, per fare delle spese nei grandi negozi, nelle botteghe e al mercato.
3. — Conosce Lei il sistema monetario d'Italia?
4. — Che idea! Lo [1] conosco perfettamente. Sono un importatore d'articoli italiani, non è vero?

   La lira è l'unità monetaria d'Italia.
   Il dollaro americano vale circa 620 (seicento venti) lire.
5. — Se Lei cambia 10 (dieci) dollari in lire quante lire riceve Lei?
6. — Io ricevo circa 6200 (sei mila duecento) lire.
7. — Se Lei cambia 100 (cento) dollari in lire, quante lire riceve?
8. — Ricevo circa 62,000 (sessantadue mila) lire.
9. — Giusto. Ed [2] ecco ancora: Lei va alla stazione ferroviaria. Lei vuole comprare due biglietti ferroviari.

   Ogni biglietto costa 975 (novecento settantacinque) lire e Lei dà 2000 (due mila) lire all'impiegato allo sportello dei biglietti.
   Quante lire gli [3] dà di resto?
10. — Due per 975 (novecento settantacinque) fa 1950 (mille novecento cinquanta). 2000 (duemila) meno 1950 (mille novecento cinquanta) fa 50 (cinquanta).

    Egli mi dà cinquanta lire di resto.
11. — Benissimo. Nella prossima conversazione parliamo ancora su questo soggetto così importante.

    La pratica è la migliore maestra.

1. In our last conversation we said that it is difficult to imagine our modern civilization without numbers, that is to say, without mathematics.

   It is equally difficult to imagine a trip without mathematics. Do you know how many times one makes use of mathematics on a trip?
2. I think so. One makes use of mathematics in order to change money, to buy tickets, to pay for meals and the hotel bill, to weigh baggage, to estimate distances, to go shopping in the large stores, in the shops and in the market.
3. Do you know the monetary system of Italy?
4. What an idea! I know it thoroughly. I am an importer of Italian articles, am I not?

   The lira is the monetary unit of Italy.
   The American dollar is worth about 620 lire.
5. If you change ten dollars into lire, how many lire do you receive?
6. I receive about 6200 lire.
7. If you change 100 (one hundred) dollars into lire, how many lire do you receive?
8. I receive about 62,000 lire.
9. That's right. And now once more: You go to the railroad station. You want to buy two railroad tickets.

   Each ticket costs 975 (nine hundred and seventy-five) lire and you give 2000 (two thousand) lire to the agent at the ticket window.
   How many lire does he give you [3] in change?
10. Two times 975 (nine hundred and seventy-five) makes 1950 (one thousand nine hundred and fifty). 2000 (two thousand) less 1950 (one thousand nine hundred and fifty) makes 50.

    He gives me fifty lire in change.
11. Very good. In our next conversation let us speak further about this important subject.

    Practice is the best teacher.

NOTES: 1. Lo *him* or *it m.*, direct object pronoun. 2. E becomes ed when the next word begins with an e. 3. gli (*to*) *you* or (*to*) *him*, is an indirect object pronoun.

Building Vocabulary

il biglietto (*beel-yeht-toh*) ticket, bill (money)
il conto (*kohn-toh*) bill, account
il mercato (*mayr-kah-toh*) market

il negozio (*nay-gawts-yoh*) shop, store
il pasto (*pah-stoh*) meal
il sistema (*see-steh-mah*) system

il soggetto (*soh-jeht-toh*) subject
la bottega [1] (*boht-tay-gah*) shop [2]
la distanza (*dee-stahnt-sah*) distance
la lira (*lee-rah*) lira
la matematica (*mah-tay-mah-teeh-kah*) mathematics
la stazione ferroviaria (*stahts-yoh-nay fayr-roh-vyahr-yah*) railroad station
l'albergo (*lahl-behr-goh*) hotel
i bagagli (*bah-gahl-yee*) baggage
l'impiegato (*leem-pyay-gah-toh*) clerk
l'unità (*loo-nee-tah*) unit
lo sportello dei biglietti (*spohr-tehl-loh*) ticket window
calcolare (*kahl-koh-lah-ray*) to calculate
cambiare (*kahm-byah-ray*) to change
comprare (*kohm-prah-ray*) to buy

continuare (*kohn-teen-wah-ray*) to continue
dare (*dah-ray*) to give
da (*dah*) he, she, it gives
pagare (*pah-gah-ray*) to pay
pesare (*pay-zah-ray*) to weigh
ricevere (*ree-chay-vay-ray*) to receive
conosce Lei? (*koh-noh-shay*) do you know?
lo conosco (*loh-koh-noh-skoh*) I know it
dire (*dee-ray*) to say
ho detto (*dayt-toh*) I have said
vale (*vah-lay*) it is worth
monetario (*moh-nay-tahr-yoh*) monetary
ugualmente (*oo-gwahl-mayn-tay*) equally
perfettamente (*payr-feht-tah-mayn-tay*) perfectly
circa (*cheer-kah*) about

NOTE 1. Nouns and adjectives ending in ga or ca form the plural by adding h before the ending e. Thus: la bottega   le botteghe;   l'amica   le amiche.

Espressioni Italiane

Che idea! (*kay ee-day-ah*) What an idea!
giusto (*joo-stoh*) right
Va bene! (*beh-nay*) Good!
Va benissimo (*bay-nees-see-moh*) Excellent
Ed ecco ancora (*ayd ehk-koh ahn-koh-rah*). Now one more.
una volta (*vawl-tah*) one time
quante volte how many times

di resto (*dee reh-stoh*) in change
si [1] fa uso di (*oo-zoh*) one makes use of
per così dire that is to say
fare delle spese (*fah-ray dayl-lay spay-zay*) to go shopping
La pratica è la migliore maestra (*lah prah-tee-kah èh lah meel-yoh-ray mah-ay-strah*) Practice is the best teacher. (Practice makes perfect.)

NOTE 1. Observe the impersonal construction with si. It is very common in Italian.

Practice saying aloud:

Si fa uso dei numeri per cambiare il danaro.
One makes use of numbers to change money.

Si può comprare biglietti a quello sportello.
One can buy tickets at that ticket window.

Grammar Notes and Practical Exercises

1. Present Tense of sapere to know; conoscere to know (to be acquainted with)

sapere (*sah-pay-ray*)

so	(*saw*)	I know
sai	(*sahy*)	you know (*fam.*)
sa	(*sah*)	you know (*pol.*) he, she, it knows
sappiamo	(*sahp-pyah-moh*)	we know
sapete	(*sah-pay-tay*)	you know (*fam.*)
sanno	(*sahn-noh*)	you know (*pol.*) they know

conoscere

conosco	(*koh-noh-skoh*)	I know
conosci	(*koh-noh-shee*)	you know (*fam.*)
conosce	(*koh-noh-shay*)	you know (*pol.*) he, she, it knows
conosciamo	(*koh-noh-shah-moh*)	we know
conoscete	(*koh-noh-shay-tay*)	you know (*fam.*)
conoscono	(*koh-noh-skoh-noh*)	you know (*pol.*) they know

Read aloud:

a. Lei sa tutte le risposte?   Do you know all the answers?
b. So che il dottore è qui.   I know that the doctor is here.
c. Non sappiamo leggere l'inglese.   We do not know how to read English.
d. Non conosco quell'uomo.   I do not know that man.
e. Conoscete quella strada?   Do you know that street?
f. Conosciamo questo sistema monetario.   We know this monetary system.

sapere means *to know* a thing or a fact (sentences a, b). It also means *to know how* (c).
conoscere means *to know*, in the sense of *to be acquainted with* a person or thing (d, e).
conoscere also means to know a body of knowledge, such as history, geography, a system, etc. (f).

Esercizio No. 59. Complete these sentences with the correct forms of sapere or conoscere.

1. (Do you know) i nomi di queste cose?
2. (We know) quel dottore americano.
3. (We do not know) dove abita.
4. (I know) che egli ha bisogno di denaro.
5. (He knows how) scrivere il francese.
6. (They do not know) quella regione di Spagna.
7. (Do you know how) cambiare dollari in lire?
8. (I know) i bambini del signor Marconi.
9. (We know) molti buoni ristoranti.
10. Essa (knows) bene la geografia d'Europa.

2. I Numeri da 100 (cento) a 1,000,000 (un milione).

100	cento	1000	mille (*meel-lay*)	2000	due mila
101	cento uno	1100	mille e cento	10,000	dieci mila
102	centodue, etc.	1200	mille duecento	100,000	cento mila
190	cento novanta	1800	mille ottocento	1,000,000	un milione
200	duecento	1900	mille novecento		(*meel-yoh-nay*)

1,260,425   un milione, duecento sessanta mila, quattrocento venticinque

mille and milione have plurals: mila and milioni.

Esercizio No. 60. Write out these numbers in Italian.

Esempio: 16,692 = sedici mila, seicento novantadue

a) 300   c) 530   e) 650   g) 1,870   i) 6,750   k) 15,620   m) 30,000
b) 400   d) 247   f) 760   h) 2,025   j) 10,880   l) 25,440   n) 50,000

Esercizio No. 61. Practice the following table aloud:

Esempio: Un dollaro americano vale seicento venti lire.

Due dollari americani valgono mille duecento quaranta lire.

$1.00 Un dollaro americano	= 620 lire	$6.00 Sei dollari americani = 3720 lire
$2.00 Due dollari americani	= 1240 lire	$7.00 Sette dollari americani = 4340 lire
$3.00 Tre dollari americani	= 1860 lire	$8.00 Otto dollari americani = 4960 lire
$4.00 Quattro dollari americani	= 2480 lire	$9.00 Nove dollari americani = 5580 lire
$5.00 Cinque dollari americani	= 3100 lire	$10.00 Dieci dollari americani = 6200 lire

This was the approximate rate of exchange of the lira as of October 1, 1959. If it has changed since, you can make yourself a new table for practice.

Esercizio No. 62. Domande

1. Se una cosa costa 600 (seicento) lire e se Lei dà un biglietto da 1000 (mille) lire, quanto danaro riceve di resto?
2. Se un biglietto costa 850 (ottocento cinquanta) lire, quanto paga per due biglietti?
3. Se una rivista costa 250 (duecento cinquanta) lire, quanto paga Lei per quattro riviste?
4. Se un giornale costa 30 (trenta) lire e Lei dà al giornalaio[1] un moneta[2] da 100 (cento) lire, quanto riceve di resto?
5. Se Lei ha una moneta di 50 (cinquanta) lire, due monete di cento lire, tre biglietti di mille lire, quanto danaro ha Lei in tasca?[3]
6. Che cosa ha più valore, un biglietto di cinque mila lire o un biglietto di dieci dollari?
7. Se un uomo ha un milione di dollari è egli milionario?
8. Sa Lei quanto danaro c'è nella Banca d'Italia?

NOTES: 1. giornalaio newspaper dealer. 2. moneta coin. Coins at present come in denominations of 1, 2, 5, 10, 20, 50, 100, 500 lire. The first and the last are very rare. Biglietto bill. Bills are 500 lire and above. 3. la tasca pocket; in tasca in your pocket

CAPITOLO 14 (QUATTORDICI)

I PROBLEMI D'ARITMETICA AL RISTORANTE, ALLA STAZIONE, IN UN NEGOZIO

1. — Parliamo ancora un po' dell'uso della matematica in viaggio.

2. — Noi pranziamo al ristorante. Noi siamo in quattro.

   I pranzi costano: 850 (ottocento cinquanta) lire, 975 (novecento settantacinque) lire; 1050 (mille cinquanta) lire; e 825 (ottocento venticinque) lire. Noi lasciamo il 15% (quindici per cento) di mancia.

   Qual è [1] il totale del conto per tutti e quattro. Quanto è la mancia?

3. La somma totale per tutti è di 3700 (tre mila settecento) lire. La mancia è 555 (cinquecento cinquantacinque) lire.

4. Benissimo. Ora io sono alla stazione e porto una valigia molto pesante.

   La [2] faccio pesare. Essa pesa 30 (trenta) chili.

   Come posso calcolare il peso della valigia in libbre?

5. Non è difficile. Un chilo è uguale a circa 2,2 [3] (due, virgola [3] due) libbre.

   Si moltiplica 30 (trenta) per 2,2. La valigia pesa 66 (sessantasei) libbre.

6. Corretto. In Italia e negli altri paesi dell'Europa continentale non si contano le distanze in miglia ma in chilometri.

   Sa Lei combiare i chilometri in miglia?

7. Certamente. Divido per otto e poi moltiplico per cinque. Così 80 (ottanta)chilometri equivalgono a 50 (cinquanta) miglia.

   È facile, non è vero?

8. Lei calcola presto e bene. Ancora un altro problema, l'ultimo.

   Lei va in un negozio. Compra un paio di guanti per sè stesso a 1800 (mille ottocento) lire; due paia di guanti per sua moglie a 2400 (duemila quattrocento) lire al paio; e una cintura di pelle per ognuno dei suoi quattro figli a 750 (settecento cinquanta) lire l'una.

   Qual'è il totale di tutte le sue spese?

9. 9600 (novemila seicento) lire. Se io do alla commessa dieci biglietti da 1000 (mille) lire, ricevo 400 (quattrocento) lire di resto.

10. Perfettamente. Per oggi basta con la matematica. Giovedì dobbiamo parlare circa l'ora del giorno. È un soggetto molto importante.

11. Bene. Conto su una conversazione interessante.

---

1. Let us talk a little more about the use of mathematics on a trip.

2. We are dining at the restaurant. We are four.

   The meals cost: 850 (eight hundred and fifty) lire; 975 (nine hundred and seventy-five) lire; 1050 (one thousand and fifty) lire; and 825 (eight hundred and twenty-five) lire. We leave 15% as a tip.

   What is the total bill for all four? How much is the tip?

3. The sum total for all is 3700 (three thousand seven hundred) lire. The tip is 555 (five hundred fifty-five) lire.

4. Very good. Now I am at the railroad station and I am carrying a very heavy suitcase.

   I have it weighed. It weighs 30 kilos.

   How can I calculate the weight of the suitcase in pounds?

5. It is not difficult. A kilo is equal to about 2.2 (two point two) pounds.

   One multiplies 30 (thirty) by 2.2. The suitcase weighs 66 (sixty-six) pounds.

6. Correct. In Italy and in the other countries of continental Europe, one does not figure distances in miles but in kilometers.

   Do you know how to change kilometers into miles?

7. Certainly. I divide by eight and then multiply by five. Thus 80 (eighty) kilometers are equal to 50 (fifty) miles.

   It is easy, isn't it?

8. You figure fast and well. Now another problem, the last one.

   You go into a store. You buy a pair of gloves for yourself at 1800 (one thousand eight hundred) lire; two pairs of gloves for your wife at 2400 (two thousand four hundred) lire a pair; and a leather belt for each of your four children at 650 (six hundred and fifty) lire each.

   What is the total of all your purchases?

9. 9600 (nine thousand six hundred) lire. If I give the salesgirl ten bills of 1000 (one thousand) lire, I receive 400 (four hundred) lire in change.

10. Perfect. Enough mathematics for today. On Thursday we must talk about the time of day. It is a very important subject.

11. Good. I'm expecting an interesting conversation.

12. A proposito, signor Cabot, giovedì prossimo non posso arrivare prima delle 8: 30 (otto e trenta).
13. Va bene lo stesso. Meglio tardi che mai.
14. Ben detto. Arrivederci, signor Cabot.
15. Arrivederci a giovedì, signor Facci.

12. By the way, Mr. Cabot, next Thursday I cannot arrive before 8: 30 (eight thirty).
13. That's all right. Better late than never.
14. Well said. Good-bye, Mr. Cabot.
15. Good-bye until Thursday, Mr. Facci.

NOTES: 1. Qual'è = quale è just as dov'è = dove è and com'è = come è. 2. La = *her* or *it f.*, direct object pronoun. 3. Note the use in Italian of a comma instead of a decimal point.

Building Vocabulary

il chilo (*kee-loh*) kilo
il chilometro (*kee-law-may-troh*) kilometer
il guanto (*gwahn-toh*)
il paio di guanti (*pah-yoh dee gwahn-tee*) pair of gloves; le paia (*pah-yah*) pairs (*irreg. plu.*)
il miglio (*meel-yoh*) mile
le miglia (*meel-yah*) miles (*irreg. plu.*)
il peso (*pay-zoh*) weight
il pranzo (*prahnd-zoh*) dinner
il problema [1] (*proh-bleh-mah*) problem
il totale (*toh-tah-lay*) total
la mancia (*mahn-chah*) tip, gratuity
la spesa (*spay-sah*) purchase
la commessa (*kohm-mehs-sah*) saleslady
la cintura (*cheen-too-rah*) belt
la libbra (*leeb-brah*) pound
la pelle (*pehl-lay*) skin, leather
la somma (*sohm-mah*) sum
la valigia (*vah-lee-jah*) valise
l'aritmetica (*lah-reet-meh-tee-kah*) arithmetic

dividere (*dee-vee-day-ray*) to divide
lasciare (*lah-shah-ray*) to leave
moltiplicare (*mohl-tee-plee-kah-ray*) to multiply
pranzare (*prahnd-zah-ray*) to dine
equivalgono (*ay-kwee-vahl-goh-noh*) they equal
dovere (*doh-vay-ray*) to have to
dobbiamo (*dohb-byah-moh*) we must
corretto (*kohr-reht-toh*) correct
continentale (*kohn-tee-nayn-tah-lay*) continental
pesante (*pay-zahn-tay*) heavy
totale (*toh-tah-lay*) total
uguale a (*oo-gwah-lay ah*) equal to
ultimo (*ool-tee-moh*) last
stesso (*stays-soh*) same
prima di (*pree-mah dee*) before
mai (*mahy*) never, ever
presto (*preh-stoh*) quickly, soon
tardi (*tahr-dee*) late
poi (*poy*) then
ognuno (*ohn-yoo-noh*) each one

NOTE 1. There are a considerable number of nouns ending in –a which are by exception masculine. Among them are: il problema, il poema, il poeta, l'artista, il dentista, l'autista (chauffeur), il cinema, il dramma, il programma, il sistema.

Espressioni Italiane

ben detto (*behn dayt-toh*) well said
Faccio pesare la valigia. I have the valise weighed.
Va bene lo stesso. That's all right.
Meglio tardi che mai. Better late than never.

Si fa uso della matematica. One makes use of mathematics.
Si pagano i conti in lire. One pays the bills in lire.
Si contano le distanze in miglia. One counts distances in miles.

Weights and Measures

In Italy and in Europe generally, the metric system of weights and measures is used. Thus, instead of yards, feet and inches, the linear measure is the meter. Instead of pounds, the European measure of weight is the *kilo*.

NOTE: libbra = pound; metro = meter (39.4 inches); chilometro = kilometer (a thousand meters, about 5/8 of a mile); chilo (short popular form of chilogramma) = kilogram (one thousand grams or 2.2 lbs.).

Grammar Notes and Practical Exercises

1. Present Tense of fare (*fah-ray*) to do, to make.

faccio	(*fah-choh*)	I do	facciamo	(*fah-chah-moh*)	we do
fai	(*fahy*)	you do (*fam.*)	fate	(*fah-tay*)	you do (*fam.*)
fa	(*fah*)	you do (*pol.*) he, she, it does	fanno	(*fahn-noh*)	you do (*pol.*) they do

There are many idioms (special expressions) with **fare**. You have met the following:

fare delle domande to ask questions   **fare progressi** to progress
fare delle spese to go shopping   **fare pesare i bagagli**
fare un viaggio to take a trip   to have the baggage weighed

Esercizio No. 63. Translate:

1. He is asking some questions.
2. The students are doing several (**alcuni**) exercises.
3. Mr. Cabot intends to (**conta di**) take a trip.
4. Mrs. Cabot goes shopping every (**ogni**) day.
5. What are the children doing?
6. They are doing their (**le loro**) lessons.
7. I am having the baggage weighed.
8. Every year we take a trip to (**in**) Italy.
9. Five times (**per**) twenty makes a hundred.
10. You are making rapid progress in your (**nei suoi**) studies.
11. What are you doing, children?
12. We are doing a difficult problem.

2. Ordinal Numbers.

1st	primo	(*pree-moh*)	11th	undicesimo	(*oon-dee-cheh-see-moh*)
2nd	secondo	(*say-kohn-doh*)	12th	dodicesimo	(*doh-dee-cheh-see-moh*)
3rd	terzo	(*tehrt-soh*)	13th	tredicesimo	(*tray-dee-cheh-see-moh*)
4th	quarto	(*kwahr-toh*)	20th	ventesimo	(*vayn-teh-see-moh*)
5th	quinto	(*kween-toh*)	21st	ventunesimo	(*vayn-too-neh-see-moh*)
6th	sesto	(*seh-stoh*)	23rd	ventitreesimo	(*vayn-tee-tray-eh-see-moh*)
7th	settimo	(*seht-tee-moh*)	30th	trentesimo	(*trayn-teh-see-moh*)
8th	ottavo	(*oht-tah-voh*)	40th	quarantesimo	(*kwah-rahn-teh-see-moh*)
9th	nono	(*naw-noh*)	100th	centesimo	(*chayn-teh-see-moh*)
10th	decimo	(*deh-chee-moh*)	1000th	millesimo	(*meel-leh-see-moh*)

After the *10th*, the ordinals are formed by dropping the final vowel from the corresponding cardinal number and then adding –esimo. Note that in the ordinals *23rd* **ventitreesimo**, *33rd* **trentatreesimo**, *43rd* **quarantatreesimo**, etc., the last vowel of the cardinal number is kept.

il primo anno the first year   **il quinto posto** the fifth seat
i primi anni the first years   **la decima fila** the tenth row

Ordinal numbers are adjectives ending in –o and agree with the nouns they modify in number and gender.

Esercizio No. 64. Complete the following expressions in Italian.

1. la (first) lezione
2. la (fourth) fila
3. il (sixth) capitolo
4. il (ninth) posto
5. la (tenth) pagina
6. il (second) nome
7. l' (eleventh) ragazzo
8. la (third) ragazza
9. il (twelfth) mese
10. la (fifth) settimana
11. il (seventh) giorno
12. l' (eighth) anno
13. le (first) lezioni
14. il (first) esempio
15. la (thirteenth) casa

Esercizio No. 65. In Italian, write out the numbers in these tables. Then read the tables aloud.

Esempi: **Dieci chili equivalgono** (*ay-kwee-vahl-goh-noh*) **ventidue libbre.**
Otto chilometri equivalgono cinque miglia.

a) 10 chili = 22 libbre   60 chili = 132 libbre
20 chili = 44 libbre   70 chili = 154 libbre
30 chili = 66 libbre   80 chili = 176 libbre
40 chili = 88 libbre   90 chili = 198 libbre
50 chili = 110 libbre   100 chili = 220 libbre

b) 8 chilometri = 5 miglia
16 chilometri = 10 miglia
32 chilometri = 20 miglia
48 chilometri = 30 miglia
64 chilometri = 40 miglia
80 chilometri = 50 miglia

Esercizio No. 66. Domande

1. Dove pranzano Lei e la sua famiglia?
2. Quanto è il conto per tutti e quattro?
3. Quanto lascia di mancia?
4. Dove porta Lei una valigia pesante?
5. Quanti chili pesa? E quante libbre?
6. Come si contano le distanze in Italia, in miglia, o in chilometri?
7. Chi sa cambiare i chilometri in miglia?
8. Quante paia di guanti compra nel negozio il signor Cabot?
9. Qual'è il soggetto della prossima conversazione?
10. Quale proverbio usa il signor Cabot?

CAPITOLO 15 (QUINDICI)

CHE ORA È?

1. — L'ora! Tutti vogliono sapere: Che ora è?

A che ora arriva l'aeroplano?
A che ora parte il treno?
A che ora comincia l'esame?
A che ora comincia lo spettacolo; ecc. (eccetera).

2. — Signor Cabot, ora io faccio, per pratica, la parte dell'impiegato allo sportello dei biglietti alla stazione Roma.

Lei fa la parte del viaggiatore che desidera comprare un biglietto e che chiede delle informazioni. Vuole cominciare per favore?

3. — Buon giorno, signore. Un biglietto per Milano, per piacere.
4. — Prima classe o seconda classe?
5. — Prima classe, prego. Quanto costa il biglietto?
6. — 9,050 (nove mila cinquanta) lire per il solo viaggio di andata.
7. — Per favore mi dia un biglietto di andata e ritorno. Desidero partire lunedì mattina.
8. — Ecco il biglietto. Costa 18,000 (diciotto mila) lire.
9. — Grazie. A che ora parte il treno da Roma e a che ora arriva a Milano?
10. — Ci sono diversi treni al giorno per Milano. C'è un buon treno alle 13:00 che arriva a Milano alle 20:10.
11. — Grazie tante.
12. — A suo servizio, signore.
13. — Stupendo, signor Cabot! Lei fa la sua parte a meraviglia.

1. — Ora io faccio la parte dell'impiegato al cinema.

Lei chiede delle informazioni circa lo spettacolo. Vuole cominciare per favore?

2. — Prego mi dica a che ora comincia lo spettacolo.
3. — Ci sono tre spettacoli. Il primo comincia alle 4.20 (quattro e venti) nel pomeriggio; il secondo alle 6.50 (sei e cinquanta); il terzo alle 9.10 (nove e dieci) di sera.

1. The time! Everyone wants to know: What time is it?
At what time does the plane arrive?
At what time does the train leave?
At what time does the examination begin?
At what time does the performance begin, etc.?

2. Mr. Cabot, now I, for practice, play the role of the employee at the ticket booth at the Rome railroad station.
You play the role of the traveler who wants to buy a ticket and who is asking for information. Will you please begin?

3. Good day, sir. One ticket for Milan, please.
4. First or second class?
5. First class, please. How much does the ticket cost?
6. 9,050 (nine thousand and fifty) lire for a single one-way ticket.
7. Please give me a round-trip ticket. I want to leave Monday morning.
8. Here is the ticket. It costs 18000 (eighteen thousand) lire.
9. Thank you. At what time does the train leave Rome and at what time does it arrive at Milan?
10. There are several trains a day for Milan. There is a good train at 1 P.M. which arrives at Milan at 8:10 P.M.
11. Thank you, very much.
12. At your service, sir.
13. Great, Mr. Cabot! You play your part wonderfully.

1. Now I play the part of the employee at the movies.
You ask for information about the performance. Will you begin, please?

2. Please tell me at what time the performance begins.
3. There are three performances. The first begins at 4:20 (four twenty) in the afternoon, the second at 6:50 (six fifty) and the third at 9:10 (nine ten) in the evening.

4. — C'è anche il giornale "Luce" con le notizie attuali?
5. — Sì, certo. Venti minuti prima della pellicola.
6. — Qual è il prezzo dei biglietti?
7. — I biglietti costono 200 (duecento) lire.
8. — Per favore mi dia due biglietti per il terzo spettacolo.
9. — Eccoli. Grazie.
10. — Stupendo! Ripeto, Lei fa la sua parte a meraviglia.

4. Is there also a newsreel? (*Lit.* the newspaper "Light") with the current news.
5. Of course. Twenty minutes before the film.
6. What is the cost of the tickets?
7. The tickets cost 200 (two hundred) lire.
8. Please give me two tickets for the third performance.
9. Here they are. Thanks.
10. Great! I repeat, you play your part wonderfully.

Building Vocabulary

il **cinema** (*chee-nay-mah*) movies
il **giornale** (*johr-nah-lay*) newspaper
il **prezzo** (*prehts-soh*) price
il **viaggiatore** (*vee-ah-jah-toh-ray*) traveler
la **classe** (*klahs-say*) class
la **mattina** (*maht-tee-nah*) morning
la **parte** (*pahr-tay*) part
la **pellicola** (*payl-lee-koh-lah*) film
l'**esame** (*lay-zah-may*) examination
l'**ora** (*loh-rah*) hour, time, o'clock

lo **spettacolo** (*speht-tah-koh-loh*) performance
mi **dia** (*mee dee-ah*) give me
mi **dica** (*mee dee-kah*) tell me
venire (*vay-nee-ray*) to come
viene (*vyeh-nay*) to come
ammirabile (*ahm-mee-rah-bee-lay*) admirable
diversi (*dee-vehr-see*) various, different
solo (*soh-loh*) alone, only
invece (*een-vah-chay*) instead
ora (*oh-rah*) now

Espressioni Italiane

eccoli (*ehk-koh-lee*) here they are
fare la parte to play the part
grazie infinite (*een-fee-nee-tay*) many thanks
prego (*preh-goh*) please (*Lit.* I beg)
le notizie attuali (*naw-teets-yay aht-too-ah-lee*) current news
per favore = per piacere = prego = please

Stupendo! (*stoo-pehn-doh*) Great!
a suo servizio (*ah soo-oh sayr-veets-yoh*) at your service
non c'è di che (*nohn cheh dee kay*) Don't mention it. You're welcome.
prego also equals **non c'è di che**

Expressions Dealing with Railroad Travel.   Practice reading aloud.

1. Desidero un biglietto per Roma.
   I want a ticket for Rome.
2. Un biglietto di andata e ritorno.
   A round-trip ticket.
3. Un biglietto di andata (*or* biglietto semplice).
   A one-way ticket.
4. Un biglietto di prima (seconda) classe.
   A first (second) class ticket.
5. Quanto costa il biglietto?
   How much does the ticket cost?
6. Quando parte il treno per Napoli?
   When does the train leave for Naples?
7. Quando arriva il treno da Firenze?
   When does the train arrive from Florence?
8. Il treno parte (arriva) alle 15.00.
   The train leaves (arrives) at 15:00 o'clock.
9. È in ritardo il treno? È con dieci minuti di ritardo.
   Is the train late? It is 10 minutes late.
10. È vuoto questo posto? È occupato?
    Is this seat vacant? Is it taken?
11. Facchino! Dov'è la nostra vettura?
    Porter! Where is our coach?
12. Dov'è la sala d'aspetto?
    Where is the waiting room?

Grammar Notes and Practical Exercises

1. Present Tense of **andare** (*ahn-dah-ray*) to go.

vado	(*vah-doh*)	I go	**andiamo**	(*ahnd-yah-moh*)	we go
vai	(*vahy*)	you go (*fam.*)	**andate**	(*ahn-dah-tay*)	you go (*fam.*)
va	(*vah*)	you go (*pol.*) / he, she, it goes	**vanno**	(*vahn-noh*)	you go (*pol.*) / they go

Esercizio No. 67. Translate.

1. Where are you (**Lei**) going?
2. I am going to the station.
3. Where is Louis going?
4. He is going to work (**al lavoro**).
5. Where are you (**voi**) going?
6. We are going to the library (**in biblioteca**).
7. Are they going on foot (**a piedi**)?
8. No. They are going by bus (**in autobus**).
9. Where are you going, Helen?
10. I am going to school.
11. My watch is slow (**va indietro**).
12. His watch is fast (**va avanti**).

2. Time of Day.

Che ora è? *or*	What time is it?	Sono le sei e mezza.	It's half past 6.
Che ore sono?	What time is it?	Sono le sette e un quarto.	It's a quarter past 7.
È l'una.	It's 1 o'clock.	Sono le otto e dieci.	It's ten past 8.
Sono le due.	It's 2 o'clock.	Sono le nove meno un quarto.	It's a quarter to 9.
Sono le tre.	It's 3 o'clock.	Sono le dieci meno venti.	It's twenty to 10.
Sono le quattro.	It's 4 o'clock.	È mezzogiorno. (*maydz-zoh johr-noh*)	It's noon (midday).
Sono le cinque.	It's 5 o'clock.	È mezzanotte. (*maydz-zah nawt-tay*)	It's midnight.

A che ora? All'una. Alle due.   At what time? At one o'clock. At two.
Alle otto di mattina.   At eight o'clock in the morning (A.M.).
Alle cinque del pomeriggio.   At five o'clock in the afternoon (P.M.).
Alle sette e un quarto di sera.   At a quarter past seven in the evening (P.M.).

In time-of-day expressions, **ora** *hour* and **ore** *hours* are understood. Thus:

È l'una = It is the one hour.   Sono le due, ecc. = they are the two hours, etc.

e *and* is used for time after the hour. **meno** *minus, less* is used for time before the hour.

Esercizio No. 68. Write and say aloud the following expressions. Esempio: È l'una.

1. È l'(1:00).
2. È l'(1:15).
3. È l'(1:20).
4. Sono le (11:00).
5. Sono le (9:00).
6. Sono le (7:30).
7. Sono le (2:20).
8. Sono le (1:40).[1]
9. Sono le (2:45).
10. All'(1:10).
11. Alle (3:50).
12. Alle (10:30).
13. Alle (9:45).
14. È (midday).
15. A (midnight).

NOTE 1. Time expressions after the half-hour are based on the next hour. Thus: **1:40** = twenty minutes to two, **2:45** = a quarter to three, etc. Of course we may say, as in English **l'una e quaranta** (1:40), **le due e quaranta cinque** (2:45), etc.

3. Time of Day (Twenty-four Hour Clock Time).

In Italian timetables, time is indicated by twenty-four hours, beginning directly after midnight. Thus:

24:00 (*midnight*), **1:00, 2:00**, etc. up to **12:00** (*noon*) are the A.M. hours.
12:00 (*noon*), **13:00, 14:00**, etc. up to **24:00** (*midnight*) are the P.M. hours.

14:20 (le quattordici e venti) = 2:20 P.M. = le due e venti del pomeriggio.
6:30 (le sei e trenta) = 6:30 A.M. = le sei e mezza di mattina.
18:30 (le diciotto e trenta) = 6:30 P.M. = le sei e mezza di sera.

Esercizio No. 69. Write the time expressions in Italian two ways (12-hour and 24-hour clock time).

Esempio 1. L'esame comincia alle dieci, cioè alle dieci di mattina. cioè (*choh-ay*) = that is

1. L'esame comincia (alle 10:00), cioè (alle 10:00) di mattina.
2. L'esame termina[1] (alle 13:00), cioè (all'1:00) del pomeriggio.
3. Un buon treno per Roma parte (alle 15:45), cioè (alle 3:45) del pomeriggio.
4. Questo treno arriva a Firenze (alle 19:30), cioè (alle 7:30) di sera.
5. L'aeroplano parte da Nuova York (alle 14:50), cioè (alle 2:50) del pomeriggio.
6. Arriva a Roma il giorno seguente[2] (alle 20:30), cioè (alle 8:30) di sera.
7. Il primo spettacolo comincia (alle 15:15), cioè (alle 3:15) del pomeriggio.
8. Il secondo comincia (alle 18:10), cioè (alle 6:10) di sera.
9. Il terzo comincia (alle 21:05), cioè (alle 9:05) di sera.
10. Voglio prendere il treno che parte (alle 7:00), cioè (alle 7:00) di mattina.

NOTES: 1. **terminare** to end   2. **il giorno seguente** (*say-gwehn-tay*) the following day

Esercizio No. 70. Domande

1. Che cosa vogliono sapere tutti?
2. Chi fa la parte del viaggiatore?
3. Chi fa la parte dell'impiegato allo sportello dei biglietti?
4. Che biglietto desidera il signor Cabot, di prima o di seconda classe?
5. Quanto costa un biglietto d'andata e ritorno?
6. Chi fa la parte dell'impiegato al cinema?
7. Chi chiede delle informazioni?
8. Quanti spettacoli ci sono a questo cinema?
9. Per quale spettacolo il signor Cabot compra i biglietti?
10. Quanto paga per questi biglietti?

REVISIONE (REVIEW) 3

CAPITOLI 11–15

Revisione di Parole

NOUNS

1. l'affare	11. la forchetta	21. il piattino	1. business	11. fork	21. saucer
2. l'albergo	12. la giornata [2]	22. il paio	2. hotel	12. day	22. pair
3. il biglietto	13. il guanto	23. le paia	3. ticket, bill	13. glove	23. pairs
4. il cinema [1]	14. l'impiegato	24. il pranzo	4. movies	14. clerk	24. dinner
5. il conto	15. l'ora	25. il prezzo	5. bill (account)	15. hour	25. price
6. il coltello	16. la mancia	26. la radio	6. knife	16. tip	26. radio
7. il cucchiaio	17. la mattina	27. lo sportello	7. spoon	17. morning	27. window (booth)
8. il cucchiaino	18. la notizia	28. lo spettacolo	8. teaspoon	18. news	28. performance
9. il danaro	19. la cintura	29. la tazza	9. money	19. belt	29. cup
10. l'esame *m.*	20. il piatto	30. il viaggiatore	10. examination	20. plate	30. traveler

NOTES: 1. Short for il **cinematografo**   2. **giornata** = day, in the sense of, in the course of the day

VERBS

1. andare	12. lasciare	23. ricevere	1. to go	12. to let	23. to receive
2. calcolare	13. pagare	24. sapere [2]	2. to calculate	13. to pay	24. to know [2]
3. cambiare	14. pensare (a)	25. valere	3. to change	14. to think (of)	25. to be worth
4. comprare	15. pesare	26. volere	4. to buy	15. to weigh	26. to want, wish
5. contare	16. pranzare	27. dire	5. to count	16. to dine	27. to say
6. continuare	17. spiegare	28. conosco	6. to continue	17. to explain	28. I know
7. dare	18. telefonare	29. posso	7. to give	18. to telephone	29. I am able
8. guardare	19. terminare	30. so	8. to watch	19. to finish	30. I know
9. immaginare	20. conoscere [1]	31. voglio	9. to imagine	20. to know [1]	31. I want, wish
10. indicare	21. dividere	32. dice	10. to point to	21. to divide	32. he says
11. indovinare	22. esprimere	33. dicono	11. to guess	22. to express	33. they say

NOTES: 1. to know (to be acquainted with)   2. to know (facts), to know how

ADJECTIVES

1. ammirabile	8. delizioso	15. semplice	1. admirable	8. delicious	15. simple
2. attuale	9. diverso	16. solo	2. current	9. different	16. alone
3. carino	10. essenziale	17. stesso	3. pretty, nice	10. essential	17. same
4. cattivo	11. necessario	18. tanto	4. bad	11. necessary	18. so much
5. ciascuno	12. nuovo	19. tutto	5. each	12. new	19. all, whole
6. corretto	13. pesante	20. uguale	6. correct	13. heavy	20. equal
7. conosciuto	14. quotidiano	21. vecchio	7. known	14. daily	21. old

ADVERBS

1. circa	5. poi	9. soprattutto	1. about	5. then	9. especially, above all
2. meglio	6. più	10. correttamente	2. better	6. more	10. correctly
3. meno	7. subito	11. perfettamente	3. less	7. at once	11. perfectly
4. ora	8. tardi	12. ugualmente	4. now	8. late	12. equally

PREPOSITIONS

1. presso	3. fino a	5. per mezzo di	1. near	3. until	5. by means of
2. senza	4. eccetto	6. prima di	2. without	4. except	6. before

CONJUNCTIONS

1. così (alto) come	3. non solo	1. as (tall) as	3. not only
2. tanto (lungo) quanto	4. ma anche	2. as (long) as	4. but also

ITALIAN EXPRESSIONS

1. ancora un	15. Va bene!	1. one more	15. Good!
2. Che idea!	16. Va bene lo stesso.	2. The idea!	16. That's all right.
3. cento lire di mancia	17. niente di più facile	3. 100 lire as a tip	17. nothing easier
4. Eccoli!	18. una volta	4. Here they are!	18. one time
5. grazie infinite	19. Quante volte?	5. thanks a million	19. How many times?
6. ⎰ Prego	20. aver bisogno di	6. ⎰ Don't mention it.	20. to need
7. ⎱ Non c'è di che	21. aver ragione	7. ⎱ You're welcome	21. to be right
8. per così dire	22. aver torto	8. that is to say	22. to be wrong
9. a suo servizio	23. fare la parte	9. at your service	23. to play the part
10. nel frattempo	24. fare pesare	10. in the meantime	24. to have weighed
11. Che vuole dire…?	25. fare progressi rapidi	11. What is the meaning of…?	25. to make rapid progress
12. Vuole dire…	26. fare delle spese	12. It means…	26. to go shopping
13. credo di sì	27. cioè	13. I think so	27. that is
14. credo di no		14. I think not	

Esercizio No. 71. Select the group of words in Col. II which best completes each sentence begun in Col. I. **Esempio (1f): Questa regione in Italia è conosciuta per le sue ceramiche.**

I	II
1. Questa regione in Italia è conosciuta	a. subito agli affari.
2. Di quale regione sono	b. che mai.
3. Il commerciante pensa	c. nei grandi magazzini.
4. Il signor Cabot chiede delle informazioni	d. il sistema monetario d'Italia.
5. Meglio tardi	e. d'andata e ritorno.
6. Il viaggiatore ha bisogno di danaro	f. per le sue ceramiche.
7. Noi facciamo delle spese	g. alle quattro del pomeriggio.
8. Essi non conoscono	h. queste tazze e piattini.
9. Mi dia un biglietto	i. per comprare i biglietti.
10. Il primo spettacolo comincia	j. circa lo spettacolo.

Esercizio No. 72. Complete these sentences in Italian by choosing the correct expression from those listed below. Be sure to use the correct verb forms.

Esempio 1: Ho bisogno di un paio di guanti nuovi.

1. (I need) un nuovo paio di guanti.
2. Lasciamo 1000 lire (as a tip).
3. (What is the meaning of) questa frase?
4. (Who is playing the part) dell'impiegato?
5. Tutti gli alunni (are progressing fast).
6. Io (am right). Lei (are wrong).
7. (In the meantime) possiamo ascoltare la radio.
8. Pranziamo quando (we are hungry).
9. Dove sono i bambini? (Here they are!)
10. Il maestro (asks many questions).
11. Essa vuole (to go shopping) oggi.
12. (We need) delle tazze e dei piattini.
13. (Thanks a million!) (Don't mention it.)
14. I turisti (ask for information).

fare progressi rapidi	aver torto	nel frattempo
fare delle spese	aver fame (appetito)	prego
fare domande	aver bisogno	eccoli
fare la parte	volere dire	aver ragione
chiedere delle informazioni	di mancia	grazie infinite

Esercizio No. 73. From Group II select the antonym of each word in Group I.

I			II	
1. arrivare	6. nero	11. con	a. vicino a	f. terminare	k. comprare
2. nuovo	7. cominciare	12. vendere	b. ricevere	g. partire	l. bianco
3. dare	8. ascoltare	13. venditore	c. difficile	h. più	m. aver ragione
4. facile	9. cattivo	14. domandare	d. parlare	i. buono	o. compratore
5. lontano da	10. meno	15. aver torto	e. vecchio	j. senza	p. rispondere

Esercizio No. 74. Complete these sentences in Italian.

1. Essi (want) guardare la televisione.
2. Noi (want) ascoltare la radio.
3. (Do you want) farmi un favore?
4. Ma certo. Che (can I) fare per Lei?
5. Dove (can we) comprare i biglietti?
6. (You can) comprarli in quello sportello là.
7. (Can you) spiegare quest'affare?
8. Mi dispiace, ma (I cannot).
9. (Do you know) il nostro sistema monetario?
10. Sì, e (I know how) calcolare in italiano.

11. (Do you want) fare la parte dell'impiegato?
12. (I want) fare la parte del viaggiatore.
13. (Can you) indovinare a che pensano?
14. Questi alunni (do not know how) studiare.
15. (I do not know) questi signori.
16. (You may) lasciare duecento lire di mancia.
17. Che cosa (do you want), ragazzi?
18. (Do you (voi) want) viaggiare in aeroplano?
19. (I do not know) dove abita il signor Gronchi.
20. (We want to go) ma (we cannot).

Esercizio No. 75. Translate these sentences.

A. volere to want, to wish

1. I want to change the money.
2. He wants to listen to the radio.
3. We want to dine at 7 o'clock.
4. Do you (Lei) want to pay the bill?
5. They want to telephone the doctor.
6. Do you (Loro) want to go shopping?

B. potere to be able, can, may

1. I can guess the answer.
2. You (Lei) can finish the work.
3. She can explain the matter.
4. We can play the part.
5. You (Voi) may leave the room.
6. They may be right.

C. sapere to know, to know how

1. I know where he lives.
2. Do you (tu) know what time it is?
3. You (Lei) know what they want.
4. We know how to speak Italian.
5. She knows how to read French.
6. They know how to play piano.

D. conoscere to know, to be acquainted with

1. I do not know that man.
2. Do you (Lei) know these students?
3. Do you (voi) know this city?
4. We know the stars of the movies.
5. They do not know our monetary system.
6. He knows all my friends.

Esercizio No. 76. Translate.

1. Please tell me: Where is the ticket window?
2. Here is the ticket window.
3. I say to the clerk: "I want a one-way ticket for Siena."
4. How much does it cost?
5. When does the train leave for Siena?
6. When does it arrive at Siena?

7. Where can I find a porter?
8. Porter, can you carry my baggage to the train?
9. Is the train late?
10. No, it is on time.
11. Is this seat occupied?
12. No, it is vacant.

Dialogo

UN TURISTA VUOLE SAPERE DOVE SI PUÒ TROVARE DELLA BELLA PORCELLANA

1. Signore, per favore, mi dica in quale regione d'Italia si può trovare della bella porcellana? Desidero comprare un servizio da tè: tazze con piattini, e piatti.
2. Ebbene, ogni regione ha il suo stile individuale. L'Umbria, la Toscana, e la provincia di Vicenza sono conosciute per i loro prodotti di porcellana.
3. È necessario andare in queste regioni per trovare tutti questi tipi di porcellana?

1. Please, sir, tell me in what region of Italy one can find fine porcelain? I wish to buy a tea service: cups with saucers, and plates.
2. Well, each region has its individual style. Umbria, Tuscany and the province of Vicenza are known for their porcelain products.
3. Is it necessary to go to these regions to find all these types of porcelain?

4. No davvero. Lei può comprare della porcellana di queste regioni qui a Roma.
5. È più cara qui a Roma?
6. Naturalmente costa di più. Ma Lei può avere un assortimento variato e completo.
7. Può dirmi dove posso trovare della bella porcellana a Roma?
8. Lei troverà i migliori assortimenti in tutti i grandi negozi, e anche in piccole botteghe in Via Condotti o in Piazza di Spagna.
9. Grazie infinite, signore.
10. Di niente, signorina.

4. Indeed not. You can buy porcelain from these regions here in Rome.
5. Is it more expensive here in Rome?
6. Naturally it costs more. But you can get a varied and complete assortment.
7. Can you tell me where I can find some fine porcelain in Rome?
8. You will find the best assortments in all the big stores, and also in small shops in Condotti Street or in Piazza di Spagna.
9. Many thanks, sir.
10. You are welcome, Miss.

Esercizio No. 77. — Lettura 1.

LA FAMIGLIA DEL SIGNOR CABOT FA UNA VISITA AL PAPÀ

È la prima volta che la famiglia del signor Cabot viene a vedere il papà al suo ufficio. La signora Cabot e i suoi quattro figli entrano in un grand'edificio che è un grattacielo. Essi montano [1] al ventunesimo piano con l'ascensore.

Lucia, che è la più piccola, ha solo cinque anni ed è molto curiosa. Ella fa tante domande alla mamma circa l'ufficio del papà.

Quando arrivano all'ufficio il padre s'alza [2] e dice «Che bella sorpresa!» Come sono contento di vedervi. [3]

I fanciulli ammirano tutte le cose che vedono nell'ufficio: la macchina da scrivere, tanti oggetti italiani e i campioni di ceramica, le riviste italiane e soprattutto i cartelli illustrati alle pareti.   Tutti sono contenti.

Paolo, il maggiore, guarda dalla gran finestra e vede il cielo azzurro e il sole che brilla. Egli vede le automobili che passano sulla strada. Dal ventunesimo piano sembrano [4] assai piccole.

Quando la visita è terminata tutta la famiglia va a un ristorante non lontano dall'ufficio. Mangiano tutti con buon appetito, soprattutto i ragazzi, perchè hanno fame.

NOTES: 1. montare to go up. 2. s'alza gets up. 3. to see you. 4. sembrare to seem.

Esercizio No. 78 — Lettura 2.

L'ASINO [1] E L'AUTOMOBILE — UNA FAVOLA MODERNA

Lucia, la più piccola dei bambini del signor Cabot ama [2] molto le vecchie favole d'Esopo. Ella ama molto anche questa favola moderna che il signor Facci ha scritto [3] per essa. Ecco la favola; L'Asino e L'Automobile.

Un'automobile passa per la strada e vede un asino. Quest'asino sembra molto stanco. [4] Porta un carico [5] pesante.

L'automobile si ferma [6] e dice all'asino — Buon giorno. Perchè cammini [7] così lentamente? Non desideri andare più rapidamente, come me?

— O, sì signora! Ma mi dica come ciò e possibile?

— Non è difficile, dice l'automobile. La mia riserva di benzina [8] è piena. [9] Bevi [10] un po' della benzina e potrai [11] camminare molto rapidamente.

Allora l'asino beve della benzina. Ora non va lentamente. Esso non va presto. Infatti non cammina più. [12] Ha mal di stomaco. [13]

Povero asino! Non è molto intelligente, non è vero? Non sa che la benzina è buona per le automobili, ma non vale niente [14] per gli asini.

NOTES: 1. donkey. 2. amare to love. 3. written. 4. tired. 5. load. 6. si ferma stops. 7. camminare to walk. 8. gasoline tank. 9. full. 10. drink. 11. you will be able. 12. anymore. 13. stomach-ache. 14. non vale niente is of no value.

CAPITOLO 16 (SEDICI)

IL CINEMA

1. — Signor Cabot, Lei sa già come chiedere informazioni circa gli spettacoli del cinema.

   Mi dica: Le piace il cinema?
2. — Qualche volta mi piace vedere una buona pellicola, ma generalmente le pellicole non mi interessano. Non sono di mio gusto.
3. — Allora Lei preferisce il teatro?
4. — Senza dubbio. Mia moglie e io lo preferiamo. Ci andiamo di tempo in tempo per vedere una buona commedia, un dramma, o un'operetta.
5. — E i suoi figli. Preferiscono pure il teatro?

6. — No, davvero! Non lo preferiscono. Essi amano i drammi e le pellicole musicali in colore, che ci annoiano molto.
7. — Essi conoscono tutte le stelle del cinema, non è vero?
8. — Naturalmente. Essi le conoscono bene. Conoscono anche le stelle della televisione o della radio.
9. — Lei abita in una cittadina non lontana dalla città. C'è un cinema vicino alla sua casa?
10. — Sì. C'è un cinema abbastanza vicino alla nostra casa. Possiamo andarci a piedi in circa quindici minuti.
11. — Quali posti preferisce, i posti in prima fila o i posti in fondo?
12. — Preferiamo i posti alla quattordicesima o quindicesima fila.
    Di là si può vedere e capire molto bene.
    Di là la luce ed i movimenti sullo schermo non fanno male agli occhi.
13. — E che cosa fa se la maggior parte dei posti sono occupati?
14. — Allora dobbiamo prendere qualsiasi posto vuoto, in fondo o ai lati.
    Ma questi posti non ci piacciono.
    Non ci piace neanche stare in piedi al cinema.
    Perciò noi arriviamo sempre presto.
15. — Meraviglioso, signor Cabot. Lei fa dei progressi assai rapidi.
16. — Grazie a Lei, signor Facci.

1. Mr. Cabot, you already know how to ask for information about the performances of the movies.
   Tell me: Do you like the movies?
2. Sometimes I like to see a good film, but generally films don't interest me. They are not to my taste.
3. Then you prefer the theatre?
4. Without doubt. My wife and I prefer it. We go there from time to time to see a good comedy, a drama, or a musical comedy.
5. And your children. Do they also prefer the theatre?
6. Indeed not! They do not prefer it. They love dramas and musical films in color, which bore us very much.
7. They know all the stars of the movies, don't they?
8. Of course. They know them all well. They also know the stars of television and of the radio.
9. You live in a small town not far from the city. Is there a movie theatre near your house?
10. Yes. There is a movie theatre quite near our house. We can walk there in about fifteen minutes.
11. Which seats do you prefer, the seats in the first rows or the seats in the rear?
12. We prefer seats in the fourteenth or fifteenth row.
    From there we can see and hear very well.
    From there the light and the movements on the screen do not hurt the eyes.
13. And what do you do if most of the seats are occupied?
14. Then we must take any vacant seat whatsoever, in front, in back or at the sides.
    But we do not like these seats.
    Nor do we like to stand in the movies.
    Therefore we always arrive early.
15. Splendid, Mr. Cabot. You are making very rapid progress.
16. Thanks to you, Mr. Facci.

Building Vocabulary

il dramma (*drahm-mah*) drama
il lato (*lah-toh*) side
il male (*mah-lay*) pain, evil
il movimento (*moh-vee-mayn-toh*) movement
il posto (*paw-stoh*) place, seat

la commedia (*kohm-meh-dyah*) comedy
la fila (*fee-lah*) row
la luce (*loo-chay*) light
la parte (*pahr-lay*) part
la scena (*sheh-nah*) scene

la **stella** (*stehl-lah*) star
la **televisione** (*tay-lay-veez-yoh-nay*) television
l'**occhio** (*lawk-yoh*) eye
l'**operetta** (*loh-pay-reht-tah*) musical comedy
aiutare (*ah-yoo-tah-ray*) to aid
amare (*ah-mah-ray*) to love
annoiare (*ahn-naw-yah-ray*) to annoy
interessare (*een-tay-rays-sah-ray*) to interest
stare (*stah-ray*) to be
preferire (*pray-fay-ree-ray*) to prefer
maggiore (*mah-johr-ray*) major, greater, older

musicale (*moo-see-kah-lay*) musical
occupato (*ohk-koo-pah-toh*) occupied
qualche (*kwahl-kay*) some
qualsiasi (*kwahl-see-ah-zee*) any whatsoever
vuoto (*vwaw-toh*) empty, vacant
abbastanza (*ahb-bah-stahnt-sah*) enough
assai (*ahs-sahy*) quite, very
pure (*poo-ray*) also = anche
spesso (*spays-soh*) often
ma (*mah*) but = pero (*pay-roh*) but
neanche (*nay-ahn-kay*) not . . . either,[1] not . . . even

NOTE 1. Negative expressions have **non** before the verb and the negative expression after the verb.

Espressioni Italiane

ai lati at the sides
di mio gusto to my taste
in fondo in the rear
senza dubbio without doubt
no davvero indeed not

qualche[1] **volta** sometimes
andare a piedi (*pyeh-dee*) to go on foot, walk
stare in piedi to stand
si può (*pwoh*) one can, may
fare male a to hurt, do harm to

NOTE 1. qualche *some* is an invariable adjective. The noun which it modifies is always singular in form although the meaning may be plural. Thus: qualche volta *sometimes*, qualche giorno *some days*

Practice speaking aloud:

Qualche volta andiamo al cinema.
Sempre arriviamo di buon' ora perchè non ci piacciono i primi posti.
Non **ci piace** *neanche* **stare in piedi.**
Spesso *non* **possiamo trovare** *neanche* **un posto vuoto.**

Sometimes we go to the movies.
We always arrive early because we do not like the seats in front.
We don't like to stand either.
Often we cannot find even one vacant seat.

Grammar Notes and Practical Exercises

1. Present Tense of **stare** to be (*in expressions of health*), to stand, to stay.

Note that the endings of **stare** are, with one exception, like those of **avere**.

stare

sto	I am	stiamo	we are
stai	you are (*fam.*)	state	you are (*fam.*)
sta	you are (*pol.*) / he, she, it is	stanno	you are (*pol.*) / they are

avere

ho	abbiamo
hai	avete
ha	hanno

Esercizio No. 79. Translate. Practice aloud.

1. Come sta?
   Molto bene, grazie, e Lei?
   Non sto troppo [1] bene.
2. Come stanno i ragazzi?
   Tutti stanno bene eccetto Maria.
   Essa ha raffreddore.

3. Vanno al teatro stasera [2]?
   No. Stiamo a casa con la famiglia.
4. Non mi piace stare in piedi al cinema.
5. Tutti gli alunni stanno in piedi.
6. Essi stanno a casa. Noi andiamo a scuola.
7. Come stanno le cose?

NOTES: 1. troppo too, too much. 2. stasera = questa sera this evening.

2. Direct Object Pronouns.

You have met examples of direct object pronouns in previous lessons. Here is a complete summary.

Direct Object Pronouns

Singular		Plural	
mi	me	ci	us
ti	you (*fam.*)	vi	you (*fam.*)
lo	him *or* it (*masc.*)	li	them (*masc.*)
la	her *or* it (*fem.*)	le	them (*fem.*)
La	you (*polite m. or f.*)	Li	you (*polite masc.*)
		Le	you (*polite fem.*)

Study these sentences. Note the direct object pronouns and their position in the sentence.

a. Questa pellicola *mi* annoia. — This film bores *me*.
b. Questa pellicola *ci* annoia. — This film bores *us*.
c. Tua madre *ti* chiama, Rosa. — Your mother is calling *you*, Rose.
d. Vostra madre *vi* chiama, ragazzi. — Your mother is calling *you*, children.
e. Vede Lei il maestro? *Lo* vedo. — Do you see the teacher? I see *him*.
f. Compra Lei l'orologio? *Lo* compro. — Are you buying the watch? I am buying *it* (*m.*).
g. Vede Lei la maestra? *La* vedo. — Do you see the teacher (*f.*)? I see *her*.
h. Compra Lei la penna? *La* compro. — Are you buying the pen? I am buying *it*.
i. Vede Lei i maestri? *Li* vedo. — Do you see the teachers (*m.*)? I see them (*m.*).
j. Compra Lei le penne? *Le* compro. — Are you buying the pens? I am buying them (*f.*).

The direct object pronouns usually precede the verb. However, if the pronoun is the object of an infinitive, it follows the infinitive and is attached to it. The infinitive in this case drops its final –e. Thus:

Sono molto contento di *vederla*, signore. — I am very glad to see *you*, sir.
Sono molto contento di *vederla*, signora. — I am very glad to see *you*, madame.
Sono molto contento di *vederli*, signori. — I am very glad to see *you*, gentlemen.
Sono molto contento di *vederle*, signore. — I am very glad to see *you*, ladies.

Observe carefully that the singular polite object pronoun *you* is La in both the masculine and feminine singular. The plural forms of the polite object pronoun *you* are Li and Le, like the forms for *them* (li *m.*, le *f.*). Capitalization of polite forms is optional, but will be used in this book, except when they are joined to the infinitive as above.

3. Elision in Object Pronouns.

Il signor Cabot *l'*aspetta nell'ufficio. — Mr. Cabot is waiting for *him* in the office.
Dov'è Pietro? Non *l'*ho visto. — Where is Peter? I have not seen *him*.
Queste pellicole non *m'*interessano. — These films don't interest *me*.

Before a verb beginning with a vowel or h, the object pronouns lo and la nearly always become l'. Mi, ti, and vi often become m', t' and v'. Ci becomes c' only before a verb beginning with e or i.

Esercizio No. 80. Read each question. Then read the answer, using the correct direct object.

Esempio: Compra Lei i biglietti? Sì, li compro.

1. Comincia Lei l'esercizio? — Sì, __ comincio.
2. Chi ascolta la radio? — I ragazzi __ ascoltano.
3. Chi guarda la televisione? — Giorgio ed Edoardo __ guardano.
4. Aspetta Giovanni la sua amica? — Sì, __ aspetta nel salotto.
5. Preferiscono Loro i posti in prima fila? — No, signore, non __ preferiamo.
6. Conoscono i suoi figli le stelle del cinema? — Essi __ conoscono bene.
7. Conosce Lei quei signori? — Sì, __ conoscono bene.
8. M'aspetta il professore? — Sì, signorina, egli __ aspetta nel salotto.
9. Mi chiama la mia mamma? — Sì, Carlotta, la tua mamma __ chiama.
10. Può scrivere oggi la lettera? — Non posso scriver __. Non sto bene.
11. Ci aspetta Lei? — No, non (you *pol.*) aspetto.
12. Hai visto il mio nuovo cappello, Enrico? — No, non __ ho visto.

Esercizio No. 81. Read each Italian sentence aloud. Write each sentence, substituting pronoun objects for the noun objects in parentheses. Watch your word order!

Esempio: La domestica porta (i piatti). La domestica *li* porta.

1. Adesso i bambini non vogliono (la torta).
2. Conosco bene (le stelle del cinema).
3. Qualche volta vedo (il signor Amato).
4. Non vogliamo prendere (questi posti).
5. Non posso spiegare(queste cose).
6. Gli studenti salutano (i loro professori).
7. Voglio cambiare (i miei dollari) in lire.
8. Conosce Lei (quest'uomo)?
9. Sappiamo usare (i numeri) correttamente.
10. Mia moglie e io preferiamo (il teatro).

Esercizio No. 82. Domande

1. Chi sa chiedere delle informazioni?
2. Il signore e la signora Cabot che cosa preferiscono, il teatro o il cinema?
3. I ragazzi che cosa preferiscono?
4. I ragazzi conoscono i nomi delle stelle del cinema?
5. Dove abita la famiglia del signor Cabot?
6. Il cinema è lontano dalla casa del signor Cabot?
7. Quali posti preferiscono i signori Cabot al cinema?
8. Perchè preferiscono questi posti?
9. I signori Cabot arrivano di buon'ora o tardi?
10. Il signor Cabot fa dei progressi rapidi o dei progressi lenti?

CAPITOLO 17 (DICIASSETTE)

ALCUNE DATE IMPORTANTI DELLA STORIA D'ITALIA

1. — Signor Cabot, Lei conosce i numeri bene. Vedo che Lei sa usarli correttamente e presto.

   Vediamo se Lei conosce i numeri sotto forma di date.
2. — Con piacere, signor Facci. Mi piacciono le domande in italiano.
3. — Ecco perchè Lei impara presto. Ora ecco qualche data importante della storia italiana.

   Lei deve indicare un evento importante per ciascuna data.
4. — Bene. Cominciamo. Sono pronto.
5. — 753 avanti J. C. (settecento cinquantatre avanti Jesus Christus)?
6. — Questa è storia antica. Una bella leggenda dà 753 J. C. come data della fondazione di Roma.
7. — Va bene. E ora ecco delle date moderne: 20 settembre 1870 (mille ottocento settanta)?
8. — Com'è gentile Lei! Queste sono cose facili. È la data dell'unificazione d'Italia. È una gloriosa data italiana. Quel periodo è chiamato il Risorgimento.
9. — Corretto. Sa Lei il nome del gran [1] comandante militare italiano?
10. — Giuseppe Garibaldi, il comandante delle famose «Camice Rosse».
11. — Benissimo. 11 (undici) novembre 1918 (mille novecento diciotto)?

1. Mr. Cabot, you know numbers well. I see that you know how to use them correctly and rapidly.

   Let us see whether you know numbers in the form of dates.
2. With pleasure, Mr. Facci. I like questions in Italian.
3. That's why you learn quickly. Now here are some important dates in Italian history.

   You must name an important event for each date.
4. Good. Let's begin. I am ready.
5. 753 B.C. (seven hundred and fifty-three before Jesus Christ)?
6. This is ancient history. A beautiful legend gives 753 B.C. as the date of the founding of Rome.
7. Good. And now here are some modern dates: September 20, 1870?
8. How nice you are! That's easy.

   It is the date of the unification of Italy. It is a glorious Italian date. That period is called the Rebirth.
9. Correct. Do you know the name of the great Italian military leader?
10. Giuseppe Garibaldi, leader of the famous "Red Shirts."
11. Very good. November 11, 1918?

12. — La vittoria degli alleati, inclusa l'Italia, nella prima guerra mondiale.

13. — Giusto. 28 ottobre 1922 (mille novecento ventidue)?

14. — Questa è una data triste per l'Italia. Segna il principio della dittatura di Mussolini e delle sue «Camice Nere.»

15. — Corretto. Adesso finiamo le domande. Ancora una data. 28 aprile 1945 (mille novecento quaranta cinque)?

16. — Questa e una data felicissima. Segna la caduta e la morte di Mussolini.

17. — Benissimo! Vedo che Lei conosce la storia d'Italia così bene come il sistema monetario.

18. — Grazie tante. Non ho dimenticato tutto ciò che ho studiato a scuola.

    Inoltre ho un buon [2] maestro che m'insegna ad amare l'Italia.

19. — Adesso è Lei che mi fa dei complimenti.

20. — No davvero. È la verità.

12. The victory of the Allies, including Italy in the first world war.

13. Right. October 28, 1922?

14. That is a sad date for Italy. It marks the beginning of the dictatorship of Mussolini and his "Black Shirts."

15. Correct. Now let us finish the questions. One more date. April 28, 1945?

16. This is a very happy date. It marks the fall and death of Mussolini.

17. Very good! I see that you know the history of Italy as well as the monetary system.

18. Many thanks. I have not forgotten all that I have studied at school.

    Besides, I have a good teacher who teaches me to love Italy.

19. Now it is you who flatter me.

20. Indeed not. It is the truth.

NOTES: 1. grande becomes gran before singular nouns beginning with a consonant (except z or s-impure). 2. buono becomes buon before masculine singular nouns beginning with a consonant (except z or s-impure).

Building Vocabulary

il comandante (*koh-mahn-dahn-tay*) commander, leader
il periodo (*pay-ree-oh-doh*) period
il principio (*preen-chee-pyoh*) beginning
il Risorgimento (*ree-sohr-jee-mayn-toh*) Rebirth
gli alleati (*ahl-lay-ah-tee*) Allies
la caduta (*kah-doo-tah*) fall
la camicia (*kah-mee-chah*) shirt
la dittatura (*deet-tah-too-rah*) dictatorship
la forma (*fohr-mah*) form
la fondazione (*fohn-dahts-yoh-nay*) founding
la guerra (*gwehr-rah*) war
la morte (*mawr-tay*) death
la storia (*stawr-yah*) history, story
la vittoria (*veet-tawr-yah*) victory
l'evento (*lay-vehn-toh*) event
dimenticare (*dee-mayn-tee-kah-ray*) to forget
insegnare (*een-sayn-yah-ray*) to teach
segnare (*sayn-yah-ray*) to mark
antico (*ahn-tee-koh*) ancient, old

corretto (*kohr-reht-toh*) correct
famoso (*fah-moh-soh*) famous
felice (*fay-lee-chay*) happy
giusto (*joo-stoh*) right, correct
glorioso (*gloh-ree-oh-zoh*) glorious
moderno (*moh-dehr-noh*) modern
mondiale (*mohn-dyah-lay*) world
triste (*tree-stay*) sad
chiamato [1] (*kyah-mah-toh*) called
dimenticato (*dee-mayn-tee-kah-toh*) forgotten
studiato [1] (*stood-yah-toh*) studied
adesso (*ahd-dehs-soh*) now
pronto (*prohn-toh*) quickly, ready
dopo (*doh-poh*) after
inoltre (*ee-nohl-tray*) besides
ciascuno (*chahs-koo-noh*) each one
ciò che (*choh kay*) what = that which
tutto ciò che all that
che who, whom (*relative pron.*)

NOTE 1. chiamato, dimenticato and studiato are the past participles of chiamare, dimenticare and studiare. With the help of the auxiliary avere, they form the present perfect tense. Thus: ho chiamato *I have called*, ho dimenticato *I have forgotten*, etc. You will learn more about the present perfect tense later.

Espressioni Italiane

Com'è gentile Lei! How nice you are!
Ecco perchè. That is why.

Queste sono cose facili. That's easy. (*Lit.* These are easy things.)

Practice speaking aloud:

Il signor Facci insegna l'italiano.	Mr. Facci teaches Italian.
Insegna l'italiano al signor Cabot.	He is teaching (to) Mr. Cabot Italian.
Gli [1] insegna l'italiano.	He is teaching (to) him Italian.
Il signor Cabot impara presto.	Mr. Cabot learns quickly.
Non dimentica ciò che ha imparato.	He does not forget what he has learned.
Il signor Facci è molto contento di lui.	Mr. Facci is very satisfied with him.

NOTE 1. gli = (*to*) *him* is an indirect object pronoun.

Grammar Notes and Practical Exercises

1. Dates.

Che giorno è? — Lunedì, martedì, ecc.	What is today? — Monday, Tuesday, etc.
Quanti ne abbiamo?	What is the date? (*Lit.* How many of them (i.e., days) have we?)

È il 1° (primo) gennaio.	January 1 (*Lit.* the first January).
È il 2 (due) febbraio.	February 2 (*Lit.* the two February).
È il 20 (venti) settembre 1870 (mille ottocento settanta).	September 20, 1870 (*Lit.* the twenty September).

Primo is used for the *first* day of the month. For the other days the cardinal numbers due, tre, quattro, etc., are used. The article il precedes the number. 1° is the abbreviation for primo.
The order of the date is: il, *number, month, year*.

Esercizio No. 83. Write out the following dates in Italian. Then read each date aloud.

Esempio: May 5, 1956. il 5 maggio 1956 (il cinque maggio mille novecento cinquantasei).

1. October 12, 1492.	3. February 12, 1809.	5. March 21, 1959.	7. September 20, 1870.
2. April 18, 1775.	4. November 11, 1918.	6. July 4, 1776.	8. December 25, 1958.

Esercizio No. 84. Read silently. Practice speaking aloud.

1. — Quando va il signor Cabot in Italia?
— Il 31 (trentuno) maggio.
— Quando ritorna?
— Nel mese di settembre.
2. — Quali sono le quattro stagioni? [1]
— Sono la primavera, l'estate, l'autunno e l'inverno.[3]
— Quando comincia la primavera?
— Il 21 (ventuno) marzo.

3. — Quando cominciano le vacanze [3] d'estate?
— Nel mese di giugno.
— Quando terminano?
— Nel mese di settembre.
4. — Quanto tempo dura l'anno scolastico? [4]
— Dura [5] dal mese di settembre fino al mese di giugno.
— Quanto tempo durano le vacanze di Natale? [6]
— Durano due settimane.

NOTES: 1. la stagione (*stah-joh-nay*) season. 2. l'estate (*lay-stah-tay*) summer, l'autunno (*lahoo-toon-noh*) autumn, l'inverno (*leen-vehr-noh*) winter. 3. le vacanze (*vah-kahnt-zay*) d'estate summer vacation. 4. l'anno scolastico (*skoh-lah-stee-koh*) school year. 5. durare to last. 6. Natale (*nah-tah-lay*) Christmas.

2. The Use of ci (here, there) and vi (here, there).

A che ora vanno Loro al cinema?	At what time are you going to the movies?
Ci (*or* vi) andiamo alle sette e mezza.	We are going *there* at half past seven.
Viene Carlo qui tutti i giorni?	Does Charles come here every day?
No. Ci (*or* vi) viene di tanto in tanto.	No. He comes *here* from time to time.

When *here* or *there* refers to a place already mentioned, without special emphasis, either one is expressed by ci or vi. The rules for the position of object pronouns apply also to ci and vi.

Esercizio No. 85. Read silently. Translate each answer. Practice speaking aloud.

1. — Vai al cinema, Peppino?
   — Sì, ci vado.
2. — Abitano i suoi amici in quella casa?
   — No. Non ci abitano.
3. — È lontano da qui il cinema?
   — No. Possiamo andarvi a piedi.
4. — Quando va il signor Cabot in Italia?
   — Egli ci va in primavera.
5. — Come vai a scuola, a piedi o in autobus?
   — Ci vado a piedi.

6. — Contano Loro di viaggiare in Francia?
   — Sì, contiamo di viaggiarci in estate.
7. — Entrano i due signori nel salotto?
   — Sì, c'entrano in questo momento.
8. — Studiano gli alunni nel salotto?
   — Sì, ci studiano.
9. — A che ora ritorna Elena a casa sua?
   — Ci ritorna alle nove.
10. — Viene il professore a casa vostra?
    — Sì, viene oggi.

Esercizio No. 86. Domande

1. Chi dà alcune date importanti della storia italiana?
2. Che cosa deve indicare il signor Cabot?
3. Quale avvenimento il signor Cabot nomina per 753 Av. J. C.?
4. Qual'è la data dell'unificazione d'Italia?
5. Come si chiama quel periodo?
6. Come si chiama il gran comandante militare del Risorgimento?
7. Quale anno segna la vittoria degli alleati nella prima guerra mondiale?
8. Il 1922 è una data gloriosa o una data triste per l'Italia? Perchè?
9. Perchè è il 1945 una data felice per l'Italia?
10. Che storia conosce bene il signor Cabot?

CAPITOLO 18 (DICIOTTO)

ALCUNE DOMANDE SULLA GEOGRAFIA D'ITALIA

1. — Signor Cabot, vediamo se Lei conosce la geografia d'Italia così bene come la sua storia.
   Mi permetta di farle qualche domanda.
2. — Certamente. Mi dica, ricevo un premio se le mie risposte sono giuste?
3. — No, signore. Questo non è un programma alla radio. Prima di tutto cominciamo con una domanda facile.
   Su quale fiume è situata la città di Roma?
4. — Questo è veramente troppo facile. Sul Tevere.
5. — Quali sono i fiumi più grandi e più lunghi d'Italia?
6. — Il Po e l'Adige sono i fiumi più grandi e più lunghi.
7. — Qual' è più lungo, il Po o l'Adige?
8. — Il Po è più lungo dell'Adige, non è vero?
9. — Corretto. Il Po è il fiume più lungo e più largo d'Italia. Ed ora parliamo delle montagne.
   Quali montagne si trovano al nord?
10. — Al nord si trovano [1] le Alpi.
11. — Quali sono le più alte cime delle Alpi Italiane?
12. — Il monte Bianco e il Monte Rosa che superano i 15,000 (quindici mila) piedi di altezza.
13. — Giusto. Qual è il porto più importante del Mediterraneo?

1. Mr. Cabot, let us see if you know the geography of Italy as well as its history.
   Permit me to ask you some questions.
2. Certainly. Tell me, do I receive a prize if my answers are correct?
3. No, sir. This is not a program on the radio. First of all let us begin with an easy question.
   On what river is the city of Rome situated?
4. This is really too easy. On the Tiber.
5. Which are the largest and longest rivers in Italy?
6. The Po and the Adige are the largest and longest rivers.
7. Which is the longer, the Po or the Adige?
8. The Po is longer than the Adige, isn't it?
9. Correct. The Po is the longest and widest river in Italy. And now let us speak of the mountains.
   What mountains are found to the north?
10. To the north are found [2] the Alps.
11. What are the highest peaks of the Italian Alps?
12. Mount Blanc and Mount Rosa which exceed 15,000 (fifteen thousand) feet in height.
13. Right. What is the most important Mediterranean port?

14. — Il porto di Genova è il più importante. Io importo molte merci da Genova.
15. — Qual è la più bella città d'Italia?
16. — Chi lo sa? Gl'Italiani stessi non sono d'accordo su questo.

    I Romani dicono che senza dubbio Roma è la più bella città d'Italia.

    I Fiorentini dicono che Roma è meno bella di Firenze.

    I Veneziani dicono che Venezia è la più incantevole e affascinante città di tutte.
17. — Ha proprio ragione. Gli abitanti d'ogni città dicono che la loro [2] è la più bella.
18. — Ebbene, signor Cabot, l'esame è finito. Mi congratulo con Lei.
19. — Grazie infinite, aspetto il mio diploma la settimana prossima!
20. — Oh no, signore. Non ancora. Ma ora noi possiamo cominciare la seconda parte del corso.

14. The port of Genoa is the most important. I import a great deal of merchandise from Genoa.
15. What is the most beautiful city of Italy?
16. Who knows (it)? The Italians themselves are not in agreement on this question.

    The Romans say that without doubt Rome is the most beautiful city in Italy.

    The Florentines say that Rome is less beautiful than Florence.

    The Venicians say that Venice is the most enchanting and fascinating city of all.
17. You are right. The inhabitants of each city say that theirs is the most beautiful.
18. Well, Mr. Cabot, the examination is finished. I congratulate you.
19. Many thanks. I expect my diploma next week!
20. Oh no, sir. Not yet. But now we can begin the second part of the course.

NOTES: 1. *Lit.* The Alps find themselves. 2. Possessive pronouns have the same forms as the possessive adjectives. Thus: la loro città their city; la loro theirs (= their city).

Building Vocabulary

il corso (*kohr-soh*) course
il fiume (*fyoo-may*) river
il nord (*nawrd*) north
il porto (*pawr-toh*) port
il premio (*prehm-yoh*) prize
il programma (*proh-grahm-mah*) program
la cima (*chee-mah*) peak
la geografia (*jay-oh-grah-fee-ah*) geography
la merce (*mehr-chay*) merchandise
la montagna (*mohn-tahn-yah*) mountain
l'abitante (*lah-bee-tahn-tay*) inhabitant
l'altezza (*ahl-tehts-sah*) height

l'esame (*ay-zah-may*) examination
superare (*soo-pay-rah-ray*) to exceed
trovare (*troh-vah-ray*) to find
alto (*ahl-toh*) high
affascinante (*ahf-fah-shee-nahn-tay*) fascinating
finito (*fee-nee-toh*) finished
incantevole (*een-kahn-teh-voh-lay*) charming
largo (*lahr-goh*) wide; *pl.* larghi [1]
proprio (*praw-pree-oh*) own, exactly, just
situato (*see-too-ah-toh*) situated
stesso (*stay-soh*) self, same
stessi (*stays-see*) themselves

NOTE 1. Nouns and adjectives ending in –go form their plural in –ghi. The silent h is added to keep the hard sound of g. Thus: lungo lunghi; largo larghi; luogo luoghi.

Espressioni Italiane

aver ragione (*rah-joh-nay*) to be right
aver torto (*tawr-toh*) to be wrong
ho ragione I am right
Lei ha torto you are wrong

Lei ha proprio ragione. You are quite right.
prima di tutto first of all
Mi congratulo con Lei (*kohn-grah-too-loh*). I congratulate you.

Practice speaking aloud:

1. Chi ha ragione?
2. So che io ho ragione.
3. Dico che noi abbiamo ragione.
4. Ha ragione il signor Morati?
5. No. Egli ha torto.

6. Io sono sicuro che Lei ha ragione.
7. Noi stessi abbiamo proprio ragione.
8. Essi stessi hanno proprio torto.
9. Gl'Italiani stessi hanno ragione.
10. Il loro paese è bellissimo.

Grammar Notes and Practical Exercises

1. Present Tense of **dire** (*dee-ray*) to say.

dico (*dee-koh*)	I say	diciamo (*dee-chah-moh*)	we say
dici (*dee-chee*)	you say (*fam.*)	dite (*dee-tay*)	you say (*fam.*)
dice (*dee-chay*)	{you say (*pol.*) / he, she, it says}	dicono (*dee-koh-noh*)	{you say (*pol.*) / they say}

2. Comparison of Adjectives.

Study these sentences, observing carefully the comparative and superlative forms of the adjectives **alto** and **attento**.

a. Il monte Rosa è *alto*.	Mt. Rosa is *high*.
b. Il monte McKinley è *più alto*.	Mt. McKinley is *higher*.
c. Qual' è *il più alto* monte del mondo?	What is *the highest mountain* in the world?
d. Enrico è molto *attento*.	Henry is very *attentive*.
e. Giovanni è *meno attento*.	John is *less attentive*.
f. Elena è *la meno attenta* della classe.	Helen is *the least attentive* in the class.
g. Genova è *il porto più importante* d'Italia.	Genoa is *the most important port* of Italy.

Positive	Comparative	Superlative
alto high	più alto higher	il più alto the highest
attento attentive	meno attento less attentive	il meno attento the least attentive

The comparative of an adjective is formed by placing **più** *more* or **meno** *less* before the positive (Sentences b, e).

The superlative is formed by placing the definite article before the comparative (Sentences c, f). If a definite article precedes the noun, no other article is necessary before the adjective (Sentence g).

After a superlative, **di** (or di contracted with an article), equals the English word *in* (Sentences c, f).

3. Comparison of Equals (the English *as...as*).

Enrico è (*tanto*) alto *quanto* Riccardo.	Henry is *as* tall *as* Richard.
Il signor Cabot conosce la storia d'Italia (*così*) bene *come* la geografia.	Mr. Cabot knows the history of Italy *as* well *as* its geography.

Tanto ... quanto and **così ... come** equal to the English *as ... as*. Tanto and così may be omitted.

4. Comparison of Unequals (English *than*).

a. Il Monte Bianco è più alto *del* Monte Whitney.	Mount Blanc is higher *than* Mt. Whitney.
b. Pietro è più alto *di* Lei.	Peter is taller *than* you.
c. Quell'uomo ha più *d'un* milione di lire.	That man has more *than* a million lire.

Di (or di contracted with an article) equals the English *than* when a noun, a pronoun or a number follows it.

Esercizio No. 87. Complete the Italian sentences so that they correspond fully to the English sentences.

1. Questa città ha gli edifizi ____.	This city has the most modern buildings.
2. Irene è ____. Anita è ____ alta d'Irene.	Irene is tall. Annie is taller than Irene.
3. Bianca è la ____ della classe.	Blanche is the tallest in the class.
4. Ho comprato le ____ belle tazze.	I have bought the finest cups.
5. Essi non sono ____ contenti ____ noi.	They are not as happy as we.
6. Trovo l'italiano ____ del francese.	I find Italian less difficult than French.

7. Quell'orologio costa più _____ 3000 lire. — That watch costs more than 3000 lire.
8. Firenze è _____ bella _____ Roma? — Is Florence more beautiful than Rome?
9. Qual'è la _____ gran chiesa _____ mondo? — Which is the largest church in the world?
10. Oggi egli è _____ contento _____ suo amico. — Today he is happier than his friend.
11. Hanno _____ duecento dischi. — They have more than 200 records.
12. Abbiamo _____ cinque dollari. — We have less than five dollars.

5. Irregular Comparison of Adjectives.

buono good	migliore (*or* più buono) better	il migliore (*or* il più buono) the best
cattivo bad	peggiore (*or* più cattivo) worse	il peggiore (*or* il più cattivo) the worst
grande large	maggiore [1] (*or* più grande) larger	il maggiore (*or* il più grande) the largest
piccolo small	minore (*or* più piccolo) smaller	il minore [1] (*or* il più piccolo) the smallest

NOTE. 1. **maggiore** and **minore** very often mean *older* and *younger*.

Do not confuse the adjectives **buono** and **cattivo** with the adverbs **bene** and **male**:

bene well	meglio better	(il) meglio the best
male badly	peggio worse	(il) peggio the worst

Esercizio No. 88. Translate the following sentences. Read them aloud three times.

1. Sono le pellicole italiane migliori delle pellicole americane?
2. Alcune sono migliori, altre sono peggiori.
3. In Italia e negli Stati Uniti si trovano le migliori e anche le peggiori pellicole. Generalmente, io preferisco le pellicole italiane.
4. Giorgio canta male. Enrico canta peggio di Giorgio. Ma Giovanni canta peggio di tutti.
5. Filippo scrive bene, ma Lei scrive meglio di lui. Emilia scrive meglio di tutti.
6. Dove si fa la migliore porcellana? Si fa la migliore porcellana a Faenza.
7. Meglio tardi che mai.
8. La pratica è la migliore maestra.
9. Enrico è mio fratello maggiore.
10. Silvia è mia sorella minore.

6. The Ending –issimo.

The ending –issimo indicates *very, a high degree of.* Thus:

gentile kind	bello beautiful	piccolo small
gentilissimo very kind	bellissimo very beautiful	piccolissimo very small
povero poor	ricco rich	felice happy
poverissimo very poor	ricchissimo very rich	felicissimo very happy
breve short	vecchio old	lungo long
brevissimo very short	vecchissimo very old	lunghissimo very long

Esercizio No. 89. Domande

A. 1. Con quale domanda facile comincia il maestro?
2. Perchè il signor Cabot non riceve un premio per le risposte corrette?
3. Da quale porto importa molte merci il signor Cabot?
4. Che dicono gli abitanti d'ogni città?
5. Alla fine dell'esame che dice il maestro al suo studente?
6. Che aspetta il signor Cabot?
7. Che possono cominciare ora?

B. Il signor Bianchi è un uomo di quarantacinque anni. Egli ha $100,000 (centomila dollari).
Il signor Ricci è un uomo di cinquanta anni. Egli ha $80,000 (ottantamila dollari).
Il signor Marino è un uomo di sessanta anni. Egli ha $50,000 (cinquantamila dollari).

1. Qual'è il più giovane dei tre?
2. È il signor Ricci più vecchio del signor Bianchi?
3. Qual'è il più vecchio dei tre?
4. Qual'è il più ricco?
5. Qual'è il meno ricco?
6. È il signor Ricci tanto ricco quanto il signor Bianchi?

CAPITOLO 19 (DICIANNOVE)

LA GIORNATA DEL SIGNOR CABOT

1. — Signor Cabot, mi permette di domandarle come passa la sua giornata?
2. — Certamente. Quando vado al mio ufficio mi alzo alle sei e mezza.
    Mi lavo e mi vesto in circa mezz'ora.

    Verso le sette mi siedo a tavola nella sala da pranzo per la prima colazione.
3. — E anche sua moglie s'alza di buon'ora?
4. — Sì. Mia moglie s'alza presto e così noi facciamo colazione insieme.
    Naturalmente questo mi piace molto. Noi abbiamo una buona occasione di parlare a proposito dei bambini e d'altre cose.
5. — Che cosa mangia per la prima colazione?
6. — D'abitudine prendo succo d'arancia, caffè, panini e uova. Qualche volta mangio un cereale invece di uova.
7. — Vedo che le piace di mangiare una buona e abbondante colazione. E poi?
8. — Alle sette e mezza sono pronto per andare alla stazione dove prendo il treno.
    Qualche volta i bambini s'alzano presto per baciarmi prima della mia partenza.
9. — A che ora arriva al suo ufficio?
10. — Arrivo alle nove circa. All'ufficio prima leggo la corrispondenza, poi detto delle lettere alla stenografa e parlo al telefono ai vari clienti.
    In generale faccio tutto ciò che un uomo d'affari deve fare.
11. — E a che ora fa colazione?
12. — Quasi sempre all'una. Ho bisogno solo di venti minuti per mangiare.
13. — È troppo poco! In Italia le abitudini del mangiare sono differenti. Gl'Italiani [1] usano molto tempo per i loro pasti.
    Ma parliamo di questo un'altra volta. Che cosa fa Lei dopo colazione?
14. — Spesso dei clienti vengono a farmi una visita.
    Di tanto in tanto io esco per vedere dei clienti.
15. — A che ora finisce Lei la sua giornata di lavoro?
16. — Alle cinque precise lascio il mio ufficio. Arrivo a casa alle sei e mezza.
    Gioco un po' coi [2] bambini e poi ci sediamo a tavola per il pranzo.
17. — Lei deve essere stanco dopo una tale giornata.
18. — Sì, infatti, signor Facci.

1. Mr. Cabot, will you permit me to ask you how you spend your day?
2. Surely. When I go to my office I get up at half past six.
    I wash (myself) and dress (myself) in about half an hour.
    Towards seven I sit down at the table in the dining room for breakfast.
3. And your wife also gets up early?
4. Yes. My wife gets up early and so we have breakfast together.
    Of course I like this very much. We have a good opportunity to talk about the children and other things.
5. What do you eat for breakfast?
6. Usually I have orange juice, coffee, rolls and eggs. Sometimes I eat a cereal instead of eggs.
7. I see that you like to eat a substantial breakfast. And then?
8. At seven-thirty I am ready to go to the station where I take the train.
    Sometimes the children get up early to kiss me before my departure.
9. At what time do you arrive at your office?
10. I arrive about nine. At the office I first read the mail, then dictate some letters to the stenographer and talk on the telephone to various clients.
    In general I do all the things that a businessman has to do.
11. At what time do you have lunch?
12. Almost always at one o'clock. I need only about twenty minutes to eat.
13. That's very little! In Italy the habits of eating are different. The Italians spend much time at their meals.
    But let us speak of this some other time. What do you do after lunch?
14. Some customers often come to visit me.
    From time to time I go out to see some customers.
15. At what time do you finish your day's work?
16. At exactly five o'clock I leave my office. I arrive home at six-thirty.
    I play a little with the children and then we sit down at the table for dinner.
17. You must be tired after such a day.
18. Yes, indeed, Mr. Facci.

NOTES: 1. The definite article gli becomes gl' only if the next word begins with an i. Thus: gl'Italiani *but* gli americani. 2. Coi = con + i.

Building Vocabulary

il cereale (*chay-ray-ah-lay*) cereal
il cliente (*klee-ehn-tay*) customer
il lavoro (*lah-voh-roh*) work
il mattiniero (*maht-teen-yeh-roh*) early riser
il panino (*pah-nee-noh*) roll
il ripieno (*ree-pyeh-noh*) sandwich
il succo (*sook-koh*) juice
il telefono (*tay-lay-foh-noh*) telephone
la corrispondenza (*kohr-ree-spohn-dehnt-sah*) correspondence
la giornata (*johr-nah-tah*) day, working day
la partenza (*pahr-tehnt-sah*) departure
la stenografa (*stay-noh-grah-fah*) stenographer
l'arancia (*lah-rahn-chah*) orange
l'uovo (*lwaw-voh*) egg; le uova eggs (*irreg. plu.*)
alzarsi (*ahl-tsahr-see*) to get up
baciare (*bah-chah-ray*) to kiss
dettare (*deht-tah-ray*) to dictate
giocare (*joh-kah-ray*) to play

lavarsi (*lah-vahr-see*) to wash oneself
mangiare (*mahn-jah-ray*) to eat
mettere (*mayt-tay-ray*) to put
permettere (*payr-mayt-tay-ray*) to permit
sedersi (*say-dayr-see*) to sit down
uscire (*oo-shee-ray*) to go out
esco (*ehs-koh*) I go out
vestirsi (*vay-steer-see*) to dress oneself
deve (*day-vay*) he, she, it must
vengono (*vayn-goh-noh*) they come (*from* venire)
abbondante (*ahb-bohn-dahn-tay*) abundant
differente (*deef-fay-rehn-tay*) different
preciso (*pray-chee-zoh*) precise
stanco (*stahn-koh*) tired
tale (*tah-lay*) such
insieme (*een-syeh-may*) together
troppo (*trawp-poh*) too much, too many
invece di (*een-vay-chay dee*) instead of
verso (*vehr-soh*) towards

Espressioni Italiane

d'abitudine (*dah-bee-too-dee-nay*) usually
Arrivo a casa. I arrive home.
in generale (*jay-nay-rah-lay*) in general

di tanto in tanto from time to time
un'altra volta another time
fare una visita a (*vee-zee-tah*) to pay a visit to

I Pasti (*pah-stee*) meals

la prima colazione (*koh-lahts-yoh-nay*) breakfast
la colazione breakfast or lunch
far colazione to have breakfast or lunch
Faccio la prima colazione alle sette. I have breakfast at 7:00.
Faccio colazione all'una. I have lunch at 1: 00.

il pranzo (*prahnd-zoh*) dinner
pranzare (*prahnd-zah-ray*) to dine
la cena supper
cenare to eat supper
Pranzo alle sette di sera. I dine at 7 P.M.

Grammar Notes and Practical Exercises

1. Present Tense of the Model Reflexive Verb **lavarsi** to wash oneself.

(io)	**mi lavo**	I wash myself	(noi)	**ci laviamo**	we wash ourselves
(tu)	**ti lavi**	you wash yourself (*fam.*)	(voi)	**vi lavate**	you wash yourselves (*fam.*)
(Lei)	**si lava**	you wash yourself (*pol.*)	(Loro)	**si lavano**	you wash yourselves (*pol.*)
(egli)	**si lava**	he washes himself	(essi)	**si lavano**	they wash themselves (*m.*)
(ella)	**si lava**	she washes herself	(esse)	**si lavano**	they wash themselves (*f.*)

Imperative: **si lavi** wash yourself (*pol.*); **si lavino** wash yourselves (*pol.*).

The reflexive pronouns are:

Singular: **mi** myself; **ti** yourself (*fam.*); **si** oneself, yourself (*pol.*), himself, herself, itself.
Plural: **ci** ourselves; **vi** yourselves (*fam.*); **si** yourselves (*pol.*), themselves.

2. Position of the Reflexive Pronoun.

a. **Quasi sempre mi alzo** (*or* **m'alzo**) **alle sette.** — Almost always I get up at seven.
b. **Non ci alziamo di buon'ora.** — We do not get up early.
c. **I bambini non vogliono alzarsi.** — The children don't want to get up.

Reflexive pronouns are object pronouns and have the same rules for position as other object pronouns; i.e. they usually precede the verb (sentences a and b), but follow and are attached to the infinitive minus the final –e (sentence c).

3. Some Common Reflexive Verbs.

Note that the Italian reflexive verb is not always translated as a reflexive verb in English.

1. alzarsi — to get up (to raise oneself)
2. chiamarsi — to be named (to call oneself)
3. coricarsi — to go to bed (to lay oneself down)
4. divertirsi — to enjoy oneself, have a good time
5. accomodarsi — to sit down, make oneself comfortable
6. sentirsi — to feel (well, sick)
7. sedersi — to sit down (to seat oneself)
8. trovarsi — to be (somewhere) (to find oneself)
9. vestirsi — to dress, to dress oneself
10. lavarsi — to wash oneself, to wash
11. fermarsi — to stop
12. riposarsi — to rest (oneself)

Esercizio No. 90. Brevi Dialoghi. Read silently. Translate. Practice speaking aloud:

1. — Come ti chiami, bambino mio?
   — Mi chiamo Giovanni, signorina.
   — E come si chiama tuo fratello?
   — Mio fratello si chiama Giuseppe.

2. — Come sta?
   — Non mi sento tanto bene. Ho mal di testa.[1]
   — Mi dispiace molto. Perchè Lei non prende un'aspirina?

3. — Che fanno i fanciulli?
   — Si divertono a guardare la televisione.
   — Non è tempo d'andare a letto?
   — Credo di sì. Domani devono alzarsi di buon'ora.

4. — A che ora si corica Lei?
   — Mi corico alle undici.
   — S'alza di buon'ora?
   — Di solito[2] m'alzo alle sei e mezza.

NOTES: 1. I have a headache. 2. Di solito = d'abitudine = usually.

Esercizio No. 91. Make each Italian sentence translate fully the corresponding English sentence by inserting the necessary reflexive pronouns.

Esempio 1. Come si chiama, signore? Mi chiamo Pietro Rossi.

1. Come __ chiama? __ chiamo Pietro Rossi.
2. __ alziamo alle sei circa.
3. Essa non __ sente bene.
4. Io __ diverto ad ascoltare la radio.
5. Domani dovete alzar __ di buon'ora, bambini.
6. Egli __ alza e va a salutarla.
7. Essi __ siedono sul divano.
8. Non __ senti bene, Anita?
9. Perchè non __ alzano di buon'ora Loro?
10. Devono vestir __ e lavar __ subito.
11. Dove __ trovano gli studenti?
12. Alle sette __ sediamo a tavola.
13. Dobbiamo vestir __ subito.
14. I bambini __ chiamano Carlo e Paolo.
15. Ognuno __ alza presto.
16. __ accomodi, signore!
17. A che ora __ coricano essi?
18. Dove __ ferma l'autobus?
19. __ divertiamo ad ascoltare la radio.
20. __ riposate, ragazzi?

1. What is your name? My name is Peter Rossi.
2. We get up about six o'clock.
3. She does not feel well.
4. I amuse myself listening to the radio.
5. Tomorrow you must get up early, children.
6. He gets up and goes to greet her.
7. They sit down on the couch.
8. Don't you feel well, Annie?
9. Why don't you get up early?
10. They must dress and wash quickly.
11. Where are the students?
12. At seven we sit down at table.
13. We must dress (ourselves) at once.
14. The children are named Charles and Paul.
15. Everyone gets up early.
16. Make yourself comfortable, sir.
17. At what time do they go to bed?
18. Where does the bus stop?
19. We amuse ourselves listening to the radio.
20. Are you resting, children?

Esercizio No. 92. Domande

1. A che ora s'alza il signor Cabot?
2. Poi che cosa fa?
3. In quanto tempo si lava e si veste?
4. Che cosa fa verso le sette?
5. Sua moglie s'alza di buon'ora?
6. Fanno la prima colazione insieme?
7. Che cosa mangia il signor Cabot per la prima colazione?
8. A che ora è pronto per andare alla stazione?
9. A che ora arriva al suo ufficio?
10. A che ora fa colazione in città?
11. Chi viene a vederlo nel pomeriggio?
12. A che ora finisce la sua giornata?

REVISIONE 4
CAPITOLI 16–19

Revisione di Parole

NOUNS

1. l'abitante	11. il panino	21. il premio	1. inhabitant	11. roll	21. prize
2. la camicia	12. il male	22. il principio	2. shirt	12. hurt, harm	22. beginning
3. la colazione	13. la montagna	23. la settimana	3. lunch	13. mountain	23. week
4. la data	14. il nord	24. la storia	4. date	14. north	24. story, history
5. il fiume	15. l'occhio	25. la stenografa	5. river	15. eye	25. stenographer
6. l'inchiostro	16. la parte	26. il telefono	6. ink	16. part	26. telephone
7. il lavoro	17. la partenza	27. la televisione	7. work	17. departure	27. television
8. la lettera	18. la pellicola	28. il tempo	8. letter	18. film	28. time, weather
9. la luce	19. il piede	29. l'uovo	9. light	19. foot	29. egg
10. il pane	20. il pranzo	30. le uova	10. bread	20. dinner	30. eggs

VERBS

1. accompagnare	12. lasciare	23. rimanere	1. to accompany	12. to leave	23. to remain
2. aiutare	13. lavarsi	24. sedersi[3]	2. to help	13. to wash oneself	24. to sit down
3. alzarsi	14. mangiare	25. capire	3. to get up	14. to eat	25. to understand
4. amare	15. ritornare	26. preferire	4. to love	15. to return	26. to prefer
5. annoiare	16. segnare	27. sentire	5. to bore	16. to mark	27. to feel
6. baciare	17. stare	28. uscire	6. to kiss	17. to be, stay	28. to go out
7. contare	18. trovare	29. esco	7. to count	18. to find	29. I go out
8. dettare	19. discutere	30. vestirsi	8. to dictate	19. to discuss	30. to get dressed
9. dimenticare	20. potere	31. venire	9. to forget	20. to be able	31. to come
10. insegnare	21. permettere	32. mi piace[2]	10. to teach	21. to allow	32. I like
11. giocare[1]	22. ricevere	33. mi piacciono[2]	11. to play (games)	22. to receive	33. I like

· NOTES: 1. Suonare to play (instruments).   2. Mi piace il libro.   Mi piacciono i libri.   3. Present tense: mi siedo   ti siedo   si siedi   ci sediamo   vi sedete   si siedono.

ADJECTIVES

1. alto	7. giusto	13. qualche	1. high, tall	7. right, just	13. some
2. caro	8. largo	14. quale	2. dear	8. wide	14. which
3. cattivo	9. lungo	15. ricco	3. bad	9. long	15. rich
4. curioso	10. migliore	16. stanco	4. curious	10. better	16. tired
5. felice	11. peggiore	17. triste	5. happy	11. worse	17. sad
6. giovane	12. povero	18. tale	6. young	12. poor	18. such

ADVERBS

1. abbastanza	3. davvero	5. pure	1. enough	3. indeed	5. also
2. adesso	4. pronto	6. piuttosto	2. now	4. quickly, ready	6. rather

PREPOSITIONS

1. invece di	2. a proposito di	3. dopo	1. instead of	2. concerning	3. after

CONJUNCTIONS

1. ebbene	2. inoltre	3. poi	1. well	2. besides	3. then

ITALIAN EXPRESSIONS

1. d'abitudine	8. Com'è gentile Lei!	1. usually	8. How nice you are!
2. di solito	9. Ha proprio ragione	2. usually	9. You are quite right
3. di mio gusto	10. Mi congratulo con Lei.	3. to my taste	10. I congratulate you.
4. a piedi	11. fare colazione	4. on foot	11. to have lunch
5. di tempo in tempo	12. fare una visita a	5. from time to time	12. to pay a visit to
6. di tanto in tanto	13. stare in piedi	6. from time to time	13. to stand
7. qualche volta	14. senza dubbio	7. sometimes	14. undoubtedly

Esercizio No. 93. Select the group of words in Col. II which best completes each sentence begun in Col. I.

I	II
1. I ragazzi del signor Cabot conoscono	a. «Io mi alzo di buon'ora.»
2. Dalla quattordicesima fila	b. con un bicchiere di succo d'arancia.
3. Settembre 1870 è la data	c. alle sette di sera.
4. Il signor Cabot conosce la storia d'Italia	d. e io facciamo colazione insieme.
5. Il Po è il fiume	e. si può vedere e capire bene.
6. «Sono mattiniero» vuol dire:	f. dell'unificazione d'Italia.
7. Tutta la famiglia si mette a tavola	g. più lungo d'Italia.
8. Per arrivare al suo ufficio il	h. così bene come il sistema monetario.
9. Egli comincia la prima colazione	i. tutte le stelle del cinema.
10. Mi piace molto che mia moglie	j. signor Cabot viaggia in treno.

Esercizio No. 94. From Group II choose the synonyms (words of like meaning) for words in Group I.

I | | II |
--- | --- | --- | ---
1. prego | 7. spesso | a. pure | g. di tempo in tempo
2. anche | 8. desiderare | b. vicino a | h. di buon'ora
3. presso | 9. di solito | c. ora | i. volere
4. coricarsi | 10. di tanto in tanto | d. molte volte | j. d'abitudine
5. adesso | 11. terminare | e. non c'è di che | k. immediatamente
6. presto | 12. subito | f. andare a letto | l. finire

Esercizio No. 95. Read each Italian question. Then translate into Italian the English answer that follows each question. Esempio 1. Sì, li invito a pranzare a casa mia.

1. Invita Lei i suoi amici a pranzare a casa sua?	1. Yes, I am inviting them to dine at my house.
2. Preferisce Lei il cinema?	2. No, I do not prefer it.
3. I ragazzi conoscono le stelle del cinema?	3. Yes, they know them very well.
4. Ci aspettano Loro?	4. Yes, we are waiting for you (m.). You are late.
5. A che ora finiscono i loro esami?	5. They finish them at three o'clock.
6. A che ora finisce Lei il suo lavoro?	6. I finish it at half past five.
7. Si vestono subito i ragazzi di mattina?	7. Yes, they dress themselves at once.
8. Come si chiama, signore?	8. My name is Riccardo Gronchi.
9. A che ora s'alza di mattina?	9. I get up early, at 6 o'clock.
10. A che ora si corica?	10. I go to bed at 11 o'clock.
11. Come si diverte Lei di sera?	11. I enjoy myself listening to (ad ascoltare) the radio.
12. A che ora si siedono a tavola?	12. Usually, they sit down at seven.
13. Vanno spesso al cinema?	13. They go there from time to time.
14. Quando ritornano in città?	14. They return here May 5.

Esercizio No. 96. Complete these sentences in Italian.

1. Roma è (bigger than) Firenze.
2. Il Po è (the longest river) d'Italia.
3. Mio padre è (older than) mia madre.
4. Maria è (younger than) Gianna.
5. Io sono (as tall as) mio fratello.
6. Anita è (the youngest) della famiglia.
7. Il monte Everest è (the highest peak) del mondo.
8. La domenica è (the first day) della settimana.
9. Essi hanno (more money than) noi.
10. Giorgio è (my best friend).
11. La mia penna è (bad) ma la sua è (worse).
12. Essa ha (the worst) penna di tutti.

Esercizio No. 97. Complete these sentences in Italian.

1. Non mi piace (to stand) al cinema.
2. Li vediamo (from time to time).
3. (They have lunch) all'una e mezza.
4. Vado (on foot) a scuola.
5. Oggi (we are paying a visit) al signor Martelli.
6. (You are quite right.) Preferiamo un buon dramma.
7. I drammi non sono (to our taste).
8. Sono (tired) dopo una (such) giornata.
9. (Sometimes) andiamo al teatro.
10. I ragazzi (are having a good time) a guardare la televisone.

Dialogo

AL CAMPO DEI FIORI DI PORTA PORTESE	**AT THE FLOWER MARKET OF PORTA PORTESE**

A Roma vicino al Palazzo Farnese e l'Ambasciata Francese c'è il famoso mercato (Campo dei Fiori) dove si vende un po' di tutto, anche cose antiche.

In Rome near Palazzo Farnese and the French Embassy, there is the famous market (Flower Market) where a little of everything is sold, even antiques.

Siamo vicini ad una mostra di coperte:

We are near a display of bedspreads:

Il Cliente: Quanto costa questa coperta bianca ricamata in blu?

Customer: How much does this white bedspread embroidered in blue cost?

Il Venditore: Costa sette mila lire.

Seller: It costs seven thousand lire.

Il Cliente: È troppo. Le darò cinque mila lire.

Customer: It is too much. I'll give you 5000 lire.

Il Venditore: Ma signore, Lei scherza! guardi il lavoro fine, guardi la qualità della stoffa ... Ebbene, siccome è una giornata morta per gli affari,[1] gliela darò — sei mila cinquecento lire.

Seller: But sir, you are joking! Look at the fine work, look at the quality of the material ... Oh well, since business is very slow,[1] I'll give it to you — 6,500 lire.

Il Cliente: È ancora troppo cara. Le darò cinque mila cinquecento lire.

Customer: It is still too dear. I'll give you 5,500 lire.

Il Venditore: Ma guardi, signore, com'è grande. È abbastanza grande per un letto matrimoniale ... Mi dia seimila lire.

Seller: But look, sir, how large it is. It is large enough for a marriage bed ... Give me 6000 lire.

Il Cliente: Dormo in un letto piccolo. Sono celibe è non ho intenzione di sposarmi. Le darò cinquemila settecento lire.

Customer: I sleep in a small bed. I am a bachelor and do not have any idea of getting married. I'll give you 5,700 lire.

Il Venditore: Impossibile, signore. Io invece sono sposato ed ho sei bambini da mantenere ... Seimila lire è l'ultimo prezzo.

Seller: Impossible, sir. I, on the other hand, am married and have six children to support ... 6000 lire is my final price.

Il Cliente: Va bene, siamo d'accordo. Ecco, signore ...

Customer: All right, we agree. Here, sir ...

(Egli da al venditore seimila lire è va via con la coperta bianca ricamata in blu.)

(He gives the seller 6000 lire and goes away with the white spread embroidered in blue.)

Al Campo dei Fiori che è aperto tutto il giorno, e fino all'una la domenica, c'è l'abitudine di discutere sui prezzi. Ecco perchè alla fine tutti e due sono contenti.

At the Flower Market, which is open all day, and until one on Sundays, it is the habit to bargain. This is why at the end, both are pleased.

NOTE 1. *Lit.* It is a dead day for business.

Esercizio No. 98 — Lettura

UNA VISITA AL PIROSCAFO CRISTOFORO COLOMBO

È sabato. Il signor Cabot s'alza alle otto e guarda dalla finestra. Il cielo è azzurro. Il sole brilla.

Egli dice a sua moglie — Oggi andiamo a visitare il piroscafo Cristoforo Colombo che è arrivato stamattina.[1] Ho delle merci a bordo. Questa è una bella occasione per visitare il piroscafo.

— Benissimo, dice la signora Cabot.

Alle nove partono in automobile e in circa un'ora arrivano al porto. All'entrata vedono un gruppo di giovanotti che mangiano dei gelati[2] e che parlano italiano.

Il signor Cabot li saluta e parla un po' con il più vicino. Ecco la conversazione:

— Buon giorno giovanotto! È italiano Lei?

— No, signore, io sono americano.

— Ma Lei parla italiano molto bene.

— Ebbene, questi ragazzi che lavorano al porto sul piroscafo Cristoforo Colombo sono i miei amici ed essi m'insegnano a parlare correttamente. Sono i miei maestri. Inoltre io studio l'italiano al ginnasio (high school) e tutti i giorni leggo qualche pagina d'italiano. A proposito, è italiano Lei?

— Grazie per il complimento. No, ragazzo mio, anch'io sono americano come Lei, e come Lei studio l'italiano. Ma io non ho che[3] un solo maestro.

— Ma anche Lei parla correntemente.

— Grazie di nuovo. Arrivederci e buona fortuna.

— Arrivederci, signore. Spero di rivederla ancora.

Il signor Cabot raggiunge [4] sua moglie che l'attende sorridendo,[5] e poi si rimettono in cammino,[6] per visitare il piroscafo.

— È simpatico quel giovanotto, dice il signor Cabot a sua moglie. E poi traduce [7] la frase in inglese perchè ella non capisce l'italiano: "That's a nice boy."

NOTES: 1. this morning. 2. ice cream. 3. non + *verb* + che = only. 4. rejoins. 5. smiling. 6. continue on their way. 7. translates.

CAPITOLO 20 (VENTI)

LA VITA DEL SOBBORGO

1. — Ora sono bene informato circa il modo in cui Lei passa la sua giornata. Però sono ancora curioso.

   Mi dica, signor Cabot, come passa Lei il tempo a casa sua nel sobborgo dove abita?

2. — Come passo il tempo? Ebbene è molto semplice. Lei sa già che io ritorno a casa piuttosto tardi.

   Non finiamo il nostro pranzo prima delle 8:00 (otto). Perciò non rimane molto tempo libero per fare grandi cose.

3. — Con tutto ciò Lei si permette delle distrazioni, il cinema per esempio, non è vero?

4. — Naturalmente. Ma in generale noi stiamo a casa, con la famiglia. Parliamo, leggiamo, guardiamo la televisione e discutiamo con i ragazzi quando essi non vogliono andare a letto.

5. — La signora Cabot può fare la spesa comodamente?

6. — Oh, sì certo. Vicino a noi ci sono dei negozi. C'è anche un gran negozio chiamato «Supermarket».

   Là si può [1] comprare frutta, legumi, latte, formaggio, burro, caffè, carne, torte ed anche calze e casseruole!

7. — Con tutto ciò, là non si trovano [2] i soprabiti!

8. — Non ancora. Ma abbiamo un quartiere commerciale assai importante.

   Alcuni negozi di Nuova York hanno delle grandi succursali che possono fornirci di quasi tutto il necessario.

9. — Loro sono fortunati.

10. — E la miglior cosa di tutto è che si può sempre parcheggiare.

11. — E i bambini sono felici a scuola?

12. — Sì infatti, essi sono proprio felici a scuola. Amano le loro maestre che sono molto simpatiche.

13. E hanno dei buoni amici?

14. Sì, ne hanno molti.

15. — La vita del sobborgo sembra proprio bella!

16. — Ha proprio ragione, signor Cabot.

1. Now I am well informed about the way (*Lit.* the way in which) you spend your day. But I am still curious.

   Tell me, Mr. Cabot, how do you pass the time at home in the town where you live?

2. How do I pass the time? Well, it is very simple. You already know that I get home rather late.

   We don't finish our dinner before 8 o'clock. Therefore there doesn't remain much time for great undertakings (great things).

3. All the same you allow yourself some distractions, the movies for example, don't you?

4. Of course. But generally we stay quietly at home with the family. We talk, we read, watch the television, and argue with the children when they don't want to go to bed.

5. Can Mrs. Cabot do her marketing conveniently?

6. Oh, surely. Near us there are some shops. There is also a big store called "Supermarket."

   There one can buy fruit, vegetables, milk, cheese, butter, coffee, meat, cakes and also stockings and saucepans!

7. With all that, one doesn't find overcoats there.[2]

8. Not yet. But we have a very important business section.

   Several New York stores have large branches which can provide us with almost everything need.

9. You are lucky.

10. And the best thing of all is that we can always park.

11. And the children are happy in school?

12. Yes indeed, they are very happy at school. They love their teachers who are very nice.

13. And have they good friends?

14. Yes, they have many.

15. Life in the suburbs seems really beautiful!

16. You are quite right, Mr. Cabot.

NOTES: 1. The impersonal construction with si is used to express *one*, *people*, *you*, etc. Thus: Si può comprare one (people, you) may buy. 2. Note the use of the reflexive to express the passive. Thus: Là non si trovano i soprabiti (*Lit.* Overcoats do not sell themselves there).

Building Vocabulary

il burro (*boor-roh*) butter
il desiderio (*day-zee-dehr-yoh*) desire
il formaggio (*fohr-mah-joh*) cheese
il latte (*laht-tay*) milk
il legume (*lay-goo-may*) vegetable
il quartiere (*kwahrt-yeh-ray*) section
il soprabito (*soh-prah-bee-toh*) overcoat
la calza (*kahlt-sah*) stocking
la carne (*kahr-nay*) meat
la casseruola (*kahs-say-roo-aw-lah*) saucepan
la distrazione (*dee-straht-syoh-nay*) distraction
la succursale (*soo-koor-sah-lay*) branch
la vita (*vee-tah*) life
discutere (*dees-koo-tay-ray*) discuss
parcheggiare (*pahr-kayj-jah-ray*) to park
ritornare (*ree-tohr-nah-ray*) to return
sembrare (*saym-brah-ray*) to seem

rimanere (*ree-mah-nay-ray*) to remain
venga (*vayn-gah*)! come!
sarà (*sah-rah*) he, she, it, you will be
commerciale (*kohm-mayr-chah-lay*) commercial
curioso (*koo-ree-oh-zoh*) curious
fortunato (*fohr-too-nah-toh*) fortunate
informato (*een-fohr-mah-toh*) informed
libero (*lee-bay-roh*) free
ancora (*ahn-koh-rah*) yet, still
tardi (*tahr-dee*) late
assai (*ahs-sahy*) very, quite, enough
comodamente (*koh-moh-dah-mayn-tay*) comfortably
dunque (*doon-kway*) then
piuttosto (*pyoot-taw-stoh*) rather
proprio (*praw-pree-oh*) really, quite, exactly, just
cui (*coo-ee*) whom, which, that (*rel. pron. used after preposition*)

Espressioni Italiane

andare a letto (*leht-toh*) to go to bed
fare la spesa (*spay-zah*) shop (for food), to do marketing

rimanere a casa to stay at home
si può (*pwaw*) one (people, you) may, can

Practice aloud:

A che ora va Lei a letto?
Vado a letto alle dieci.
Dove fa Lei la spesa?
Faccio la spesa al supermercato.

Rimani (tu) a casa stasera?
No, vado al cinema. E voi?
Rimaniamo a casa e guardiamo la televisione.

Grammar Notes and Practical Exercises

1. *Some* or *Any* in Italian. The Partitive.

a.	**Prendo del succo d'arancia.**	I take some orange juice.
b.	**Mangiamo della frutta.**	We are eating some fruit.
c.	**Chi ha dell'inchiostro nero?**	Who has any black ink?
d.	**Hanno dei buoni amici?**	Have they some good friends?
e.	**Essa scrive delle lettere tutti i giorni.**	She writes (some) letters every day.
f.	**Egli compra degli oggetti d'arte.**	He is buying (some) art objects.

The idea *some* or *any* before a noun is often expressed by di + the definite article (del, della, dell', dello, dei, delle, degli). This construction is called the partitive. In English, the word *some* or *any* is often omitted.

2. Omission of the Partitive.

a.	**Non prendo succo d'arancia.**	I don't take (any) orange juice.
b.	**Egli non importa automobili.**	He does not import (any) automobiles.
c.	**Compro legumi, burro, uova, ecc.**	I am buying vegetables, butter, eggs, etc.

Di + *the definite article* is omitted when the noun follows a verb in the negative (Sentences a and b); and in enumerations (Sentence c).

Esercizio No. 99. Complete these sentences translating *some* or *any* by using di + the definite article wherever necessary.

Esempi: 1. Mangiamo della **carne** per cena.   2. Non prendono cereale per colazione.

1. Mangiamo (some meat) **per cena.**
2. Non prendono (any cereal) **per colazione.**
3. Vogliamo comprare (some butter and some eggs).
4. I bambini mangiano (rolls).
5. Spesso (some customers) **vengono a vederlo.**
6. Compriamo (vegetables, milk, butter and cheese).
7. Ha (any red ink)?
8. Non abbiamo (any ink).
9. Desideriamo (some cakes).
10. Io prendo (some books) **dallo scaffale.**
11. Vicino a noi ci sono (some stores).
12. Lei si permette (any) **distrazioni?**
13. Non abbiamo (any letters) per Lei.
14. Maria non ha (any) carta.

3. Qualche *some, any;* Alcuni (alcune) *some, any.*

a. Qualche volta i bambini s'alzano tardi.
b. Egli ha qualche cliente ricco.
c. Alcuni ragazzi non sono attenti.
d. Alcune ragazze sono assenti oggi.

Sometimes the children get up late.
He has some wealthy customers.
Some boys are not attentive.
Some girls are absent today.

Qualche or **alcuni** m. (**alcune** f.) may be used when *some* or *any* means *a few, several.* Note that **qualche** and the noun it modifies are *always* singular in form even though plural in meaning.

Esercizio No. 100. Complete the Italian sentences with **qualche, alcuni** or **alcune.**
Remember: **qualche** is used only with a singular noun in Italian, even though the meaning may be plural.

1. _____ grandi negozi hanno delle succursali qui.
2. Leggiamo _____ rivista italiana.
3. Comprano _____ dizionari italiani.
4. Voglio farle _____ altra domanda.
5. Qui piove _____ giorno della settimana.
6. Vogliono comprare _____ matite.
7. Ci sono _____ quadri alla parete.
8. Vuole scrivere _____ lettera.

4. The Partitive Pronoun **ne.**

Study the use of the partitive pronoun **ne** in these sentences.

1. Vuole Lei della panna?
   Grazie, *ne* ho già.
2. Ha dell'inchiostro?
   No, non *ne* ho.
3. Hanno Loro bisogno di danaro?
   No, *ne* abbiamo abbastanza.
4. Le piacciono questi fazzoletti?
   Sì, *ne* voglio due dozzine.

Do you want any cream?
Thanks, I already have *some* (*of it*).
Have you any ink?
I haven't *any.*
Do you need money (Have you need of)?
No, we have enough (*of it*).
Do you like these handkerchiefs?
Yes, I want two dozen (*of them*).

The partitive pronoun **ne** may be translated *some, any, of it, of them, some of it, some of them, any of it,* and *any of them.* In English, these words are sometimes expressed, sometimes understood. In Italian **ne** is generally not omitted.

Like all object pronouns, **ne** usually precedes the verb, but follows it if the verb is in the infinitive form.

Esercizio No. 101. Read each question. Translate the answer into Italian. Use **ne** in the answer.

Esempio 1. No, non ne vendo.

1. Vende Lei della porcellana?
2. Compra essa dei legumi?
3. Quante succursali ha questo negozio?
4. Hanno loro abbastanza danaro?
5. Parlano loro della pellicola?
6. Vuole alcuni di questi fiori?
7. Ha Lei delle matite rosse?

1. No, I do not sell any (of it).
2. Yes, she is buying some.
3. It has two (of them).
4. They have enough (of it).
5. Yes, they are speaking of it.
6. No, I do not want any.
7. Yes, I have ten (of them).

8. I fanciulli hanno dei buoni amici?
9. C'è un ristorante qui vicino?
10. Ha Lei del danaro?
11. Vuole comprare delle camicie?
12. Parla egli dell'esame?

8. Yes, they have many (of them).
9. Yes, there is one on the corner (angolo).
10. Yes, I have a little (of it).
11. Yes, I want to buy some.
12. No, he is not speaking of it.

Esercizio No. 102. Domande

1. Chi è ancora curioso?
2. Che cosa sa già il signor Facci?
3. A che ora finisce il pranzo la famiglia Cabot?
4. Che fanno sempre dopo il pranzo con i ragazzi?
5. Come si chiama il negozio dove la signora Cabot fa la spesa?
6. Che cosa si può comprare al 'supermarket'?
7. Che cosa non si trova al 'supermarket'?
8. I grandi negozi di Nuova York hanno delle succursali nel sobborgo?
9. I ragazzi chi amano?
10. Hanno dei buoni amici?

CAPITOLO 21 (VENTUNO)

CHE CATTIVO TEMPO!

1. Piove a catinelle quando il signor Facci arriva dal[1] signor Cabot! La domestica apre la porta. Il signor Facci entra.
2. La domestica gli dice — Buona sera, signor Facci. Che tempo terribile! Entri,[2] entri in casa.

   Lei è tutto bagnato. Mi dia per favore l'impermeabile e il cappello. Metta[2] l'ombrello nel porta-ombrelli. Può lasciare le soprascarpe nell'ingresso.
3. Il signor Facci le dà il cappello e l'impermeabile e risponde — Grazie tante. Ora mi sento meglio. Piove a catinelle, ma non fa freddo. Sono sicuro che non prenderò un raffreddore.

   È a casa il signor Cabot?
4. — Sì, signore. Egli l'aspetta in salotto. Eccolo.
5. — Buona sera, signor Facci. Sono molto contento di vederla, ma con un tempo così orribile non è bene uscire.

   Venga[2] in salotto e beva[2] una tazza di tè col rum, per riscaldarsi un poco.
6. — Grazie, grazie, signor Cabot. Ho realmente un po' di freddo.

   Una tazza di tè mi farà bene e mentre beviamo il tè conversiamo circa il tempo.

   È un tema comune e sarà del momento questa sera.
7. I signori vanno nella stanza da pranzo conversando con voce animata.

   Essi si siedono e la domestica porta loro un vassoio con due tazze e due piattini, una teiera piena d'acqua bollente, una zuccheriera e dei cucchiaini.

   La domestica li mette sulla tavola insieme con una bottiglia di rum che ella prende dalla credenza.

1. It is raining buckets when Mr. Facci arrives at the home of Mr. Cabot! The maid opens the door. Mr. Facci enters.
2. The maid says to him, "Good evening, Mr. Facci. What terrible weather! Come in, come into the house.

   You are wet through and through. Please give me your raincoat and your hat. Put your umbrella in the umbrella stand. You may leave your rubbers in the hall."
3. Mr. Facci gives her his hat and his raincoat and answers, "Thank you very much. Now I feel better. It is raining buckets, but it is not cold. I am sure that I shall not catch cold.

   Is Mr. Cabot at home?"
4. Yes, sir. He is waiting for you in the living room. Here he is.
5. Good evening, Mr. Facci. I am very glad to see you, but in such awful weather it is not good to go out.

   Come into the dining room and drink a cup of tea with rum to warm yourself a bit.
6. Thank you, thank you, Mr. Cabot. I am really a little cold.

   A cup of tea will suit me fine and while we drink the tea, let us talk about the weather.

   It is a common topic and will be appropriate this evening.
7. The gentlemen go into the dining room talking in animated voices.

   They sit down and the maid brings them a tray which holds two cups and saucers, a teapot full of hot water, a sugar bowl and some teaspoons.

   The maid puts them on the table together with a bottle of rum which she takes from the sideboard.

Poi lascia la stanza da pranzo.

Then she leaves the dining room.

8. — Mi permetta [2] di servirla, signor Facci, dice il signor Cabot.

Egli versa il tè nelle tazze con una porzione assai generosa di rum per ognuno.

8. "Permit me to serve you, Mr. Facci," says Mr. Cabot.

He pours the tea into the cups with a very generous portion of rum for each.

9. Mentre bevono il tè col rum i signori continuano a conversare con voce animata.

9. While they are drinking the tea with rum they continue to converse in animated voices.

10. Fuori continua a piovere.

10. Outside it continues raining.

NOTES: 1. The preposition **da** may mean *to* or *at the home* (*house, office, etc.*) *of*. Thus: **Andiamo dal dottore.** We are going to the doctor's (house). **Egli vive dallo zio** He lives with his uncle (at the uncle's house). 2. The polite imperative (**Lei** understood) of –**are** verbs ends in –**i**; of –**ere** verbs and –**ire** verbs in –**a**. Thus: **entrare: entri!** *enter!* — **mettere: metta!** *put!* The imperative of **dare: dia!** *give!* is an exception. You will learn more about the imperative later.

Building Vocabulary

il cappello (*kahp-pehl-loh*) hat
il momento (*moh-mayn-toh*) moment
il porta-ombrelli (*ohm-brehl-lee*) umbrella stand
il tempo (*taym-poh*) weather, time
il rum (*room*) rum
il tema (*teh-mah*) topic
la bottiglia (*boht-teel-yah*) bottle
la conversazione (*kohn-vayr-sahts-yoh-nay*) conversation
la credenza (*kray-dehnt-sah*) sideboard
la porzione (*pohrts-yoh-nay*) portion
la soprascarpa (*soh-prah-skahr-pah*) overshoe
la teiera (*tay-yeh-rah*) teapot
la voce (*voh-chay*) voice
l'acqua (*lah-kwah*) water
l'impermeabile (*leem-pehr-may-ah-bee-lay*) raincoat
l'ingresso (*leen-grehs-soh*) entrance
l'ombrello (*lohm-brehl-loh*) umbrella
portare (*pohr-tah-ray*) to carry, bring
riscaldarsi (*rees-kahl-dahr-see*) to warm oneself
versare (*vayr-sah-ray*) to pour

mettere (*mayt-tay-ray*) to put
bere (*bay-ray*) to drink
dovere (*doh-vay-ray*) to have to, must, to owe
si deve one must
piovere (*pyaw-vay-ray*) to rain
prendere (*prehn-day-ray*) to take
prenderò (*prayn-day-roh*) I shall take
sarà (*sah-rah*) he, she, it will be (*future of* essere)
sentire (*sayn-tee-ray*) to feel, hear, smell
servire (*sayr-vee-ray*) to serve
animato (*ah-nee-mah-toh*) animated
bagnato (*bahn-yah-toh*) wet through
bollente (*bohl-layn-tay*) boiling
generoso (*jay-nay-roh-zoh*) generous
orribile (*ohr-ree-bee-lay*) awful, terrible
pieno (*pyeh-noh*) full
sicuro (*see-koo-roh*) sure
comune (*koh-moo-nay*) common
fuori (*fwaw-ree*) outside
mentre (*mayn-tray*) while

Espressioni Italiane

con un tempo così orribile in such awful weather
del momento (*moh-mayn-toh*) appropriate
ho un po' di freddo I am a bit cold
prendere un raffreddore to catch cold

mi farà bene it will do me good
piove a catinelle (*pee-aw-vay ah kaht-tee-nehl-lay*) it is raining buckets
che tempo orribile! What awful weather!

Il Tempo (*tehm-poh*) The Weather

Che tempo fa? (*kay tehm-poh fah*)
Fa bel tempo. (*behl-tehm-poh*).
Fa cattivo tempo. (*kaht-tee-voh*).
Fa caldo (*kahl-doh*). Fa molto caldo.
Fa freddo (*frayd-doh*). Fa molto freddo.
Fa fresco (*fray-skoh*).
Piove (*pyaw-vay*). Nevica (*nay-vee-kah*).
Tira vento. (*tee-rah vehn-toh*).
Ha freddo? — Ho freddo.
Ha caldo? — Non ho caldo.

What's the weather?
It's nice weather.
It's bad weather. The weather is bad.
It's hot, warm. It's very warm.
It's cold. It's very cold.
It's cool.
It's raining. It's snowing.
It's windy.
Are you cold? — I am cold.
Are you warm? — I am not warm.

NOTE: In Italian we say:

What weather does it *make* (fa)?	*not*	What *is* the weather?
It *makes* (fa) cold, warmth.	*not*	It *is* cold, warm.
I *have* (ho) cold, warmth.	*not*	I *am* cold, warm.

Grammar Notes and Practical Exercises

1. Present Tense of dare (*dah-ray*) to give.

do	(*doh*)	I give	diamo (*dyah-moh*)		we give
dai	(*dahy*)	you give (*fam.*)	date (*dah-tay*)		you give (*fam.*)
dà	(*dah*)	you give (*pol.*) / he, she, it gives	danno (*dahn-noh*)		you give (*pol.*) / they give

The accent mark on **dà** distinguishes it from the preposition **da** meaning *from, by, to, at*.

2. Indirect Object Pronouns.

The indirect object may be called the "to object." It indicates the person *to* whom an action is directed. The *to* in English may be expressed or understood. Thus:

He writes a letter to his agent.   He writes (to) him a letter.   He writes a letter to him.

Study the indirect object pronouns in these sentences:

a. Egli *mi* dà una penna stilografica. — He is giving (*to*) *me* a fountain pen.
b. Egli *ti* scrive una lettera, Carlo. — He is writing (*to*) *you* a letter, Charles.
c. Essa *gli* legge una storia. — She is reading (*to*) *him* a story.
d. Io *le* mostro dei cappelli. — I am showing (*to*) *her* some hats.
e. Non *Le* dicono la verità, signore. — They are not telling (*to*) *you* the truth, sir.
f. Non *ci* prestano danaro. — They are not lending (*to*) *us* any money.
g. Noi *vi* portiamo dei dolci, bambini. — We are bringing (*to you*) candy, children.
h. Essa porta *loro* del tè. — She is bringing (*to*) *them* some tea.
i. Egli scrive *Loro* oggi, signori. — He is writing *to you* today, gentlemen.
j. Non vogliamo parlar*gli*. — We do not want to speak *to him*.

Compare the direct object pronouns with the indirect object pronouns.

DIRECT OBJECTS				INDIRECT OBJECTS			
Singular		Plural		Singular		Plural	
mi	me	ci	us	mi	to me	ci	to us
ti	you (*fam.*)	vi	you (*fam.*)	ti	to you (*fam.*)	vi	to you
lo	him, it *m.*	li	them *m.*	gli	to him	loro	to them
la	her, it *f.*	le	them *f.*	le	to her		
La	you (*pol. m. & f.*)	Li you (*pol. m.*) / Le you (*pol. f.*)		Le to you (*pol. m. & f.*)		Loro to you (*pol. m. & f.*)	

The pronouns **mi, ti, ci, vi** are used both as direct and indirect objects.

Like direct object pronouns, the indirect object pronouns (except **loro, Loro**) generally precede the verb (Sentences a to g). Used with an infinitive, they follow and are attached to it (Sentence j).

loro *to them* and **Loro** *to you* always follow the verb and are never attached to it (Sentences h, i).

3. Some Common Verbs that May Take Indirect Objects.

dare	to give	parlare	to speak	rispondere	to answer
domandare	to ask	portare	to bring	scrivere	to write
donare	to donate	presentare	to present	vendere	to sell
mandare	to send	prestare	to lend	dire	to say
mostrare	to show	leggere	to read	servire	to serve

NOTE 1. Domandare takes an indirect object for persons and a direct object for things. Thus:

> Domando i quaderni a Carlo. I am asking Charles for the notebooks.
> *Gli* domando i quaderni. I am asking *him* for the notebooks.

4. Indirect Objects with piacere *to be pleasing to.*

Le piace il cappello?	Do you like the hat?	(Is the hat pleasing *to you?*)
Il cappello *mi* piace.	I like the hat.	(The hat is pleasing *to me.*)
Il cappello *gli* piace.	He likes the hat.	(The hat is pleasing *to him.*)
I cappelli *ci* piacciono.	We like the hats.	(The hats are pleasing *to us.*)
I cappelli piacciono *loro.*	They like the hats.	(The hats are pleasing *to them.*)
I cappelli piacciono *a Luigi.*	Louis likes the hats.	(The hats are pleasing *to Louis.*)

English sentences which contain the verb *like* are translated into Italian by means of piace, *is pleasing* or piacciono *are pleasing*, plus an indirect object: mi, ti, a Luigi, etc.

Esercizio No. 103. Complete each sentence with the correct Italian indirect object pronoun.

Esempio 1. Non gli presto danaro.

1. Non (him) presto danaro.
2. Essi portano (you) dei dolci, signorine.
3. La domestica serve (them) del tè.
4. Egli (her) mostra dei cappelli.
5. Essa (me) manda un paio di guanti.
6. Egli (us) domanda i biglietti.
7. Perchè Lei non risponde (them)?
8. Essa (to him) dice: «Entri in casa.»
9. Voglio dar (her) una buona mancia.
10. Essa (me) insegna a parlare italiano.
11. Vogliamo parlare (to you), signori.
12. (To you) piace questa pellicola, signore?
13. (To me) piace molto.
14. Queste pellicole non (us) piacciono.
15. Queste camere (to you) piacciono, ragazzi?

Esercizio No. 104. Domande

1. Che tempo fa quando il signor Facci arriva dal signor Cabot?
2. Chi apre la porta?
3. Che cosa gli dice la domestica?
4. Dove lascia egli l'ombrello e le soprascarpe?
5. Che cosa dà il maestro alla domestica?
6. Chi è molto contento di vedere il signor Facci?
7. Dove entrano i due signori?
8. Che cosa mette sulla tavola la domestica?
9. E poi che cosa fa ella?
10. Chi serve il tè col rum?
11. Mentre bevono il tè che fanno i signori?

———◦—◦—◦———

CAPITOLO 22 (VENTIDUE)

IL CLIMA D'ITALIA

1. I due signori sono ancora seduti nella sala da pranzo. Stanno ancora conversando mentre bevono il tè col rum. Fuori sta sempre piovendo. Il signor Facci non ha più freddo.
2. Egli dice al suo studente — Qui a Nuova York abbiamo un clima che va da un estremo all'altro.
3. — Questo è vero, signor Facci. D'estate fa caldo. Qualche volta fa molto caldo.
   D'inverno fa freddo. Qualche volta fa molto freddo. Di tanto in tanto nevica.
4. — Ma la primavera è bella, non è vero, signor Cabot?

1. The two gentlemen are still seated in the dining room. They are still conversing while they drink the tea with rum. Outside it is still raining. Mr. Facci is no longer cold.
2. He says to his student, "Here in New York we have a climate which goes from one extreme to the other."
3. That is true, Mr. Facci. In summer it is hot. Sometimes it is very hot.
   In winter it is cold. Sometimes it is very cold. From time to time it snows.
4. But spring is beautiful, isn't it, Mr. Cabot?

5. — Certo. In primavera comincia a far bel tempo, ma spesso piove come questa sera. Qualche volta fa freddo per settimane intere; poi tutto d'un tratto fa caldo.

Quale stagione preferisce Lei, signor Facci?

6. — Preferisco l'autunno. Mi piace l'aria fresca e crespa; mi piace il cielo lucente. In campagna gli alberi mettono molti colori.

E Lei, signor Cabot, che stagione preferisce?

7. — Preferisco la primavera quando a poco a poco tutto diviene verde. Ma parliamo un po' circa il clima d'Italia. C'è in Italia una grande differenza fra le stagioni?

8. — Sono assai differenti, ma non abbiamo quei repentini cambiamenti che avete voi qui.

9. — Questo deve essere più piacevole.

10. — Sì infatti. Inoltre tutte le quattro stagioni in Italia sono generalmente moderate.

11. — Non fa freddo in Italia del Nord?

12. — L'inverno è assai freddo nel nord a causa dell'influenza delle Alpi. Così pure nel territorio influenzato dalla catena degli Appennini, fa freddo.

Ma dalla costa azzurra francese fino al Golfo della Spezia si può dire che l'inverno è mite. Lo stesso si può dire del Golfo di Napoli con le famose isole di Capri e Ischia.

Poi c'è Taormina in Sicilia dove la primavera è eterna.

13. — È il clima della Riviera italiana così bello come quello della Riviera francese, la famosa Costa Azzurra?

14. — Sì infatti. Ecco perchè le persone che abitano in Italia del Nord, se hanno i mezzi, vanno a passare qualche settimana in Riviera.

Ma è gia tardi. Lasciamo il resto della discussione sulla Riviera fino alla settimana prossima.

15. — Va bene. E poi parliamo anche del clima di Roma che naturalmente m'interessa di più.

5. Surely. In spring the weather begins to be nice, but it often rains like this evening. Sometimes it is cold for entire weeks; then all of a sudden it is warm.

Which season do you prefer, Mr. Facci?

6. I prefer the autumn. I like the cool and crisp air; I like the bright sky. In the country the trees put on many colors.

And you, Mr. Cabot, which season do you prefer?

7. I prefer spring when little by little everything becomes green. But let us speak a little about the climate of Italy. Is there in Italy a great difference between the seasons?

8. They are quite different, but we do not have these sudden changes that you have here.

9. That must be much nicer.

10. Yes, indeed. Moreover all four seasons in Italy are generally mild.

11. Isn't it cold in Northern Italy?

12. The winter is very cold in the north because of the influence of the Alps. So also in the territory influenced by the Appenine range, it is cold.

But from the French Blue Coast to the Gulf of Spezia one can say that the winter is mild. The same may be said of the Gulf of Naples with the famous islands of Capri and Ischia.

Then there is Taormina in Sicily where spring is eternal.

13. Is the climate of the Italian Riviera as fine as that of the French Riviera, the famous "Blue Coast?"

14. Yes, indeed. That is why people who live in Northern Italy, if they have the means, go to spend several weeks on the Riviera.

But it is already late. Let us leave the rest of the discussion about the Riviera until next week.

15. Good. And then let us also speak about the climate of Rome which interests me a great deal.

Building Vocabulary

il cambiamento (*kahm-byah-mayn-toh*) change
il golfo (*gohl-foh*) gulf
il mezzo (*mehd-zoh*) means
la catena (*kah-tay-nah*) chain
la costa (*kaw-stah*) coast
la differenza (*deef-fay-rehnt-sah*) difference
l'albero (*lahl-bay-roh*) tree
l'aria (*lahr-yah*) air
l'autunno (*low-toon-noh*) autumn (au = ow as in *how*)
l'estremo (*lay-stray-moh*) extreme
l'influenza (*leen-floo-ehnt-sah*) influence
l'inverno (*leen-vehr-noh*) winter
l'isola (*lee-zoh-lah*) island

gli Appennini (*ahp-payn-nee-nee*) Appenines
divenire (*dee-vay-nee-ray*) to become
eterno (*ay-tehr-noh*) eternal
intero (*een-tay-roh*) entire
influenzato (*een-floo-aynt-sah-toh*) influenced
lucente (*loo-chehn-tay*) bright
mite (*mee-tay*) mild
moderato (*moh-day-rah-toh*) moderate
piacevole (*pyah-chay-voh-lay*) pleasant, nice
spiacevole unpleasant
repentino (*ray-payn-tee-noh*) suddenly
rigido (*ree-jee-doh*) rigorous
crespo crisp

Espressioni Italiane

m'interessa di piu (*meen-tay-rehs-sah dee pyoo*) it interests me most

Practice aloud:

— Quanti sono le stagioni dell'anno?

— Le stagioni dell'anno sono quattro: la primavera, l'estate, l'autunno e l'inverno.

— Quale delle stagioni è la più bella nel suo paese?

— Nel mio paese la primavera è la più bella, ma anche l'autunno è molto piacevole.

tutto d'un tratto (*toot-toh doon traht-toh*) all of a sudden

— Che pensa Lei dell'inverno e dell'estate?

— Queste stagioni sono generalmente molto spiacevoli. Nell'estate fa molto caldo e nell'inverno fa molto freddo e tira vento.
Spesso il tempo cambia tutto d'un tratto.

Grammar Notes and Practical Exercises

1. The Present Progressive Tense — parlare, vendere, finire.

sto	parlando (vendendo, finendo)	I am speaking (selling, finishing)
stai	parlando (vendendo, finendo)	you are speaking (selling, finishing) *fam.*
sta	parlando (vendendo, finendo)	you are speaking (selling, finishing) *pol.* / he, she, it is speaking (selling, finishing)
stiamo	parlando (vendendo, finendo)	we are speaking (selling, finishing)
state	parlando (vendendo, finendo)	you are speaking (selling, finishing) *fam.*
stanno	parlando (vendendo, finendo)	you are speaking (selling, finishing) *pol.* / they are speaking (selling, finishing)

The present progressive tense is formed by the present tense of **stare** and the present participle of the verb you wish to use.

To form the present participle, remove the infinitive ending –are, –ere or –ire. Then add –ando to the remaining stem of –are verbs and add –endo to the stem of –ere and –ire verbs. The endings –ando and –endo equal the English ending — *ing*:

parl–ando speak–ing   **vend**–endo sell–ing   **fin**–endo finish–ing

The simple present tense in Italian may be translated by the English present progressive. The present progressive in Italian is used to emphasize continuing action. Thus:

Sta leggendo la lettera.   He is in the act of reading the letter.
Stanno ancora conversando.   They are still conversing.

2. Other Uses of the Present Participle.

In general the present participle in Italian is used much as in English. It translates the English present participle, alone or preceded by *while, on, in.* Thus:

Lasciando Roma, conto di andare a Capri.   On leaving Rome, I intend to go to Capri.
Non avendo molto tempo, viaggio in aeroplano.   Not having much time, I travel by airplane.
Facendo i suoi compiti, ascolta la radio.   While doing his homework, he is listening to the radio.
Sentando il rumore, egli apre la finestra.   Hearing the noise, he opens the window.

3. Position of Object Pronouns with Present Participles.

Object pronouns *follow* the present participle and are attached to it. This, as you have seen, is also the case with infinitives.

Aspettandoci scrive delle lettere.   While waiting for us, he is writing some letters.

Esercizio No. 105. Give the present participle of the following verbs.

1. mangiare	4. dare	7. prendere	10. avere	13. finire
2. insegnare	5. imparare	8. piovere	11. aprire	14. capire
3. studiare	6. mettere	9. essere	12. sentire	15. servire

Esercizio No. 106. Complete these sentences in Italian. Use the progressive tense in sentences 1 to 10.

1. (It is raining) a catinelle.
2. I signori (are conversing) nella sala.
3. (He is waiting for) la sua amica.
4. (Are you learning) l'italiano Lei?
5. (Is she putting) i piatti sulla tavola?
6. (She is serving) caffè e torta.
7. (I am reading) la storia d'Italia.
8. Perchè (are you (voi) not eating) della frutta?
9. I fanciulli (are not listening to) la radio.
10. Egli (is calling) il tassì.
11. Passo molto tempo (writing) lettere.
12. (Not having) il suo numero non posso telefonargli.

Esercizio No. 107. Read each question. Then translate the English answer into Italian.

Esempio 1. Non gli presto danaro.

1. Presta Lei del danaro a Giorgio?
2. Che cosa mi portano?
3. La domestica sta servendo il tè?
4. Che cosa sta mostrando Lei a Gianna?
5. Che cosa ci mandano?
6. Chi ci sta chiamando?
7. Chi Le insegna a parlare italiano?
8. Le piace questa pellicola?
9. Questi cappelli piacciono Loro?
10. Quanto gli lascia di mancia?

1. I am not lending him any money.
2. They are bringing you candy, child.
3. She is serving it.
4. I am showing her my new watch.
5. They are sending you (*pol. plur.*) the magazines.
6. Your mother is calling you (*fam. plur.*).
7. Professor Facci is teaching me to speak Italian.
8. I like it (it is pleasing to me).
9. We don't like them (they are not pleasing to us).
10. I am leaving him 200 lire as a tip.

Esercizio No. 108. Domande

1. Che tempo fa d'estate a Nuova York?
2. Che tempo fa d'inverno a Nuova York?
3. Quando comincia a fare bel tempo?
4. Quale stagione preferisce il signor Facci?
5. Quale stagione preferisce il signor Cabot?
6. Di che clima vuole parlare il signor Cabot?
7. Come sono in generale le quattro stagioni in Italia?
8. Perchè è assai freddo l'inverno del nord?
9. Dov'è mite l'inverno?
10. Dov'è eterna la primavera?

CAPITOLO 23 (VENTITRÈ)

IL CLIMA D'ITALIA (SEGUITO)

1. — Questa sera desidera parlare ancora del clima d'Italia, non è vero, signor Cabot?
2. — Sì, signor Facci, e di specialmente del clima della Riviera italiana e quello di Roma che m'interessa di più. Si dice che in Riviera non esiste l'inverno. È vero?
3. — L'inverno è molto mite lì. Quasi tutti i giorni il sole brilla e il tempo è bello.
4. — Fa molto caldo in estate?
5. — In estate fa caldo, ma c'è sempre un buon venticello di mare. E fa fresco durante la notte.
   Infatti il clima assomiglia un po' a quello della Florida.
6. — Ora capisco. Ma non fa mai freddo in Riviera?
7. — Non fa mai molto freddo eccetto nelle montagne vicine.
8. — A che distanza è la Riviera dalle montagne?

1. This evening you want to talk more about the climate of Italy, don't you, Mr. Cabot?
2. Yes, Mr. Facci, and especially about the climate of the Italian Riviera and that of Rome which interests me most. They say that there is no winter on the Riviera. Is it true?
3. The winter is very mild there. The sun shines almost every day and the weather is beautiful.
4. Is it very hot in summer?
5. In summer it is hot, but there is always a good sea breeze. And it is cool during the night.
   In fact the climate is somewhat like that of Florida.
6. Now I understand. But is it never cold on the Riviera?
7. It is never very cold except in the neighboring mountains.
8. What distance is the Riviera from the mountains?

9. — Da San Remo, vicino alla frontiera francese, c'è una distanza di circa sessanta o ottanta chilometri. Dalla spiaggia si possono vedere le alte montagne delle Alpi Marittime coperte di neve.

10. — Questa deve essere una vista meravigliosa!

11. — Sì, è veramente affascinante. Se Lei ha tempo non deve mancare d'andarci. Deve andare anche a Rapallo e al suo famoso promontorio di Portofino. Resterà incantato da questi luoghi.

12. — Grazie del suo buon consiglio. Spero di andarci se ho tempo.

E ora mi dica qualche cosa del clima di Roma dove conto di passare tre o quattro settimane durante i mesi di giugno e di luglio.

13. La primavera e l'autunno sono le stagioni più piacevoli a Roma. La pioggia non è abbondante, il clima è asciutto con una grande maggioranza di giornata di sole.

In primavera il tempo è quasi sempre bello. Il cielo è azzurro con dense nuvole bianche; l'aria è dolce, i prati sono verdi, gli alberi con le foglie ed i fiori hanno un profumo delizioso che si spande nell'aria. Tutta la città sorride.

14. Ma Lei sta componendo un poema, signor Facci!

15. Ebbene, non per nulla sono romano e naturalmente entusiasta della mia città nativa, in qualunque stagione dell'anno.

9. From San Remo, near the French border, there is a distance of about sixty to eighty kilometers. From the beach one can see the high mountains of the Maritime Alps covered with snow.

10. That must be a wonderful sight!

11. Yes, it is truly fascinating. If you have time you must not fail to go there. You must also go to Rapallo and up its famous promontory of Portofino. You will be charmed with these places.

12. Thanks for your good advice. I hope to go there if I have time.

And now tell me something about the climate of Rome where I expect to spend three or four weeks during the months of June and July.

13. Spring and autumn are the most pleasant seasons in Rome. Rain is not abundant, the climate is dry with a large majority of sunny days.

In spring the weather is almost always beautiful. The sky is blue with dense white clouds; the air is sweet, the fields are green, the trees with their leaves and the flowers have a delicious perfume which spreads through the air. The whole city smiles.

14. But you are composing a poem, Mr. Facci!

15. Well, it's not for nothing that I am a Roman and naturally an enthusiast about my native city in any season of the year.

Building Vocabulary

il **consiglio** (*kohn-seel-yoh*) advice
il **prato** (*prah-toh*) field
il **profumo** (*proh-foo-moh*) perfume
il **promontorio** (*proh-mohn-tohr-yoh*) promontory
il **seguito** (*say-gwee-toh*) continuation
il **venticello** (*vayn-tee-chehl-loh*) breeze
la **nuvola** (*noo-voh-lah*) cloud
la **maggioranza** (*mah-joh-rahnt-sah*) majority
la **pioggia** (*pyawj-jah*) rain
la **spiaggia** (*spyahj-jah*) beach
la **vista** (*vees-tah*) sight, view
l'**albero** (*lahl-bay-roh*) tree
la **frontiera** (*frohnt-yeh-rah*) frontier
la **foglia** (*fawl-yah*) leaf
la **neve** (*nay-vay*) snow

l'**entusiasta** (*l'ayn-tooz-yah-stah*) enthusiast
assomigliare a (*ahs-soh-meel-yah-ray*) to resemble
asciutto (*ah-shoot-toh*) dry
denso (*dayn-soh*) thick
coperto (*koh-pehr-toh*) covered
incantato (*een-kahn-tah-toh*) charmed
nativo (*nah-tee-voh*) native
qualunque (*kwah-loon-kway*) any whatsoever
durante (*doo-rahn-tay*) during
lì there = **là**
nulla (*nool-lah*) nothing
specialmente (*spay-chahl-mayn-tay*) especially
mai (*mahy*) ever
non *verb* **mai** never [1]

NOTE 1. Negative expressions have **non** before the verb and the negative expression after the verb.

Espressioni Italiane

grazie del suo consiglio
thanks for your advice
in primavera; di primavera in spring

in estate; d'estate in summer
in autunno; d'autunno in autumn
d'inverno in winter

Practice aloud:

Fa mai molto freddo in Riviera?	Is it ever very cold on the Riviera?
Non fa mai molto freddo in Riviera.	It is never very cold on the Riviera.
Lei prende mai il tè con rum?	Do you ever drink tea with rum?
Non prendo mai il tè con rum.	I never drink tea with rum.
Il signor Cabot va mai all'ufficio il sabato?	Does Mr. Cabot ever go to the office on Saturdays?
Non va mai all'ufficio il sabato.	Mr. Cabot never goes to the office on Saturdays.

Grammar Notes and Practical Exercises

1. Present Tense of **dovere** (*doh-vay-ray*) to owe, to have to, must, be supposed to, be obliged to.

devo (*deh-voh*)		dobbiamo (*dohb-byah-moh*)		we owe
debbo (*dehb-boh*)	I owe			
devi (*deh-vee*)	you owe (*fam.*)	dovete (*doh-vay-tay*)		you owe (*fam.*)
deve (*deh-vay*)	you owe (*pol.*) / he, she, it owes	devono (*deh-voh-noh*) / debbono (*dehb-boh-noh*)		you owe (*pol.*) / they owe

The verb **dovere** is an important verb with various shades of meaning. Besides *to owe*, it expresses the idea *must, have to*, in the sense of duty or obligation; also *must* in the sense of *to be supposed to, to probably be.*

Esercizio No. 109. Read these sentences silently, noting the various meanings of **dovere**. Read each sentence aloud three times.

1. Dobbiamo loro venti dollari.	We owe them twenty dollars.
2. Il signor Cabot deve al signor Facci i suoi progressi rapidi in italiano.	Mr. Cabot owes his rapid progress in Italian to Mr. Facci.
3. I loro fanciulli devono finire l'anno scolastico.	Their children must (have to) finish the school year.
4. Il treno deve arrivare alle 16.00.	The train is due (supposed to arrive) at 4 P.M.
5. Il clima d'Italia deve essere più piacevole di quello del nostro paese.	The Italian climate must be (is probably) more pleasant than that of our country.
6. Lei deve essere stanco dopo una tale giornata.	You must be (are probably) very tired after such a day.
7. Devo fare delle spese.	I have to go shopping.
8. Quanto devo lasciare di mancia?	How much must I leave as a tip?
9. Lei deve lasciare il dieci percento.	You must (are supposed) to leave ten per cent.
10. Con un tempo così terribile non si deve uscire.	One must (should) not go out in such terrible weather.
11. Quella deve essere una vista meravigliosa.	That must be a wonderful sight.
12. Ha un francobollo? Devo imbucare una lettera.	Have you a stamp? I must mail a letter.

2. The Polite Imperative (**Lei** and **Loro** forms). Regular Verbs.

	parlare		vendere		servire		capire	
Lei (*understood*)	parli!	speak!	venda!	sell!	serva!	serve!	capisca!	understand!
Loro (*understood*)	parlino!	speak!	vendano!	sell!	servano!	serve!	capiscano!	understand!

The endings of the polite imperative are:

     for regular –are verbs: singular –i, plural –ino.
     for regular –ere and –ire verbs: singular –a, plural –ano.

NOTE: –ire verbs like **capire** take –isc in both polite forms of the imperative.

3. Some Irregular Imperatives (**Lei** and **Loro** forms).

dire		dare		andare		fare		venire	
dica!	say!	dia!	give!	vada!	go!	faccia!	do!	venga!	come!
dicano!	say!	diano!	give!	vadano!	go!	facciano!	do!	vengano!	come!

Esercizio No. 110. Change the following imperatives to the negative singular and plural.

Esempio: Venda la casa!   Non venda la casa!   Non vendano la casa!

1. Apra [1] le porte!
2. Chiuda le finestre!
3. Dica le parole!
4. Mangi la frutta!
5. Faccia l'esercizio!
6. Compri la camicia!
7. Ascolti la radio!
8. Guardi la televisione!
9. Vada a casa!
10. Risponda alla domanda!
11. Legga la storia!
12. Le dia i fiori!

NOTE 1.   aprire to open; chiudere to close, to shut

Esercizio No. 111. Rewrite each sentence, changing the object noun to a pronoun. Remember: Object pronouns (except loro) precede the verb in the polite imperative.

Esempio: Non metta la torta sulla tavola.   Non la metta sulla tavola.

1. Apra la finestra!
2. Scriva queste frasi!
3. Non prenda l'autobus!
4. Finiscano quegli esercizi!
5. Comprino i biglietti!
6. Inviti i suoi amici!
7. Leggano queste storie!
8. Non scriva la lettera!
9. Chiami il tassì!
10. Non ascolti la radio!
11. Guardino la televisione!
12. Faccia il lavoro!
13. Diano il danaro!
14. Dica la parola!
15. Facciano il viaggio!

Esercizio No. 112.   Domande

1. Che clima interessa di più al signor Cabot?
2. D'estate fa caldo in Riviera?
3. Il clima assomiglia a quello della Florida?
4. Fa mai molto freddo?
5. Che cosa è visibile dalla spiaggia?
6. Dove deve andare il signor Cabot se ha tempo?
7. Quanto tempo conta di passare a Roma il signor Cabot?
8. Quali stagioni a Roma sono le più piacevoli?
9. Completi in italiano queste frasi:
   Il cielo è (blue).   L'aria è (sweet).
   I prati sono (green).   La Riviera è (beautiful).
10. Che cosa sorride?

REVISIONE 5

CAPITOLI 20–23

Revisione di Parole

NOUNS

1. l'albero	11. il desiderio	21. la musica	1. tree	11. desire	21. music
2. l'acqua	12. la differenza	22. il museo	2. water	12. difference	22. museum
3. l'aria	13. l'estate *f.*	23. la neve	3. air	13. summer	23. snow
4. l'autunno	14. il formaggio	24. l'ombrello	4. autumn	14. cheese	24. umbrella
5. la bottiglia	15. la guida	25. la pioggia	5. bottle	15. guide	25. rain
6. il burro	16. l'impermeabile *m.*	26. la scarpa	6. butter	16. raincoat	26. shoe
7. il cappello	17. l'inverno	27. la soprascarpa	7. hat	17. winter	27. overshoe
8. la calza	18. il latte	28. il soprabito	8. stocking	18. milk	28. overcoat
9. la carne	19. il legume	29. la vita	9. meat	19. vegetable	29. life
10. il consiglio	20. il manzo	30. la voce	10. advice	20. beef	30. voice

VERBS

1. assomigliare a	10. portare	19. prendere	1. to resemble	10. to carry, wear, bring, take	19. to take
2. brillare	11. ritornare	20. sorridere	2. to shine	11. to return	20. to smile
3. donare	12. sperare	21. aprire	3. to give, present to	12. to hope	21. to open
4. imbucare	13. versare	22. divenire	4. to mail	13. to pour	22. to become
5. inviare	14. bere	23. fornire (isc)	5. to send	14. to drink	23. to furnish
6. mancare	15. bevo	24. seguire	6. to lack, miss	15. I drink	24. to follow
7. mandare	16. dovere	25. sentire	7. to send	16. to have to, owe	25. to hear, feel
8. presentare	17. mettere	26. servire	8. to present	17. to put	26. to serve
9. restare	18. chiudere	27. uscire	9. to remain	18. to close, to shut	27. to go out

ADJECTIVES

1. asciutto	5. freddo	9. piacevole	1. dry	5. cold	9. pleasant
2. bollente	6. fresco	10. repentino	2. boiling	6. cool	10. sudden
3. caldo	7. intero	11. sicuro	3. hot, warm	7. entire	11. sure
4. duro	8. mite	12. stesso	4. hard	8. mild	12. same

ADVERBS

1. ancora	4. dunque	7. piuttosto	1. still, yet	4. then	7. rather
2. non *verb* ancora	5. mai	8. proprio	2. not yet	5. ever	8. exactly, just
3. assai	6. non *verb* mai	9. tardi	3. quite, very, enough	6. never	9. late

PREPOSITIONS

1. a causa di	2. fino a	3. durante	1. because of	2. until	3. during

CONJUNCTIONS

1. ebbene	2. dunque	3. mentre	1. well	2. then, therefore	3. while

ITALIAN EXPRESSIONS

1. grazie del suo consiglio	4. a sinistra	1. thanks for your advice	4. to the left
2. tutto d'un tratto	5. andare a letto	2. all at once	5. to go to bed
3. a destra	6. fare la spesa	3. to the right	6. to go shopping (for food)

Esercizio No. 113. From Group II select the antonym of each word in Group I.

I		II	
1. peggiore	8. alzarsi	a. mancare	h. libero
2. giovane	9. freddo	b. più tardi	i. niente
3. triste	10. uscire	c. felice	j. vecchio
4. bagnato	11. ricco	d. sedersi	k. povero
5. avere	12. inviare	e. caldo	l. entrare
6. occupato	13. qualche cosa	f. migliore	m. non . . . mai
7. adesso	14. sempre	g. ricevere	n. asciutto

Esercizio No. 114. Complete these sentences in Italian.

1. Quando fa freddo (I am cold).
2. Quando fa caldo (I am warm).
3. D'estate (it is warm).
4. D'inverno (it is cold and it is windy).
5. D'autunno (it is cool).
6. In primavera (it rains a great deal).
7. Quando piove (I wear a raincoat).
8. Quando nevica (I wear an overcoat).
9. Piove (in buckets).
10. Ci sono (four seasons).
11. Mi piacciono (all the seasons).
12. (But I prefer) la primavera.

Esercizio No. 115. Select the group of words in Col. II which best completes each sentence begun in Col. I.

1. Io preferisco il clima d'Italia
2. Il signor Facci prende il tè col rum
3. E ora parliamo un po'
4. È vero che in inverno
5. Prenda un ombrello
6. I due signori entrano nel salotto
7. Questi posti sono occupati
8. Non è difficile preparare
9. Io devo comprare dei francobolli .
10. Il treno da Roma deve arrivare

a. del clima d'Italia.
b. qualche buon piatto italiano.
c. ma ella preferisce quello di Francia.
d. alle cinque del pomeriggio.
e. ma quelli là sono liberi.
f. per riscaldarsi.
g. a Roma piove spesso?
h. parlando con voce animata.
i. perchè piove a catinelle.
j. perchè voglio imbucare delle lettere.

Esercizio No. 116. Complete the answer to each question in Italian with the correct direct or indirect object pronoun.

1. Che dice la domestica al signor Facci?
2. Il signor Facci che cosa dà alla domestica?
3. Il signor Cabot aspetta il signor Facci?
4. È contento di vedere il signor Facci?
5. Perchè il signor Facci prende una tazza di tè?
6. Che cosa dice il commerciante al signor Facci?
7. Preferiscono le pellicole?
8. Quando lascia Lei la città?
9. Chi t'invita a colazione?
10. Che cosa presenta Lei ai ragazzi?
11. Le piace questa pittura, signora?
12. Vi piacciono questi fiori, bambini?

1. Essa (to him) dice — Che cattivo tempo!
2. Egli (to her) dà il suo ombrello.
3. Sì, (him) aspetta.
4. Sì, è contento di veder (him).
5. Egli (it) prende per riscaldar (himself).
6. Dice — (Me) permetta di servir (you).
7. Non (them) preferiscono.
8. (It) lascio la settimana prossima.
9. Il mio amico Giovanni (me) invita.
10. Presento (them) una radio.
11. No, questa pittura non (me) piace.
12. Questi fiori (us) piacciono molto.

Esercizio No. 117. Translate the following dialogues. Practice reading them aloud. Note the use of the partitive.

1. — Che cosa prende Lei per la prima colazione, caffè o cioccolato?
   — Non prendo nè caffè nè cioccolato. Bevo un bicchiere di latte.
2. — Vuole Lei del latte e dello zucchero nel caffè?
   — Voglio del latte ma non voglio zucchero.
3. — Ha Lei dell'inchiostro nero?
   — No. Non ne ho. Ma ho dell'inchiostro rosso.

4. — Che cosa si mangia per la prima colazione in Italia?
   — Si mangia poco, generalmente panini col burro e caffè.
5. — Che cosa si mangia per la prima colazione negli Stati Uniti.
   — Di solito, si comincia col succo d'arancia. Poi si mangiano del cereale, delle uova o del prosciutto (ham), spesso tutti e due; inoltre pane tostato e caffè.

Esercizio No. 118. Translate. Be careful to use the correct indirect object pronoun with piace or piacciono.

1. I like that letter.
2. They do not like to travel.
3. We like these airplanes.
4. Do you like those paintings, madame?
5. We like these paintings very much.
6. She does not like this style.
7. Do you like to play piano, Maria?
8. He does not like to work hard.
9. Children, do you like these dolls (bambole)?
10. They do not like their seats.

Dialogo

AL RISTORANTE

1. — Buon giorno, signore. Ecco la lista.
2. — Grazie. Che c'è di buono oggi?
3. — Abbiamo un buon pranzo a prezzo fisso, oggi: minestrone, cotoletta alla Milanese con patate, pomodori ripieni, insalata, formaggio e una buona torta con le fragole.
4. — E che cosa c'è di buono alla carta?
5. — C'è un antipasto misto, pesce fritto, pollo arrosto con patate e piselli, insalata mista, e zabaione per dolce.
6. — Benissimo. Mi piacciono gli scampi fritti. Però mi porti prima un po' d'antipasto misto.
7. — Va bene, signore. Desidera anche dei legumi? Il pesce è guarnito di patate fritte.
8. — No, grazie. Solo un'insalata mista, questo è tutto.
9. — Va bene, signore. Vuole del formaggio?

1. Good day, sir. Here is the menu.
2. Thank you. What is there that's good today?
3. We have a very good table d'hote dinner today: vegetable soup, cutlet, Milanese style with potatoes, stuffed tomatoes, salad, cheese, and a fine strawberry cake.
4. And what is there that's good a la carte?
5. There is a dish of mixed appetizers, fried fish, roast chicken with potatoes and peas, a mixed salad, and as dessert zabaione.
6. Very good. I like fried shrimp. But first bring me a little of the mixed appetizers.
7. Good, sir. Do you want any vegetables? The fish is garnished with fried potatoes.
8. No, thanks. Only a mixed salad, that is all.
9. Very good, sir. Do you want cheese?

10. — Sì, certamente. Com'è il Belpaese?
11. — Eccellente.
12. — Benissimo. Col formaggio mi porti una tazzina di caffè-espresso forte.
13. — E che vino desidera?
14. — Una piccola bottiglia di Capri bianco, in ghiaccio.
15. — Va bene, signore, subito.
16. Alla fine del pranzo il signor Cabot dice — Cameriere, il conto, per favore.
17. — Eccolo, signore.
18. — È incluso il servizio?
19. — Sì signore.
20. Il signor Cabot paga il conto e esce dal ristorante.

10. Yes, certainly. How is the Belpaese?
11. Excellent.
12. That's fine. With the cheese bring me a demi-tasse (small cup) of strong coffee-express.
13. And what wine do you wish?
14. A small bottle of white Capri, on ice.
15. O.K., sir, immediately.
16. At the end of the meal Mr. Cabot says, "Waiter, the check, please."
17. Here it is, sir.
18. Is the service charge included?
19. Yes sir.
20. Mr. Cabot pays the bill and leaves the restaurant.

Esercizio No. 119. Lettura

CARLO NON AMA STUDIARE L'ARITMETICA

Un giorno ritornando da scuola, Carlo dice a sua madre — Non mi piace studiare l'aritmetica. È così difficile. Perchè abbiamo bisogno di fare tanti esercizi e tanti problemi? Abbiamo delle macchine per calcolare, non è vero? E allora?

La signora Cabot guarda suo figlio e dice — Hai torto, bambino mio. Non si può fare niente senza i numeri. Per esempio, si ha sempre bisogno di cambiare del denaro, di fare delle spese, di calcolare le distanze, e poi ... tante, tante altre cose. La madre si ferma vedendo che suo figlio non fa attenzione a ciò che ella dice.

— A proposito caro, continua ella sorridendo, il baseball non t'interessa neanche?

— Che idea! mamma! Scherzi.[1]

— Allora se i Dodgers vincono[2] ottanta partite[3] e ne perdono[4] trenta, sai tu quale percentuale delle partite vincono?

Sentendo questa domanda Carlo esclama — Hai ragione, mamma. I numeri e l'aritmetica sono molto importanti. Credo che da ora in poi[5] io studierò di più.

NOTES: 1. Scherzare to joke. 2. vincere to win. 3. partita game, match. 4. perdere to lose. 5. da ora in poi from now on.

CAPITOLO 24 (VENTIQUATTRO)

LA BUONA CUCINA ITALIANA

1. — Lei sa, senza dubbio, signor Cabot che la buona cucina italiana è uno dei più grandi piaceri dei turisti.
2. — Lo so bene.
3. — Conosce qualche cosa della cucina italiana?
4. — Sì. La conosco un poco. Quando ho un cliente importante, l'invito a pranzare con me in uno dei buoni ristoranti italiani di Nuova York. Questo succede spesso ed è sempre un gran piacere.
5. — Ebbene. In Italia troverà che la cucina italiana non è mai monotona e offre sempre qualche nuova sorpresa al viaggiatore.
6. — Bene. Quando sarò in Italia farò una lista dei piatti che mi piacciono di più e poi manderò a mia moglie un buon libro sulla cucina italiana, in inglese naturalmente.

1. You know, without doubt, Mr. Cabot that good Italian cooking is one of the great pleasures of the tourist.
2. I know it well.
3. Are you acquainted at all with Italian cooking?
4. Yes. I know a little about it. When I have an important customer, I invite him to dine with me in one of the good Italian restaurants in New York. This happens often and is always a great pleasure.
5. Well, in Italy you will find that Italian cooking is never monotonous and always offers some new surprise for the traveler.
6. Good. When I am in Italy I shall make a list of the dishes that I like best and then I shall send my wife a good Italian cook book, in English of course.

7. — Che buona idea!

8. — Mi dica, signor Facci, è molto complicata la cucina italiana?

9. — È vero che alcuni piatti famosi sono assai complicati, ma in generale vi [1] sono tre segreti nella buona cucina italiana.

10. — Quali sono i tre segreti?

11. — I tre segreti sono: Primo, tutto ciò che si compra deve essere di ottima qualità, l'olio di oliva, le uova, la carne, il pesce, i legumi, il formaggio, ecc.

Poi si deve cucinare in modo da ritenere il sapore naturale dei cibi.

La cosa più importante è di amare l'arte della cucina.

12. — La pastasciutta ha una grand'importanza in Italia, non è vero?

13. — Altro che. Vi [1] sono molte varietà ma fra le più conosciute sono gli spaghetti, i vermicelli, e i maccheroni. Anche il risotto, il pollo, il vitello, il manzo, ecc. sono molto importanti.

14. — È vero che la cucina italiana varia a secondo delle regioni d'Italia?

15. — Sì, certo. Ogni regione ha la sua specialità. Ce ne sono abbastanza per riempire un libro da cucina.

16. — Lei sa che i legumi mi piacciono molto. Perciò mi dica: C'è l'abitudine di servire vari legumi con la carne e col pesce?

17. — Sì. In generale si serve una grande varietà di legumi e d'insalata cruda.

Alla fine del pranzo si serve la frutta che in Italia è abbondante e varia.

18. — Lei non ha parlato del vino.

19. — È vero. Ma è una cosa che si sa. Tutti gl'Italiani bevono vino durante i pasti ma in quantità moderata.

20. — Lei mi fa venire l'acquolina in bocca. Signor Facci, vuole pranzare con me in un ristorante italiano prima della mia partenza?

21. — Con piacere, signor Cabot. Grazie infinite.

NOTE 1. vi sono = ci sono there are.

7. What a good idea!

8. Tell me, Mr. Facci, is Italian cooking very complicated?

9. It is true that some famous dishes are very complicated, but in general there are three secrets of good Italian cooking.

10. What are the three secrets?

11. The three secrets are: First, everything that one buys must be of the finest quality, the olive oil, the eggs, the meat, fish, vegetables, cheese, etc.

Then one must cook in such a way as to retain the natural flavors of the foods.

The most important thing of all is to love the art of cooking.

12. Dry spaghetti is of great importance in Italy, isn't it?

13. I should say so. There are many varieties but among the best known are spaghetti, vermicelli, and macaroni. Also rice, chicken, veal, beef, etc. are very important.

14. It is true that Italian cooking varies according to the regions of Italy.

15. Yes, indeed. Each region has its specialty. There are enough of them to fill a cook book.

16. You know that I like vegetables very much. Therefore tell me: Is it the custom to serve various vegetables with the meat and fish?

17. Yes. In general a great variety of vegetables and raw salad is served.

At the end of the dinner fruits are served which are abundant and varied in Italy.

18. You have not spoken of wine.

19. That is true. But that goes without saying. All Italians drink wine during meals, but in moderate quantity.

20. You make my mouth water. Mr. Facci, will you have dinner with me in an Italian restaurant before my departure?

21. With pleasure, Mr. Cabot. Thanks a million.

Building Vocabulary

il cibo (*chee-boh*) food
il manzo (*mahnd-zoh*) beef
il pesce (*pay-shay*) fish
il pollo (*pohl-loh*) chicken
il risotto (*ree-sawt-toh*) rice
il sapore (*sah-poh-ray*) flavor
il segreto (*say-gray-toh*) secret
il turista (*too-rees-tah*) tourist
il vino (*vee-noh*) wine
il vitello (*vee-tehl-loh*) veal
i maccheroni (*mahk-kay-roh-nee*) macaroni

gli spaghetti (*spah-gayt-tee*) spaghetti
i vermicelli (*vayr-mee-chehl-lee*) vermicelli
la cucina (*koo-chee-nah*) cooking, kitchen
la lista (*lee-stah*) list, menu
la maniera (*mahn-yeh-rah*) manner
la pasta (*pah-stah*) dough, macaroni
la pastasciutta (*shoot-tah*) dry spaghetti
la qualità (*kwah-lee-tah*) quality
la varietà (*vahr-yeh-tah*) variety
l'importanza (*leem-pohr-tahnt-sah*) importance
l'insalata (*leen-sah-lah-tah*) salad

l'olio (*lawl-yoh*) oil
l'oliva (*loh-lee-vah*) olive
cucinare (*koo-chee-nah-ray*) to cook
offrire (*ohf-free*-ray) to offer
ritenere (*ree-tay-nay-ray*) to retain
riempire (*ree-aym-pee-ray*) to fill
succedere (*soo-cheh-day-ray*) to happen
variare (*vahr-yah-ray*) to vary
complicato (*kohm-plee-kah-toh*) complicated
crudo (*kroo-doh*) raw

descritto (*day-skreet-toh*) described
moderato (*moh-day-rah-toh*) moderate
monotono (*moh-naw-toh-noh*) monotonous
ottimo (*awt-tee-moh*) best
puro (*poo-roh*) pure
vario (*vahr-yoh*) various
semplicemente (*saym-plee-chay-mayn-tay*)
me (*may*) me (*used after a preposition*)
a seconda di (*say-kohn-dah*) according to

Espressioni Italiane

altro che I should say so
Che buona idea! What a fine idea!

È una cosa che si sa. It is something taken for granted. It goes without saying.

Grammar Notes and Practical Exercises

1. Present Tense of bere (*bay-ray*) (contraction of bevere) to drink.

bevo (*bay-voh*) I drink
bevi (*bay-vee*) you drink (*fam.*)
beve (*bay-vay*) { you drink (*pol.*) / he, she, it drinks

beviamo (*bay-vyah-moh*) we drink
bevete (*bay-vay-tay*) you drink (*fam.*)
bevono (*bay-voh-noh*) { you drink (*pol.*) / they drink

Imperative: *Sing.* beva! drink!   *Plur.* bevano! drink!

Esercizio No. 120. Complete these sentences with the correct form of bere.

1. Che (do you (Lei) drink)?
2. (I drink) tè e caffè.
3. (She drinks) una tazza di tè.
4. (I never drink) vino.
5. (They are drinking) tè col rum.
6. (He is drinking) dell'acqua.

7. (We never drink) caffè.
8. (Are you drinking) il latte, bambini?
9. (We are drinking) il latte.
10. Perchè (do you not drink) il latte, Anita?
11. (Drink) un bicchiere di vino, signore.
12. (Do not drink) quell'acqua, signori! Non è pura.

2. The Adjectives buono (*bwaw-noh*) and grande (*grahn-day*).

un libro a book
una penna a pen
*un'*amica a friend
uno zio an uncle

il *buon* libro the good book
la *buona* penna the good pen
la *buon'*amica the good friend
il *buono* zio the good uncle

un *gran* maestro a great teacher *m.*
una *gran* maestra a great teacher *f.*
un *grand'*attore a great actor
una *grand'*attrice a great actress

The adjective buono, when it precedes a noun, takes forms in the singular very similar to the forms of the indefinite article. Thus: buon, buona, buon', buono are used in the same way as un, una, un', uno.

Grande becomes gran before any noun beginning with a consonant. Grande generally becomes grand' before nouns beginning with a vowel.

If buono or grande do not precede the noun, their endings are regular.

Questo libro è buono. This book is good.   Questo ragazzo è grande. This boy is tall.

Esercizio No. 121. Complete in Italian with the correct form of buono or grande.

1. Questo è un (good) ristorante.
2. Essa è una (good) amica.
3. Abbiamo un (good) maestro.
4. La (good) cucina italiana è famosa.
5. L'Italia ha un (good) clima.
6. Egli è un (good) americano.

7. Il vino chiamato dei Castelli è (good).
8. Questa frutta è molto (good).
9. Vede Lei quel (large) edifizio?
10. Quell'edifizio è molto (large).
11. Quell'uomo è un (great) dottore.
12. Sua moglie è una (great) attrice.

3. Special Uses of the Reflexive Verb.

    a. to express the impersonal *one, people, we, you, they*

Si fa uso dei numeri in un viaggio.	One (people, etc.) makes use of numbers on a trip.
Si deve studiare diligentemente.	One (etc.) must study diligently.
Si lavora duramente qui.	One (etc.) works hard here.
Non si può restare qui dopo le sei.	You (one, etc.) may not stay here after 6 o'clock.

    b. to express a passive idea

Qui si parla italiano.	Here Italian is spoken. *Lit.* speaks itself.
Qui si vende tabacco.	Here tobacco is sold. *Lit.* sells itself.
Qui si vendono francobolli.	Here stamps are sold. *Lit.* sell themselves.
Si dice che egli viene oggi.	It is said (people, etc., say) that he's coming today.

    c. to express the idea *each other* or *one another*. This is called the reciprocal use.

      1. Adesso i signori s'incontrano nell'ufficio. Now the gentlemen are meeting (each other) in the office.

      2. Ci vediamo spesso. We see one another often.

Esercizio No. 122. Complete these sentences with the reflexive verb.

1. (People say) che fa molto freddo là.
2. A Roma (is spoken) italiano.
3. I conti (are paid) in lire.
4. Dove (is sold) il tabacco?
5. Là (one sees) molti negozi.
6. Da qui (one can) vedere il castello.
7. (May one) sedersi qui.
8. A Parigi (they speak) francese.
9. Dove (does one buy) i francobolli?
10. (One makes) uso di uova fresche.
11. Carlo e Maria (love each other) molto.
12. Adesso (they are greeting each other).

Esercizio No. 123. Domande

1. Qual'è uno dei più grandi piaceri dei turisti in Italia?
2. Quanti segreti vi sono in generale nella buona cucina italiana?
3. Qual'è la cosa più importante?
4. Quali sono le varietà più conosciute della pasta-sciutta? 5. Quali altri cibi sono molto importanti?
6. Che cosa ha ogni regione?
7. Che cosa si serve in generale con la carne e col pesce?
8. Che cosa si serve alla fine del pranzo?
9. Che cosa bevono gl'Italiani durante i pasti?
10. Lo bevono in gran quantità o in quantità moderata?

CAPITOLO 25 (VENTICINQUE)

LA BELL'ITALIA

1. — Signor Facci, più libri leggo sull'Italia più mi sento impaziente di andarci.
2. — Ebbene signor Cabot, Lei sente la stessa cosa che molti uomini hanno sentito prima di Lei, — poeti, scrittori, artisti, ecc.
3. — Mi dica, signor Facci, come spiega Lei questa attrazione che la gente da tutte le parti del mondo sente per l'Italia?
4. — Oh, questa è una storia molto lunga. Prima di tutto mi permetta di nominare le bellezze naturali di quel paese, le grandi montagne, i bei laghi, i mari che lo circondano, le numerose isole e i suoi vulcani ancora attivi! Tutte queste bellezze non sono sorpassate.
5. — Questo è un buon principio!

1. Mr. Facci, the more books I read about Italy the more eager I feel to go there.
2. Well, Mr. Cabot, you are feeling the same thing that many men have felt before you, — poets, writers, artists, etc.
3. Tell me, Mr. Facci, how do you explain this attraction that people from all over the world feel for Italy?
4. Oh, that is a very long story. First of all, permit me to mention the natural beauties of that country, the great mountains, the beautiful lakes, the seas which surround it, the numerous islands and its still active volcanoes! All these beauties are unsurpassed.
5. That is a good beginning!

6. — Poi c'è il clima così mite di cui abbiamo già parlato, quel bel cielo azzurro e la carezza del sole italiano.
7. — Molti altri paesi hanno bellezze naturali e un clima piacevole, non è vero, signor Facci?
8. — Lei ha ragione. Ma l'Italia ha molto più da offrire. Là si trova la sede dell'antica civiltà di Roma. Dappertutto si vedono i monumenti dell'antica grandezza Romana. Tutti i libri di guida li descrivono, ma per meglio capirli e amarli bisogna vederli da sè stesso.
9. — Il suo entusiasamo mi fa amarli ancora prima di vederli.
10. — Lei li amerà, e amerà pure i monumenti, i tesori dell'arte del Rinascimento e dell'epoca moderna.
11. — M'interesso molto del Rinascimento, signor Facci. Questo è il periodo di Leonardo da Vinci, Michelangelo e Raffaello solo per menzionare alcuni grandi maestri.
12. — Lei è un uomo d'affari eccezionale, signor Cabot. Lei s'interessa di tante cose, d'arte, di pittura, di scultura, di storia, di letteratura, di musica... Io l'ammiro molto.
13. — Anch'io ammiro tanto Lei, signor Facci, perchè Lei è un maestro eccezionale. Ho ancora molto da imparare, e da chi posso imparare meglio se non da Lei?
14. — Grazie, signor Cabot. E che cosa sarà il tema del nostro prossimo appuntamento?
15. — Gl'Italiani! Lei è troppo modesto per dire questo, signor Facci, ma gl'Italiani sono senza dubbio la più grande attrazione di tutti!
16. — Lei vedrà questo da sè stesso, signor Cabot.
17. — Sì infatti, vedrò questo da me stesso.

6. Then there is the mild climate of which we have already spoken, that beautiful blue sky and the caress of the Italian sun.
7. Many other countries have natural beauties and a pleasant climate, don't they, Mr. Facci?
8. You are right. But Italy has much more to offer. There is found the seat of the ancient civilization of Rome. Everywhere are seen monuments of the ancient grandeur of Rome. All the guide books describe them, but to understand them better and love them, it is necessary to see them for yourself.
9. Your enthusiasm makes me love them even before seeing them.
10. You will love them and you will also love the monuments, the art treasures of the Renaissance and of the modern epoch.
11. I am very much interested in the Renaissance, Mr. Facci. This is the period of Leonardo da Vinci, Michelangelo and Raffaello, to mention just a few grand masters.
12. You are an exceptional business man, Mr. Cabot. You are interested in so many things, in art, painting, sculpture, history, literature, music... I admire you very much.
13. I also admire you very much, Mr. Facci, because you are an exceptional teacher. I still have so much to learn, and from whom can I learn it better than from you?
14. Thank you, Mr. Cabot. And what will be the topic of our next appointment?
15. The Italians! You are too modest to say this, Mr. Facci, but the Italians are without doubt the greatest attraction of all.
16. You will see this for yourself, Mr. Cabot.
17. Yes, indeed, I shall see this for myself.

Building Vocabulary

il monumento (*moh-noo-mayn-toh*) monument
il museo (*moo-zay-oh*) museum
il poeta (*poh-eh-tah*) poet
il Rinascimento (*ree-nah-shee-mayn-toh*) Renaissance
il tesoro (*tay-soh-roh*) treasure
la bellezza (*bayl-layts-sah*) beauty
la carezza (*kah-rayts-sah*) caress
la letteratura (*layt-tay-rah-too-rah*) literature
la guida (*gwee-dah*) guide; guide book
la musica (*moo-zee-kah*) music
la pittura (*peet-too-rah*) painting
la sede (*seh-day*) seat
l'attrazione (*laht-trahts-yoh-nay*) attraction
l'artista (*lahr-tees-tah*) artist

l'entusiasmo (*layn-too-zee-ahz-moh*) enthusiasm
l'epoca (*leh-poh-kah*) epoch
l'uomo d'affari business man
ammirare (*ahm-mee-rah-ray*) to admire
circondare (*cheer-kohn-dah-ray*) to surround
descrivere (*day-skree-vay-ray*) to describe
nominare (*noh-mee-nah-ray*) to name
spiegare (*spyay-gah-ray*) to explain
eccezionale (*ay-chayt-syoh-nah-lay*) exceptional
ansioso (*ahn-syoh-soh*) eager
modesto (*moh-deh-stoh*) modest
naturale (*nah-too-rah-lay*) natural
sorpassato (*sohr-pahs-sah-toh*) surpassed
dappertutto (*dahp-payr-toot-toh*) everywhere

Espressioni Italiane

da sè stesso — for oneself, for himself

da me stesso — for myself

Grammar Notes and Practical Exercises

1. Present Tense of venire (*vay-nee-ray*) to come.

vengo (*vehn-goh*)	I come	veniamo (*vayn-yah-moh*)	we come
vieni (*vyeh-nee*)	you come (*fam.*)	venite (*vay-nee-tay*)	you come (*fam.*)
viene (*vyeh-nay*)	{you come (*pol.*) / he, she, it comes	vengono (*vayn-goh-noh*)	{you come (*pol.*) / they come

Imperative: *Sing.* **venga!** come!   *Plural* **vengano!** come!

Esercizio No. 124. Complete these sentences by translating the given verb.

1. (They come) **da molti paesi.**
2. Perchè (do you not come) **con noi, Luigi?**
3. Egli (is not coming) **oggi.**
4. Il maestro (comes) **tutti i giorni.**
5. Da dove (do you come)?
6. (I come) **dagli Stati Uniti.**
7. (Are you coming), **bambini?**
8. Adesso (they are coming).
9. (We are not coming) **perchè piove.**
10. (Come) **con me, signori!**
11. Per piacere, (do not come *sing.*) **tardi.**
12. Nessuno può (to come) **alla mia casa.**

2. The Adjective bello (*behl-loh*) fine, beautiful, lovely, handsome.

Compare the forms of **bello** with the forms of the definite article, and also with the forms of the demonstrative adjective **quello**, which you have already learned (Chapter 11).

il libro	un *bel* libro	*quel* libro
la penna	una *bella* penna	*quella* penna
l' amico	un *bell'* amico	*quell'* amico
lo specchio	un *bello* specchio	*quello* specchio
i libri	i *bei* libri	*quei* libri
le penne	le *belle* penne	*quelle* penne
gli amici	i *begli* amici	*quegli* amici
gli specchi	i *begli* specchi	*quegli* specchi

The adjective **bello**, when it precedes a noun, takes forms similar to those of the definite article. The forms of **bello** and **quello** are subject to the same rules which apply for the use of the definite article.

When placed after a noun or verb, the forms of **bello** are regular (**bello, bella, belli, belle**).

Esercizio No. 125. Complete these sentences with the correct forms of **bello** or **quello**.

1. (That) **paese ha molte grandi montagne.**
2. Nel nord ci sono dei (beautiful) **laghi.**
3. Abbiamo già parlato del (lovely) **cielo.**
4. La signora Cabot è una (beautiful) **donna.**
5. Ella ha quattro (beautiful) **ragazzi.**
6. Il signor Cabot è un (handsome) **uomo.**
7. (That) **uomo abita in una** (fine) **casa.**
8. (That beautiful) **donna è sua moglie.**
9. Ci sono alcuni (fine) **specchi sulle pareti.**
10. Questo capitolo si chiama La (Beautiful) **Italia.**
11. Desidero visitare le (beautiful) **montagne.**
12. (That) **ragazzo è** (handsome).

3. Some Forms of the Relative Pronoun.

a. **che** who, whom, that, which

Essa è una ragazza che impara rapidamente.	She is a girl who learns quickly.
I ragazzi hanno delle maestre che essi amano.	The children have teachers whom they love.
Ho una camera che dà sulla strada.	I have a room which faces the street.
Trovo interessanti i libri che leggo.	I find the books (that) I am reading interesting.

che is used as the subject or direct object of a verb. It may refer to persons or things. It is never omitted as is often the case in English.

b. **cui** whom, which

Dov'è la lettera di cui Lei parla?	Where is the letter of which you are speaking?
Conosco l'uomo a cui Lei scrive.	I know the man to whom you are writing.
Ecco la casa in cui abita il dottore.	Here is the house where the doctor lives.

　　cui is used mainly after prepositions: **di cui, a cui, con cui, in cui,** etc.

c. **ciò che** what

Non so ciò che vuole.	I don't know what he wants.
Non capisco ciò che dicono.	I don't understand what (*that which*) they are saying.

　ciò che is used for *what*, in the sense of *that which.*

Esercizio No. 126. Complete these sentences in Italian with the correct relative pronoun.

1. I piatti (that) essa compra non mi piacciono.
2. Lei è un uomo (whom) ammiro.
3. Il clima (of which) ho già parlato è mite.
4. Non credo (what) dicono.
5. È questa la strada (in which) abita Roberto?
6. Egli vende gli oggetti (which) importa.
7. Conosce Lei il ragazzo (who) ha il mio libro?
8. Questa è la sedia (which) mi piace di più.
9. Ecco una ragazza (who) parla bene il francese.
10. Il vino (which) loro bevono è molto secco.
11. Vedono Loro (what) porta il facchino?
12. Non possiamo fare (what) essi vogliono.

Esercizio No. 127. Domande

1. Chi è impaziente di andare in Italia?
2. Chi ha sentito la stessa cosa?
3. Quale attrazione menziona prima di tutto il signor Cabot?
4. Qual'è la seconda grand'attrazione?
5. Che cosa si trova in Italia?
6. Che cosa si vede dappertutto?
7. Di quale periodo s'interessa molto il signor Cabot?
8. Menzioni (Name) alcuni grandi maestri del Rinascimento.
9. Perchè il signor Cabot è un uomo d'affari eccezionale?
10. Si ammirano i signori Cabot e Facci?

CAPITOLO 26 (VENTISEI)

GL'ITALIANI

1. — Signor Facci, voglio farle alcune domande circa il popolo italiano. È pronto? Vuole un sigaro? Ecco i fiammiferi e il portacenere.

2. — Grazie, signor Cabot. Sto comodissimo. Continui per favore.

3. — Prima di tutto mi dica: Gl'Italiani sono più o meno uguali, o differiscono molto nelle varie parti del paese?

4. — Le dirò subito che un italiano è sempre un italiano dappertutto. Però è vero che ci sono delle differenze fisiche e di temperamento fra gli abitanti delle diverse regioni del paese.

5. — Ho sentito dire che ci sono veramente differenze considerevoli fra gli abitanti del nord e quelli del sud.

1. Mr. Facci, I want to ask you some questions about the Italian people. Are you ready? Will you have a cigar? Here are the matches and the ash tray.

2. Thanks, Mr. Cabot. I am very comfortable. Continue, please.

3. Tell me first of all: are the Italians more or less alike, or do they differ greatly in various parts of the country?

4. I'll tell you at once that an Italian is always an Italian everywhere. But it is true that there are physical differences and differences of temperament among the inhabitants of various parts of the country.

5. I have heard it said that there are truly considerable differences between the inhabitants of the north and those of the south.

6. — Questo è proprio vero. Prima di tutto ci sono delle differenze fisiche molto distinte. Generalmente la gente del nord è più alta e ha occhi, pelle e capelli chiari. Nel sud la gente è di statura più bassa e generalmente ha occhi, pelle e capelli più scuri. Si dice che la gente del sud ha un temperamento più eccitabile della gente del nord, ma generalmente non è vero.

7. — Mi dica, la vita giornaliera è più lenta nel sud a causa del clima?

8. — Sì, la vita è più lenta lì e non si vede quel viavai che si vede nel nord.

9. — Signor Facci, ho anche sentito dire che le maggiori industrie sono tutte nel nord.

10. — Sì, ha ragione. Là si trovano molte grandi fabbriche italiane. Là inoltre, gli operai sono intelligenti, industriosi, e soci dei sindacati. Differiscono in molti aspetti dai contadini, pescatori, ecc.

11. — Ebbene, signor Facci, adesso basta con le differenze del popolo italiano. Ora mi dica perchè un italiano è sempre un italiano dappertutto.

12. — Cercherò di essere breve e mi scusi se mi sento orgoglioso del mio popolo.

La cosa che più si osserva in tutti loro è quell'entusiasmo che hanno della vita. Amano la vita e la vogliono vivere in pieno. Esprimono senza restrizione le loro emozioni di gioia, di dolore, d'odio e d'amore. Amano discutere, specialmente le questioni politiche; e amano esprimere i loro sentimenti con vigore e con passione.

13. — È vero che molta gente fra gl'Italiani è povera e mena una vita dura e difficile?

14. — Sì, perfettamente vero. Ma questa sfortunata gente sopporta questa vita dura con coraggio e dignità. Ed essi lottano sempre più per migliorare le loro condizioni.

Lei troverà gl'Italiani ospitali, generosi, industriosi, intelligenti — in breve affascinanti.

15. — Signor Facci, ho detto nella nostra ultima conversazione che gl'Italiani sono senza dubbio la più grande attrazione d'Italia. Adesso lo devo ripetere.

16. — Partirà presto per l'Italia e lo vedrà da sè stesso.

17. — Sì, lo vedrò da me stesso.

18. — Ebbene di che parleremo quando c'incontreremo la settimana prossima?

19. — Credo che sarà una buona idea di parlare dei luoghi che conto di visitare.

20. — Benissimo! Il tema del nostro prossimo appuntamento sarà: Quali Luoghi Visiterà, Signor Cabot?

6. This is quite true. First of all there are some very distinct physical differences. Generally the people of the north are taller and have light eyes, skin and hair. In the south the people are shorter in stature and generally have darker eyes, skin and hair. It is said that the people of the south have a more excitable temperament than the people of the north, but it is generally not true.

7. Tell me, is daily life slower in the south because of the climate?

8. Yes, life is slower there and one does not see that hurly-burly which one sees in the north.

9. Mr. Facci, I have heard it said that the major industries are all in the north.

10. You are right. There you find many big Italian factories. There also, the workers are intelligent, industrious and members of labor unions. They differ in many respects from the farmers, fishermen, etc.

11. Well, Mr. Facci, enough now about the differences in the Italian people. Now tell me why an Italian is always an Italian everywhere.

12. I shall try to be brief and excuse me if I feel proud of my people.

The thing that one notices in all of them is the enthusiasm that they have for life. They love life and wish to live it fully. They express without restraint their emotions of joy, of grief, of hate and of love. They love to discuss, especially political questions; and they love to express their sentiments with vigor and passion.

13. Is it true that many people among the Italians are poor and lead a hard and difficult life?

14. Yes, perfectly true. But these unfortunate people endure this hard life with courage and dignity, and more and more they are struggling to better their conditions.

You will find the Italians hospitable, generous, industrious, intelligent — in short, charming.

15. Mr. Facci, I said in our last conversation that the Italians are without doubt the greatest attraction of Italy. Now I must repeat it.

16. You will soon leave for Italy and you will see for yourself.

17. Yes, I shall see for myself.

18. Well, of what shall we speak when we meet next week?

19. I think it will be a good idea to speak about the places I intend to visit.

20. Very good! The topic of our next appointment will be: What Places Will You Visit, Mr. Cabot?

Building Vocabulary

il contadino (*kohn-tah-dee-noh*) farmer
il capello (*kah-pehl-loh*) hair (*one*), (*pl.*) capelli hair
il dolore (*doh-loh-ray*) sorrow
il coraggio (*kohr-rahj-joh*) courage
il fiammifero (*fyahm-mee-fay-roh*) match
il popolo (*paw-poh-loh*) people
il portacenere (*pohr-tah-chay-nay-ray*) ash tray
il rispetto (*ree-speht-toh*) respect
il sigaro (*see-gah-roh*) cigar
il socio (*saw-choh*) member
la fabbrica (*fahb-bree-kah*) factory
la gente (*jehn-tay*) people
la gioia (*jaw-yah*) joy
la pelle (*pehl-lay*) skin
il viavai (*vee-ah-vahy*) hurly-burly
l'amore *m.* (*lah-moh-ray*) love
l'odio (*lawd-yoh*) hate
l'operaio (*loh-pay-rah-yoh*) worker
il sindacato (*seen-dah-kah-toh*) union
la statura (*stah-too-rah*) stature
cercare (*chayr-kah-ray*) to look for, to try

differire (isco) (*deef-fay-ree-ray*) to differ
discutere (*dee-scoo-tay-ray*) to discuss
menare (*may-nah-ray*) to lead
migliorare (*meel-yoh-rah-ray*) to better
osservare (*ohs-sayr-vah-ray*) to observe
sopportare (*sohp-pohr-tah-ray*) to bear
basso (*bahs-soh*) low
chiaro (*kyah-roh*) light
considerevole (*kohn-see-day-ray-voh-lay*) considerable
duro (*doo-roh*) hard
fisico (*fee-zee-koh*) physical
lento (*lehn-toh*) slow
orgoglioso (*ohr-gohl-yoh-zoh*) proud
ospitale (*oh-spee-tah-lay*) hospitable
povero (*poh-vay-roh*) poor
scuro (*skoo-roh*) dark
sfortunato (*sfohr-too-nah-toh*) unfortunate
passione (*pahs-syoh-nay*) passion
vigore (*vee-goh-ray*) vigor

Espressioni Italiane

prima di tutto first of all
in pieno (*pyeh-noh*) in full
sempre più always more, more and more

sentir dire to hear it said
Ho sentito dire, che ... I have heard it said, that ...

Grammar Notes and Practical Exercises

1. The Future Tense — What *shall* or *will* happen. parlare, vendere, finire.

I shall speak, you will speak, etc.		I shall sell, you will sell, etc.		I shall finish, you will finish, etc.	
parlerò	(*pahr-lay-roh*)	venderò	(*vayn-day-roh*)	finirò	(*fee-nee-roh*)
parlerai	(*pahr-lay-rahy*)	venderai	(*vayn-day-rahy*)	finirai	(*fee-nee-rahy*)
parlerà	(*pahr-lay-rah*)	venderà	(*vayn-day-rah*)	finirà	(*fee-nee-rah*)
parleremo	(*pahr-lay-ray-moh*)	venderemo	(*vayn-day-ray-moh*)	finiremo	(*fee-nee-ray-moh*)
parlerete	(*pahr-lay-ray-tay*)	venderete	(*vayn-day-ray-tay*)	finirete	(*fee-nee-ray-tay*)
parleranno	(*pahr-lay-rahn-noh*)	venderanno	(*vayn-day-rahn-noh*)	finiranno	(*fee-nee-rahn-noh*)

The future personal endings of all Italian verbs are: –ò, –ai, –à; –emo, –ete, –anno.

To form the regular future, use as a base the infinitive minus the final –e. Then add the future endings. But — *In the* –are *verbs, the* a *of the infinitive ending must be changed to* –e *before the endings are added.* Thus:

  parlare: parlerò, parlerai, etc.   vendere: venderò, venderai, etc.   finire: finirò, finirai, etc.

2. Some Verbs with an Irregular Future.

Note that the irregularity is in the infinitive base, *not* in the endings.

avere	to have	avrò	avrai	avrà	avremo	avrete	avranno
essere	to be	sarò	sarai	sarà	saremo	sarete	saranno
andare	to go	andrò	andrai	andrà	andremo	andrete	andranno

fare	to make, do	farò	farai	farà	faremo	farete	faranno
dare	to give	darò	darai	darà	daremo	darete	daranno
vedere	to see	vedrò	vedrai	vedrà	vedremo	vedrete	vedranno
potere	to be able	potrò	potrai	potrà	potremo	potrete	potranno
vivere	to live	vivrò	vivrai	vivrà	vivremo	vivrete	vivranno

Esercizio No. 128.   Translate each dialogue.   Read each dialogue aloud three times.

1. — Dove andrà Lei l'estate prossima?
   — Andrò in Italia.
   — Quando partirà da Nuova York?
   — Partirò il 31 maggio.
2. — Quanto tempo passerà Lei in Italia?
   — Vi [1] passerò due mesi.
   — Viaggerà Lei in piroscafo o in aeroplano?
   — Viaggerò in aeroplano.

3. — Vedrà Lei il suo rappresentante a Roma?
   — Sì, infatti. Egli m'aspetterà all'aeroporto.
   — Quanto tempo resterà a Roma?
   — Vi resterò tre o quattro settimane.
4. — Farà Lei un viaggio in Sicilia?
   — Sì, farò un viaggio in Sicilia, se [2] avrò tempo.
   — L'accompagnerà il signor Facci?
   — Peccato! Egli non potrà accompagnarmi.

NOTES: 1. **Vi** and **ci** both may mean *there*. 2. With **se** (*if*) the future must be used if the idea is future.

3. Expressions of Future Time.   Memorize them.

domani tomorrow
domattina tomorrow morning
domani sera tomorrow evening
domani l'altro day after tomorrow
dopodomani after tomorrow
domani a otto a week from tomorrow

la settimana prossima next week
l'anno prossimo next year
l'estate prossima *or* ventura next summer
questa sera this evening
stasera this evening
più tardi later

Esercizio No. 129.   Answer each Italian question by translating the English answer into Italian.

Esempio 1.   Arriveranno la settimana prossima.

1. Quando arriveranno i suoi amici?
   They will arrive next week.
2. Quando farete i vostri compiti, ragazzi?
   We shall do our assignments this evening.
3. Quando scriverà essa la lettera?
   She will write it later.
4. Quando ci porterà Lei i libri?
   I shall bring the books to you [1] tomorrow.
5. A che ora ritorneranno Loro dal cinema?
   We shall return at 9 o'clock.
6. Quando ci daranno il danaro?
   They will give you [1] the money a week from tomorrow.

7. A che ora si alzerà Lei domattina?
   Tomorrow morning I shall get up at 7 o'clock.
8. Quando uscirà da casa?
   I shall leave my house [2] at 9 o'clock.
9. Quando sarà Lei a Roma?
   I shall be in Rome next year.
10. Potrà incontrarmi stasera?
    No, but I shall be able to meet you [3] tomorrow.
11. Quando mi diranno Loro quali posti visiteranno?
    We shall tell you [1] tomorrow.
12. A che ora faranno loro gli esami? [4]
    They will take them the day after tomorrow.

NOTES: 1. (to) you = **Le** *sing.*, **Loro** *pl.* 2. da casa. 3. incontrarla. 4. fare un esame = to take an examination.

Esercizio No. 130.   Domande

1. Ci sono delle differenze fra gli abitanti delle diverse regioni del paese?
2. Chi è più alta, la gente del nord o la gente del sud?
3. Di che colore sono gli occhi, la pelle e i capelli degli abitanti del sud, scuri o chiari?
4. La gente del sud ha un temperamento eccitabile?
5. Perchè la vita giornaliera è più lenta nel sud che nel nord?
6. Dove sono le maggiori industrie del paese?
7. Descriva (describe) gli operai italiani del nord.
8. Gli operai del nord differiscono dai contadini, pescatori, ecc?
9. Che cosa si osserva in tutti gl'Italiani?
10. Come amano esprimere i loro sentimenti?
11. Il signor Cabot come troverà gl'Italiani?
12. Che cosa sarà il tema del prossimo appuntamento?

CAPITOLO 27 (VENTISETTE)

QUALI LUOGHI VISITERÀ, SIGNOR CABOT?

1. — La settimana prossima partirà per l'Italia, signor Cabot? Quanto tempo resterà in quel paese?

2. — Non ho che due mesi a mia disposizione. Però le assicuro che cercherò di usarli nel miglior modo possibile.

3. — Ha deciso quali città d'Italia visiterà?

4. — Non penso a niente altro e leggo molto nella mia collezione di guide.

    Come Lei sa già i miei affari mi conducono a Roma dove abita il mio rappresentante, signor Vitelli.

5. — E quanto tempo resterà a Roma?

6. — Tre o quattro settimane. Cercherò di prolungare il mio soggiorno nella città eterna il più lungo possibile.

7. — E che luoghi interessanti spera di visitare là.

8. — Visiterò il Foro Romano e quello che rimane degli antichi edifici Romani, come l'Arco di Costantino e il Colosseo.

    Visiterò le basiliche, il Pantheon e le Terme di Caracalla [1] dove spero di sentire una o più opere. So che questo teatro è aperto durante i mesi d'estate.

9. — Desidera vedere tutto ciò che rimane della grandezza di Roma antica, non è vero?

10. — Altro che. Ma voglio anche conoscere la Roma dei Papi e la Roma moderna.

11. — Allora Lei visiterà San Pietro e la città del Vaticano [2] con la bella Cappella Sistina, la grande biblioteca e il meraviglioso museo.

12. — Certamente. Passerò anche molto tempo negli altri musei di Roma.

13. — È un progetto straordinario. Per vedere tutto ciò che vi è d'interessante nella Città Eterna Lei avrà bisogno di almeno dieci anni.

14. — Cercherò di fare l'impossibile.

15. — Spero che non dimenticherà di vedere i dintorni di Roma così incantevoli.

16. — Che idea! Farò delle gite a Ostia per osservare gli scavi recenti, ai Castelli Romani, a Frascati, a Albano, al Lago di Nemi e ...

17. — Perbacco. Lasciamo i dintorni o non usciremo mai di lì. Che altre città d'Italia visiterà?

1. Next week you will leave for Italy, Mr. Cabot? How long will you stay in that country?

2. I have only two months at my disposal. But I assure you that I shall try to use them in the best possible way.

3. Have you decided what cities of Italy you will visit?

4. I think of nothing else, and I am reading a lot in my collection of guide books.

    As you already know my business matters will take me to Rome where my representative, Mr. Vitelli, lives.

5. And how long will you remain in Rome?

6. Three or four weeks. I shall try to prolong my stay in that city as much as possible.

7. And what places of interest do you expect to visit there?

8. I shall visit the Roman forum and what remains of ancient Roman edifices such as the Arch of Constantine and the Colosseum.

    I shall visit the basilicas, the Pantheon and the Baths of Caracalla where I hope to hear one or more operas. I know that this theatre is open during the summer months.

9. You want to see all that remains of the grandeur of ancient Rome, don't you?

10. I should say so. But I also want to know the Rome of the Popes and modern Rome.

11. Then you will visit Saint Peter's and Vatican City with the beautiful Sistine Chapel, the great library and the wonderful museum.

12. Surely. I shall also spend a great deal of time in the other museums of Rome.

13. It is an extraordinary project. In order to see everything that there is of interest in the Eternal City you will need at least ten years.

14. I shall try to do the impossible.

15. I hope you will not forget to see the surroundings of Rome which are so charming.

16. Of course not. I shall take trips to Ostia to observe the recent excavations, to the Castelli Romani, to Frascati, to Albano, to Lake Nemi and ...

17. Good heavens. Let us leave the surroundings or we shall never get out of there. What other cities of Italy will you visit?

18. — Ebbene, usando Roma come punto di partenza visiterò senza dubbio Firenze, Milano, Genova, Venezia, Napoli e anche alcune delle città più piccole, come Siena, Perugia e Assisi.

19. — Quando sarà a Milano Lei dovrà fare il giro in automobile dei bellissimi laghi del nord, il lago di Como, Garda e Maggiore.

20. — Sì, certamente, e da Genova se avrò tempo non mancherò di fare una gita in Riviera. Ricorda Lei la nostra conversazione circa la Riviera?

21. — La ricordo bene.

22. — E quando sarò a Venezia prenderò il vaporino per visitare la piccola isola di Murano e per vedere i famosi artigiani italiani fare i bellissimi oggetti di vetro che io importo. Alla fine ritornerò a Roma da dove prenderò l'aeroplano per andare a casa. Che ne pensa?

23. — Che ne penso? Io l'invidio, signor Cabot, e ho un gran desiderio d'andare anch'io. Ma questo, sfortunatamente, è impossibile.

24. — Che peccato, signor Facci.

18. Well, using Rome as a point of departure, I shall doubtlessly visit Florence, Milan, Genoa, Venice, Naples, and also some of the smaller cities such as Siena, Perugia and Assisi.

19. When you are in Milan you will have to take the auto tour of the very beautiful northern lakes, Como, Garda, and Maggiore.

20. Yes, certainly, and from Genoa if I have time I shall not fail to make a trip to the Riviera. You remember our conversation about the Riviera?

21. I remember it well.

22. And when I am in Venice I shall take the little steamer to visit the little island of Murano to see the famous Italian artisans make the very beautiful glass objects which I import. Finally I shall return to Rome from where I shall take the plane to go home. What do you think of it?

23. What do I think of it? I envy you, Mr. Cabot, and I have a great desire to go with you. But this, unfortunately, is impossible.

24. What a pity, Mr. Facci.

NOTES: 1. **Terme di Caracalla** Baths of Caracalla. During the summer the most celebrated singers and conductors in the world may be heard and seen there. 2. The **Città del Vaticano** is a small independent state under the sovereignty of the Pope. It was created in 1929 by a treaty between the Catholic church and the Italian state.

Building Vocabulary

il desiderio (*day-zee-dehr-yoh*) desire
il foro (*faw-roh*) forum
il Papa (*pah-pah*) pope
il progetto (*proh-jeht-toh*) project
il punto (*poon-toh*) point
il soggiorno (*sohj-johr-noh*) stay
il vaporino (*vah-poh-ree-noh*) little steamer
il vetro (*vay-troh*) glass (material)
i dintorni (*deen-tawr-nee*) surroundings
la biblioteca (*bee-blee-oh-teh-kah*) library
la grandezza (*grahn-dehts-sah*) grandeur, greatness
l'artigiano (*lahr-tee-jah-noh*) artisan
l'opera (*law-pay-rah*) opera
lo scavo (*skah-voh*) excavation
accompagnare (*ahk-kohm-pahn-yah-ray*) to accompany
assicurare (*ahs-see-koo-rah-ray*) to assure
cercare (*chehr-kar-ray*) to seek, to try

invidiare (*een-veed-yah-ray*) to envy
mancare (di) (*mahn-kah-ray*) to fail (to)
prolungare (*proh-loon-gah-ray*) to prolong
osservare (*ohs-sayr-vah-ray*) to observe
restare (*ray-stah-ray*) to stay, to remain
ricordare (*ree-kawr-dah-ray*) to remember
condurre (*shortened form of* conducere) to lead
conducono (*kohn-doo-koh-noh*) they lead
decidere (*day-chee-day-ray*) to decide
ho deciso (*day-chee-zoh*) I have decided
vedere (*vay-day-ray*) to see
ho veduto (*vay-doo-toh*) I have seen
aperto (*ah-pehr-toh*) open
recente (*ray-chehn-tay*) recent
straordinario (*strah-ohr-dee-nahr-yoh*)
almeno (*ahl-may-noh*) at least
sfortunatamente (*sfohr-too-nah-tah-mayn-tay*)
perbacco (*payr-bahk-koh*) by Jove

Espressioni Italiane

fare una gita to take a trip
Farò una gita a Roma. I shall take a trip to Rome.
fare un giro to take a tour
Farò un giro dei laghi. I shall make a tour of the lakes.

non *verb* niente nothing, not anything
Non ho niente. I have nothing. I haven't anything.
non *verb* che only
Non ho che due mesi. I have only two months.

Practice speaking aloud:

Quanto tempo ha Lei a sua disposizione?	How much time have you at your disposal?
Non ho che due settimane.	I have only two weeks.
Quanto tempo passerà Lei in Firenze?	How much time will you spend in Florence?
Non ci passerò che cinque giorni.	I shall spend only 5 days there.
Ha Lei due biglietti per l'opera?	Do you have two tickets for the opera?
Mi dispiace. Non ne ho che uno.	I am sorry. I have only one.
Quanto denaro avete intenzione di spendere?	How much money do you intend to spend?
Non abbiamo intenzione di spendere che cinque dollari.	We intend to spend only 5 dollars.
Quanto denaro ha Lei in tasca?	How much money do you have in your pocket?
Non ho che mille lire.	I have only 1000 lire.

Grammar Notes and Practical Exercises

1. More Irregular Futures.

dovere	to have, to owe	dovrò	dovrai	dovrà	dovremo	dovrete	dovranno
sapere	to know (how)	saprò	saprai	saprà	sapremo	saprete	sapranno
venire	to come	verrò	verrai	verrà	verremo	verrete	verranno
volere	to want	vorrò	vorrai	vorrà	vorremo	vorrete	vorranno
rimanere	to remain	rimarrò	rimarrai	rimarrà	rimarremo	rimarrete	rimarranno

2. Present and Future of Verbs ending in –care and –gare.

cercare (*chehr-kah-ray*) to look for, to try

I look for, you look for, etc.		I shall look for, you will look for, etc.	
cerco (*chayr-koh*)	cerchiamo (*chayr-kyah-moh*)	cercherò	cercheremo
cerchi (*chayr-kee*)	cercate (*chayr-kah-tay*)	cercherai	cercherete
cerca (*chayr-kah*)	cercano (*chayr-kan-noh*)	cercherà	cercheranno

pagare (*pah-gah-ray*) to pay

I pay, you pay, etc.		I shall pay, you will pay, etc.	
pago (*pah-goh*)	paghiamo (*pahg-yah-noh*)	pagherò	pagheremo
paghi (*pah-gee*)	pagate (*pah-gah-tay*)	pagherai	pagherete
paga (*pah-gah*)	pagano (*pah-gah-noh*)	pagherà	pagheranno

Verbs ending in –care insert an h after the c whenever the c precedes i or e.
Verbs ending in –gare insert an h after the g whenever the g precedes i or e.
This is done to keep the sound of the c and g hard as in the infinitive endings –care, –gare.

Other verbs like cercare and pagare are: dimenticare to forget; mancare (di) to fail to, to lack; giocare to play; imbucare to mail; dedicare to dedicate; spiegare to explain; asciugare to dry; pregare to pray; piegare to fold.

Esercizio No. 131.   Complete these sentences in Italian.

Esempio 1.   Viaggerà in aeroplano.

1. (He will travel) in aeroplano.
2. (I shall visit) i posti interessanti.

3. (She will see) il Foro Romano.
4. (They will spend) molto tempo nei musei.
5. (Will you try) di prolungare il suo soggiorno?
6. (We shall not forget) di vedere i dintorni.
7. (Will you (Loro) take) una gita a Ostia?

8. (They (Loro) will be) a Milano in agosto.
9. (I shall have to) fare una gita sul lago Maggiore.
10. (He will take) il vaporino per visitare Murano.
11. Poi (they will return) a Roma.
12. (I shall not fail) di andare in Riviera.
13. (He will want) andare in Italia l'anno venturo.
14. (Will you (tu) not forget) di scrivermi?

Esercizio No. 132. Answer these questions with both **sì** and **no.** Use an object pronoun or **ci** (*there*) in each answer.

Esempi: Visiterà Lei il museo? Sì, *lo* visiterò. No, non *lo* visiterò.

Finiranno Loro le lezioni? Sì, *le* finiremo. No, non *le* finiremo.

1. Scriverà Lei la lettera?
2. Comprerà Lei l'orologio?
3. Porterà Lei i cestini?
4. Prenderà Lei il caffè?
5. Domanderà Lei i biglietti?
6. Venderanno Loro la casa?
7. Vorranno Loro queste camicie?
8. Dovranno Loro andare al centro domani?
9. Sapranno Loro tutte le risposte?
10. Viaggeranno Loro in Italia l'estate ventura?

Esercizio No. 133. Domande

1. Quando partirà per l'Italia il signor Cabot?
2. Quanto tempo ha a sua disposizione?
3. Pensa molto al suo viaggio in Italia?
4. In quali libri legge molto?
5. Chi abita a Roma?
6. Quanto tempo resterà a Roma il signor Cabot?
7. Dove spera egli di sentire una o più opere?
8. Dov'è la Cappella Sistina?
9. Quali dintorni non dimenticherà di vedere il signor Cabot?
10. Dove farà una gita per osservare gli scavi recenti?
11. Usando Roma come punto di partenza, quali grandi città visiterà il signor Cabot?
12. Quali sono tre bellissimi laghi del nord?
13. Il signor Cabot farà una gita da Genova in Riviera?
14. Che piccola isola visiterà quando sarà a Venezia?
15. Chi ha gran desiderio d'accompagnare il signor Cabot?

REVISIONE 6

CAPITOLI 24–27

Revisione di Parole

NOUNS

1. l'artista	13. la gita	25. il risotto	1. artist	13. trip	25. rice (*prepared*)
2. l'amore *m.*	14. la gioia	26. il sapore	2. love	14. joy	26. flavor
3. l'artigiano	15. la grandezza	27. lo scrittore	3. artisan	15. grandeur	27. writer
4. la bellezza	16. l'insalata	28. la sigaretta	4. beauty	16. salad	28. cigarette
5. la biblioteca	17. la lista	29. il sigaro	5. library	17. list, menu	29. cigar
6. il cibo	18. il nord	30. il soggiorno	6. food	18. north	30. stay
7. il contadino	19. il pesce	31. il vaporino	7. peasant	19. fish	31. little steamer
8. il dolore	20. il pescatore	32. il sud	8. pain	20. fisherman	32. south
9. la fabbrica	21. il pollo	33. il tabacco	9. factory	21. chicken	33. tobacco
10. le fabbriche	22. il popolo	34. la turista	10. factories	22. people	34. tourist
11. il fiammifero	23. il progetto	35. l'uomo d'affari	11. match	23. project	35. businessman
12. la gente	24. il punto	36. il vetro	12. people	24. point	36. glass

VERBS

1. ammirare	9. osservare	17. discutere	1. to admire	9. to observe	17. to discuss
2. assicurare	10. prolungare	18. ripetere	2. to assure	10. to prolong	18. to repeat
3. cercare	11. ricordare di	19. ritenere	3. to look for, try	11. to remember	19. to retain
4. circondare	12. sopportare	20. succedere	4. to surround	12. to bear	20. to happen
5. cucinare	13. condurre	21. differire (isc)	5. to cook	13. to lead	21. to differ
6. interessarsi	14. conducono	22. offrire	6. to be interested in	14. they lead	22. to offer
7. menare	15. decidere	23. suggerire (isc)	7. to lead	15. to decide	23. to suggest
8. nominare	16. descrivere	24. perdere	8. to name	16. to describe	24. to lose

ADJECTIVES

1. aperto	6. distinto	11. ottimo	1. open	6. distinct	11. extremely good
2. basso	7. grazioso	12. puro	2. low	7. pretty	12. pure
3. chiaro	8. incantevole	13. recente	3. light	8. enchanting	13. recent
4. crudo	9. lento	14. sfortunato	4. raw	9. slow	14. unfortunate
5. duro	10. orgoglioso	15. scuro	5. hard	10. proud	15. dark

ADVERBS

1. dappertutto	2. almeno	3. piuttosto	1. everywhere	2. at least	3. rather

ITALIAN EXPRESSIONS

1. ad alta voce	6. sempre più	1. aloud	6. more and more
2. cosa che si sa	7. fare una gita	2. self-evident	7. to take a trip
3. di nuovo	8. fare un giro	3. again	8. to make a tour
4. perbacco!	9. in pieno	4. good heavens!	9. in full
5. a prezzo fisso	10. alla carta	5. table d'hote	10. a la carte

Esercizio No. 134. Select the group of words from Col. II which best completes each sentence begun in Col. I.

1. La prima colazione consiste di una tazza
2. Gl'Italiani non hanno l'abitudine
3. Ho sentito dire che ci sono delle differenze
4. Nel sud la gente generalmente ha
5. Voglio vedere tutto ciò che rimane
6. Tutte le grandi fabbriche italiane
7. Il pranzo finisce con la frutta
8. I due pasti principali sono
9. Nella Città del Vaticano visiterò
10. È cosa che si sa che gl'Italiani

a. fisiche fra gli abitanti del nord e quelli del sud.
b. si trovano nel nord del paese.
c. che in Italia è abbondante.
d. la gran biblioteca e il meraviglioso museo.
e. di caffè e di pane tostato con burro.
f. la colazione e il pranzo.
g. bevono vino durante i pasti.
h. di mangiare molto la mattina.
i. occhi, pelle e capelli scuri.
j. della grandezza di Roma.

Esercizio No. 135. Answer these questions in complete sentences (in the future tense) with the help of the words in parentheses.

Esempio 1. Comprerò questo cappello.

1. Che cosa comprerà Lei? (questo cappello)
2. Quanto costerà? (tremila lire)
3. Dove andrà Lei l'estate ventura? (in Italia)
4. Quando ritornerà Lei negli Stati Uniti? (il 2 settembre)
5. A che ora si coricherà Lei? (a mezzanotte)
6. A che ora si alzerà Lei? (alle sei di mattina)
7. Dove s'incontreranno Loro? (alla stazione)
8. A che ora finiranno Loro l'esame? (alle tre)
9. Dove cercheranno Loro gli studenti? (nella sala d'aspetto)
10. Dove saranno Loro alle due del pomeriggio? (a casa)
11. Quando avranno Loro tempo di fare il lavoro? (domattina)
12. Quanto tempo rimarranno Loro a Firenze? (cinque giorni)

Esercizio No. 136. Translate.

1. I shall make
2. we shall not go
3. you (Lei) will be able
4. they will try
5. who will see?
6. shall we offer?
7. he will discuss
8. you (Loro) will eat
9. I shall repeat
10. she will want
11. will he come?
12. I shall pay
13. you (tu) will want
14. she will not do
15. I shall have
16. he will not give
17. will he bring?
18. will they go out?
19. I shall have to
20. we shall know how
21. you (tu) will not have

Esercizio No. 137. Summary of articles of clothing. mettersi to put on; portare to wear; stare bene to be becoming to. Translate the sixteen sentences at the top of page 113.

1. il vestiario clothing
2. il cappello hat
3. il fazzoletto handkerchief
4. il guanto glove
5. il vestito suit (dress)
6. il soprabito overcoat
7. il calzino sock
8. la camicia shirt
9. la camicetta blouse
10. la cravatta necktie
11. la calza stocking
12. la gonnella skirt
13. la giacca jacket
14. la scarpa shoe
15. la soprascarpa overshoe
16. l'impermeabile raincoat
17. i calzoni trousers
18. l'abito suit, dress

Translate:

1. Mi metterò il cappello.[1]
2. Questo cappello mi piace perchè mi sta bene.
3. Non porto mai cappello in estate.
4. Essa si mette il vestito.[2]
5. Il vestito le sta bene.
6. Essa porta spesso questo vestito blu.
7. Egli si mette il soprabito.
8. Il soprabito non gli sta bene.
9. Enrico non porta il soprabito tutti i giorni.
10. Egli si mette il fazzoletto in tasca.
11. Egli si prende il fazzoletto dalla tasca.
12. Perchè non portano l'impermeabile?
13. Porto sempre l'impermeabile quando piove.
14. Questi guanti non ci piacciono.
15. Non portiamo mai guanti bianchi.
16. Questa camicia mi piace ma è troppo cara.

NOTES: 1. my hat. The definite article is used in Italian with articles of clothing, instead of the possessive adjective, when the meaning is clear. 2. her dress. See Note 1.

Esercizio No. 138. Translate. Be careful to use the correct forms of bello, grande, buono. Also watch out for the use of the impersonal and passive construction with si. (See Chapter 24, Grammar Notes 2 and 3.)

1. Italy is a beautiful country. It is a great country.
2. People come there from all parts of the world.
3. There are many beautiful cities in Italy.
4. The inhabitants of each city say that their city is the most beautiful.
5. Great mountains separate (separano) Italy from the rest of Europe.
6. The largest river is the Po.
7. The most beautiful lakes are found in the north.
8. Everywhere one sees the monuments of the ancient civilization of Rome.
9. It is said that the Italian Riviera is as beautiful as the French Riviera.
10. English is spoken in all the large stores.
11. Italy has a fine climate.
12. Many good hotels are found in the large cities.
13. One can buy many beautiful things in the Italian shops.
14. The Italian women are beautiful.

Esercizio No. 139. Change these sentences to the future tense.

1. Ogni anno faccio una gita in Riviera.
2. Voglio conoscere la Roma dei papi.
3. Avete bisogno di due mesi per vedere tutto.
4. Possono passare molto tempo nei musei.
5. Cerchiamo di fare il giro dei laghi.
6. Visita Lei i dintorni di Roma?
7. La signora Cabot deve restare a casa.
8. Siamo a casa tutta la giornata.
9. Perchè non paghi tu il conto?
10. I signori si vedono tutti i giorni.

Dialogo 1

IN AUTOBUS

1. — Scusi, signore, dove devo scendere per andare alla Posta Centrale? (alla Ambasciata Americana?) (al Campidoglio?) (alla stazione ferroviaria?), ecc.
2. — Lei deve scendere a Piazzale San Claudio, ecc.
3. — È lontano da qui?
4. — No signore, non è troppo lontano.
5. — In quanto tempo ci arriveremo?
6. — In circa quindici o venti minuti.
7. — Grazie tante, signore.
8. — Non c'è di che.

1. Excuse me, sir, where must I get off for the Main Post Office? (for the American Embassy?) (for the Campidoglio?) (for the railroad station?), etc.
2. You must get off at the Piazzale San Claudio, etc.
3. Is it far from here?
4. No sir, it is not too far.
5. When will we get there?
6. In about fifteen or twenty minutes.
7. Many thanks.
8. Don't mention it.

Dialogo 2

LA POSTA

1. — Signor Cabot, Lei ha, senza dubbio, una gran corrispondenza. C'è una cassetta delle lettere nel suo edifizio?

1. Mr. Cabot, no doubt you have much correspondence. Is there a mailbox in your building?

2. — Naturalmente. Ne abbiamo una a ogni piano, per le nostre lettere. Ma inviamo i pacchi postali alla posta centrale.
3. — Chi li porta?
4. — Un commesso d'ufficio. Inoltre, compra i francobolli di cui abbiamo bisogno, per la posta aerea, per gli espressi, ecc.
5. — Dov'è la posta centrale?
6. — Non è lontana da qui. Si può andare a piedi.

2. Naturally. We have one at each floor for our letters. But we send parcel post packages to the main post office.
3. Who takes them?
4. An office clerk. He also buys the stamps that we need for air mail, for special delivery, etc.
5. Where is the main post office?
6. It isn't far from here. One can walk there.

Esercizio No. 140. Lettura

IL COMPLEANNO [1] DELLA SIGNORA CABOT

È il ventidue marzo, il compleanno della signora Cabot. Oggi ella ha trentacinque anni. Per festeggiare [2] questa festa la famiglia Cabot va a pranzo in un elegante ristorante italiano della cinquantaduesima strada a Nuova York.

Quando entrano nel ristorante vedono sulla tavola riservata per i signori Cabot un grazioso cestino riempito [3] di rose bianche. Naturalmente la signora Cabot è sorpresa. Ella ringrazia [4] e abbraccia il suo caro marito [5] con affetto e tenerezza. [6]

Alla fine del pranzo, veramente squisito, [7] Lucia, la più piccola, dice piano agli altri fanciulli — Ecco, pronti! E ciascuno dei quattro fanciulli prende di sotto la tavola una graziosa scatolina. [8] Nelle scatoline ci sono dei regali [9] per la madre.

Lucia le regala un fazzoletto di seta, [10] Biancha un camicetta di lino, [11] Carlo un paio di guanti e Paolo una sciarpa di lana. [12]

La settimana dopo il signor Cabot fa i conti di quella giornata:

Pranzo	quattordici dollari ottantasei centesimi	$14.86
Mancia	due dollari	2.00
Fiori	cinque dollari e settentacinque centesimi	5.75
Regali	dodici dollari e trentanove centesimi	12.39
		$35.00

— Che coincidenza! dice il signor Cabot. Trentacinque dollari e trentacinque anni.

NOTES: 1. birthday. 2. to celebrate. 3. filled. 4. ringraziare to thank. 5. husband. 6. tenderness. 7. exquisite. 8. little box. 9. gifts. 10. silk handkerchief. 11. linen blouse. 12. woolen scarf.

CAPITOLO 28 (VENTOTTO)

IL SIGNOR CABOT SCRIVE UNA LETTERA AL SUO RAPPRESENTANTE

1. — Il signor Cabot e il signor Facci sono seduti nel salotto in casa del signor Cabot.
   Il commerciante ha scritto una lettera al suo rappresentante a Roma. Oggi ha ricevuto una risposta per posta aerea.
   Egli ha due lettere in mano: una copia della sua propria lettera e la risposta del suo rappresentante.
2. — Signor Facci, io le leggerò ciò che ho scritto al mio rappresentante, signor Vitelli.
3. — Questo mi farà piacere, signor Cabot.
4. Il signor Cabot legge la lettera che segue:

1. Mr. Cabot and Mr. Facci are seated in the dining room of Mr. Cabot's house.
   The merchant has written a letter to his representative in Rome. Today he has received an answer by air mail.
   He has two letters in his hand: a copy of his own letter and the reply of his representative.
2. Mr. Facci, I shall read to you what I have written to my representative, Mr. Vitelli.
3. That will please me, Mr. Cabot.
4. Mr. Cabot reads the letter which follows:

Nuova York, 4 maggio, 1957   New York, May 4, 1957

Signor Arturo Vitelli   Mr. Arthur Vitelli
Via Torino 76   76 Via Torino
Roma,   Rome,

Caro signor Vitelli,   Dear Mr. Vitelli,

Sono contento di informarla che ho deciso di fare un viaggio in Italia.

I am glad to inform you that I have decided to take a trip to Italy.

Partirò da Nuova York in aeroplano il 31 maggio alle 17.00 e arriverò all'aeroporto di Ciampino alle 15.55 il primo giugno.

I shall leave New York by airplane May 31 at seventeen o'clock and will arrive at the Ciampino airport at 15.55, June 1.

Resterò in Italia due mesi. Sarà un viaggio di piacere e nello stesso tempo un viaggio d'affari. Passerò tre o quattro settimane a Roma.

I shall remain in Italy two months. It will be a pleasure trip and at the same time a business trip. I shall spend three or four weeks in Rome.

Lasciando Roma farò delle gite per vedere i posti più interessanti.

Leaving Rome, I shall take some trips to see the most interesting places.

Spero di andare in Sicilia in aeroplano.

I hope to go to Sicily by airplane.

Durante il mio soggiorno a Roma approfitterò di questa occasione per fare la sua conoscenza personale.

During my stay in Rome I shall take advantage of the opportunity to make your personal acquaintance.

Ho sempre apprezzato molto il buon servizio che Lei ci ha dato e che ha contribuito così tanto al nostro successo.

I have always appreciated very much the fine service you have given us which has contributed so much to our success.

So che Lei è molto occupato e che viaggia tanto. Per questa ragione le scrivo in anticipo nella speranza di poter [1] fissare un appuntamento. Per favore mi dica se potrò aver [1] il piacere di vederla a Roma.

I know that you are very busy and that you travel a great deal. Therefore I am writing you in advance hoping to be able to arrange an appointment. Please let me know if I shall have the pleasure of seeing you in Rome.

Da sei mesi studio l'italiano. Ciò la sorprenderà forse. Spero di poter [1] parlare con Lei nella sua bellissima lingua poichè già da qualche tempo converso due volte la settimana col mio maestro, signor Facci, un suo compatriotta. [2]

For six months I have been studying Italian. Perhaps that will surprise you. I hope to be able to talk with you in your beautiful language because for some time I have been conversing twice a week with my teacher, Mr. Facci, one of your fellow countrymen.

In attesa di una sua pronta risposta, accetti i miei più cordiali saluti.

Awaiting your early reply, accept my most cordial greetings.

Enrico Cabot   Henry Cabot

5. — Meraviglioso, signor Cabot. Non c'è neanche un errore nella lettera.

5. Wonderful, Mr. Cabot. There isn't a single error in the letter.

6. — Signor Facci, io le devo confessare una cosa. C'è un libro italiano intitolato: «La Corrispondenza Commerciale.»

Questo libro mi ha aiutato molto in tutto ciò che riguarda i titoli, le conclusioni, e varie espressioni di gentilezza.

Naturalmente è a Lei soprattutto che devo i miei più sinceri ringraziamenti.

6. Mr. Facci, I must confess something to you. There is an Italian book entitled: "Commercial Correspondence."

This book has helped me a great deal in everything that concerns headings, conclusions and various expressions of courtesy.

Naturally, to you especially, I owe my most sincere thanks.

7. — Lei è molto gentile. E ora per favore vuole leggermi la risposta che ha proprio ora ricevuta dal signor Vitelli.

7. You are very kind. And now please read me the reply that you have just received from Mr. Vitelli.

8. — Con piacere, signore.
(Continua al Capitolo 30)

8. With pleasure, sir.
(Continued in Chapter 29)

NOTES: 1. It is common to drop the final –e of the infinitive in constructions like this. 2. Similar expressions are: un mio amico, una mia amica a friend of mine; un suo maestro a teacher of yours; un nostro conoscente an acquaintance of ours, etc.

Building Vocabulary

il compatriota (*kohm-pah-tree-awt-tah*)
il ringraziamento (*reen-grahts-yah-mayn-toh*) thanks
il successo (*soo-chehs-soh*) success
il titolo (*tee-toh-loh*) title
la conoscenza (*koh-noh-shehnt-sah*) acquaintance
la copia (*koh-pyah*) copy
la cortesia (*kohr-tay-zee-ah*) courtesy
la mano [1] (*mah-noh*) hand
la speranza (*spay-rahnt-sah*) hope
lo sbaglio (*zbahl-yoh*) error
aiutare (*ah-yoo-tah-ray*) to help; aiutato helped
apprezzare (*ahp-prayts-sah-ray*) to appreciate
approfittare di (*ahp-proh-feet-tah-ray*) to profit by

confessare (*koh-fehs-sah-ray*) to confess
informare (*een-fohr-mah-ray*) to inform
riguardare (*ree-gwahr-dah-ray*) to concern
sorprendere (*sohr-prehn-day-ray*) to surprise
contribuire (*kohn-tree-bwee-ray*) to contribute
seguire (*say-gwee-ray*) to follow
intitolato (*een-tee-toh-lah-toh*) entitled
personale (*pehr-soh-nah-lay*) personal
sincero (*seen-cheh-roh*) sincere
fa ago; poco fa a little while ago
non (*verb*) neanche (*nay-ahn-kay*) not even
da since, for
poichè (*poy-kay*) because, since, as = perchè

NOTE 1. Nouns ending in –o are with very few exceptions masculine. La mano and la radio are exceptions.

Espressioni Italiane

fino ad ora until now
in anticipo (*ahn-tee-chee-poh*) in advance
due volte la settimana twice a week
fare la conoscenza di to make the acquaintance of
Voglio fare la conoscenza del mio rappresentante.
  I want to make the acquaintance of my agent.
Egli vuole fare la sua conoscenza. He wants to make your acquaintance.
fare piacere a to give pleasure to

in mano in (my, your, his, etc.) hand
Ho una lettera in mano. I have a letter in my hand.
Lei ha un quaderno in mano. You have a notebook in your hand.
Egli ha una penna in mano. He has a pen in his hand.
La sua lettera mi ha fatto molto piacere. Your letter has given me much pleasure.

Grammar Notes and Practical Exercises

1. The Present Perfect Tense. What *has happened*, or what *happened*. Regular Verbs: parlare, vendere, capire.

I have spoken *or* I spoke, etc.	I have not sold *or* I did not sell, etc.	Have I understood *or* did I understand? etc.
ho parlato	non ho venduto	ho capito?
hai parlato	non hai venduto	hai capito?
ha parlato	non ha venduto	ha capito?
abbiamo parlato	non abbiamo venduto	abbiamo capito?
avete parlato	non avete venduto	avete capito?
hanno parlato	non hanno venduto	hanno capito?

Like the present perfect tense in English, the present perfect in Italian is formed by using an auxiliary verb plus the past participle. With most verbs, the auxiliary verb is the present tense of avere. With some verbs, as you will see later, the auxiliary verb is the present tense of essere.

2. Formation of the Past Participle.

All regular verbs and many irregular verbs form their past participles as follows:
–are verbs drop –are and add –ato. Thus:

comprare	to buy	comprato	bought	trovare	to find	trovato	found
parlare	to speak	parlato	spoken	aiutare	to help	aiutato	helped
studiare	to study	studiato	studied	apprezzare	to appreciate	apprezzato	appreciated
portare	to bring	portato	brought	dare	to give	dato	given

–ere verbs drop –ere and add –uto. Thus:

vendere	to sell	venduto	sold	ottenere	to obtain	ottenuto	obtained
ricevere	to receive	ricevuto	received	sapere	to know	saputo	known
avere	to have	avuto	had	conoscere	to know	conosciuto [1]	known

–ire verbs drop –ire and add –ito. Thus:

capire	to understand	capito	understood	preferire	to prefer	preferito	preferred
finire	to finish	finito	finished	contribuire	to contribute	contribuito	contributed
servire	to serve	servito	served	sentire	to feel	sentito	felt

NOTE 1. conosciuto inserts an –i after the c to keep the sound of the c soft.

3. Some Irregular Past Participles.

scrivere	to write	scritto	written	dire	to say, to tell	detto	said, told
leggere	to read	letto	read	rispondere	to answer	risposto	answered
chiudere	to close	chiuso	closed	decidere	to decide	deciso	decided
aprire	to open	aperto	opened	prendere	to take	preso	taken

Esercizio No. 141. Translate these brief dialogues. Then practice reading them aloud.

1. — Quando ha scritto la lettera al suo rappresentante il signor Cabot?
   — Ha scritto la lettera dieci giorni fa.
2. — Quando ha ricevuto la risposta?
   — Oggi ha ricevuto la risposta.
3. — A chi ha letto il signor Cabot una copia della sua lettera?
   — Ha letto la copia al signor Facci.

4. — Ha trovato il signor Facci molti sbagli nella lettera?
   — No. Non ha trovato neanche uno sbaglio.
5. — Che libro ha aiutato molto il signor Cabot?
   — Il libro «La Corrispondenza Commerciale» l'ha aiutato molto.
6. — Dove ha ottenuto questo libro?
   — L'ha preso alla biblioteca.

Esercizio No. 142. Complete these sentences with the past participle of the verb indicated.

1. Ho (received) la sua lettera del 4 maggio.
2. Abbiamo (decided) di fare un viaggio in Italia.
3. Non ho (understood) ciò che Lei ha (said).
4. Egli ha (contributed) al nostro successo.
5. Non abbiamo (written) molte lettere.
6. Essi hanno (bought) molti oggetti d'arte.
7. Hai (read) tutte le guide?
8. Essi non hanno (answered) alla mia lettera.
9. Avete (made) la conoscenza del signor Cabot?
10. Hanno (taken) dei libri alla biblioteca.
11. Essa non ha (finished) l'esame.
12. La domestica ha già (served) il tè.
13. Ho (lost) il mio biglietto.
14. Non hanno (been able) trovarlo.

4. da since, for; da quando since when, how long

Da quando studia l'italiano Lei?
Studio l'italiano da sei mesi.

How long have you been studying Italian?
I have been studying Italian for six months.

When an action has begun in the past and is continuing in the present, the present tense with da (*since for*) and da quando (*since when*) is used in Italian. In English, in such cases, the present perfect is used.

Esercizio No. 143. Translate.

1. Since when have you been living in New York?
2. I have been living there for two years.
3. Since when have they been studying Italian?
4. They have been studying it for six months.
5. Since when have you known him?
6. I have known him for three years.
7. Since when has he been working in this office?
8. He has been working here for seven weeks.

Esercizio No. 144. Domande

1. Dove sono seduti i signori?
2. Che cosa ha in mano il signor Cabot?
3. Che cosa legge al signor Facci?
4. Quando partirà il signor Cabot da Nuova York?
5. Quanto tempo passerà in Italia?
6. Quanto tempo resterà egli a Roma?
7. Che cosa farà dopo la partenza da Roma?
8. Spera di viaggiare in Sicilia?
9. Chi è molto occupato?
10. Di chi desidera fare la conoscenza il signor Cabot?
11. Perchè scrive in anticipo?
12. Da quanto tempo il signor Cabot prende delle lezioni d'italiano?

CAPITOLO 29 (VENTINOVE)

IL SIGNOR CABOT RICEVE UNA LETTERA

Il signor Cabot ha scritto una lettera al suo rappresentante a Roma. Nell'ultimo capitolo egli ha letto una copia di quella lettera al suo maestro, il signor Facci. Quest'ultimo non ha trovato, nella lettera, neanche uno sbaglio.

Il commerciante ha ricevuto una risposta dal suo rappresentante. Ora egli la tiene in mano e la sta leggendo.

Mr. Cabot has written a letter to his representative in Rome. In the last chapter he read a copy of that letter to his teacher, Mr. Facci. The latter did not find a single error (even one error) in the letter.

The merchant has received an answer from his representative. Now he has it in his hand and is reading it.

1. Caro signor Cabot,

2. Ho ricevuto con gran piacere la sua lettera del 4 maggio in cui Lei m'informa che farà presto un viaggio in Italia.

3. Fortunatamente sarò a Roma durante i mesi di giugno e di luglio. Perciò sarò interamente a sua disposizione.

4. Dunque avrò il piacere d'incontrarla all'aeroporto di Ciampino alle 15:55 il primo giugno.

5. Farò tutto il possibile per rendere la sua permanenza a Roma piacevole dal punto di vista ricreativo e anche profittevole per gli affari.

6. Sarò ben [1] felice di parlare italiano con Lei, e sono sicuro che Lei potrà parlare la lingua perfettamente. Infatti Lei scrive l'italiano molto bene.

7. Perciò voglio congratularmi con Lei e col suo maestro. Poichè il signor Facci è italiano capisco benissimo la sua familiarità con gli idiomi italiani.

8. In attesa di fare la sua conoscenza le invio i miei più rispettosi saluti.

                Arturo Vitelli

9. — È davvero una lettera carina, dice il signor Facci. Fino ad ora Lei ha conosciuto il signor Vitelli come il suo rappresentante serio ed abile. Senza dubbio Lei vedrà che è anche molto simpatico, come la maggior [2] parte dei suoi compatrioti. Mi perdoni se io sono orgoglioso del popolo italiano; ma Lei vedrà da sè stesso.

10. — Sono sicuro che fra gl'Italiani sarò felice, e la miglior cosa è che potrò conversare con essi nella loro propria lingua.

11. — Lei ha certamente ragione. Ebbene, signor Cabot, giovedì prossimo è il nostro ultimo appuntamento prima della sua partenza. C'incontreremo nel suo ufficio, non è vero?

12. — Sì, signore. E mi darà Lei degli ultimi consigli?

13. — Con piacere, signor Cabot.

1. Dear Mr. Cabot,

2. I have received with great pleasure your letter of May 4 in which you inform me that you will soon make a trip to Italy.

3. Fortunately I shall be in Rome during the months of June and July. Therefore I shall be entirely at your service.

4. Consequently I shall have the pleasure of meeting you at the Ciampino Airport at 15:55 the first of June.

5. I shall do everything possible to make your stay in Rome pleasant in the matter of recreation and also profitable in the matter of business.

6. I shall be very happy to speak with you in Italian and I am sure that you will be able to speak the language perfectly. In fact you write Italian very well.

7. Therefore I want to congratulate you and your teacher. Since Mr. Facci is an Italian I understand very well your familiarity with Italian idioms.

8. Looking forward to making your acquaintance I send you my respectful greetings.

                Arthur Vitelli

9. "It is indeed a very nice letter," says Mr. Facci. Until now you have known Mr. Vitelli as your serious and able representative. No doubt you will see that he is also very likeable like most of his countrymen. Pardon me if I am proud of the Italian people; but you will see for yourself.

10. I am sure that I shall be happy among the Italians, and the best thing is that I shall be able to talk with them in their own language.

11. You are quite right. Well, Mr. Cabot, next Thursday is our last appointment before your departure. We shall meet in your office, shall we not?

12. Yes, sir. And you will give me some final advice?

13. With pleasure, Mr. Cabot.

NOTES: 1. ben = bene   2. maggior = maggiore

Building Vocabulary

la familiarità (*fah-meel-yahr-ree-tah*) familiarity
la permanenza (*payr-mah-nehnt-sah*) stay
l'idioma *m.* (*leed-yaw-mah*) idiom
inviare (*een-vyah-ray*) to send
incontrare (*een-kohn-trah-ray*) to meet
rendere (*rehn-day-ray*) to render, to make
abile (*ab-bee-lay*) able, skillful
profittevole (*proh-feet-teh-voh-lay*) profitable
proprio (*praw-pree-oh*) own

ricreativo (*ree-kray-ah-tee-voh*) recreational
rispettoso (*ree-spayt-toh-soh*) respectful
serio (*sehr-yoh*) serious
sicuro (*see-koo-roh*) sure
simpatico (*seem-pah-tee-koh*) nice, pleasant
interamente (*een-tay-rah-mayn-tay*) entirely
dunque (*doon-kway*) therefore, consequently
poichè (*pawy-kay*) since, because, as, for

Espressioni Italiane

incontrarsi to meet (each other)
Dove c'incontreremo? Where shall we meet?
C'incontreremo nel museo. We shall meet (each other) in the museum.

Dove s'incontrano ogni giorno? Where do they meet every day?
Ogni giorno s'incontrano alla stazione. Every day they meet (each other) at the station.
fino ad ora until now

Grammar Notes and Practical Exercises

1. Present Tense of the Verb tenere (*tay-nay-ray*) to hold, to keep (like venire to come).

I hold, you hold, etc.

tengo (*tehn-goh*)	teniamo (*tay-nyah-moh*)	vengo	veniamo
tieni (*tyeh-nee*)	tenete (*tay-nay-tay*)	vieni	venite
tiene (*tyeh-nay*)	tengono (*tehn-goh-noh*)	viene	vengono

I come, you come, etc.

Imperative: *Sing.* tenga! hold! *Plur.* tengano! hold! *Sing.* venga! come! *Plur.* vengano! come!

tenere is like venire except in the voi form (tenete, venite).
ottenere to obtain, contenere to contain, ritenere to retain, have forms like tenere.

Esercizio No. 145. Translate.

1. What are you holding in your hand?
2. I am holding a letter in my hand.
3. He is holding a fountain pen in his hand.
4. Where can we obtain a guide?
5. You can obtain a guide in the tourist agency (agenzia di viaggi).
6. Have you obtained your tickets?
7. We have already obtained our tickets.
8. What does this box (scatola) contain?
9. It contains some writing paper. (carta da lettere)
10. Have you retained the money?
11. Hold this ash tray, sir.
12. Hold these letters, ladies.

2. Agreement of the Past Participle.

When a direct object pronoun precedes the verb, the past participle must agree with that direct object pronoun in number and gender.

Direct Object After Verb (No Agreement)

Ha letto Lei il libro? (*masc. sing.*)
Have you read the book?
Ha letto Lei la lettera? (*fem. sing.*)
Have you read the letter?
Ha letto Lei i libri? (*masc. plur.*)
Have you read the books?
Ha letto Lei le lettere? (*fem. plur.*)
Have you read the letters?

Direct Object Pronoun Before Verb (Agreement)

L'ho (= lo ho) *letto.* (*masc. sing.*)
I have read it.
L'ho (= la ho) *letta.* (*fem. sing.*)
I have read it.
Li ho *letti.* (*masc. plur.*)
I have read them.
Le ho *lette.* (*fem. plur.*)
I have read them.

The direct object pronoun may be a relative pronoun. The past participle may agree with it.

Ho letto la lettera *che* Lei ha scritta (*or* scritto).	I have read the letter which you wrote.
Ho letto le lettere *che* Lei ha scritte (*or* scritto).	I have read the letters which you wrote.
Ho letto i libri *che* Lei mi ha dati (*or* dato).	I have read the books which you gave me.

Esercizio No. 146. Translate each question and answer. Read each aloud three times in Italian. Note the agreement of the past participles.

1. Ha Lei raccomandato queste guide?
2. Ha egli scritto la risposta?
3. Dove ha trovato Lei il denaro?
4. Ha Lei capito la domanda?
5. Ha ella imparato il proverbio?
6. Chi ha riservato i due posti?
7. Quando ha Lei veduto la sua amica?
8. Quando hanno finito l'esame essi?
9. Quando ha portato le lettere il postino?
10. Ha Lei sentito il campanello?
11. Il signor Cabot ha studiato tutti i libri di guida?
12. Quale lettera legge al signor Facci?

1. Sì, signore, le ho raccomandate.
2. Sì, signore, l'ha scritta.
3. L'ho trovato all'ufficio.
4. No, signore, non l'ho capita.
5. No, signora, non l'ho imparato.
6. Mio padre li ha riservati ieri.
7. L'ho veduta ieri sera.
8. L'hanno finito alle due.
9. Le ha portate questa mattina.
10. No, signore, non l'ho sentito.
11. Li ha studiati tutti. Li ha trovati molto utili.
12. Legge la lettera che ha ricevuta dal signor Vitelli.

Esercizio No. 147. Rewrite these sentences, substituting a direct object pronoun for each direct object noun. Remember the rule governing the agreement of the past participle.

Esempio: Ho trovato *gli sbagli.* *Li ho* trovati.

1. Ho scritto *le lettere.*
2. Non abbiamo veduto *la pellicola.*
3. Hanno letto *i libri.*
4. Chi non ha capito *la domanda?*
5. Ha Lei raccomandato *mio fratello?*
6. Ho riservato *i posti.*
7. Abbiamo finito *il lavoro.*
8. Hanno ammirato *la nostra casa.*
9. Lei non ha pagato *il conto.*
10. Non avete ascoltato *i vostri maestri.*
11. Hanno portato *le sedie?*
12. Carlo ha fatto *il lavoro.*
13. Maria non ha incontrato *le sue amiche.*
14. Oggi ho ricevuto *queste camicie.*
15. Abbiamo venduto *quei fazzoletti.*
16. Essa non ha aperto *la finestra.*
17. Chi ha preso *il mio cappello?*
18. Egli ha studiato *la geografia d'Italia.*

Esercizio No. 148. Domande

1. Chi ha scritto una lettera al suo rappresentante?
2. A chi ha egli letto una copia di questa lettera?
3. Il signor Facci ha trovato molti sbagli nella lettera?
4. Quando sarà a Roma il signor Vitelli?
5. Dove incontrerà egli il signor Cabot?
6. In che lingua parlerà con lui?
7. Il signor Vitelli con chi vuole congratularsi?
8. Di chi è orgoglioso il signor Facci?
9. Di che cosa è sicuro il signor Cabot?
10. Quando avranno i due signori il loro ultimo appuntamento?
11. Dove s'incontreranno essi?
12. Il signor Facci che cosa darà al signor Cabot?

───◇───

CAPITOLO 30 (TRENTA)

GLI ULTIMI CONSIGLI DEL SIGNOR FACCI

1. Fa caldo nell'ufficio del signor Cabot. Non c'è un soffio d'aria. Dalle finestre aperte si sentono i rumori della strada.
2. — Sono contento di lasciare la città, dice il signor Cabot al signor Facci.

1. It is warm in Mr. Cabot's office. There isn't a breath of air. Through the open windows one hears the street noises.
2. "I am glad to leave the city," says Mr. Cabot to Mr. Facci.

3. — Ho il desiderio di partire con Lei, risponde il signor Facci.

4. — Non può venire con me?

5. — Sfortunatamente non è possibile.

6. — Peccato! Ebbene, vuole essere così gentile da darmi alcuni ultimi consigli?

   La vita in Italia è differente da quella negli Stati Uniti?

7. — Sì, signor Cabot, le abitudini del paese sono molto differenti. In generale le cose sono fatte con più formalità di qui. La cortesia ha un valore più profondo. Significa che ogni persona è degna di rispetto.

8. — Ciò è verissimo, risponde il signor Cabot.

9. — Ho notato che in Italia gli affari sono fatti con più formalità che negli Stati Uniti. Gli uomini d'affari amano conversare un po' prima di parlare d'affari. Essi desiderano prima di tutto conoscersi.

10. — Io sarò molto felice in Italia.

11. — Lei dovrà abituarsi a un modo di vivere meno agitato. In generale la vita in Italia è più calma di qui.

12. — Lo spero. Sono stanco di fare le cose sempre in fretta.

13. — E ricordi che a Roma in estate qualche volta fa molto caldo. Perciò Lei deve seguire l'uso romano di fare un sonnellino dalle tredici alle quindici.

14. Non lo dimenticherò.

15. — Ora che Lei può parlare italiano così bene, colga ogni occasione di parlarlo con tutti; coi facchini, coi camerieri, coi commessi dei negozi, ecc. ecc. Questo è il miglior modo di conoscere l'Italia.

16. — Grazie a Lei, signor Facci, potrò parlare agl'Italiani nella loro propria lingua, e certamente coglierò ogni occasione di farlo.

17. — A proposito, ha Lei letto i libri sull'Italia che le ho raccomandati?

18. — Sì, li ho letti tutti con grand'interesse.

19. — Ho anche letto le due guide che Lei mi ha prestate. Sono sicuro che queste due guide mi saranno di grand'aiuto.

20. — Senza dubbio. In quanto a me, io passerò l'estate a Nuova York. Le nostre conversazioni mi hanno fatto molto piacere e la sua compagnia mi mancherà molto.

21. — Penserò a Lei spesso e di tanto in tanto le scriverò.

22. — Sarò molto felice di ricevere le sue lettere. Allora, dobbiamo dirci addio. Sia [1] gentile di salutare la signora Cabot e di baciare i bambini da parte mia.

23. — Grazie tante e buona fortuna!

24. — Buon viaggio, signor Cabot.
    Ed essi si stringono la mano.

3. "I have a mind to go with you," answers Mr. Facci.

4. Can't you come with me?

5. Unfortunately it is not possible.

6. That's too bad. Well, will you be so kind as to give me some final advice?

   Is life in Italy different from that in the United States?

7. Yes, Mr. Cabot, the customs of the country are very different. In general things are done with more formality than here. The matter of courtesy has a most profound value. It signifies that every person is worthy of respect.

8. "That is very true," answers Mr. Cabot.

9. I have noted that in Italy business is done with more formality than in the United States. Businessmen like to chat a little before speaking of business matters. They want first of all to know one another.

10. I shall be very happy in Italy.

11. You will have to get used to a less hectic way of life. In general life in Italy is more tranquil than here.

12. I hope so. I am tired of always doing things in haste.

13. And remember that it is often very hot in Rome during the summer. Therefore you must follow the Roman custom of taking a nap from one o'clock to three.

14. I shall not forget it.

15. Now that you are able to speak Italian so well, take every opportunity to speak it with everybody, with the porters, with waiters, with the salespeople in stores, etc., etc. This is the best way to learn to know Italy.

16. Thanks to you, Mr. Facci, I shall be able to speak to Italians in their own language and shall surely take every opportunity to do so.

17. By the way, have you read the books on Italy which I have recommended to you?

18. Yes, I have read them all with great interest.

19. I have also read the two guidebooks that you have lent me. I am sure that these two guidebooks will be of great help to me.

20. Without any doubt. As for me, I shall spend the summer in New York. Our conversations have given me much pleasure, and I shall miss your companionship very much.

21. I shall think of you often, and from time to time I shall write to you.

22. I shall be very happy to receive your letters. Well, we must say good-bye. Kindly give Mrs. Cabot my regards and kiss the children for me.

23. Many thanks and good luck!

24. Happy voyage, Mr. Cabot.
    They shake hands.

NOTE 1. *Sing.* sia be *Plur.* siano be. Irregular imperative of essere. Sia gentile (*Lit.* Be kind).

Building Vocabulary

il cameriere (*kah-mayr-yeh-ray*) waiter
il commesso (*kohm-mays-soh*) salesman
il facchino (*fahk-kee-noh*) porter
il rumore (*roo-moh-ray*) noise
il soffio (*sohf-fyoh*) breath of air
il sonnellino (*sohn-nayl-lee-noh*) nap
il valore (*vah-loh-ray*) value
fretta (*frayt-tah*) haste, hurry
l'aiuto (*lah-yoo-toh*) aid
abituarsi a (*ah-bee-too-ahr-see*) to get used to

raccomandare (*rahk-koh-mahn-dah-ray*) to recommend
cogliere (*kohl-yay-ray*) to seize, to catch
stringere (*streen-jay-ray*) to press, to clasp
vivere (*vee-vay-ray*) to live
riuscire a (*ree-oo-shee-ray*) to succeed in
agitato (*ah-gee-tah-toh*) restless, agitated
degno (*dayn-yoh*) worthy
profondo (*proh-fohn-doh*) deep, profound
tranquillo (*trahn-kweel-loh*) quiet, tranquil

Espressioni Italiane

in quanto a me as for me
cogliere l'occasione to take the opportunity
In quanto a noi coglieremo ogni occasione di parlare italiano. As for us we shall take every opportunity to speak Italian.
fare un sonnellino to take a nap

stringersi la mano to shake hands (*lit.* to clasp to each other the hand)
Ci stringiamo la mano. We shake hands.
Si stringono la mano. They shake hands.
aver fretta to be in a hurry (*lit.* to have haste)
Abbiamo fretta. We are in a hurry.

Grammar Notes and Practical Exercises

1. Independent Pronouns Used after Prepositions.

   a. Note carefully the personal pronouns used after prepositions. They are called *independent* or *disjunctive* pronouns because they are used independently of the verb.

   Singular

con	*me*	with	*me*
con	*te*	with	*you* (*fam.*)
con	*Lei*	with	*you* (*pol.*)

per	*lui*	for	*him*
per	*lei*	for	*her*
per	*esso*	for	*him* or *it m.*
per	*essa*	for	*her* or *it f.*

   Plural

intorno a	*noi*	around	*us*
davanti a	*voi*	in front of	*you* (*fam.*)
dietro	*Loro*	behind	*you* (*pol.*)

vicino a	*loro*	near	*them* (*m.* or *f.* persons only)
lontano da	*essi*	far from	*them* (*m.* persons or things)
senza di	*esse*	without	*them* (*f.* persons or things)

   b. Note the use of the independent pronouns with the preposition da (meaning *to* or *at the house* (*office, store, etc.*) of.

   da me to *or* at my house (office, etc.)
   da Lei to *or* at your house (office, etc.)
   da lui to *or* at his house (office, etc.)
   da lei to *or* at her house (office, etc.)

   da noi to *or* at our house (office, etc.)
   da voi to *or* at your house (office, etc.)
   da Loro to *or* at your house (office, etc.)
   da loro to *or* at their house (office, etc.)

Esercizio No. 149. Complete the following sentences in Italian.

1. Vuole Lei andare (with me)?
2. Questa lettera è (for you), ragazzo.
3. L'aeroplano partirà (without them).
4. Egli è seduto (near her).
5. Ci sono molte cose (around us).
6. Voglio lavorare (for you), signori.
7. Non abbiamo bisogno (of him).
8. Farò colazione (with you), signor Cabot.
9. Non posso scrivere (with it *m.*).
10. Le regole non sono (in it *f.*).
11. Va Lei (to) dottore Amato?
12. Sì, vado (to his office) stasera.
13. Quando verrete (to our house)?
14. Verremo (to your house) domani.
15. Abitano gli studenti (at your house), signor B.?
16. Essi abitano (at my house).

2. More Irregular Past Participles.

mettere	to put	(io) ho	*messo*	I have put
permettere	to permit	(tu) hai	*permesso*	you have permitted
promettere	to promise	(Lei) ha	*promesso*	you have promised
aprire	to open	(egli) ha	*aperto*	he has opened
chiudere	to close	(noi) abbiamo	*chiuso*	we have closed
rompere	to break	(voi) avete	*rotto*	you have broken
rendere	to give back	(Loro) hanno	*reso*	you have given back
vedere	to see	(loro) hanno	*visto or veduto*	they have seen
spendere	to spend (*money*)	(essi) hanno	*speso*	they have spent

3. Past Participles Used as Adjectives.

Past participles are often used as adjectives. Like all adjectives, they must agree in number and gender with the nouns they modify. Thus:

il libro aperto	the open book	i libri aperti	the open books
il libro chiuso	the closed book	i libri chiusi	the closed books
la finestra aperta	the open window	le finestre aperte	the open windows
la finestra chiusa	the closed window	le finestre chiuse	the closed windows

Esercizio No. 150. Complete each sentence in Italian with the correct form of the past participle.

Esempio 1. Sulle pareti ci sono dei cartelli illustrati.

1. Sulle pareti ci sono dei cartelli (illustrated).
2. Tutte le porte sono (open).
3. La ditta Doccia è bene (known).
4. Molti vasi sono (broken).
5. Dov'è la camera (reserved) per me?
6. Abbiamo trovato i biglietti (lost).
7. Non ci daranno il danaro (promised).
8. Ecco gli esercizi (finished).
9. Le ragazze non sono (seated).
10. Non ho mai (seen) quella pittura.
11. Egli ha (promised) di andarci.
12. Essi ci hanno (permitted) di usare il telefono.
13. Ella ha (put) i piatti sulla tavola.
14. Ho (lost) il mio orologio.

Esercizio No. 151. Change these sentences to the present perfect tense.

Esempio 1. Ho passato l'estate in Riviera.

1. Passo l'estate in Riviera.
2. Giorgio porta il suo nuovo abito.
3. Apprezziamo il suo buon servizio.
4. Perchè non risponde Lei alla domanda?
5. Essa mette i piatti sulla tavola.
6. Essi lasciano la città.
7. Ella vende la sua casa.
8. Fate i vostri compiti, ragazzi?
9. Non lo conosci?
10. Chiudono le porte del teatro.
11. Non ho abbastanza danaro.
12. Enrico rende l'ombrello a Elena.
13. Apriamo tutte le finestre.
14. Riserva Lei i migliori posti?

Esercizio No. 152. Domande

1. Dove si trovano il signor Cabot e il signor Facci?
2. Che tempo fa?
3. Che cosa si sente dalla finestra?
4. Chi è contento di lasciare la città?
5. Chi ha desiderio d'accompagnare il signor Cabot?
6. Che cosa risponde il signor Facci alla domanda?
7. Come si fanno le cose in Italia?
8. Che cosa significa la cortesia?
9. In generale la vita in Italia è più tranquilla o più agitata di qui?
10. Che uso romano deve seguire il signor Cabot?
11. Con chi parlerà italiano il signor Cabot?
12. Dove passerà l'estate il signor Facci?
13. A chi penserà spesso il signor Cabot?
14. Scriverà egli spesso delle lettere al signor Facci?
15. Che fanno alla fine i due signori?

CAPITOLO 31 (TRENTUNO)

IL SIGNOR CABOT PARTE PER L'ITALIA

1. Sono sei mesi che il signor Cabot studia l'italiano. Egli ha passato molto tempo conversando col suo maestro, il signor Facci. Ha imparato pure le regole essenziali di grammatica e ha letto molti libri sull'Italia. Egli ha lavorato seriamente e molto.

Ora egli parla bene l'italiano e conta di cogliere ogni occasione di usarlo in Italia.

2. Il signor Cabot ha comprato il biglietto per l'aeroplano, ha ottenuto il passaporto, il suo visto, e il certificato di vaccinazione. Egli ha tutto ciò di cui ha bisogno.

3. Naturalmente il signor Cabot ha scritto una lettera al suo rappresentante a Roma per fargli sapere l'ora del suo arrivo. Il signor Vitelli, il rappresentante, ha promesso d'incontrarlo all'aeroporto.

4. Finalmente il 31 maggio, il giorno della partenza, arriva. L'aeroplano del signor Cabot parte dall'Aeroporto Internazionale alle 17.00 precise. Egli deve essere all'aeroporto un'ora prima per mostrare il suo biglietto e far pesare il suo bagaglio.

5. La famiglia non va con lui in Italia perchè i suoi bambini devono finire l'anno scolastico, e sua moglie deve rimanere a casa ad occuparsi dei ragazzi. Inoltre viaggiare con quattro bambini, fra i cinque e i dieci anni, non è soltanto difficile, ma costoso.

6. Naturalmente la famiglia è molto eccitata. I bambini non hanno dormito molto e alle sette e mezza di mattina tutti sono svegli, lavati e vestiti.

7. Alle tre del pomeriggio tutta la famiglia è pronta per andare all'aeroporto. Il signor Cabot ha preparato due valigie e le ha già messe nell'automobile. Tutti salgono in automobile. Il signor Cabot si mette in viaggio ed essi arrivano all'aeroporto alle quattro circa.

8. Il signor Cabot mostra il suo biglietto e il suo passaporto e fa pesare i suoi bagagli. Egli deve pagare tre dollari extra perchè il totale del peso passa le 66 libbre permesse senza spesa.

9. Poi il signor Cabot abbraccia e bacia sua moglie e i suoi bambini che gli augurano «Buon viaggio.» Egli sale sull'aeroplano, salutando con la mano la sua famiglia che lo guarda con emozione. Alle 17.00 precise l'aeroplano parte.

10. Il signor Cabot è in viaggio!

1. Mr. Cabot has been studying Italian for six months. He has spent much time conversing with his teacher, Mr. Facci. He has also learned the essential rules of grammar and has read many books on Italy. He has worked seriously and hard.

Now he speaks Italian well and expects to take every opportunity to use it in Italy.

2. Mr. Cabot has bought the ticket for the plane, he has obtained his passport, his visa, and his vaccination certificate. He has everything that he needs.

3. Of course Mr. Cabot has written a letter to his representative in Rome to let him know the time of his arrival. Mr. Vitelli, the representative, has promised to meet him at the airport.

4. At last May 31, the day of departure, arrives. Mr. Cabot's plane leaves the International Airport at 17.00 o'clock (5 P.M.) sharp. He must be at the airport one hour before to show his ticket and have his baggage weighed.

5. The family is not going with him to Italy because his children have to finish the school year, and his wife has to remain at home to take care of the children. Besides to travel with four children from five to ten years of age, is not only difficult but expensive.

6. Of course the family is very excited. The children have not slept very much and at seven-thirty in the morning they are all awake, washed and dressed.

7. At three in the afternoon the whole family is ready to leave for the airport. Mr. Cabot has packed two valises and he has already put them in the auto. They all get into the car. Mr. Cabot starts off and they arrive at the airport at about four.

8. Mr. Cabot has his ticket and his passport checked and he has his baggage weighed. He has to pay three dollars extra because the total weight exceeds the 66 pounds allowed free (*Lit.* without cost).

9. Then Mr. Cabot embraces and kisses his wife and children who wish him "A Happy Voyage." He goes up into the plane waving his hand to his family who are watching him with emotion. At 17.00 o'clock (5 P.M.) sharp the plane takes off.

10. Mr. Cabot is on his way!

Building Vocabulary

il certificato (*chayr-tee-fee-kah-toh*) certificate
il passaporto (*pahs-sah-pawr-toh*) passport
il visto (*vee-stoh*) visa
la regola (*reh-goh-lah*) rule
la vaccinazione (*vah-chee-nahts-yoh-nay*)
l'arrivo (*lahr-ree-voh*) arrival
abbracciare (*ahb-brah-chah-ray*) to embrace
augurare (*ahoo-goo-rah-ray*) to wish
mostrare (*mohs-trah-ray*) to show
occuparsi di (*ohk-koo-pahr-see*) to be busy with
preparare (*pray-pah-rah-ray*) to prepare
scendere (*shayn-day-ray*) to go down, descend

dormire (*dohr-mee-ray*) to sleep
salire (*sah-lee-ray*) to go up, to get on (in)
costoso (*koh-stoh-soh*) costly
eccitato (*ay-chee-tah-toh*) excited
lavato (*lah-vah-toh*) washed
messo (*mays-soh*) put (*past part. of* mettere)
permesso permitted (*past part. of* permettere)
scolastico (*skoh-lah-stee-koh*) scholastic
sveglio (*zvayl-yoh*) awake
vestito (*vay-stee-toh*) clothed
inoltre (*ee-nohl-tray*) besides

Espressioni Italiane

fare + *infinitive* to have something done
far pesare i bagagli to have the baggage weighed
far sapere to inform, to let know

mettersi in viaggio to start off, to set out
salire in automobile to get into the auto
scendere dall'auto to get out of the auto

Practice speaking aloud:

Facciamo sapere ai nostri amici che veniamo. Saliamo in automobile. Ci mettiamo in viaggio. Scendiamo dall'automobile. Facciamo pesare i bagagli.

We let our friends know we are coming. We get into the automobile. We set out. We get out of the automobile. We have our baggage weighed.

Grammar Notes and Practical Exercises

1. Present Tense of salire to go up, get on, ascend and rimanere to remain.

I go up, you go up, etc.

salgo	saliamo
sali	salite
sale	salgono

Imperative: salga! salgano!

I remain, you remain, etc.

rimango	rimaniamo
rimani	rimanete
rimane	rimangono

Imperative: rimanga! rimangano!

2. Summary of Irregular Past Participles.

fare	to make, do	fatto	scrivere	to write	scritto	rendere	to give back	reso
dire	to say	detto	prendere	to take	preso	spendere	to spend	speso
aprire	to open	aperto	mettere	to put	messo	decidere	to decide	deciso
coprire	to cover	coperto	promettere	to promise	promesso	rispondere	to answer	risposto
offrire	to offer	offerto	chiudere	to close	chiuso	rompere	to break	rotto
leggere	to read	letto	permettere	to permit	permesso	vedere	to see	visto (veduto)

3. Summary of Verbs with an Irregular Future.

avere	avrò	I shall have, etc.		potere	potrò	I shall be able, etc.
essere	sarò	I shall be, etc.		dovere	dovrò	I shall have to, etc.
andare	andrò	I shall go, etc.		sapere	saprò	I shall know, etc.
fare	farò	I shall make, do, etc.		venire	verrò	I shall come, etc.
dare	darò	I shall give, etc.		volere	vorrò	I shall want, etc.
vedere	vedrò	I shall see, etc.		rimanere	rimarrò	I shall remain, etc.

Esercizio No. 153. Substitute, in these sentences, the present, future and present perfect of the verbs in parentheses.

   Esempio 1. Giorgio studia l'italiano. Giorgio studierà l'italiano. Giorgio ha studiato l'italiano.

1. Giorgio (studiare) l'italiano.
2. Io (passare) molto tempo a Roma.
3. Noi (leggere) molti libri sull'Italia.
4. Chi (scrivere) una lettera in italiano?
5. (Promettere) Lei al suo amico d'incontrarlo?
6. I ragazzi non (dormire) molto.
7. (Preparare) Lei le valigie?
8. (Fare) voi un viaggio in Italia?
9. Egli (rispondere) a tutte le domande.
10. La famiglia lo (guardare) con emozione.
11. Loro non (avere) bisogno di danaro.
12. Essa (decidere) di andare con noi.
13. Io non (volere) rimanere con essi.
14. Noi (avere) un appuntamento con lui.
15. Essi (chiudere) le porte.
16. Perchè non (aprire) Lei le finestre?
17. Il bambino non (rompere) la sua bambola.
18. Nessuno (finire) l'esame.
19. Quali posti (preferire) Lei?
20. Io non (capire) queste parole.

Esercizio No. 154. Translate the English answers to these questions into Italian. Be sure to use the correct direct object pronoun (lo, la, l', li or le). Remember the rule governing the agreement of past participles.

   Esempio 1. La comprerò. 2. L'ho sentita.

1. Comprerà Lei la carta?
   I shall buy it.
2. Ha sentito Lei l'opera?
   I have heard it.
3. Ha aiutato egli i suoi amici?
   He has aided them.
4. Vedranno Loro le pitture?
   We shall see them.
5. Hanno scritto gli esercizi?
   They have written them.
6. Chi ha letto le guide?
   We have read them.
7. Ha perduto ella il danaro?
   She has lost it.
8. Mostrerà il suo passaporto?
   He will show it.
9. Hanno aperto le finestre?
   They have opened them.
10. Hanno chiuso i suoi libri?
    They have not closed them.
11. Visiterà Lei il museo?
    I shall visit it.
12. Studierete la lezione?
    We shall study it.

Esercizio No. 155. Translate into Italian.

1. I shall go.
2. Have you spent (*time*)?
3. We heard.
4. Has he taken?
5. Who wrote?
6. I shall spend.
7. Will you see?
8. You (tu) promised.
9. I have not permitted.
10. Will (voi) you have?
11. They will be.
12. We shall be able.
13. I shall have to.
14. Have they found?
15. We have eaten.
16. I shall have.
17. I did not give.
18. He said.
19. I will want.
20. Will (Lei) you come?
21. I shall remain.
22. They have not lost.
23. Will you (Loro) eat?
24. No one was able.

Esercizio No. 156. Domande

1. Quanto tempo è che il signor Cabot studia l'italiano?
2. Con chi ha passato molto tempo a fare della conversazione?
3. Che cosa ha egli imparato?
4. Come ha egli lavorato?
5. Come parla italiano ora?
6. Che cosa ha ottenuto il signor Cabot?
7. A chi ha scritto egli?
8. Che cosa gli ha promesso il suo rappresentante?
9. Finalmente quale giorno arriva?
10. A che ora parte l'aeroplano dall'aeroporto?
11. A che ora sono svegli e vestiti i ragazzi?
12. La famiglia accompagna il signor Cabot in Italia?
13. Perchè devono restare a Nuova York i suoi ragazzi?
14. Perchè deve restare a casa la signora Cabot?
15. Quando il signor Cabot sale sull'aeroplano, come lo guarda la sua famiglia?

REVISIONE 7
CAPITOLI 28–31
Revisione di Parole

NOUNS

1. l'arrivo	7. la fretta	13. il ringraziamento	1. arrival	7. haste	13. thanks
2. l'aiuto	8. la gentilezza	14. il rumore	2. aid	8. kindness	14. noise
3. il cameriere	9. la mano	15. lo sbaglio	3. waiter	9. hand	15. mistake
4. il commesso	10. l'occasione *f.*	16. il sonnellino	4. salesman, clerk	10. opportunity	16. nap
5. la conoscenza	11. la permanenza	17. la speranza	5. acquaintance	11. stay	17. hope
6. il facchino	12. la regola	18. il successo	6. porter	12. rule	18. happening, success

VERBS

1. abbracciare	7. occuparsi di	13. stringere
2. apprezzare	8. preparare	14. vivere
3. augurare	9. cogliere	15. dormire
4. confessare	10. ottenere	16. riuscire a
5. informare	11. rendere	17. salire
6. raccomandare	12. sorprendere	18. sperare

1. to embrace	7. to be busy with	13. to press
2. to appreciate	8. to prepare	14. to live
3. to wish well	9. to seize	15. to sleep
4. to confess	10. to get, obtain	16. to succeed in
5. to inform	11. to render	17. to go up
6. to recommend	12. to surprise	18. to hope

ADJECTIVES

1. abile	5. eccitato	9. serio
2. cordiale	6. profittevole	10. sincero
3. costoso	7. profondo	11. sveglio
4. degno	8. rispettoso	12. tranquillo

1. skillful	5. excited	9. serious
2. friendly	6. profitable	10. sincere
3. expensive	7. deep	11. awake
4. worthy	8. respectful	12. peaceful

ITALIAN EXPRESSIONS

1. allo stesso tempo	9. da parte mia
2. in anticipo	10. cogliere l'occasione
3. in mano	11. far sapere
4. due volte la settimana	12. mettersi in viaggio
5. proprio ora	13. salire in automobile
6. la loro propria lingua	14. scendere dall'automobile
7. dal punto di vista di	15. fino ad ora
8. in quanto a me	16. far un sonnellino

1. at the same time	9. for my part
2. ahead of time	10. seize the opportunity
3. in hand	11. to let know, inform
4. twice a week	12. to set out
5. just now	13. to get into a car
6. their own language	14. to get out of a car
7. from the point of view of	15. until now
8. as for me	16. to take a nap

Parte Seconda

Esercizio No. 157. Give the infinitive of each of these past participles. Translate each infinitive.

1. coperto	6. apprezzato	11. capito	16. deciso	21. sentito
2. letto	7. salito	12. saputo	17. fatto	22. venduto
3. veduto	8. chiuso	13. voluto	18. dato	23. risposto
4. portato	9. messo	14. reso	19. detto	24. contenuto
5. dormito	10. aspettato	15. offerto	20. visto	25. speso

Esercizio No. 158. Select the group of words in Col. II which best completes each sentence begun in Col. I.

1. Il signor Cabot ha imparato rapidamente
2. Parla bene l'italiano, perciò
3. Ha un rappresentante a Roma
4. Il signor Facci non ha trovato sbagli
5. Da sei mesi essi s'incontrano
6. La signora Cabot s'occupa
7. Tutti gl'Italiani in generale
8. Prima della partenza del signor Cabot
9. Le due guide che Lei mi ha
10. Per piacere, può farmi

a. che l'aspetta all'aeroporto.
b. prestate mi saranno utili.
c. due volte la settimana.
d. amano la discussione.
e. potrà arrangiarsi (to get along) in Italia.
f. sapere l'ora del suo arrivo?
g. perchè ha studiato molto.
h. nella lettera del signor Cabot.
i. dei bambini durante l'assenza del marito.
j. il suo maestro gli ha dato dei buoni consigli.

Esercizio No. 159. Complete each sentence in Column I by using the expression in Column II. Be sure to use the correct verb forms.

Esempio: I ragazzi si coricano alle undici.

I

1. I ragazzi (go to bed) alle undici.
2. (They get into the car) alle sette.
3. Allora (they are setting out) per l'aeroporto.
4. (They get out of the car) all'aeroporto.
5. (I shall let him know) che vengo.
6. (I shall take every opportunity) di parlare italiano.
7. I ragazzi (get up) di buon'ora.
8. (I shall have the pleasure) di incontrarla.
9. (We have made the acquaintance) del signor Vitelli.
10. Il signor Cabot (said good-bye) alla sua famiglia.

II

coricarsi
salire in automobile
mettersi in viaggio
scendere dall'automobile
far sapere
cogliere ogni occasione
alzarsi
avere il piacere
fare la conoscenza
dire addio

Esercizio No. 160. Read each question. Translate the English answers into Italian. Remember the rule governing the agreement of the past participle (Chapter 29, Grammar Note 2).

Esempio 1. Sì, l'ho ricevuta.

1. Ha ricevuto Lei la mia lettera?
2. A chi ha scritto la lettera il signor Cabot?
3. Ha apprezzato egli il suo buon servizio?
4. Chi ha preparato le valigie?
5. I libri di guida l'hanno aiutato molto, signore?
6. La domestica ha servito il tè?
7. Ha capito Lei la domanda?
8. Chi non ha fatto le lezioni?
9. Ha visto Lei la nuova pellicola?
10. Il facchino ha portato i bauli?

1. Yes, sir, I have received it.
2. He wrote it to Mr. Vitelli.
3. Yes, sir, he has always appreciated it.
4. Mr. Cabot has prepared them.
5. Yes, sir, they have helped me a great deal.
6. Yes, she has served it.
7. No, I did not understand it.
8. Charles has not done them.
9. No, I have not seen it.
10. Yes, he has brought them.

Esercizio No. 161. Complete these sentences in Italian.

1. (Since when) studia Lei l'italiano?
2. Lo studio (for two years).
3. (I have spent much time) conversando col mio maestro.
4. (You have also learned) tutte le regole essenziali, (haven't you)?
5. Sì, e (I have worked) seriamente.
6. Il suo rappresentante (knows that you are coming)?
7. Sì, (I have written him) una lettera.
8. Nella lettera (I have let him know) l'ora (of my arrival).
9. (Have you already received) la risposta alla sua lettera?
10. Sì, (I received it) stamattina.
11. Scrive (that he will await me) all'aeroporto di Ciampino.
12. (Have you already obtained) il passaporto?
13. Sì, (I have obtained it) e anche il mio visto.

14. (Will your family go) con Lei?
15. Sfortunatamente (my family will not be able to go) con me.
16. Lei sa che i ragazzi (must finish) l'anno scolastico.
17. Naturalmente (she will have to) occuparsi di loro.
18. Sono sicuro che (you will seize the opportunity) di parlare italiano (with everybody).
19. Quanto tempo (will you remain) in Italia?
20. (I shall remain there) fino al 31 agosto. Poi (I shall return) a Nuova York.
21. (Have you bought) il biglietto per l'aeroplano?
22. Yes, I have bought it.
23. (Have you learned) le regole di grammatica?
24. Yes, I have learned them.
25. (Will they spend) la primavera a Roma?
26. (No. They will not spend it) a Roma.

DIALOGO 1 — AL L'AEROPORTO

1. — Buon giorno, signor Vitelli. Aspetta qualcuno?
2. — Sì, signore, aspetto il signor Cabot di Nuova York, il capo della ditta che rappresento a Roma.
3. — Lo conosce Lei?
4. — Lo conosco solo per corrispondenza. Ma ho la sua fotografia e credo di poterlo riconoscere. È un uomo di circa quarant'anni.
5. — A che ora deve arrivare?
6. — L'aeroplano è annunziato per mezzogiorno.
7. — È in ritardo?
8. — No, è in tempo. Ah! Eccolo! Arriva! Si avvicina! Atterra!
9. Mi scusi, signore, vado a salutare il signor Cabot.

1. Good day, Mr. Vitelli. Are you expecting someone?
2. Yes, sir, I am waiting for Mr. Cabot of New York, the head of the firm I represent in Rome.
3. Do you know him?
4. I know him only by correspondence. But I have his photo and I think I'll be able to recognize him. He is a man of about forty.
5. At what time is he due?
6. The plane is scheduled to arrive at noon.
7. Is it late?
8. No, it's on time. Ah! There it is! It's arriving! It's approaching! It is landing!
9. Excuse me, sir, I am going to greet Mr. Cabot.

DIALOGO 2 — BENVENUTO IN ITALIA

1. — Benvenuto in Italia, signor Cabot. Com'è andato il viaggio?
2. — Meravigliosamente! Sono felicissimo di essere in Italia. Ho pensato tanto a questo momento.
3. — Ed eccola qui! Sono sicuro che Lei sarà molto felice in Italia.

1. Welcome to Italy, Mr. Cabot. How did the trip go?
2. Marvelously! I am very happy to be in Italy. I have thought about this moment so much.
3. And here you are! I am sure that you will be very happy in Italy.

Esercizio No. 162.   Lettura

UN PROGRAMMA ECCEZIONALE AL CINEMA

Questa sera il signor e la signora Cabot vanno al cinema. Essi non amano molto la maggior parte delle pellicole di Hollywood, soprattutto «Westerns» nelle quali i «Cowboys» tirano sempre dei colpi di fucile [1] su tutte le persone e galoppano senza fermarsi [2] mai. Anche i drammi non interessano loro.

Ma questa sera, c'è un programma eccezionale in un teatro che è vicino a loro. La pellicola si chiama «Un Viaggio in Italia.» È una pellicola documentaria sul paese in cui il signor Cabot andrà fra qualche mese. Ci sono delle scene che rappresentano la storia d'Italia, altre che mostrano i suoi paesaggi, [3] le sue riviere, le sue montagne, le sue grandi città, ecc. ecc. È una pellicola molto interessante per i turisti.

Il signore e la signora Cabot arrivano al teatro alle otto e mezza. Quasi tutti i posti sono occupati, perciò devono sedersi alla terza fila. Questo non piace alla signora Cabot perchè i movimenti dello scenario le fanno male agli occhi. Fortunatamente dopo un quarto d'ora possono cambiar posti, e così si siedono poi alla tredicesima fila. La famiglia Cabot ama molto questa pellicola. La trova interessante.

Uscendo dal teatro, il signor Cabot dice a sua moglie — Sai, Alice, penso che mi arrangerò [4] proprio bene in Italia. Ho capito quasi tutto ciò che gli attori e le attrici hanno detto.

NOTES: 1. **tirare dei colpi di fucile** to fire shots. 2. **fermarsi** to stop. 3. **paesaggio** landscape. 4. **arrangiarsi** to get along.

CAPITOLO 32 (TRENTADUE)

FOREWORD

Mr. Cabot is now in Italy and writes nine letters to Mr. Facci about some of the places he visits and about some of his experiences and impressions.

There are many references in his letters to things he has discussed with his teacher so that much of the vocabulary used in Chapters 1–31 is repeated in the letters.

It is therefore desirable that you reread all the texts and dialogues of the previous chapters before proceeding with Chapter 32. You will be able to do this easily and rapidly, with little or no reference to the English translation. Thus you will in a pleasant manner review the vocabulary and important expressions.

You should continue your pronunciation practice by reading aloud, as often as possible, dialogues and parts of conversational texts from previous chapters.

L'ARRIVO A ROMA

La Prima Lettera da Roma

Roma, 4 giugno 1957   Rome, June 4, 1957

Caro amico,   Dear Friend,

1. Quando l'aeroplano è arrivato a Ciampino ho passato la dogana e sono andato in sala d'aspetto.
2. Immediatamente un bell'uomo si è avvicinato e mi ha chiesto — Scusi, signore, è Lei il signor Cabot?

1. When the plane arrived at Ciampino, I got through the customs and went to the waiting room.
2. Immediately a fine looking man approached me and asked, "Pardon me, sir, are you Mr. Cabot?"

3. Io gli ho risposto — Sì, sono io. E Lei è il signor Vitelli, non è vero? Sono felicissimo di conoscerla. Poi ci siamo stretti la mano.

4. — Il piacere è tutto mio, ha risposto il signor Vitelli.

5. Lei si ricorda, signor Facci, che il signor Vitelli è il rappresentante della nostra ditta a Roma.

6. Poi siamo usciti insieme e abbiamo preso un tassì per andare all'albergo Savoia.

7. Il tassì ha preso la strada del centro a tutta velocità. Ho pensato fra me, «Il signor Facci si sbaglia a proposito della vita tranquilla dell'Italia.»

8. Guardandomi intorno, ho veduto che tutto: le automobili, gli autocarri, gli autobus, i tassì, tutti correvano [1] a una velocità vertiginosa.

9. Finalmente ho gridato all'autista — Non corra così presto, per favore! Non ho affatto fretta!

10. — Neppure io, signore! — mi ha risposto girando un angolo a gran velocità.

11. Finalmente siamo arrivati sani e salvi all'albergo, il tassì si è fermato e siamo scesi. Il signor Vitelli è entrato con me.

12. Sono andato all'Ufficio Informazioni e ho detto all'impiegato — Buon giorno, signore. Ha Lei una camera prenotata per Cabot?

13. — Benvenuto a Roma, signor Cabot. Certamente, abbiamo riservato per Lei una bella camera al quinto piano sul davanti. È il numero 55 (cinquanta cinque).

14. — Benissimo, grazie. Per favore qual'è il prezzo?

15. — Quattro mila lire al giorno col servizio incluso.

16. — Bene. Per piacere mi faccia [2] portare su i miei bagagli.

17. — Subito, signore. Facchino! — Ma Lei parla italiano molto bene, signore. Da quanto tempo è in Italia?

18. — Sono arrivato proprio ora, gli ho risposto, molto orgoglioso di me stesso.

19. — È qui per un viaggio di piacere?

20. — Questo è un viaggio di piacere ed anche d'affari.

21. Ho conversato ancora un po' col signor Vitelli e poi ci siamo salutati. Uscendo il signor Vitelli mi ha promesso di telefonarmi per fissare un appuntamento.

22. Sono salito in camera mia al numero 55 con l'ascensore. È una stanza comodissima. Non mi manca niente. Le ripeto ancora una volta, signor Facci, che io sarò molto felice in Italia.

Cordialmente, suo amico
Enrico Cabot

3. I replied, "Yes, I am. And you are Mr. Vitelli, aren't you? I am delighted to know you." We shook hands.

4. "The pleasure is mine," answered Mr. Vitelli.

5. You remember, Mr. Facci, that Mr. Vitelli is the agent of our firm in Rome.

6. Then we went out together and took a taxi to the Hotel Savoy.

7. The taxi took the road to the city at full speed. I thought to myself, "Mr. Facci is mistaken about the quiet life of Italy."

8. Looking around us I saw that everything: cars, trucks, buses, taxis, all were rushing at a dizzy speed.

9. At last I shouted to the driver, "Not so fast, please! I am not at all in a hurry!"

10. "Neither am I, sir!" he answered me, turning a corner at full speed.

11. At last we arrived safe and sound (*Lit.* sound and safe) at the hotel, and we got out. Mr. Vitelli went in with me.

12. I went to the reception desk and said to the clerk, "Good day, sir. Do you have a room reserved for Cabot?"

13. Welcome to Rome, Mr. Cabot. Certainly we have reserved for you a fine room on the fifth floor front. It is number 55.

14. Very good, thank you. What is the rate, please?

15. Four thousand lire a day, including service.

16. Good. Would you please have my bags taken up?

17. Right away, sir. Porter! — But you speak Italian very well, sir. How long have you been in Italy?

18. "I have just arrived," said I, quite proud of myself.

19. Are you here on a pleasure trip?

20. This is a pleasure trip and also a business trip.

21. I chatted a little more with Mr. Vitelli and then we said good-bye. On leaving, Mr. Vitelli promised to telephone me to make an appointment.

22. I went up to my room, number 55, in the elevator. It is a very comfortable room. I lack nothing. I repeat once more, Mr. Facci, that I will be very happy in Italy.

Cordially, your friend
Henry Cabot

NOTES: 1. **correvano** were running. This is the imperfect tense. You will learn more about the imperfect in Chapter 34. 2. *Sing.* faccia *pl.* facciano; irregular imperative of **fare**.

Building Vocabulary

il centro (*chehn-troh*) center, downtown
la dogana (*doh-gah-nah*) customs, custom house
la sala d'aspetto (*dah-speht-toh*) waiting room
la velocità (*vay-loh-chee-tah*) speed
l'ascensore (*lah-shayn-soh-ray*) elevator
l'autista (*lahoo-tee-stah*) chauffeur, driver
l'autocarro (*lahoo-toh-kahr-roh*) truck
avvicinarsi (*ahv-vee-chee-nahr-see*) to approach
chiedere (*kyeh-day-ray*) to ask
chiesto (*kyeh-stoh*) *past part.* asked
fermarsi (*fayr-mahr-see*) to stop
girare (*gee-rah-ray*) to turn

gridare (*gree-dah-ray*) to shout
prenotare (*pray-noh-tah-ray*) to reserve
sbagliarsi (*zbahl-yahr-see*) to be mistaken
correre (*kohr-ray-ray*) to run
scendere (*shayn-day-ray*) to descend, to get out of
uscire (*oo-shee-ray*) to go out
vertiginoso (*vayr-tee-gee-noh-soh*) dizzy
su (*soo*) up; fa ago
subito (*soo-bee-toh*) immediately
sul davanti (*dah-vahn-tee*) in front
neppure (*nayhp-poo-ray*) also not, not even
non (*verb*) affatto not at all

Espressioni Italiane

aver fretta to be in a hurry (*lit.* to have haste)
Non ho affatto fretta. I am not at all in a hurry.
proprio ora just now
sano e salvo safe and sound (*lit.* sound and safe)

Tutti i passeggieri sono arrivati sani e salvi. All the passengers arrived safe and sound.
Non ho fame. Io neppure. I am not hungry. Neither am I (*lit.* I also not).

Practice speaking aloud. Notice the different meanings of **proprio** own, just, exactly, quite.

Parlerò con lui nella sua propria lingua.
Parleremo con loro nella loro propria lingua.
Lei ha proprio ragione.
Il tassì è arrivato proprio ora.
È corretta la risposta? Proprio.

I shall speak with him in his own language.
We shall speak with them in their own language.
You are quite right.
The taxi has just now arrived.
Is the answer correct? Exactly.

Grammar Notes and Practical Exercises

1. Present Tense of **uscire** to go out.

esco (*eh-skoh*)	I go out		usciamo (*oo-shyah-moh*)	we go out
esci (*eh-shee*)	you go out (*fam.*)		uscite (*oo-shee-tay*)	you go out (*fam.*)
esce (*eh-shay*)	{ you go out (*pol.*) / he, she, it goes out		escono (*eh-skoh-noh*)	{ you go out (*pol.*) / they go out

Imperative: **esca!** go out! **escano!** go out!

2. Verbs with the Auxiliary **essere** instead of **avere**.

Transitive verbs are verbs that may take a direct object, such as: *to take, to find, to eat*, etc.

Intransitive verbs are verbs that are used without a direct object, like: *to go, to come, to be*, etc.

All verbs that take a direct object (i.e. transitive verbs) use the auxiliary **avere** to form the present perfect tense. Thus: **Ho preso il primo posto.** I have taken the first seat.

Most, not all, intransitive verbs use the auxiliary **essere**. The most common of these is **andare** *to go*. Observe carefully the present perfect tense of **andare**, noting the auxiliary verb and the changes in the past participle.

I have gone, went, did go; you have gone, went, did go; etc.

(io)	sono	andato (a)	I have gone	(noi)	siamo	andati (e)	we have gone
(tu)	sei	andato (a)	you have gone (*fam.*)	(voi)	siete	andati (e)	you have gone (*fam.*)
(Lei)	è	andato (a)	you have gone (*pol.*)	(Loro)	sono	andati (e)	you have gone (*pol.*)
(egli)	è	andato	he has gone	(essi)	sono	andati	they *m.* have gone
(essa)	è	andata	she has gone	(esse)	sono	andate	they *f.* have gone

The past participle of an **essere**-verb agrees with the subject in number and gender. Thus, depending on the gender of the subject, the endings of the past participle in the singular are –o or –a; in the plural, –i or –e.

3. List of the Most Frequently Used **essere**-Verbs.

Infinitive		Present Perfect	Infinitive		Present Perfect
andare	to go	sono andato (a)	nascere	to be born	sono nato (a)
arrivare	to arrive	sono arrivato (a)	partire	to leave	sono partito (a)
cadere	to fall	sono caduto (a)	restare	to remain	sono restato (a)
correre	to run	sono corso (a)	rimanere	to remain	sono rimasto (a)
divenire	to become	sono divenuto (a)	ritornare	to return	sono ritornato (a)
diventare	to become	sono diventato (a)	salire	to go, come up	sono salito (a)
entrare	to enter	sono entrato (a)	scendere	to go down, to get off	sono sceso (a)
giungere	to arrive	sono giunto (a)	stare	to stay, stand, to be	sono stato (a)
morire	to die	è morto (a)	uscire	to go, come out	sono uscito (a)
essere	to be	sono stato (a)	venire	to come	sono venuto (a)

Observe that all of these verbs are intransitive verbs indicating motion, change of condition, or rest.

Diventare, divenire, morire, nascere indicate change of condition.

Restare, rimanere, stare indicate rest; the remaining verbs indicate motion.

Note that the verb **essere** itself uses the auxiliary **essere** to form the present perfect. Thus: **(io) sono stato (a)** I have been; **(tu) sei stato (a)** you have been; **(Lei) è stato (a)** you have been; etc.

Esercizio No. 163. Read each short dialogue silently. Read each aloud three times. Note the agreement of the past participle.

1. — Filippo è andato alla stazione ad incontrare suo padre?
   — Sì, è uscito di casa venti minuti fa.
   — Sua sorella Maria è andata con lui?
   — Sì, sua sorella Maria e anche suo fratello Enrico sono andati con lui.
2. — La signora Cabot è ritornata dalla città?
   — Ella non è ancora ritornata, ma ritornerà presto.
   — Perchè è andata in città?
   — Ella vi è andata per fare la spesa.
   — È con lei la domestica?
   — No. La signora è uscita sola.
3. — Perchè è ritornato tardi questa sera il signor Cabot?
   — Perchè molti clienti sono venuti a vederlo nel pomeriggio.
   — A che ora lascia il suo ufficio di solito? [1]
   — Di solito [1] lascia il suo ufficio alle cinque precise, ma oggi non l'ha lasciato che alle sei meno un quarto.
4. — A che ora è uscito di casa per andare all'aeroporto il signor Cabot?
   — È uscito alle sei di mattina.
   — A che ora è salito sull'aeroplano?
   — È salito sull'aeroplano alle otto e mezza.

NOTE 1. Di solito usually.

Esercizio No. 164. Supply the correct form of the past participle of the verbs in parentheses. Read each completed sentence aloud three times.

Esempio 1. Essa è arrivata a casa alle sei e mezza.

1. Essa è (arrivare) a casa alle sei e mezza.
2. Noi siamo (andare) alla stazione in automobile.
3. Anita è (nascere) il 20 novembre 1942.
4. Suo zio Alberto è (morire) stamattina.
5. I bambini sono (divenire) agitati quando il loro padre è (salire) sull'aeroplano.
6. La signora Cabot è (ritornare) dal centro alle tre e un quarto.
7. A che ora è (uscire) la famiglia Cabot per andare all'aeroporto?
8. Alle cinque precise essi sono (entrare) in sala d'aspetto.
9. Io sono (rimanere) tre settimane a Parigi.
10. Quando loro sono (partire), noi siamo (arrivare).
11. Tutti sono (scendere) dall'automobile.
12. Luigi è (stare) in piedi due ore nel cinema.

Esercizio No. 165. Change these sentences from the present to the present perfect.

Esempio: La mia amica arriva alle tre. La mia amica è arrivata alle tre.

1. Il treno arriva alle otto.
2. Essi scendono dal treno.
3. Elena sale in automobile.
4. I ragazzi escono dalla casa.
5. Noi (*f.*) veniamo dal cinema alle nove.
6. Io (*m.*) entro nella sala d'aspetto.

7. La signora Cabot rimane a casa.
8. La mia famiglia sta bene.
9. Il tassì corre a gran velocità.
10. Tutti gli alunni sono presenti.
11. Voi non state attenti, ragazzi.
12. Rimani a casa tutto il giorno, Gianna?

Esercizio No. 166. Domande

1. Che cosa ha fatto il signor Cabot quando l'aeroplano è arrivato a Ciampino?
2. Chi si è avvicinato nella sala d'aspetto?
3. Che cosa ha domandato il signore?
4. Che cosa ha risposto il signor Cabot?
5. Il tassì è andato lentamente in città?
6. Che cosa ha gridato infine il signor Cabot?

7. Che cosa ha risposto l'autista?
8. Dove sono scesi dal tassì i signori?
9. Qual'è il prezzo della camera riservata per il signor Cabot?
10. Qual'è il numero della sua camera?
11. Gli manca qualche cosa?
12. Che frase ripete egli ancora una volta?

CAPITOLO 33 (TRENTATRÈ)

IL SIGNOR CABOT FA UNA VISITA ALLA FAMIGLIA VITELLI

Seconda Lettera da Roma

Caro Amico,

1. Lunedì scorso il signor Vitelli mi ha chiamato al telefono per invitarmi a pranzo a casa sua per il giorno dopo. Naturalmente ho accettato subito, felice d'aver l'opportunità di visitare una famiglia italiana.
2. Ho preso un tassì e alle sette ci siamo fermati in Via Piave, davanti a una casa molto attraente.
3. Sono salito in ascensore al quarto piano ed ho suonato.
   Subito ho sentito dei passi rapidi. Una giovane cameriera mi ha aperto la porta e mi ha invitato ad entrare.
4. Il signor Vitelli è venuto a salutarmi.
   — Buona sera, signor Cabot, ha detto. Sono contento di vederla.
5. Poi siamo entrati in un salotto ammobiliato a stile moderno e di buon gusto.
   Io gli ho detto — Questo appartamento è graziosissimo.
   Il signor Vitelli mi ha presentato a sua moglie e ai suoi figli, due ragazzi seri e intelligenti.
   — Si accomodi, mi ha detto la signora Vitelli.

6. I giovanotti studiano al ginnasio. Il maggiore vuol fare il dottore e il minore vuol fare l'avvocato.
7. Ci siamo seduti a tavola e la signora Vitelli ha servito un delizioso pranzo italiano, cominciando dall'antipasto, poi minestra in brodo, carne con due contorni di legumi, insalata, formaggio, frutta, vini vari e caffè.
8. A tavola abbiamo parlato della vita italiana, dell'arte e soprattutto della musica.

Dear Friend,

1. Last Monday Mr. Vitelli called me on the telephone to invite me to dinner at his house the following day. Naturally I accepted at once, glad to have the opportunity to visit an Italian family.
2. I took a taxi and at seven o'clock we stopped on Piave Street before a very attractive house.
3. I went up to the fourth floor in the elevator and rang.
   At once I heard rapid steps. A young servant opened the door and invited me to enter.
4. Mr. Vitelli came to greet me.
   "Good evening, Mr. Cabot," he said. "I am glad to see you."
5. Then we entered a living room furnished in modern style and in good taste.
   I said to him: "This apartment is very pretty."
   Mr. Vitelli introduced me to his wife and to his children, two serious and intelligent boys.
   "Make yourself comfortable," Mrs. Vitelli said to me.
6. The young men are studying at the secondary school. The older wishes to become a doctor and the younger wishes to become a lawyer.
7. We sat down at the table and Mrs. Vitelli served a delicious Italian meal, beginning with appetizers, then soup, meat with two side dishes of vegetables, salad, cheese, fruit, various wines and coffee.
8. At the table we discussed Italian life, art and especially music.

9. Dopo il pranzo i giovanotti si sono ritirati per andare nelle loro camere a fare i compiti.

9. After dinner the young men retired to go to their rooms to do their homework.

10. Poi la signora Vitelli si è seduta al pianoforte, ha suonato vari pezzi di musica e ha cantato delle canzoni italiane.

10. Then Mrs. Vitelli sat down at the piano, played various pieces of music and sang some Italian songs.

11. Avendo passato una serata così piacevole sono andato via affascinato dai miei nuovi amici, portando con me un indimenticabile ricordo di una brava famiglia italiana.

11. After spending so pleasant an evening I went away charmed by my new friends, taking with me an unforgettable memory of a fine Italian family.

12. Poi sono ritornato a casa, cioè, all'albergo.

12. Then I returned home, that is to say, to the hotel.

Cordialissimi saluti dal suo amico,

Enrico Cabot

Most cordial greetings from your friend,

Henry Cabot

Building Vocabulary

il compito (*kohm-pee-toh*) task

il contorno (*kohn-tohr-noh*) side dish

il giovanotto (*joh-vah-nawt-toh*) young man

il pezzo (*pehts-soh*) piece

il ginnasio (*geen-nahz-yoh*) secondary school

il ricordo (*ree-kohr-doh*) memory

il passo (*pahs-soh*) step

la canzone (*kahnt-soh-nay*) popular song

la minestra (*mee-neh-strah*) soup

la serata (*say-rah-tah*) evening

l'antipasto (*lahn-tee-pah-stoh*) appetizers

andare via (*vee-ah*) to go away

cantare (*kahn-tah-ray*) to sing

ritirarsi (*ree-tee-rahr-see*) to retire

ammobiliato (*ahm-moh-beel-yah-toh*) furnished

attraente (*aht-trah-ehn-tay*) attractive

bravo (*brah-voh*) good, fine

cordiale (*kohrd-yah-lay*) cordial

grazioso (*grahts-yoh-soh*) pretty, graceful

indimenticabile (*een-dee-mayn-tee-kah-bee-lay*) unforgettable

scorso (*skohr-soh*) past, last

Espressioni Italiane

di buon gusto in good taste

a stile moderno in modern style

cioè (*choh-ay*) that is, namely

fare una visita a to pay a visit to

fare i compiti to do homework (tasks)

I giovanotti fanno i compiti. The young men are doing their homework.

fare l'avvocato to be a lawyer

fare il dottore to be a doctor

Vuole fare il dottore o l'avvocato? Do you want to be a doctor or a lawyer?

Non voglio fare nè il dottore nè l'avvocato. I want to be neither a doctor nor a lawyer.

Voglio fare l'ingegnere (*leen-jay-nyay-ray*). I want to be an engineer.

UNA TELEFONATA — A TELEPHONE CONVERSATION

Practice speaking aloud:

Il signor Vitelli chiama il signor Cabot al telefono. Ecco la conversazione.

Mr. Vitelli calls Mr. Cabot on the telephone. Here is the conversation.

Vitelli: Mi metta in comunicazione col signor Cabot per piacere.

Vitelli: Please let me speak with Mr. Cabot.

Cabot: Pronto. Con chi parlo?

Cabot: Hello. With whom am I speaking?

Vitelli: Parla Vitelli. Buon giorno, signor Cabot, come sta?

Vitelli: This is Mr. Vitelli. Hello, Mr. Cabot, how are you?

Cabot: Non c'è male, grazie.

Cabot: Pretty well, thank you.

Vitelli: Signor Cabot, può Lei venire a pranzo a casa nostra domani sera? Mia moglie ed io saremo molto felici di passare la serata con Lei.

Vitelli: Mr. Cabot, can you come to dinner at our house tomorrow evening? My wife and I will be very happy to spend the evening with you.

Cabot: Grazie infinite, signor Vitelli; accetto con piacere il suo gentile invito.

Cabot: Thanks a lot, Mr. Vitelli; I accept your kind invitation with pleasure.

Vitelli: Benissimo. Allora l'aspettiamo verso le sette. Arrivederci a domani sera.

Vitelli: Very good. Then we shall expect you at about seven. Good-bye until tomorrow night.

Cabot: Arrivederla a domani sera.

Cabot: Good-bye until tomorrow night.

UNA PRESENTAZIONE—AN INTRODUCTION

Practice speaking aloud:

Il signor Cabot, il signor Vitelli, la signora Vitelli e i ragazzi Vitelli.	Mr. Cabot, Mr. Vitelli, Mrs. Vitelli and the Vitelli children.
Cabot: Buona sera, signor Vitelli!	Cabot: Good evening, Mr. Vitelli!
Vitelli: Buona sera, signor Cabot! Ho il piacere di presentarle mia moglie Maria.	Vitelli: Good evening, Mr. Cabot! May I have the pleasure of introducing to you my wife Mary.
Cabot: Piacere di fare la sua conoscenza, signora Vitelli.	Cabot: Glad to make your acquaintance, Mrs. Vitelli.
Signora Vitelli: (con un sorriso) Il piacere è tutto mio.	Mrs. Vitelli: (with a smile) The pleasure is all mine.
(Si stringono la mano)	(They shake hands)
Vitelli: Ecco i miei ragazzi, Giovanni e Paolo.	Vitelli: Here are my boys, John and Paul.
Cabot: Piacere di fare la vostra conoscenza.	Cabot: Glad to make your acquaintance.
Giovanni Paolo } Il piacere è tutto nostro.	John Paul } The pleasure is all ours.
(Si stringono tutti la mano)	(They all shake hands)

Grammar Notes and Practical Exercises

1. Present Perfect of Reflexive Verbs.

I have washed myself, I washed myself, you have washed yourself, etc.

(io)	mi sono	lavato (a)		(noi)	ci siamo	lavati (e)	
(tu)	ti sei	lavato (a)		(voi)	vi siete	lavati (e)	
(Lei)	si è	lavato (a)		(Loro)	si sono	lavati (e)	
(egli)	si è	lavato		(essi)	si sono	lavati	
(essa)	si è	lavata		(esse)	si sono	lavate	

The auxiliary verb **essere** is used to form the present perfect tense of reflexive verbs.
The past participle agrees with the subject in number and gender.

2. Some Reflexive Verbs You Have Met

alzarsi	(io)	mi sono alzato (a)	I got up
sedersi	(tu)	ti sei seduto (a)	you sat down (*fam.*)
avvicinarsi	(Lei)	si è avvicinato (a)	you approached (*pol.*)
sedersi	(egli)	si è seduto	he sat down
coricarsi	(essa)	si è coricata	she went to bed
divertirsi	(noi)	ci siamo divertiti (e)	we enjoyed ourselves
fermarsi	(voi)	vi siete fermati (e)	you stopped (*fam.*)
ritirarsi	(Loro)	si sono ritirati (e)	you retired (*pol.*)
sentirsi	(essi)	si sono sentiti	they (*m.*) felt
accomodarsi	(esse)	si sono accomodate	they (*f.*) made themselves comfortable
vestirsi	(essi)	non si sono vestiti	they (*m.*) did not dress themselves

Esercizio No. 167. Translate each question and answer. Read each question and answer aloud three times in Italian.

1. Si sono coricati di buon'ora i ragazzi?
   Sì, essi si sono coricati di buon'ora.
2. Si è alzato tardi Giovanni?
   No, egli non s'è alzato tardi.
3. S'è vestita presto Maria?
   Sì, essa s'è vestita presto.
4. Dove si sono seduti i viaggiatori?
   Si sono seduti nel ristorante.
5. Dove si sono accomodati?
   Si sono accomodati in salotto.
6. Ti sei divertita, Anna?
   No, non mi sono divertita.
7. Dove si sono incontrati Loro, signori?
   Noi ci siamo incontrati all'ufficio.
8. Si sono ritirati i ragazzi?
   Sì, essi si sono ritirati.
9. Dove si è fermato l'autobus?
   S'è fermato a quell'angolo.
10. La signora Cabot s'è occupata dei suoi bambini?
    Sì, essa s'è occupata di loro.
11. Il signor Cabot s'è sentito contento a Roma?
    Sì, egli s'è sentito molto contento.
12. In che altra maniera si può dire:
    «Essi si sono coricati?»
    Si può dire: «Essi sono andati a letto.»

Esercizio No. 168. Change these verbs from the present to the present perfect.

1. (egli) s'alza
2. (noi) ci accomodiamo
3. Maria si ritira
4. (io) mi corico
5. (essi) si avvicinano
6. (esse) si divertono
7. (noi) ci sentiamo
8. (voi) vi vestite
9. essi si incontrano
10. loro non si siedono
11. Si veste Lei, Enrico?
12. I ragazzi si coricano.

Esercizio No. 169. Translate the following, using the present perfect tense of the given reflexive verb.

1. She approached (avvicinarsi).
2. You (tu *m.*) went to bed (coricarsi).
3. I (*m.*) retired (ritirarsi).
4. The taxi stopped (fermarsi).
5. The girls dressed (vestirsi).
6. The children had a good time (divertirsi).
7. We (*m.*) washed ourselves (lavarsi).
8. You (voi *m.*) did not sit down (sedersi).
9. They (esse) felt (sentirsi).
10. You (Lei *f.*) got up (alzarsi).

Esercizio No. 170. Domande

1. Chi ha chiamato il signor Cabot al telefono?
2. Il signor Cabot ha accetto l'invito del signor Vitelli?
3. A che ora è arrivato il tassì alla casa dove abita il signor Vitelli?
4. A quale piano è salito in ascensore il signor Cabot?
5. Chi ha aperto la porta?
6. Chi si è avvicinato per salutare il signor Cabot?
7. Dove sono entrati i due signori?
8. Chi sono i due ragazzi seri e intelligenti?
9. Dove studiano i giovanotti?
10. Quale professione vuol fare il maggiore?
11. Quale professione vuol fare il minore?
12. Di che cosa hanno parlato a tavola?
13. Che hanno fatto i giovanotti dopo il pranzo?
14. Che ricordo ha portato con sè il signor Cabot?

CAPITOLO 34 (TRENTAQUATTRO)

UNA GITA A OSTIA

Terza Lettera da Roma

Caro Amico,

1. Ieri ho telefonato ai due figli del signor Vitelli e ho chiesto loro — Volete fare una gita con me in automobile a Ostia?
   Essi hanno accettato con piacere.

2. Questa mattina i miei giovani amici sono venuti a prendermi presto al mio hotel.

3. I giovani portavano un paniere in cui c'era una buona colazione che la signora Vitelli aveva preparato per noi.

4. L'automobile che avevo noleggiato ci aspettava devanti all'hotel. Siamo saliti parlando e ridendo, ed eccoci presto in viaggio.

5. Avevamo già passato il sobborgo della città. Io ero al volante guidando tranquillamente quando tutto d'un tratto ho sentito un rumore che ho subito riconosciuto.

6. — Che cos'è? Che è succeso? hanno chiesto i ragazzi.

7. Ho fermato l'automobile e siamo scesi. — Abbiamo bucato una gomma, ho risposto.

8. Volevo cambiare la gomma e i ragazzi desideravano aiutarmi. Molto contenti hanno cominciato a cercare il cricco. Ma sfortunatamente non c'era cricco nel portabagagli. Che fare?

Dear Friend,

1. Yesterday I telephoned to the two sons of Mr. Vitelli and I asked them: "Do you wish to take a trip with me by automobile to Ostia?" They accepted with pleasure.

2. This morning my young friends came early for me at my hotel.

3. The young men were carrying a basket in which there was a good lunch that Mrs. Vitelli had prepared for us.

4. The automobile that I had rented was waiting for us in front of the hotel. We got in talking and laughing, and behold we were on our way.

5. We had already passed the suburbs of the city. I was at the wheel driving calmly when all of a sudden I heard a noise that I recognized at once.

6. "What is it? What has happened?" the boys asked.

7. I stopped the automobile and we got out. "We have punctured a tire," I answered.

8. I wanted to change the tire and the boys wanted to help me. Very pleased they began to look for the jack. But unfortunately there was no jack in the trunk of the car. What to do?

9. Di tanto in tanto un'automobile passava a gran volocità. Malgrado i nostri segnali disperati nessuno si fermava.

10. Faceva molto caldo e il sole bruciava sulle nostre teste. Ci siamo seduti sotto un albero vicino alla strada per attendere il nostro destino.

11. Poco dopo un gran camion s'è avvicinato rapidamente e poi s'è fermato tutto d'un tratto davanti a noi con una frenata rumorosa. Il camionista è sceso.

12. — Avete[1] una gomma a terra? Volete una mano? Quell'uomo grande e grosso aveva una voce dolce e un'aria molto dignitosa.

13. — Credo di sì. Ma non abbiamo il cricco, gli ho detto. Fortunatamente, però, abbiamo una gomma di ricambio.

14. Il camionista ci ha prestato il suo cricco e ci siamo messi tutti al lavoro. In cinque minuti tutto era pronto.

15. Gli abbiamo detto mille grazie, e ho proposto di pagarlo per il suo aiuto, però egli non ha voluto niente.

16. Poi ci siamo stretti la mano e ci siamo salutati. Il grosso camion è ripartito verso Roma e noi abbiamo ripreso la strada d'Ostia.

17. Un'altra volta le scriverò e le dirò le mie impressioni d'Ostia. Ora non ho tempo perchè questa sera andrò a un concerto e ora devo cambiarmi.

Cordialissimi saluti dal suo amico,

Enrico Cabot

9. From time to time an automobile passed at great speed. In spite of our desperate signals nobody stopped.

10. It was very hot and the sun was burning on our heads. We sat down under a tree near the road to await our fate.

11. A little later a truck approached rapidly and then stopped all of a sudden in front of us with a screeching of brakes. The truck driver got down.

12. "Have you a flat? Do you want help?" That tall and bulky man had a gentle voice and a very dignified air.

13. "Yes, indeed. But we don't have the jack," I said to him. "Fortunately, however, we have a spare tire."

14. The truck driver loaned us his jack, and we all set to work. In five minutes everything was ready.

15. We thanked him a thousand times, and I offered to pay him for his help, but he would not take anything.

16. Then we shook hands and said good-bye. The big truck again took the road towards Rome and we again took the road to Ostia.

17. Another time I shall write you or tell you my impressions of Ostia. I haven't the time now because this evening I am going to a concert and now I must change clothes.

Most cordial greetings from your friend,

Henry Cabot

NOTE 1. The **voi** form is often used as a kind of intermediate form between the polite forms **Lei** and **Loro** and the familiar **tu**. Like the English *you*, **voi** can be used in addressing one or more persons.

Building Vocabulary

il camionista (*kahm-yoh-nee-stah*) truck driver
il cricco (*kree-koh*) jack
il destino (*day-stee-noh*) destiny
il paniere (*pahn-yeh-ray*) basket
il portabagagli (*pohr-tah-bah-gahl-yee*) trunk
il rumore (*roo-moh-ray*) noise
il segnale (*sayn-yah-lay*) signal
il volante (*voh-lahn-tay*) steering wheel
la gomma (*gohm-mah*) tire
la gomma di ricambio spare tire
una gomma a terra flat tire
la testa (*teh-stah*) head
l'autista (*lahoo-tee-stah*) chauffeur
bucare (*boo-kah-ray*) to puncture
bruciare (*broo-chah-ray*) to burn
cambiarsi (*kahm-byahr-si*) to change clothes

guidare (*gwee-dah-ray*) to drive, to guide
noleggiare (*noh-lay-jah-ray*) to rent
attendere (*aht-tehn-day-ray*) to wait, wait for
chiedere (*kyeh-day-ray*) = domandare to ask
chiesto *past part.* asked
proporre[1] (*proh-pohr-ray*) to propose, to offer
proposto *past part.* proposed, offered
riconoscere (*ree-koh-noh-shay-ray*) to recognize
riprendere (*ree-prehn-day-ray*) to take again
disperato (*dee-spay-rah-toh*) desperate
dignitoso (*deen-yee-toh-soh*) dignified
grosso (*graws-soh*) big, heavy
rumoroso (*roo-moh-roh-soh*) noisy
malgrado (*mahl-grad-doh*) in spite of
nessuno (*nays-soo-noh*) no one, nobody, none

NOTE 1. Shortened form of **proponere**.

Espressioni Italiane

ecco here is, here are; look, behold

eccomi (*ehk-koh-mee*) here I am

eccolo here he is

eccola here she is; here you are (*pol. sing.*)

eccoci here we are

eccoli here they are (*m.*); here you are (*pol. pl.*)

eccole here they are (*f.*); here you are (*pol. pl.*)

Che cosa è successo? What has happened?

Abbiamo una gomma a terra. We have a flat.

stringersi la mano to shake hands

Ci siamo stretti la mano. We shook hands.

Si sono stretti la mano. They shook hands.

Nessuno è ancora arrivato. Nobody has arrived yet.

Non ho visto nessuno. I have seen no one.

UNA TELEFONATA—A TELEPHONE CONVERSATION

Practice speaking aloud:

Il signor Cabot chiama al telefono i figli del signor Vitelli.

Mr. Cabot calls Mr. Vitelli's sons on the phone.

Domestica: Pronto.

Maid: Hello.

Cabot: Pronto. Parlo con casa Vitelli?

Cabot: Hello. Am I speaking with the Vitelli residence?

Domestica: Sì, chi parla?

Maid: Yes, who is speaking?

Cabot: Parla Cabot. Desidero parlare con uno dei ragazzi.

Cabot: This is Cabot speaking. I wish to speak with one of the boys.

Domestica: Ecco Giovanni, signore.

Maid: Here is John, sir.

Giovanni: Buon giorno, signor Cabot. Come sta?

John: Hello, Mr. Cabot. How are you?

Cabot: Molto bene grazie. Volete fare tu e tuo fratello Paolo una passeggiata in automobile con me ad Ostia domani mattina?

Cabot: Very well, thank you. Do you and your brother Paul want to take a ride with me in the car to Ostia tomorrow morning?

Giovanni: Paolo e io saremo felicissimi di andare con Lei.

John: Paul and I will be very happy to go with you.

Cabot: Benissimo. C'incontreremo al mio albergo alle nove e mezza.

Cabot: Excellent. We will meet at my hotel at 9:30.

Giovanni: Va bene. Ci saremo alle nove e mezza.

John: Very good. We will be there at 9:30.

Cabot: Arrivederci, Giovanni.

Cabot: Good-bye, John.

Giovanni: A domani.

John: Until tomorrow.

Grammar Notes and Practical Exercises

1. The Imperfect Tense. What *was happening*. What *used to happen*.

Observe carefully the endings of the imperfect tense of parlare, vendere, finire, avere. The italicized vowel in each form indicates the stressed syllable.

I was speaking, I used to speak, etc.	I was selling, I used to sell, etc.	I was finishing, I used to finish, etc.	I had, was having, I used to have, etc.
parlavo	vendevo	finivo	avevo
parlavi	vendevi	finivi	avevi
parlava	vendeva	finiva	aveva
parlavamo	vendevamo	finivamo	avevamo
parlavate	vendevate	finivate	avevate
parlavano	vendevano	finivano	avevano

To form the imperfect, drop the infinitive ending and add the endings of the imperfect.

Note that the imperfect endings are the same for –are, –ere and –ire verbs, except that –are verbs retain the a, –ere verbs retain the e, and –ire verbs retain the i, as the first vowel of the ending. Nearly all Italian verbs are regular in the imperfect. Learn the following exceptions:

essere	fare	dire	bere
I was, etc.	I was doing (making), etc.	I was saying, etc.	I was drinking, etc.
I used to be, etc.	I used to do (to make), etc.	I used to say, etc.	I used to drink, etc.

essere		fare		dire		bere	
ero	eravamo	facevo	facevamo	dicevo	dicevamo	bevevo	bevevamo
eri	eravate	facevi	facevate	dicevi	dicevate	bevevi	bevevate
era	erano	faceva	facevano	diceva	dicevano	beveva	bevevano

Esercizio No. 171. Brevi Dialoghi. Translate these dialogues. Practice speaking them aloud.

1. — Che cosa faceva il signor Cabot quando Lei è entrato in salotto?
— Egli leggeva ad alta voce una lettera che aveva ricevuta dal suo rappresentante a Roma.
— Che cosa faceva il signor Facci?
— Egli l'ascoltava.

2. — C'erano molti turisti a Ostia quando Loro l'hanno visitata?
— Non ce n'erano [1] molti.
— Che cosa facevano?
— Camminavano fra gli scavi.

3. — Che pensava mentre il tassì correva a gran velocità per le strade di Roma?
— Pensavo: «La vita a Roma non è affato tranquilla.»
— Guardando intorno a Lei che ha veduto?
— Ho veduto che le automobili, i tassì, gli autobus, tutti correvano a velocità vertiginosa.

4. — Gioca Lei il tennis?
— Prima giocavo quasi tutti i giorni, ma quest'anno ho giocato solo una volta.

NOTE 1. **c'è** there is   **ci sono** there are   **c'era** there was   **c'erano** there were.

Esercizio No. 172. Each of these sentences indicates an action that was happening (Imperfect) and another action that interrupted it at a definite time (Present Perfect).
Complete these sentences with the correct Italian verbs. Translate the completed sentences.

1. I venditori (were shouting) **quando sono arrivato al mercato.**
2. Mentre (I was listening to) **la radio, mi hanno telefonato.**
3. Mentre (we were doing) **i nostri compiti, essi sono entrati in camera nostra.**
4. Essa è caduta mentre (she was getting out) **dall'automobile.**
5. Mentre il tassì (was going) **a gran velocità ho gridato: — Non corra così forte!**
6. Noi gli abbiamo fatto una visita quando (he was) **malato.**
7. (There were) **molte persone all'aeroporto quando il nostro aeroplano è arrivato.**
8. Mentre (we were waiting for) **l'autobus, ha cominciato a piovere.**
9. Li abbiamo incontrati quando (they were coming back) **dal cinema.**
10. Il signor Cabot è ritornato mentre i bambini (were sleeping).

Esercizio No. 173. Change these sentences from the present to the imperfect.

1. Cominciamo l'esame.
2. Egli risponde alle domande.
3. Il postino ci porta delle lettere.
4. Essi vengono dal teatro.
5. Guardate la televisione?
6. Fanno i loro compiti.
7. Il tassì corre a gran volocità.
8. C'è un'automobile davanti alla casa?
9. Ci sono molti turisti a Roma.
10. Finisci tu il lavoro?
11. Essa non dice la verità.
12. I bambini mangiano la torta.
13. La domestica prepara la colazione.
14. Non capisce Lei questi problemi?
15. Che cosa vendono?
16. La bambina beve il latte.

Esercizio No. 174. Domande

1. Chi ha invitato i giovani a fare una gita a Ostia?
2. Hanno accettato i giovani?
3. Che cosa portavano i giovani?
4. Che cosa c'era nel paniere?
5. Chi aveva preparato la colazione per essi?
6. Dove li aspettava l'automobile?
7. Chi aveva noleggiato l'automobile?
8. Chi guidava quando si è sentito un rumore?
9. Che cosa era successo?
10. Perchè non potevano cambiare la gomma?
11. Come passava di tanto in tanto un'automobile?
12. Dopo un poco che cosa si è fermato?
13. Che ha chiesto il camionista?
14. Che cosa ha prestato loro?
15. In quanti minuti hanno cambiato la gomma?
16. Che cosa ha proposto il signor Cabot?

CAPITOLO 35 (TRENTACINQUE)

UNA BELLA PASSEGGIATA

Quarta Lettera da Roma

Caro Amico,

1. Ti scrivo seduto al caffè Doney che tu mi hai tanto raccomandato. Sono stanchissimo. I piedi mi fanno male, e le gambe non le sento più!

2. Osserverai che io ti do del tu in questa lettera. Ebbene, da molto tempo ti ho considerato un vero e intimo amico. Perciò non posso più darti del Lei. Se vuoi, da ora in poi, diamoci del tu. Io comincerò per il primo in questa lettera, sperando d'indovinare anche il tuo desiderio.

3. Il signore Vitelli m'aveva invitato a fare una passeggiata con lui, e stamani egli è venuto a prendermi all'albergo. Poi siamo usciti, andando a piedi a Ponte S. Angelo.

4. Siamo rimasti un po' sul ponte a guardare i pescatori che stanno lì delle ore senza pescare niente.

5. Poi, seguendo il Tevere, abbiamo continuato a camminare fino a Piazza del Popolo. Che magnifica piazza! Certamente deve essere tra le più belle del mondo. Le fontane, l'obelisco e i giardini intorno, tutto è in perfetta armonia.

6. Ci siamo fermati al Caffè Rosati per prendere un caffè espresso ma soprattutto per riposarci. Quello che mi ha colpito dappertutto in Italia è l'importanza del caffè nella vita quotidiana.

7. Il caffè è come un club. Là s'incontrano gli amici, là si gioca a carte e a scacchi o si scrivono anche le lettere, come sto facendo io in questo momento.

8. Il caffè è anche un centro di commercio. Per gli uomini d'affari è un secondo ufficio o forse anche il primo.

9. Stare al caffè è come essere ad un teatro. I passanti sono gli attori e le attrici, a volte tragici, a volte comici, però sempre interessanti.

10. Poi abbiamo continuato la nostra passeggiata per Via del Babuino fino a Piazza di Spagna, fermandoci di tanto in tanto ad ammirare i negozi d'antiquari, e le vetrine dove si vedono pitture e sculture interessanti.

Dear Friend,

1. I am writing you seated in the café Doney which you have recommended to me so strongly. I am very tired. My feet hurt and my legs are numb. (*Lit.* I don't feel them any more.)

2. You will observe that I address you with tu in this letter. Well, for a long time I have considered you a true and intimate friend. Therefore I cannot address you any longer with Lei. If you wish, from now on, let us address each other with tu. I shall begin first in this letter, hoping that I am also guessing your desire.

3. Mr. Vitelli had invited me to take a walk with him and this morning he came for me at the hotel. Then we went out walking to the San Angelo bridge.

4. We stayed a while on the bridge watching the fishermen who remain there for hours without catching anything.

5. Then, following the Tiber, we continued walking as far as the Piazza del Popolo. What a magnificent square! Certainly it must be among the most beautiful in the world. The fountains, the obelisk and the gardens around, everything is in perfect harmony.

6. We stopped at the Café Rosati for a cup of *espresso* coffee (coffee, Italian style), but most of all to rest. What struck me, everywhere in Italy, is the importance of the café in daily life.

7. The café is like a club. There friends meet, there one plays cards and chess, or one also writes letters as I am doing at this moment.

8. The café is also a business center. For business men it is a second office or perhaps even the first.

9. Being at a café is like being at a theater. The passers-by are the actors and the actresses, sometimes tragic, sometimes comic, but always interesting.

10. Then we continued our walk through Babuino Street as far as the Piazza di Spagna, stopping from time to time to admire the antiquarian shops and the show windows where one sees paintings and interesting sculptures.

11. Abbiamo salito[1] gli scalini della bellissima scala fino in cima a Trinità dei Monti. Là ci siamo fermati un momento per riprendere respiro dopo la faticosa salita e per godere la vista di Roma che si spande largamente al di sotto.

12. Seguendo Via Sistina e Via di Porta Pinciana, siamo arrivati a Porta Pinciana che mena dietro i giardini di Villa Borghese. Poi ritornando sulla Via di Porta Pinciana siamo andati alla Fontana di Trevi nella quale ho gettato una moneta, perchè si dice — Chi fa così ritornerà certamente a Roma!

13. Finalmente eccoci seduti al caffè Doney, tutti e due stanchissimi ma affascinati dalla nostra bella passeggiata.

14. Affettuosi saluti dal tuo amico, innamorato di Roma.

Tuo amico,

Enrico Cabot

11. We went up the steps of the beautiful staircase to the summit of the Trinita dei Monti. There we stopped a moment to catch our breath after the fatiguing climb and to enjoy the view of Rome which spreads far and wide below.

12. Following the Via Sistina and the Avenue of Porta Pinciana, we arrived at the Porta Pinciana which leads behind the gardens of the Villa Borghese. Then returning on the Avenue of Porta Pinciana we went to the Fountain of Trevi into which I threw a coin, because they say: Whoever does this will certainly return to Rome!

13. Finally here we are seated in the Café Doney, both very tired but charmed with our beautiful walk.

14. Affectionate greetings from your friend, in love with Rome.

Your friend,

Henry Cabot

NOTE 1. The verb **salire** takes an object here. Therefore the auxiliary **abbiamo** is used.

Building Vocabulary

il commercio (*kohm-mehr-choh*) commerce, business
il giardino (*jahr-dee-noh*) garden
il passante (*pahs-sahn-tay*) passer-by
il ponte (*pohn-tay*) bridge
la fontana (*fohn-tah-nah*) fountain
la gamba (*gahm-bah*) leg
la moneta (*moh-nay-tah*) coin
la passeggiata (*pahs-say-jah-tah*) walk
la scala (*skah-lah*) stairs
la vetrina (*vay-tree-nah*) show window
l'armonia (*lahr-moh-nee-ah*) harmony
l'attore (*laht-toh-ray*) actor
l'attrice (*laht-tree-chay*) actress
l'obelisco (*loh-bay-lees-koh*) obelisk
lo scalino (*skah-lee-noh*) step
scacchi (*skahk-kee*) chess

camminare (*kahm-mee-nah-ray*) to walk
incontrarsi (*een-kohn-trahr-see*) to meet (each other)
pescare (*pays-kah-ray*) to fish
riposarsi (*ree-poh-zahr-see*) to rest
rimanere (*ree-mah-nay-ray*) to remain
rimasti *past part.* remained
godere (*goh-day-ray*) to enjoy
colpire (*kohl-pee-ray*) to strike
comico[1] (*kaw-mee-koh*) comic (*pl.* comici)
faticoso (*fah-tee-koh-soh*) fatiguing
innamorato di (*een-nah-moh-rah-toh*) in love with
magnifico (*mahn-yee-fee-koh*) magnificent
tragico (*trah-gee-koh*) tragic
in cima a (*chee-mah*) on top of
stamani (*stah-mah-nee*) this morning
tra = fra among, between

NOTE 1. Nouns and adjectives ending in –co form their plural in –chi if the stress of the word falls on the next to the last syllable. Thus: antico, *pl.* antichi; poco, *pl.* pochi. (Amico, *pl.* amici is an exception). If the stress falls on any other syllable, the plural is in –ci. Thus: comico, *pl.* comici; tragico, *pl.* tragici.

Espressioni Italiane

a volte at times
da ora in poi from now on
darsi del tu to address each other with tu (the familiar *you*)
riprendere respiro to catch one's breath
far male a to hurt (*Lit.* to make pain to)
I piedi mi fanno male. My feet hurt. (*Lit.* make pain to me)

I piedi ti fanno male. Your (*fam.*) feet hurt.
I piedi Le fanno male. Your (*pol.*) feet hurt.
I piedi le fanno male. Her feet hurt.
I piedi gli fanno male. His feet hurt.
I piedi ci fanno male. Our feet hurt.
I piedi vi fanno male. Your (*fam.*) feet hurt.
I piedi fanno Loro male. Your (*pol.*) feet hurt.
I piedi fanno loro male. Their feet hurt.

Grammar Notes and Practical Exercises

1. The Past Perfect. What *had happened*.

Verbs with the Auxiliary **avere**	Verbs with the Auxiliary **essere**
I had spoken (sold, finished), etc.	I had gone (departed, come), etc.

avevo	parlato (venduto, finito)	ero	andato (a), (partito (a), venuto (a))
avevi	parlato (venduto, finito)	eri	andato (a), (partito (a), venuto (a))
aveva	parlato (venduto, finito)	era	andato (a), (partito (a), venuto (a))
avevamo parlato (venduto, finito)	eravamo andati (e), (partiti (e), venuti (e))
avevate parlato (venduto, finito)	eravate andati (e), (partiti (e), venuti (e))
avevano parlato (venduto, finito)	erano andati (e), (partiti (e), venuti (e))

The past perfect is formed by the imperfect of the auxiliary **avere** (avevo, etc.) or **essere** (ero, etc.), plus the past participle. Of course, verbs (including reflexives) will take the same auxiliary in the past perfect as they take in the present perfect. Thus:

Essi hanno parlato.	They have spoken.	Essi avevano parlato.	They had spoken.
Abbiamo accettato.	We have accepted.	Avevamo accettato.	We had accepted.
Essa è partita.	She has left.	Essa era partita.	She had left.
Mi sono seduto.	I sat down.	Mi ero seduto.	I had sat down.
Egli è caduto.	He fell.	Egli era seduto.	He had fallen.
Ci siamo divertiti.	We had a good time.	Ci eravamo divertiti.	We had had a good time.

Esercizio No. 175. Complete these sentences with the correct form of the auxiliary **avere** or **essere** to form the past perfect tense. Translate each completed sentence.

Esempio 1. Egli aveva imparato le regole essenziali. He had learned the essential rules.

1. Egli ____ imparato le regole essenziali.
2. A che ora ____ venuti i ragazzi dal cinema?
3. Noi ____ lavorato veramente molto.
4. Io ____ andato in sala d'aspetto.
5. Io non ____ ancora ottenuto i miei biglietti.
6. Il camion si ____ avvicinato rapidamente.
7. ____ Lei scritto una lettera al suo amico?
8. Noi non ____ usciti insieme.
9. Voi ____ promesso d'incontrarli al museo?
10. Il tassì si ____ fermato davanti all'albergo.
11. Essi ____ arrivati sani e salvi.
12. Tu ____ dimenticato il mio ombrello.

Esercizio No. 176. Change these sentences from the present perfect to the past perfect.

Esempio 1. Poi eravamo usciti seguendo il Tevere.

1. Poi siamo usciti seguendo il Tevere.
2. Io sono rimasto un po' sul ponte.
3. Poi abbiamo continuato a camminare.
4. Si sono fermati al Caffè Rosati?
5. Mi ha colpito l'importanza del caffè.
6. Ti ho considerato un vero amico.
7. Là, si sono incontrati gli amici.
8. Ha gettato Lei una moneta nella fontana?
9. Chi non ha salito gli scalini?
10. Essi hanno noleggiato un'automobile.
11. Essa l'ha invitato a pranzare a casa sua.
12. Noi siamo stati a casa con la famiglia.

Esercizio No. 177. Complete these sentences in Italian.

1. (He had bought) i biglietti.
2. (I had seen) la pellicola.
3. (We had eaten) la cena.
4. (Had they received) la lettera?
5. (I had entered) in sala d'aspetto.
6. (They had not slept) tutta la notte.
7. L'uomo (had seated himself) sotto un albero.
8. Il camion (had approached) rapidamente.
9. Noi (had arrived) alle 17.00.
10. (Had you (Lei) read) i libri di guida?
11. (Had you (voi) returned) di buon'ora?
12. (They had left) alle sette di sera.

Esercizio No. 178. Domande

1. Dov'è seduto il signor Cabot quando scrive questa lettera?
2. Chi ha raccomandato questo caffè?
3. Chi è venuto a prendere il signor Cabot all'albergo?
4. Dove sono rimasti un po'?
5. Che pensa il signor Cabot a proposito della Piazza del Popolo?
6. Dove si sono fermati per prendere un caffè espresso?
7. Che cosa ha colpito il signor Cabot in Italia?
8. Dove s'incontrano gli amici?
9. Il caffè assomiglia a un teatro, non è vero?
10. Chi sono gli attori e le attrici?
11. In quale via si sono fermati i signori per ammirare i negozi d'antiquari?
12. Dove sono saliti per godere una magnifica vista di Roma?
13. Che cosa ha fatto il signor Cabot alla Fontana di Trevi?
14. Perchè?

✥

CAPITOLO 36 (TRENTASEI)

DA ROMA A CASTEL GANDOLFO

Quinta Lettera da Roma

Caro Amico,

1. Indovina da dove ti scrivo. Eccomi di nuovo seduto al caffè. Il mestiere del turista esige molto riposo. E dove posso riposarmi meglio che in un caffè?
2. Ti ricordi delle nostre conversazioni a proposito dei dintorni di Roma? Ebbene oggi voglio descriverti la mia gita in autobus da Roma a Castel Gandolfo, ora che ho la memoria fresca.
3. Mentre l'autobus attraversava la campagna io guardavo pei finestrini. Ho veduto parecchi contadini che lavoravano nei campi. Alcuni erano occupati nelle vigne lungo il pendio delle colline.
4. Tutto intorno vi erano magnifici vecchi olivi, e qua e là, gruppi di cipressi. Avevo preso un autobus che faceva il giro dei Castelli Romani ed attraversava la zona dove si produce il vino detto dei Castelli.
5. La prima fermata importante è stata a Frascati. Tutto il gruppo dei viaggiatori è sceso e in pochi minuti le osterie erano piene e i padroni si affrettavano a portare i bicchieri e a servire il vino bianco secco del luogo.
6. Dopo una mezz'ora molto allegra all'osteria sono salito di nuovo sull'autobus per continuare il giro.
7. Abbiamo passato il grosso paese di Marino con le sue case di pietra, e mentre salivamo la collina per la via che conduce a Castel Gandolfo, un magnifico panorama s'apriva ai nostri occhi: il cielo azzurro, i molti toni di verde delle vigne, degli olivi, dei cipressi, il colore dorato dei piccoli campi di grano.

Dear Friend,

1. Guess from where I am writing you. Here I am again seated in a café. The trade of tourist requires much rest. And where can I rest better than in a café?
2. You recall our conversations about the surroundings of Rome? Well, today I want to describe to you my trip by autobus from Rome to Castel Gandolfo, while my memory is fresh.
3. While the autobus was crossing the countryside I was looking out through the windows. I saw a good many farmers who were working in the fields. Some were busy in the vineyards on the slopes of the hills.
4. All around there were magnificent old olive trees and, here and there, groves of cypress. I had taken an autobus that was making the tour of the Castelli Romani and was crossing the zone where the wine called dei Castelli is produced.
5. The first important stop was at Frascati. The entire group of travelers got off and in a few minutes the inns were full and the innkeepers were hastening to bring the glasses and to serve the dry white wine of the place.
6. After a very pleasant half hour at the inn, I got into the autobus again to continue the trip.
7. We had passed the large town of Marino with its stone houses, and while we were mounting the hill by the road that leads to the Castel Gandolfo a magnificent panorama was spreading out before our eyes: the blue sky, the many tones of green of the vines, of the olive trees, of the cypress trees, the golden color of the little fields of grain.

8. Finalmente siamo giunti in vista del magnifico Castel Gandolfo, dove il Papa ha la sua residenza estiva. Guardando in alto vedevamo la Cupola della Specola Vaticana, una delle più importanti d'Europa.

9. Sono sceso sulla piazza. Là vedevamo molti banchi con ricordi del luogo: cartoline illustrate molti oggettini religiosi. Era uno spettacolo raro.

10. Dopo una breve colazione abbiamo ripreso il nostro viaggio di ritorno e vorrei [1] raccontarti qualcosa dei vari paesetti che abbiamo attraversati.

11. Ma è tardi; perciò chiudo questa lettera contento d'aver goduto una bella giornata.

8. Finally we arrived in sight of the magnificent Castel Gandolfo, where the Pope has his summer residence. Looking upward we saw the dome of the Vatican Observatory, one of the most important in Europe.

9. I got off at the Square. There we saw many counters with souvenirs of the place: illustrated postcards and many small religious objects. It was an unusual sight.

10. After a short lunch we set out on our home trip and I would like to tell you something about the various little towns we passed through.

11. But it is late; therefore I am closing this letter happy to have enjoyed a beautiful day.

Tuo amico,
Enrico Cabot

Your friend,
Henry Cabot

NOTE 1. **vorrei** I would want *or* I would like. This is the conditional of **volere**. The conditional will be taught in Chapter 39.

Building Vocabulary

il banco (*bahn-koh*) counter, bench; i banchi *pl.*
il bicchiere (*beek-kyeh-ray*) glass (*drinking*)
il cipresso (*chee-prehs-soh*) cypress
il finestrino (*fee-neh-stree-noh*) car window
il paesetto (*pah-ay-zeht-toh*) little village
il panorama (*pah-noh-rah-mah*) panorama
il pendio (*payn-dee-yoh*) slope
il padrone (*pah-droh-nay*) landlord
la pietra (*pyeh-trah*) stone
la residenza (*ray-see-dehnt-sah*) residence
la specola (*speh-koh-lah*) observatory
la vigna (*veen-yah*) vineyard
la zona (*dzoh-nah*) zone
l'olivo (*loh-lee-voh*) olive tree
l'osteria (*loh-stay-ree-ah*) inn
attraversare (*aht-trah-vayr-sah-ray*) to cross
affrettarsi (*ahf-freht-tahr-see*) to hurry

raccontare (*rahk-kohn-tah-ray*) to relate
chiudere (*kyoo-day-ray*) to close
chiuso (*kyoo-soh*) *past part.*, closed
giungere (*joon-jay-ray*) to arrive
giunto (*joon-toh*) *past part.*, arrived
esigere (*ay-zee-jay-ray*) to require
dorato (*doh-rah-toh*) guilded, golden
estivo (*ay-stee-voh*) *adj.* summer
insolito (*een-soh-lee-toh*) unusual
parecchio (*pah-rehk-yoh*) a lot of, a good many, several
raro (*rah-roh*) rare, unusual
religioso (*ray-lee-joh-soh*) religious
secco (*sehk-koh*) dry
allegro (*ahl-lay-groh*) happy, joyous
a proposito di (*proh-paw-zee-toh*) about

Espressioni Italiane

qua e là here and there
da poco a little while ago
riprendere il viaggio to set out again
giungere = arrivare to arrive

Dopo un breve riposo riprenderemo il viaggio di ritorno. After a short rest we shall set out again on the return trip.

Grammar Notes and Practical Exercises

1. Imperative — All Forms.

You have already learned the polite forms of the imperative. The polite forms will serve you most of the time.

Polite Imperative

parlare	vedere	partire	finire
(Lei) parli, signore!	veda, signore!	parta, signore!	finisca, signore!
speak, sir!	see, sir!	leave, sir!	finish, sir!
(Loro) parlino, signori!	vedano, signori!	partano, signori!	finiscano, signori!
speak, gentlemen!	see, gentlemen!	leave, gentlemen!	finish, gentlemen!

Here are the remaining forms of the imperative:

(tu)	parla, Anita!	vedi, Anita!	parti, Anita!	finisci, Anita!
	speak, Annie!	see, Annie!	leave, Annie!	finish, Annie!
(noi)	parliamo!	vediamo!	partiamo!	finiamo!
	let us speak!	let us see!	let us leave!	let us finish!
(voi)	parlate, ragazzi!	vedete, ragazzi!	partite, ragazzi!	finite, ragazzi!
	speak, children!	see, children!	leave, children!	finish, children!

Subject pronouns are omitted in commands.

Except for the (tu) form of –are verbs (parla), the (tu), (noi) and (voi) forms of the imperative are exactly like the present tense forms of –are, –ere and –ire verbs.

To form the negative of the imperative, just place non before the verb. Thus:

non parliamo let us not speak　　　non finite do not finish.

But: non plus an infinitive is used in the negative instead of the (tu) form. Thus:

Parla forte, Anita!　　Non parlare troppo forte, Anita!
Speak loudly, Annie!　Do not speak too loudly, Annie!

Esercizio No. 179. Complete each sentence with the polite imperative of the verb in parentheses. Sentences 1–7 are in the singular; 8–14 are in the plural.

Esempio 1. Mi scriva se avrà tempo, signore.

1. Mi (scrivere) se avrà tempo, signore.
2. Mi (ricordare) alla signora Cabot, signore.
3. Mi (scusare) un minuto. Devo telefonare.
4. Mi (permettere) di farle qualche domanda, signore.
5. Mi (passare) il pane, per piacere, signora.
6. (Continuare) diritto, signora.
7. (Prendere) l'autobus 55, signorina.
8. (Attraversare) la strada, signori.
9. (Accomodarsi) in salotto, signore.
10. (Passare) in salotto, signori.
11. (Scendere) dall'automobile, signore.
12. (Aspettare) un momento, signorine.
13. (Finire) l'esame, signori.
14. (Salire) nell'automobile, signori.

Esercizio No. 180. These sentences are in the imperative familiar singular (tu understood). Change them to the familiar plural (voi understood).

Esempio: Porta la rivista.　Portate la rivista.

1. Ascolta la radio!
2. Scrivi la lettera!
3. Impara le parole!
4. Mangia la carne!
5. Finisci il lavoro!
6. Scendi dall'autobus!
7. Sali sull'automobile!
8. Lascia quì i fiori!
9. Guarda la televisione!
10. Leggi i cartelli!

Esercizio No. 181. Complete in Italian.

1. (Let us begin) l'esame.
2. (Let us go) al teatro.
3. (Let us see) i giornali.
4. (Let us get on) sull'autobus.
5. (Let us get off) dal treno.
6. (Let us pass) in salotto.
7. (Let us finish) la storia.
8. (Let us study) il francese.
9. (Let us wait) in sala d'aspetto.
10. (Let us make) un giro della città.

2. Position of Object Pronouns with the Imperative.

With the polite forms of the imperative, object pronouns precede the verb as usual.
With the negative forms of all imperatives, object pronouns precede the verb as usual.
But: With the affirmative (tu), (noi) and (voi) forms of the imperative, the object pronouns follow the verb and are attached to it. Thus:

Vendilo!	Sell it!	Vendeteli!	Sell them!	Vendiamoli!	Let's sell them!
Non lo vendere!	Do not sell it!	Non li vendete!	Do not sell them!	Non li vendiamo!	Let's not sell them!

Esercizio No. 182. The following sentences are all (tu), (noi) or (voi) forms of the imperative. Col. I has a noun object; Col. II has a pronoun object in the affirmative; and Col. III a pronoun object in the negative. Practice them aloud. They will give you a feeling for the (tu), (noi) and (voi) imperatives.

I	II	III
1. Mangia il pane.	Mangialo.	Non lo mangiare.
2. Passa il burro.	Passalo.	Non lo passare.
3. Scrivi la lettera.	Scrivila.	Non la scrivere.
4. Leggi le guide.	Leggile.	Non le leggere.
5. Guardate la televisione.	Guardatela.	Non la guardate.
6. Studiate la lezione.	Studiatela.	Non la studiate.
7. Ascoltiamo la radio.	Ascoltiamola.	Non la ascoltiamo.
8. Rispondete alle domande.	Rispondetele.	Non le rispondete.
9. Spendete il danaro.	Spendetelo.	Non lo spendete.

Esercizio No. 183. Complete these sentences, using the tu, voi and noi forms of the imperative.

1. (Let's go) al cinema.
2. (Let's go there).
3. (Study) la lezione, ragazzi.
4. (Study it), ragazzi.
5. (Do not study it), ragazzi.
6. (Take) l'autobus, Carlo.
7. (Take it), Carlo.
8. (Do not take it), Carlo.
9. (Let's buy) i biglietti.
10. (Let's not buy them).
11. (Come) con me, bambini.
12. (Do not eat) questi dolci, Maria.
13. (Do not eat) questi dolci, ragazzi.
14. (Do not eat them), ragazzi.
15. (Let's eat them).

Esercizio No. 184. Domande

1. Quale mestiere esige molto riposo?
2. Quale gita vuole descrivere il signor Cabot in questa lettera?
3. Che faceva il signor Cabot mentre l'autobus attraversava la campagna?
4. Che facevano i contadini che egli vedeva?
5. Quale zona attraversava l'autobus?
6. Dov'è stata la prima fermata importante?
7. Che servivano i padroni delle osterie?
8. Quanto tempo sono rimasti a Frascati?
9. Dove sono giunti finalmente?
10. Chi ha la sua residenza al Castel Gandolfo?
11. Che cosa vedevano sulla piazza?
12. Quando hanno ripreso il loro viaggio di ritorno?

REVISIONE 8
CAPITOLI 32–36
Revisione di Parole

NOUNS

1. l'aeroporto	9. la ditta	17. la passeggiata	1. airport	9. business firm	17. walk
2. l'arrivo	10. la dogana	18. il pezzo	2. arrival	10. customs	18. piece
3. l'ascensore	11. la gamba	19. il ricordo	3. elevator	11. leg	19. souvenir
4. l'autista	12. l'attore	20. la serata	4. driver	12. actor	20. evening
5. l'autocarro	13. l'attrice	21. la terra	5. motor truck	13. actress	21. earth, ground
6. l'avvocato	14. il giardino	22. la testa	6. lawyer	14. garden	22. head
7. il bicchiere	15. il giovanotto	23. la verdura	7. glass	15. young man	23. vegetable (green)
8. il contorno	16. il passante	24. la vigna	8. side dish	16. passer-by	24. vineyard

VERBS

1. affrettarsi	8. fermarsi	15. riposarsi	1. to hurry	8. to stop	15. to rest
2. andare via	9. gridare	16. sbagliarsi	2. to go away	9. to cry out	16. to be mistaken
3. attraversare	10. guidare	17. attendere	3. to cross	10. to drive	17. to wait for
4. avvicinare	11. noleggiare	18. chiedere	4. to approach	11. to hire	18. to ask, ask for
5. bucare	12. pescare	19. correre	5. to puncture	12. to fish	19. to run
6. cambiarsi	13. raccontare	20. esigere	6. to change clothes	13. to relate	20. to demand
7. cantare	14. riservare	21. giungere	7. to sing	14. to reserve	21. to arrive

ADJECTIVES

1. attraente	4. disperato	7. magnifico	1. attractive	4. desperate	7. magnificent
2. bravo	5. dignitoso	8. quotidiano	2. fine, good	5. dignified	8. daily
3. comico	6. indimenticabile	9. vertiginoso	3. comic, funny	6. unforgettable	9. dizzy

CONJUNCTIONS

1. siccome   2. poichè   8. perchè   1. since, as   2. because, since, as   8. because

ADVERBS

1. su   2. su e giù   3. subito   4. fa   1. up   2. up and down   3. at once   4. ago

ITALIAN EXPRESSIONS

1. Eccoci in viaggio.	7. fare i compiti	1. We are on our way!	7. to do homework
2. a tutta velocità	8. fare l'avvocato	2. at full speed	8. to be a lawyer
3. (sul) davanti	9. fare il dottore	3. in front	9. to be a doctor
4. Il piacere è tutto mio.	10. far una visita a	4. The pleasure is all mine.	10. to pay a visit to
5. aver una gomma a terra	11. fare male a	5. to have a flat	11. to hurt
6. stringersi la mano	12. I piedi mi fanno male.	6. to shake hands	12. My feet hurt.

Esercizio No. 185. Translate each sentence. Then read it aloud three times.

1. Il signor Cabot è partito per Roma.
2. Sua moglie è rimasta a casa.
3. La signora Cabot è uscita un'ora fa.
4. Essa non è ancora ritornata.
5. Siamo saliti in ascensore.
6. Sono scesi dall'aeroplano.
7. Perchè sei ritornata così tardi, Maria?
8. Io sono andato al mercato per fare delle spese.
9. Il suo nonno è morto stamattina.
10. La mia nonna è nata il cinque giugno 1900.

Esercizio No. 186. Fill in the correct form of the past participle of each verb in parentheses.

Esempio: Un bell'uomo si è avvicinato.

1. Un bell'uomo si è (avvicinarsi).
2. Si sono (incontrarsi) alla stazione.
3. Ho (prendere) un tassì per andare all'albergo.
4. Siamo (uscire) insieme.
5. Il tassì si è (fermarsi) davanti al teatro.
6. Essa è (arrivare) sana e salva.
7. Il signor Cabot è (scendere) dall'automobile.
8. Gli uomini hanno (riservare) una bella camera.
9. Mia sorella è (nascere) il cinque gennaio.
10. Egli si è (mettere) il soprabito.
11. Che cosa ha (dire) Lei?
12. Non ho (fare) le valigie.
13. Hanno (chiedere) delle informazioni?
14. Le finestre sono (aprire).
15. Chi le ha (aprire)?
16. Le porte sono (chiudere).

Esercizio No. 187. Complete each sentence in Italian. Then read it aloud three times.

1. (It was raining buckets) quando il signore ha aperto la porta.
2. (I was very happy) quando ho ricevuto la sua lettera.
3. Essi prendevano del tè col rum (when Mr. Cabot received) un telegramma.
4. Pranzavamo (when my agent telephoned me).
5. Nel passato (we used to go) spesso al teatro.
6. (I did not know) ciò che dicevano.
7. (We were not able) trovare la penna stilografica.
8. (Did they want) viaggiare dappertutto?
9. (She did not have time) per andare al cinema.
10. (She was to) farci una visita qui.

Esercizio No. 188. Complete each sentence by selecting from the parentheses the correct tense of the verb.

1. Domani noi ____ una visita alla famiglia. (faremo, facevamo, abbiamo fatto)
2. Gli alunni non ascoltavano mentre il professore ____ . (parlerà, parlava, ha parlato)
3. Dove ____ la giornata ieri? (passerà, passava, ha passato)
4. Io non li ____ fino a domani. (vedrò, vedevo, ho visti)
5. Noi facevamo i nostri compiti mentre essi ____ a carte. (giocheranno, giocavano, hanno giocato)
6. Ieri sera i bambini ____ al cinema. (andranno, andavano, sono andati)
7. Esse sono rimasti a casa perchè ____ a catinelle. (pioveva, pioverà, ha piovuto)
8. ____ un viaggio in Europa l'estate ventura? (farete, facevate, avete fatto)
9. Egli ci ____ cinque dollari ieri. (presterà, prestava, ha prestato)
10. A che ora ____ Loro stamattina? (si alzeranno, si alzavano, si sono alzati)

Esercizio No. 189. Write the verbs listed below in the present, future, imperfect, present perfect and past perfect tenses, using the subject pronouns indicated in parentheses.

Esempio: 1. **Lei studia; studierà; studiava; ha studiato; aveva studiato**
2. **noi andiamo; andremo; andavamo; siamo andati; eravamo andati**

1. (Lei) studiare	4. (tu) vendere	7. (io) partire	10. (Loro) conoscere
2. (noi) andare	5. (egli) prendere	8. (esso) costare	11. (io) sapere
3. (io) capire	6. (voi) viaggiare	9. (tu) salire	12. (essa) servire

Dialogo

Al RIFORNIMENTO DI BENZINA

1. Il signor Cabot va al rifornimento di benzina per fare il pieno. Immediatamente un giovanotto s'avvicina per servirlo.
2. — Buon giorno, signore, in che posso servirla?
3. — Buon giorno giovanotto, risponde il signor Cabot. Mi faccia il pieno, per piacere?
4. — Normale o Super?
5. — Normale per favore. Vuole controllare l'olio, l'acqua e le gomme?
6. — Con piacere, signore, risponde l'impiegato.
7. Il giovanotto fa il pieno, controlla l'olio, l'acqua e le gomme.
8. — Tutto va bene, dice al nostro turista.
9. — Tante grazie. Quanto le devo?
10. — Due mila seicento novanta lire in tutto.
11. Il signor Cabot gli dà tre biglietti da mille lire e il giovanotto gli dà trecento dieci lire di resto.
12. Il signor Cabot fa il conto e vede che tutto va bene.
13. — Benissimo, egli dice all'impiegato. — Grazie e arrivederci.
14. Il giovanotto risponde — Arrivederla e buon viaggio.

1. Mr. Cabot goes to the gas station to fill up the tank. Immediately a young man approaches to serve him.
2. "Good day, sir, what can I do for you?"
3. "Good day, young man," answers Mr. Cabot. "Fill up the tank, please."
4. "Regular or Super?"
5. "Regular, please. Will you check the oil, water, and the tires?"
6. "With pleasure, sir," the employee replies.
7. The young man fills the tank, checks the oil, water, and the tires.
8. "Everything is okay," he says to our tourist.
9. "Many thanks. How much do I owe you?"
10. "Two thousand six hundred ninety lire in all."
11. Mr. Cabot gives him three one thousand lire notes and the young man gives him three hundred and ten lire in change.
12. Mr. Cabot figures out the amount and sees that all is in order.
13. "Very good," he says to the employee. "Thank you and good-by."
14. The young man answers, "Good-by and a happy trip."

Esercizio No. 190 — Lettura

VENEZIA, LA REGINA DELL'ADRIATICO

Venezia sembra un grandioso miracolo nato [1] dal mare. Vecchia città del mistero e del romanzo, essa conserva ancora la magnificenza del suo passato nei suoi palazzi, nelle sue gondole, nella sua affascinante gente, nei suoi canali e nelle sue chiese, prima fra cui è la famosa San Marco.

Venezia è construita [2] su numerose isolette che sono unite una all'altra da piccoli ponti. Il mare tocca [3] la soglia [4] dei bellissimi palazzi, molti dei quali sfortunatamente sono ormai [5] in uno stato di deterioaramento.

Nei canali passano silenziose le gondole. Di tanto in tanto il silenzio viene rotto [6] dalla voce soave [7] d'un gondoliere o dalle romantiche melodie d'una fisarmonica. [8]

Dalla primavera all'autunno il turismo è enorme; c'è sempre un gran viavai di gente che viene da tutte le parti del mondo. Piazza San Marco spesso assomiglia a un formicaio, [9] specialmente quando molti turisti si divertono a dar da mangiare ai colombi. [10] Venezia ha tutto per rendere il viaggiatore felice.

NOTES: 1. born. 2. built. 3. touches. 4. threshold. 5. by now. 6. **viene rotto** is broken.
7. soft. 8. accordion. 9. beehive. 10. pigeons.

CAPITOLO 37 (TRENTASETTE)

IL PALIO DELLE CONTRADE A SIENA

Lettera da Siena

Caro Amico,	Dear Friend,
1. Una sera mentre facevo una passeggiata per Via Veneto coi suoi numerosi alberghi e caffè, ho osservato un cartello a bei colori.	1. One evening, while taking a walk through Via Veneto with its numerous hotels and cafés, I observed a colorful advertisement.
2. Mi sono fermato a leggerlo. Era l'annunzio del Palio delle Contrade di Siena di cui avevo già sentito tanto parlare.	2. I stopped to read it. It was an advertisement of the Inter-Quarter Horse Race at Siena about which I had already heard a great deal.
3. Siccome Siena è una delle più piccole città che avevo intenzione di visitare, ho deciso di andarvi col treno per vedere questo spettacolo che ha luogo due volte l'anno, il 2 luglio e il 16 agosto, nella storica Piazza del Campo.	3. Since Siena is one of the smaller cities which I intended to visit, I decided to go there by train to see this spectacle which takes place twice a year, July 2nd and August 16th, in the historic Piazza del Campo.
4. Quando sono arrivato a Siena, il 2 luglio di mattina, ho trovato la città affollatissima. Le strade erano popolate da gente in costumi medioevali.	4. When I arrived in Siena, the morning of July 2nd, I found the city very crowded. The streets were filled with people in medieval costumes.
5. Andando a piedi pei [1] vari quartieri della città (chiamati «le contrade» in italiano antico) ho veduto su tutti i muri manifesti coi nomi, con le bandiere e coi colori dei partecipanti di ciascun quartiere alla storica competizione.	5. Walking through the various quarters of the city (called le contrade in old Italian), I saw on all the walls notices with the names, the flags and the colors of the participants from each quarter in the historic competition.
6. Il Palio, come tu sai, è una corsa di cavalli, e i numerosi fantini, vestiti in abiti medioevali, cavalcano senza sella. Molti stranieri vanno a vederla.	6. The Palio, as you know is a horse race, and the numerous jockeys, clothed in medieval costumes ride bareback (*Lit.* without saddle). Many foreigners come to see it.
7. Un gran corteo ha aperto la festa in cui tutte le più vecchie famiglie della città hanno partecipato in antichi e preziosissimi costumi.	7. A great parade opened the fiesta, in which the oldest families of the city took part in old and very precious costumes.
8. Le corse stesse erano molto eccitanti. L'entusiasmo era grandissimo e tutti i turisti facevano fotografie delle corse. Anch'io mi sono sentito preso dall'entusiasmo generale.	8. The races themselves were very exciting. There was great enthusiasm and all the tourists were taking pictures of the races. I also felt myself carried away by the general enthusiasm.
9. Più tardi, nel giro che ho fatto a Siena, ho avuto occasione di ammirare molti palazzi, l'Accademia delle Belle Arti, la Biblioteca, il Duomo e il Palazzo Pubblico con la sua meravigliosa torre.	9. Later, in the tour I made in Siena, I had the opportunity to admire many palaces, the Academy of Fine Arts, the Library, the Dome and the Public Palace with its wonderful tower.
10. Mi dicono che la lingua che si parla a Siena è molto dolce e pura. Non avevo difficoltà a capirla.	10. They tell me that the language which is spoken at Siena is very soft and pure. I had no difficulty in understanding it.
11. Al mio ritorno a Nuova York ti farò vedere tutte le belle fotografie a colori che ho fatto quel giorno a Siena.	11. On my return to New York I shall show you the beautiful photographs in color that I took on that day in Siena.
12. E ora ti annunzio che domani partirò per Firenze per passare qualche giorno nella città di Dante.	12. I am letting you know now that I shall leave tomorrow for Florence to spend several days in the city of Dante.
Sempre con molto affetto, Tuo amico, Enrico Cabot	Always with much affection, Your friend, Henry Cabot

NOTE 1. per + il may contract into pel and per + i into pei.

Building Vocabulary

il corteo (*kohr-tay-oh*) parade
il costume (*koh-stoo-may*) custom, costume
il cavallo (*kah-vahl-loh*) horse
il duomo (*dwaw-moh*) dome
il fantino (*fahn-tee-noh*) jockey
il manifesto (*mah-nee-feh-stoh*) placard, notice
il muro (*moo-roh*) wall (outside)
il palazzo (*pah-lahts-soh*) palace
il partecipante (*pahr-tay-chee-pahn-tay*) participant
il quartiere (*kwahrt-yeh-ray*) quarter
la bandiera (*bahnd-yeh-rah*) flag
la competizione (*kohm-pay-teets-yoh-nay*)
la corsa (*kohr-sah*) race
la fotografia (*foh-toh-grah-fee-ah*) photograph
la sella (*sehl-lah*) saddle
la torre (*tohr-ray*) tower

l'abito (*lah-bee-toh*) suit, costume
l'affetto (*lahf-feht-toh*) affection
l'atmosfera (*laht-moh-sfeh-rah*) atmosphere
lo straniero (*strahn-yeh-roh*) stranger
annunciare (*ahn-noon-chah-ray*) to let know
cavalcare (*kah-vahl-kah-ray*) to ride (horseback)
partecipare (*pahr-tay-chee-pah-ray*) to take part
affollato (*ahf-fohl-lah-toh*) crowded
eccitante (*ay-chee-tahn-tay*) exciting
medioevale (*mayd-yoh-ay-vah-lay*) medieval
popolato (*poh-poh-lah-toh*) populated
pubblica (*poob-blee-kah*) public
prezioso (*prayts-yoh-soh*) precious
precedente (*pray-chay-dehn-tay*) preceding
storico (*stoh-ree-koh*) historical
siccome (*seek-koh-may*) since, as

Espressioni Italiane

aver intenzione di — to intend to
aver luogo (*lwaw-goh*) to take place

far vedere — to show (*Lit.* to make see)
sentir parlare di — to hear speak of

Practice speaking aloud:

Ha sentito parlare Lei della corsa che ha luogo il due luglio a Siena?

Sì, ne ho sentito tanto parlare. Ho intenzione di andare al Palio e spero di fare delle fotografie a colori che ti farò vedere.

Have you heard of the race (*Lit.* have you heard speak of) which takes place July 2, at Siena?

Yes, I have heard a great deal about it (*Lit.* heard speak of it). I intend to go to the Palio and I hope to take some photographs in color which I shall show you.

Grammar Notes and Practical Exercises

1. Summary of Negative Expressions.

1. Questi alunni non sono mai in ritardo.
2. Non ho niente (nulla) da fare.
3. Non ho trovato neanche uno sbaglio.
4. Lei non ha che cinque dollari?
5. Non ho conosciuto nessuno a quella festa.
6. In primavera non fa nè caldo nè freddo.
7. Nessuno mi ha capito.
8. Neanche un solo studente ha superato l'esame.
9. Non ho fretta. Neppure io.

These students are never late.
I have nothing to do.
I have not found even one error.
Have you only five dollars?
I didn't know anyone at that party.
In spring it is neither warm nor cold.
Nobody (no one) understood me.
Not even one student passed the exam.
I am not in a hurry. Neither am I.

Negative expressions usually have two parts: **non** before the verb, the negative expression after the verb. When any one of these expressions precedes the verb, **non** is omitted (Sentences 7, 8, 9).
Common negatives are:

1. non *verb* mai never
2. non *verb* niente (*or* nulla) nothing
3. non *verb* neanche }
   nemmeno } not even, not either
   neppure }

4. non *verb* che only
5. non *verb* nessuno nobody, not anybody
6. non *verb* nè ... nè neither ... nor
7. non *verb* affatto not at all

Esercizio No. 191. Complete each Italian sentence with the correct negative. Read each aloud.

1. I know nothing about that matter.
2. We never travel in winter.
3. I do not lack anything in this hotel.
4. We don't like to stand, either.
5. It never rained much.
6. I took neither the umbrella nor the rubbers.
7. I have never seen such a thing.
8. Nobody stopped in spite of our signals.
9. What is new? Nothing, absolutely nothing.
10. Better late than never.
11. We have neither the time nor the money.
12. I think of nothing else.
13. I saw nobody.
14. We have only two months at our disposal.
15. They say nothing and they do nothing.
16. It is pleasant to do nothing.
17. I don't have any money at all.
18. I can stay here only until Thursday.
19. Nobody has gone away.
20. I saw no porter there.

1. ____ so ____ di quell'affare.
2. ____ viaggiamo ____ d'inverno.
3. ____ mi manca ____ in quest'albergo.
4. ____ ci piace stare in piedi ____ .
5. ____ è ____ piovuto molto.
6. ____ ho preso ____ l'ombrello ____ le soprascarpe.
7. ____ ho ____ visto una cosa simile.
8. ____ si è fermato malgrado i nostri segnali.
9. Che c'è di nuovo? ____ proprio ____ .
10. Meglio tardi che ____ .
11. ____ abbiamo ____ il tempo ____ il denaro.
12. ____ penso a ____ altro.
13. ____ ho visto ____ .
14. ____ abbiamo ____ due mesi a nostra disposizione.
15. ____ dicono ____ e ____ fanno ____ .
16. È dolce far ____ .
17. ____ ho ____ danaro.
18. ____ posso restarci ____ fino a giovedì.
19. ____ è andato via.
20. ____ vi ho visto ____ facchino.

Esercizio No. 192. Domande

1. Che ha osservato una sera il signor Cabot?
2. Perchè si è fermato egli?
3. Il signor Cabot aveva già sentito parlare del Palio?
4. Che cosa ha deciso il signor Cabot?
5. Quante volte l'anno ha luogo questo spettacolo?
6. C'erano molte persone nelle strade?
7. Dove ha veduto egli manifesti coi nomi e con le bandiere dei partecipanti?
8. Che cosa è il Palio?
9. Come sono vestiti i fantini?
10. Quale avvenimento ha aperto la festa?
11. Chi ha partecipato nel corteo?
12. Che facevano tutti i turisti?
13. Che cosa ha fatto più tardi il signor Cabot?
14. Il signor Cabot aveva difficoltà a capire la lingua che si parla a Siena?
15. Quando partirà egli per Firenze?

CAPITOLO 38 (TRENTOTTO)

FOREWORD

In Chapters 38–40 there is no parallel translation of the texts. However, the new words and expressions that appear are given in the vocabularies which follow each text. There is also the Italian–English dictionary in the Appendix to which you can refer for words you may have forgotten.

You should therefore have no difficulty in reading and understanding the texts. As a means of testing your understanding, a series of English questions to be answered in English are given under the heading "Test of Reading Comprehension," instead of the usual Italian **Domande.** You can check your answers in the "Answers" Section of the Appendix.

FIRENZE, LA CITTÀ DI DANTE

Lettera da Firenze

Caro Amico,

1. Eccomi a Firenze dove ho passato cinque giorni indimenticabili visitando i magnifici palazzi, le chiese e i musei, camminando sù e giù per le strade pittoresche. Non cercherò di descrivere tutti i bei luoghi che ho visitato qui perchè per far ciò sarebbe (would be) necessario non una lettera ma un libro intero. In ogni modo ti scriverò qualche cosa delle mie impressioni ed esperienze nel miglior modo possibile per me.

2. Si dice che la gloria e la ricchezza dell'intera civilizzazione si può trovare a Firenze e che questa città non appartiene solo all'Italia ma all'universo intero. Sono qui da solo cinque giorni ma sento che questa affermazione è vera.

3. Naturalmente ho passato molte ore nella Galleria degli Uffizi che contiene una delle più famose collezioni d'arte italiana e straniera del tredicesimo al diciottesimo secolo.

4. Ho visitato pure la Galleria di Palazzo Pitti dove ho ammirato i quadri di Raffaello e di Tiziano, e il Museo Nazionale dove ho veduto le famose sculture di Donatello e di Lucia della Robbia.

5. Sono anche andato alla Galleria dell'Accademia delle Belle Arti dove si trovano i capolavori di Michelangelo.

6. Ho passato molte ore camminando per le pittoresche vie fra cui c'è, naturalmente, Via Tornabuoni che è la strada più importante di Firenze pei suoi eleganti negozi e caffè.

7. In una vecchia strada, molto stretta, ho veduto la casa dove il famoso poeta Dante Alighieri nacque nel 1265 (mille duecento sessantacinque). Ho letto la sua Divina Commedia in inglese. Un giorno spero di leggerla in italiano.

8. Come tu puoi immaginare, il Ponte Vecchio coi suoi negozi d'artigianato è stato di grand'interesse per me, essendo io importatore d'oggetti d'arte. Quanti begli oggetti artistici fatti dagli artigiani fiorentini si vedono lì: braccialetti, anelli, orecchini, collane ed anche molti oggetti di pelle.

9. A metà del ponte c'è un'arcata da cui si può ammirare il fiume Arno che scorre calmo e lento.

10. Ho approfittato d'ogni opportunità di parlare coi fiorentini, e grazie a te ho potuto arrangiarmi molto bene nella loro lingua.

11. Ho trovato i fiorentini cortesi e sempre pronti ad aiutare gli stranieri che visitano la loro città.

12. Domani partirò per Venezia e farò un giro a Verona, Milano e Genova. Poi ritornerò a Roma per qualche giorno. Forse farò una breve gita a Napoli perchè desidero specialmente visitare Pompei, Capri e Ischia. Dopo ritornerò di nuovo a Roma dove prenderò l'aeroplano per ritornare a casa, cioè a New York.

Molto affettuosamente,

Tuo amico,

Enrico Cabot

Building Vocabulary

il braccialetto (*brah-chah-leht-toh*) bracelet
il secolo (*seh-koh-loh*) century
il quadro (*kwah-droh*) picture
la collana (*kohl-lah-nah*) necklace
la gloria (*glohr-yah*) glory
la pelle (*pehl-lay*) leather, skin
la ricchezza (*reek-kehts-sah*) riches
l'anello (*lah-nehl-loh*) ring
l'arcata (*lahr-kah-tah*) arcade
l'orecchino (*loh-rehk-kee-noh*) earring
l'universo (*loo-nee-vehr-soh*) universe
l'artigiano (*lahr-tee-jah-noh*) artisan
arrangiarsi (*ahr-rahn-jahr-see*) to get along

l'artigianato handicraft
appartenere (*ahp-pahr-tay-nay-ray*) to belong
contenere (*kohn-tay-nay-ray*) to contain
scorrere (*skohr-ray-ray*) to flow
nacque (*nah-kway*) he, she, it was born
artistico (*ahr-tee-stee-koh*) artistic
calmo (*kahl-moh*) calm
cortese (*kohr-tay-zay*) courteous, kind
elegante (*ay-lay-gahn-tay*) elegant
pittoresco (*peet-toh-ray-skoh*) picturesque
stretto (*strayt-toh*) narrow
a metà di (*may-tah*) in the middle of
sù e giù (*soo ay joo*) up and down

Espressioni Italiane

eccomi here I am
eccolo here he is
eccola here she is
eccoli here they are (*m.*)
eccole here they are (*f.*)

nel miglior modo possible per me as best as I can
in ogni modo in any case
Scriva la lettera nel miglior modo possibile per Lei.
    Write the letter as best as you can.

Esercizio No. 193.   Test of Reading Comprehension

1. Where has Mr. Cabot spent five unforgettable days?
2. How did he pass the time there?
3. Why will he not try to describe all the places he visited?
4. What will he do anyway, as best he can?
5. What is said about Florence?
6. What does Mr. Cabot think of this statement?
7. At what gallery did he spend many hours?
8. What famous collection does this gallery contain?

9. Whose paintings does he admire in the Palazzo Pitti?
10. Whose sculptures did he see in the Museo Nazionale?
11. In what gallery are found masterpieces of Michelangelo?
12. What street of Florence is most important for its elegant stores and cafés?
13. Where is the house where Dante Aleghieri was born?
14. What does Mr. Cabot hope to read in Italian some day?
15. Name some of the artistic objects made by Italian craftsmen, in the shops on the Ponte Vecchio?
16. What river flows under the Ponte Vecchio?
17. How has Mr. Cabot been able to get along speaking to people in Florence?
18. How did he find the people of Florence?

Grammar Notes and Practical Exercises

1. Summary of Single Object Pronouns.

   You have learned:

   a. The direct and indirect object pronouns and the reflexive pronouns.

SINGLE OBJECT PRONOUNS

Singular			Plural		
Direct	Indirect	Reflexive	Direct	Indirect	Reflexive
mi me	mi to me	mi myself	ci us	ci to us	ci ourselves
ti you	ti to you	ti yourself	vi you	vi to you	vi yourselves
lo him, it	gli to him	si himself	li them *m.*	loro to them	si themselves
la her, it	le to her	si herself	le them *f.*		
La you	Le to you	si yourself	Li you *m.*	Loro to you	si yourselves
			Le you *f.*		
ne some, any, some of it, any of it			ne some, any, some of them, any of them		

   b. The use of the partitive **ne** (some, any, some of it, etc.).

Hanno Loro del burro?	Have you any butter?
Sì, ne abbiamo due libbre.	Yes, we have two pounds (of it).

   c. The position of object pronouns. Object pronouns precede all verbs except infinitives, present participles and the affirmative imperative (**tu, noi** and **voi** forms).

Ha comprato Lei quelle belle pitture?	Have you bought those beautiful pictures?
Sì, *le* **ho comprate.**	Yes, I have bought *them*.
Vuole comprare questa cravatta?	Do you want to buy this necktie?
Non voglio comprar*la*.	No, I do not want to buy *it*.
Compriamo*la*.	Let's buy *it*.
Non *la* **compriamo.**	Let us not buy *it*.

2. Double Object Pronouns

   a. | **A chi darà Carlo i biglietti?** | To whom will Charles give the tickets? |
   |---|---|
   | *Me li* **darà.** | He will give *them to me*. |
   | *Te li* **darà.** | He will give *them to you*. |
   | *Ce li* **darà.** | He will give *them to us*. |
   | *Ve li* **darà.** | He will give *them to you*. |
   | **Voglio dar***tene*. | I want to give *some to you*. |
   | *Me li* **mostri.** | Show *them to me*. |

When a verb has two object pronouns, the *indirect object* precedes the *direct object* (the reverse of English usage), and both objects precede or follow the verb, according to the same rules that apply to single object pronouns.

Before **lo, la, li, le,** or **ne,** the pronouns **mi, ti, ci, vi** and **si** become **me, te, ce, ve** and **se.**

b. A chi manderà Lei il denaro? — To whom will you send the money?
Glielo manderò. — I shall send *it to him (to her, to you)*.

A chi manderà Lei i libri? — To whom will you send the books?
Glieli manderò. — I shall send *them to him (to her, to you)*.
Gliene mandi! — Send *some to him (to her)*!
Voglio mandar*gliene*. — I want to send *some to him (to her, to you)*.

Before lo, la, li, le, or ne, both gli (*to him*) and le (*to her, to you*) become glie. Thus:

glielo
gliela } it to him, *or* it to her, *or* it to you (*pol. sing.*).

glieli
gliele } them to him, *or* them to her, *or* them to you (*pol. sing.*).

gliene   some to him, *or* some to her, *or* some to you (*pol. sing.*).

c. *Lo* manderò *loro*. — I shall send *it to them*.
Lo manderò *Loro*. — I shall send *it to you (pol. plur.)*.

Loro (to you *pol. plur.*) and loro (to them) must as usual follow the verb.

Esercizio No. 194. Translate the following sentences. Then practice saying them aloud. They will help give you a "feeling" for the double object pronouns.

1. Avete mandato le lettere al signor Cabot?
   Sì, gliele abbiamo mandate.
2. Ha ritornato l'impermeabile al signor Amato?
   Sì, glielo ho ritornato.
3. Mi mandi i giornali italiani, per favore.
   Glieli manderò domani.
4. Le ha dato il conto il cameriere?
   No, egli non me l'ha ancora dato.
5. Hai chiesto i biglietti all'impiegato?
   No, non glieli ho ancora chiesti perchè è troppo occupato.
6. Quanti piatti ci sono in questa cassa?
   Ce ne sono venticinque dozzine.
7. Gli hai reso il danaro che ti ha prestato?
   (Io) glielo renderò domani.
8. La cameriera vi ha mostrato i vasi che il signor Cabot ha ricevuti da Roma?
   Sì, essa ce li ha mostrati.
9. Può Lei prestarmi il suo ombrello?
   Sì, glielo presterò, ma me lo renderà domani, non è vero?
   Granzie tante, glielo renderò domani.
10. Mi mostri per favore il nuovo abito che Lei ha comprato.
    Mi dispiace, non posso mostrarglielo perchè non è ancora arrivato dal negozio.
11. Quando ci porterà Lei gli abiti?
    Li porterò Loro domani.
12. Quando scriverà Lei la lettera a Anita?
    Gliela scriverò dopodomani.
13. Ecco la penna. Me la dia!
14. Ecco l'orologio. Ce lo dia!
15. Ecco il quadro. Lo dia loro!
16. Mi porterà Lei i cappelli?
    Sì, glieli porterò stasera.

Esercizio No. 195. Rewrite these sentences, changing the nouns in italics to pronouns.

Esempio 1. Glielo manderò. I shall send it to her.

1. Manderò *l'anello alla signora Cabot*.
2. Presterò *la mia collana a Maria*.
3. Egli ha dato *il giornale a Giorgio*.
4. Mi restituirà Lei *l'ombrello*?
5. Vi porteremo *gli oggetti d'arte*.
6. Le compriamo *questo braccialetto*.
7. Dopo pranzo ti leggerò *la storia*.
8. Ci comprerà Lei *dei francobolli*?
9. Comprerò Loro *dei francobolli*.
10. Ho mandato *il danaro al commerciante*.
11. Mi mandi *i libri* immediatamente.
12. Insegno *il poema agli alunni*.
13. Essi le mandano *i fiori*.
14. Prestiamogli *il danaro*.
15. Non dare *i fiammiferi al bambino*.
16. Mandate *le lettere a Maria*.

CAPITOLO 39 (TRENTANOVE)

IL SIGNOR CABOT COMPRA UN BIGLIETTO DELLA LOTTERIA

Sesta Lettera da Roma

Caro Amico,

1. Non sono un giocatore. Voglio dire cioè, che fino alla settimana scorsa non ero stato un giocatore. Adesso ti dirò quello che è successo.

2. A Roma si vendono dappertutto biglietti di lotteria.

3. Quando sono arrivato a Roma ho notato subito che s'interessavano tutti della Lotteria Nazionale. Vedevo cartelli della lotteria negli autobus, per le strade, nei negozi, in albergo, in breve, dovunque.

4. Mentre guardavo uno di questi avvisi ho cominciato a sognare. Ho sognato che vincerei (I would win) il primo premio. Poi avrei (I would have) abbastanza denaro per viaggiare in tutta l'Europa l'anno prossimo. La mia famiglia verrebbe (would come) con me e i miei figli andrebbero (would go) ad una buona scuola italiana per studiare la lingua. Mia moglie potrebbe (would be able) fare la conoscenza dei signori Vitelli e forse potremmo (we would be able) fare tutti un bel viaggio insieme. Potrei (I would be able) comprare anche delle bellissime cose, non per venderle, ma per tenerle in casa mia. Sarei (I would be) l'uomo più felice del mondo.

Così sognavo, sognavo . . .

5. Un giorno, mentre scendevo dall'autobus e osservavo un gran cartello della Lotteria Nazionale, un uomo piuttosto vecchio e mal vestito si è avvicinato e mi ha detto — Signore, compri questo biglietto. Vincerà. Le porterà fortuna.

6. — Come sa Lei che questo numero vincerà?

7. — Perchè ci sono tre zeri. Guardi!

8. Ho guardato, ed infatti il numero finiva con tre zeri. Mi sono detto: Questo numero esce dall'ordinario. Compriamolo!

9. Ed ecco come sono diventato giocatore!

10. Il giorno dopo mi sono alzato presto e ho chiesto subito il mio caffè, i panini e il giornale. Ma la sola cosa che m'interessava era il giornale. L'ho aperto subito. Il cuore mi batteva forte forte. Ma dove li hanno nascosti quei numeri? Oh, eccoli! Che vedo? Il numero che ha vinto il primo premio finisce con tre zeri, 26,000 (ventiseimila)!

11. Non respiro più. Cerco il mio biglietto facendo dei castelli in aria.

12. Alla fine lo trovo. Posso appena tenerlo in mano. Ecco i tre zeri! Ecco il numero due! Ma che sfortuna, l'altro numero è un cinque e non un sei. Peccato!

13. Allora ho fatto colazione ridendo di me stesso.

14. Ho deciso che l'emozioni di un giocatore non sono per me. Amo la vita tranquilla come ti ho sempre detto a Nuova York.

Molto affettuosamente,

Tuo amico,

Enrico Cabot

Building Vocabulary

il cuore (*kwaw-ray*) heart
il giocatore (*joh-kah-taw-ray*) player, gambler
la lotteria (*loht-tay-ree-ah*) lottery
la sfortuna (*sfohr-too-nah*) misfortune
l'avviso (*lahv-vee-zoh*) notice
l'emozione (*lay-mohts-yoh-nay*) emotion
lo zero (*dzeh-roh*) zero
respirare (*rays-pee-rah-ray*) to breathe
sognare (*sohn-yah-ray*) to dream
battere (*baht-tay-ray*) to beat
chiedere (*kyeh-day-ray*) to ask, to ask for

chiesto *past part.* asked, asked for
nascondere (*nah-skohn-day-ray*) to hide
nascosto *past part.* hidden
ridersi (di) (*ree-dayr-see*) to laugh (at)
tenere (*tay-nay-ray*) to hold, to keep
vincere (*veen-chay-ray*) to win
vinto *past part.* won
appena (*ahp-pay-nah*) scarcely, as soon as
dovunque (*doh-voon-kway*) everywhere
scorso (*skohr-soh*) last; la settimana scorsa last week

Espressioni Italiane

ecco come that is how
alla fine at last

tutti (tutte) e quattro all four
tutti (tutte) e due both
uscire dall'ordinario to be unusual

Esercizio No. 196. Test of Reading Comprehension

1. What kind of man had Mr. Cabot never been?
2. What did Mr. Cabot notice when he came to Rome?
3. As he looked at the lottery notices what did he dream of winning?
4. For what would he then have sufficient money?
5. Who would come with him to Europe?
6. What would the children do in Italy?
7. With whom would his wife become acquainted?
8. What would all (the Cabots and Vitellis) perhaps do together?
9. Who approached Mr. Cabot one day as he was looking at a large advertisement of the National Lottery?
10. What did the man say to him?
11. What was unusual about the number of the ticket that Mr. Cabot bought?
12. What did Mr. Cabot ask for next morning?
13. What was the only thing that interested him?
14. Was he calm when he opened the newspaper?
15. What did the number which won the first prize end in?
16. What was Mr. Cabot doing mentally as he looked for his ticket?
17. What number won the first prize?
18. What number did Mr. Cabot have?
19. Was Mr. Cabot sad as he ate his breakfast?
20. What did Mr. Cabot decide?

Grammar Notes and Practical Exercises

1. The Present Conditional. What *would happen.* parlare, vendere, finire.

I should or would buy, etc.		I should or would sell, etc.	I should or would finish, etc.
comprerei	(*kohm-pray-rehy*)	venderei	finirei
compreresti	(*kohm-pray-ray-stee*)	venderesti	finiresti
comprerebbe	(*kohm-pray-rehb-bay*)	venderebbe	finirebbe
compreremmo	(*kohm-pray-ray-moh*)	venderemmo	finiremmo
comprereste	(*kohm-pray-ray-stay*)	vendereste	finireste
comprerebbero	(*kohm-pray-rehb-bay-roh*)	venderebbero	finirebbero

The present conditional personal endings are ei, esti, ebbe, emmo, este, ebbero.

To form the present conditional, use as a base the infinitive minus the final –e and add the conditional endings.

But, in the –are verbs, the –a of the infinitive must be changed to –e before the endings are added. Thus the base for the present conditional is the same as the base for the future.

FUTURE		CONDITIONAL
parlare	parlerò, parlerai, parlerà, etc.	parlerei, parleresti, parlerebbe, etc.
vendere	venderò, venderai, venderà, etc.	venderei, venderesti, venderebbe, etc.
finire	finirò, finirai, finirò, etc.	finirei, finiresti, finirebbe, etc.

2. The Irregular Present Conditional.

All verbs that have an irregular base for the future have the same irregular base for the conditional:

avere	avrei, etc.	I would have, etc.	potere	potrei, etc.	I would be able, etc.
essere	sarei, etc.	I would be, etc.	dovere	dovrei, etc.	I would have to, etc.
andare	andrei, etc.	I would go, etc.	sapere	saprei, etc.	I would know, etc.
fare	farei, etc.	I would make, do, etc.	venire	verrei, etc.	I would come, etc.
dare	darei, etc.	I would give, etc.	volere	vorrei, etc.	I would want, etc.
vedere	vedrei, etc.	I would see, etc.	rimanere	rimarrei, etc.	I would remain, etc.

Esercizio No. 197. Change these sentences from the future to the present conditional. Translate each sentence in the present conditional.

Esempio 1. **Viaggerei dappertutto in Europa.** I would travel everywhere in Europe.

1. Io viaggerò dappertutto in Europa.
2. Egli visiterà la Francia e l'Italia.
3. Noi impareremo l'italiano.
4. La mia famiglia non m'accompagnerà.
5. Essa potrà comprare molte belle cose.
6. Avrà egli abbastanza danaro?
7. Essi compreranno degli oggetti d'arte.
8. Sarete voi contenti di rimanere qui?
9. Essa non vi riconoscerà.
10. Essi non faranno i loro compiti.
11. Io ti manderò le riviste.
12. Essi non verranno la settimana prossima.
13. Mi piacerà andare in Sicilia.
14. Ti piacerà fare una gita in Riviera?
15. Avrò bisogno di buoni consigli.
16. Saranno contenti di fare la sua conoscenza.

Esercizio No. 198. Complete in Italian with the correct form of the verb.

1. (Will you buy) l'anello?
2. Lo (I would buy) **ma** (I do not have) **abbastanza danaro.**
3. (She will buy) **gli orecchini, quando** (she returns = will return) **al negozio.**
4. (Would you (Lei) be able) **farlo?**
5. (I shall be able) **farlo, se** (I have = shall have) **il tempo.**
6. (I would go out) **ma** (it is raining).
7. (They would be) **contenti di andare, ma** (they cannot).
8. (I would be) **contento di vederla.**
9. **La sua famiglia** (will not accompany him).
10. (They would like = it would be pleasing to them) **imparare l'italiano.**
11. (Would you (voi) have to) **prendere quel treno?**
12. (We will be able) **comprare molte cose.**

━━━◦◦◦━━━

CAPITOLO 40 (QUARANTA)

IL SIGNOR CABOT SE NE VA DALL'ITALIA

Settima Lettera da Roma

Caro amico,

1. Quando sono partito da Nuova York ero bene informato sull'Italia. Avevo letto dei libri sulla storia e sui costumi del paese. Con te avevo spesso discusso il clima, la geografia e il popolo d'Italia. Sapevo parlare italiano passabilmente.

2. Adesso che sono sul punto di partire dall'Italia, parlo la lingua con più facilità. Ho visitato molti luoghi di cui abbiamo parlato nelle nostre conversazioni. Nelle mie lettere non potevo descrivere che ben poco di tutto quello che ho veduto e appreso. Il resto devo lasciarlo per le nostre future conversazioni.

3. Amo tante cose in Italia: Roma, la Roma antica e la Roma moderna; i monumenti storici; i meravigliosi musei d'arte, di pittura, di scultura; i paesaggi dei dintorni di Roma. Amo Firenze dove ho passato cinque giorni indimenticabili e tutte le altre città che ho visitate.

4. Soprattutto amo gl'Italiani. Amo il loro entusiasmo della vita, il loro profondo senso della dignità, il loro umore, la loro gentilezza, la loro passione per la discussione e la loro indipendenza. Naturalmente mi piace molto la cucina italiana.

5. Come tu mi hai consigliato, ho approfittato di ogni occasione di parlare con tutti — coi facchini, coi camerieri, coi commessi dei negozi, cogli autisti di tassì, ecc.

6. La vita in Italia è veramente più tranquilla che a Nuova York, malgrado le mie prime impressioni nel tassì che mi conduceva a vertiginosa velocità dall'aeroporto all'albergo. Come tu sai il mio era un viaggio di piacere e nello stesso tempo un viaggio d'affari. Fortunatamente ho finito i miei affari al più presto e poi mi sono dedicato completamente agli svaghi.

7. Non ho avuto tempo per andare in Sicilia; perciò non sono andato nè a Palermo, nè a Taormina. Ho preferito passare il tempo a conoscer meglio Roma e l'Italia del Nord. C'è tanto da vedere, da fare e d'apprendere. Tutto mi ha affascinato e interessato.

8. Avrò molto da raccontarti a proposito delle persone che ho conosciute, dei posti che ho visitati, e di tutto ciò che ho imparato sui costumi, sulla vita, sull'arte d'Italia.

9. Certamente ritornerò in Italia, al dolce paese del sole, dell'arte, dei canti e della gente simpatica. Ma la prossima volta la mia famiglia verrà con me. Sono sicuro che potrò fare da guida senza difficoltà. Non ho vinto il primo premio della lotteria ma ritornerò in Italia ugualmente.

10. Questa è l'ultima lettera che ti scrivo prima di partire per Nuova York il primo d'agosto. Sarò lieto di telefonarti appena arriverò per invitarti a pranzo a casa mia. Senza dubbio passeremo molte ore a parlare dell'Italia e della nostra Roma che amiamo tanto.

> A presto dunque,
>
> Tuo amico,
>
> Enrico Cabot

Building Vocabulary

il commesso di negozi sales clerk
il canto (*kahn-toh*) song
il senso (*sehn-soh*) sense
il paesaggio (*pah-ay-sah-joh*) landscape
la dignità (*deen-yee-tah*) dignity
la passione (*pahs-syoh-nay*) passion
l'indipendenza (*een-dee-payn-dehnt-sah*) independence
l'umore (*loo-moh-ray*) humor

lo svago (*zvah-goh*) recreation, amusement
dedicare (*day-dee-kah-ray*) to devote
affascinare (*ahf-fah-shee-nah-ray*) to enchant
apprendere (*ahp-prehn-day-ray*) to learn
appreso (*past participle*) learned
lieto (*lyeh-toh*) happy, glad
simpatico (*seem-pah-tee-koh*) friendly, nice
ugualmente (*oo-gwahl-mayn-tay*) equally, all the same

Espressioni Italiane

ben poco very little
fare da guida to act as guide
Chi può fare da guida? Who can act as guide?
Possiamo fare da guida. We can act as guide.

sul punto di on the point of, about
Chi è sul punto di partire? Who is about to leave?
Io sono sul punto di partire. I am about to leave.
a presto see you soon

Esercizio No. 199. Test of Reading Comprehension

1. Before leaving for Italy, how had Mr. Cabot obtained knowledge of that country?
2. How much was he able to describe in his letters?
3. What does he like best in Italy?
4. What does he like about the Italian people?
5. With what kind of people has he taken every opportunity to converse?
6. How does he compare life in Italy with life in New York?
7. When did he have a different impression?
8. Why was he able to devote himself largely to recreation?
9. Why didn't Mr. Cabot go to Sicily?
10. About what things will he have much to tell on his return?
11. Who will go with him on his next trip to Italy?
12. What is he sure of?
13. When is he leaving for New York?
14. What will he be glad to do immediately on his arrival home?
15. What does he think will happen when they are together again?

Grammar Notes and Practical Exercises

1. Andarsene to go away.

(io)	me ne vado	I go away		(noi)	ce ne andiamo	we go away
(tu)	te ne vai	you go away (*fam.*)		(voi)	ve ne andate	you go away (*fam.*)
(Lei)	se ne va	you go away (*pol.*)		(Loro)	se ne vanno	you go away (*pol.*)
(egli)	se ne va	he goes away		(essi)	se ne vanno	they go away (*m.*)
(essa)	se ne va	she goes away		(esse)	se ne vanno	they go away (*f.*)

Present: (io) me ne vado, etc.   I go away, etc.
Imperfect: (io) me ne andavo, etc.   I was going away, etc.
Future: (io) me ne andrò, etc.   I shall go away, etc.
Pres. Cond.: (io) me ne andrei, etc.   I should go away, etc.
Pres. Perf.: (io) me ne sono andato (a), etc. I went away, etc.
Past Perf.: (io) me n'ero andato (a), etc.   I had gone away, etc.

Esercizio No. 200. Translate these sentences. Be sure to use the correct tense.

1. Siamo partiti da Roma di buon'ora.
2. Ho spesso discusso il clima con lui.
3. Sapeva Lei parlare italiano?
4. Visiterei molti posti.
5. Non posso descrivere tutti i musei.
6. Che cosa aveva appreso Lei in Italia?
7. Quella cartolina mi è piaciuta molto.
8. Lasceremo il resto per domani.
9. Avevamo finito i nostri affari presto.
10. Io sono ritornato in primavera.
11. Sarei contento di telefonarle, signore.
12. Avrebbe Lei tempo di visitarci?
13. Domani sera faremo una gita a Siena.
14. Vorrò fare delle spese nel pomeriggio.
15. L'automobile s'è fermata subito.
16. I bambini si erano alzati alle sei.
17. Non salire nell'automobile!
18. Scendiamo dall'autobus!
19. Si accomodino, signori!
20. Non eravamo stati a Firenze.
21. Egli è sul punto d'andarsene da Roma.
22. Me ne andrò domani l'altro.
23. Quando se n'è andato da Nuova York il signor Cabot?
24. Tutti i turisti se n'erano andati.
25. Essi se ne andavano mentre noi arrivavamo.

Esercizio No. 201. Translate.

1. Do you know Italy well?
2. Yes, I have read many books about that country.
3. Have you ever been (stato) in Italy?
4. Yes, I have spent two months there.
5. Can you (do you know how to) speak Italian?
6. Yes, I can speak it very well.
7. Can you describe in Italian the places you have seen?
8. Yes, but I can describe them better in English.
9. Do you like the Italians?
10. I love them.
11. Is life in Italy more tranquil than in the United States?
12. Indeed it is more tranquil.
13. Is there much to see in Italy?
14. I should say so! (Altro che!) There is so much to see, to do, to learn.
15. Will you return there next year?
16. Certainly, I shall return there.
17. Will you go alone?
18. No, I shall take my family with me.
19. I shall be able to act as guide.
20. I know many people and many interesting places.

REVISIONE 9

Capitoli 37–40 Parte Prima

Revisione di Parole

NOUNS

1. l'abito	8. la collana	15. il passaggio	1. suit, dress	8. necklace	15. passage
2. l'affetto	9. il costume *m.*	16. il quadro	2. affection	9. custom	16. picture
3. l'anello	10. il cuore *m.*	17. la ricchezza	3. ring	10. heart	17. richness
4. l'avviso	11. la fotografia	18. la sfortuna	4. poster	11. photograph	18. misfortune
5. il braccialetto	12. il gioiello	19. lo straniero	5. bracelet	12. jewel	19. foreigner
6. il canto	13. il muro	20. lo svago	6. song	13. wall (outside)	20. diversion
7. il cavallo	14. l'orecchio	21. la torre	7. horse	14. ear	21. tower

VERBS

1. arrangiarsi	5. respirare	9. nascondere	1. to get along	5. to breathe	9. to hide
2. cavalcare	6. sognare	10. ridersi (di)	2. to ride a horse	6. to dream	10. to laugh at
3. guadagnare	7. apprendere	11. vincere	3. to earn, gain	7. to learn	11. to win
4. partecipare	8. battere	12. avvenire	4. to take part	8. to beat, strike	12. to happen

ADJECTIVES

1. affollato	5. elegante	9. pubblico	1. crowded	5. elegant	9. public
2. artistico	6. lieto	10. scorso	2. artistic	6. happy	10. last
3. calmo	7. pittoresco	11. simpatico	3. calm	7. picturesque	11. nice, friendly
4. cortese	8. popolato	12. stretto	4. polite	8. populated	12. narrow

ADVERBS

1. appena	2. dovunque	1. scarcely, as soon as	2. wherever, anywhere

ESPRESSIONI ITALIANE

1. in ogni modo	6. avere luogo	1. in any case	6. to take place
2. a volte	7. fare fotografie	2. at times	7. to make pictures
3. tutti e quattro	8. fare da guida	3. all four	8. to act as guide
4. alla fine	9. fare vedere	4. finally	9. to show (cause to see)
5. sul punto di	10. sentire parlare	5. on the point of	10. to hear said

Esercizio No. 202. Translate the following sentences accurately. All the tenses you have learned are included in this exercise.

1. Esse sono andate al mercato per fare delle spese.
2. Gl'Italiani hanno fatto una buona impressione al signor Cabot.
3. Egli è andato alla stazione per chiedere delle informazioni.
4. Io potrò arrangiarmi in Italia perchè parlo italiano passabilmente.
5. Dopo domani faremo una visita al signor Vitelli.
6. Il giovanotto aveva già fatto il pieno e controllato l'olio.
7. L'estate prossima il signor Cabot potrà fare da guida a tutta la famiglia.
8. Avrei fatto un viaggio in Sicilia ma non ho avuto tempo.
9. All'albergo Savoia non mi è mancato nulla.
10. Dopo aver finito gli affari, il signor Cabot si è dedicato completamente agli svaghi.
11. Sto scrivendo una lettera al mio rappresentante per dirgli la data del mio arrivo.
12. Dopo aver salutato tutti siamo saliti in aeroplano.
13. Pensavo ai consigli del mio maestro mentre il tassì andava a gran velocità per le strade di Roma.
14. Prima il signor Cabot faceva tradurre la sua corrispondenza italiana, ma da ora in poi la tradurrà da se stesso.
15. I ragazzi si divertivano a giocare a scacchi.
16. Se Lei troverà le soprascarpe che ho lasciate in casa sua, me le renda, per favore.
17. Non dimenticherò di rendergliele.
18. Non ho mai veduto un simile spettacolo.
19. Quando il signor Cabot viaggiava, la signora Cabot s'occupava dei suoi ragazzi.
20. Non sono mai stato in Italia ma conto di andarci l'estate prossima.
21. I miei affari mi conducono a Roma e ad altre città italiane.
22. Sogniamo di fare un altro viaggio in Italia la prossima estate.

Esercizio No. 203. Complete these sentences in Italian.

1. Il signor Cabot (is a business man of New York).
2. Egli ha fatto (a trip to Italy in order to visit his agent).
3. Egli voleva (to get acquainted with him).
4. Prima di partire per l'Italia (he had learned to speak Italian well enough).
5. (He had also read many books) sull'Italia.
6. Egli ha scritto (many letters to his friend and teacher).
7. Egli ha descritto (many interesting places of which they had spoken in their conversations).
8. Malgrado le sue prime impressioni (he had found life in Italy more tranquil than in the United States).
9. Egli pensava al tassì (which had taken him to his hotel).
10. (The dizzy speed of the taxi) non gli aveva fatto piacere.
11. Fortunatamente (he soon had finished his business matters).
12. Egli ha amato soprattutto gl'Italiani, (their politeness, their sense of humor and their passion for discussion).
13. Ma sfortunatamente (he did not have time to go to Sicily and Corsica).
14. C'era (so much to see, so much to do, so much to learn).
15. Egli aveva imparato molto (about the customs, the life, the language and the arts of Italy).
16. L'anno prossimo (he will return to Italy).
17. Tutta la famiglia (would accompany him).
18. (He has not won the first prize in the lottery) ma avrà (enough money).
19. Questa è l'ultima lettera (which Mr. Cabot will write before leaving Italy).
20. Senza alcun dubbio (he will invite Mr. Facci to dinner with his family) quando ritornerà a Nuova York.

CAPITOLO 41 (QUARANTUNO)

FOREWORD

You have learned three tenses for past time: the Present Perfect indicating *what has happened, happened or did happen;* the Imperfect indicating *what was happening or used to happen;* and the Past Perfect, indicating *what had happened.* For practical purposes in everyday conversation, you can get along quite well with these three past tenses. However, there is another past tense called the Past Definite or Remote Past, which expresses *what happened.* This tense is used instead of the Present Perfect when the time referred to is long ago, or in narratives and historical accounts. It is used with such expressions as l'anno scorso, *last year;* il mese scorso, *last month;* sei mesi fa, *six months ago.* Ieri *yesterday*, may be used either with the present perfect or the past definite.

Following is a brief narrative of Mr. Cabot's trip, in which the Past Definite is used. You are thoroughly familiar with all the words and expressions, so that you will be able to read it easily.

Il Viaggio in Italia del Signor Cabot

L'anno scorso il signor Cabot, un importatore di Nuova York, decise (decided) di fare un viaggio in Italia. Volle (he wanted) fare una visita al suo rappresentante di Roma e nello stesso tempo volle (he wanted) vedere le cose più interessanti della capitale e di varie altre città d'Italia. Ma il signor Cabot non parlava italiano. Per imparare quella lingua egli trovò (he found) a Nuova York un maestro italiano, il signor Facci. Per sei mesi il signor Cabot ricevè (took) delle lezioni e tutti e due s'incontrarono (met) ogni martedì e ogni giovedì a casa del signor Cabot.

Il 31 maggio il signor Cabot partì (left) per l'Italia in aeroplano. Quando egli arrivò (arrived) all'aeroporto di Ciampino, il suo rappresentante, il signor Vitelli, era lì ad aspettarlo. Chiamarono (they called) un tassì che li portò (took) a gran velocità all'albergo dove il signor Vitelli aveva riservato una camera con bagno per lui.

Alcuni giorni dopo il suo arrivo a Roma, il signor Cabot pranzò (dined) a casa del suo rappresentante. Fece (he made) la conoscenza di sua moglie, una gentile e attraente signora, e dei suoi figli. Giovanni e Paolo furono (were) felici di fare la conoscenza di un signore americano e di passare una giornata a Ostia con lui.

Il signor Cabot finì (finished) assai presto i suoi affari e così potè (he was able) dedicarsi interamente agli svaghi. Rimase (he remained) a Roma circa tre settimane per visitare tanti luoghi interessanti e passò (he spent) molto tempo nei musei.

Usando Roma come il suo punto di partenza, fece (he made) un giro in altre città, a Firenze, a Siena, a Genova, a Milano, un po' dappertutto. A Siena fu (he was) presente al famoso Palio delle Contrade che ha luogo due volte l'anno.

Quando il signor Cabot arrivò (arrived) in Italia sapeva già parlare italiano abbastanza bene, perciò approfittò (took advantage) d'ogni occasione per parlare la lingua italiana con tutti. Così imparò (he learned) a conoscere e ad amare il popolo italiano.

Mentre era in Italia scrisse (he wrote) diverse lettere al suo maestro e comprò (he bought) alcuni regali per la famiglia. Aveva (he had) tante cose da raccontare al signor Facci ma naturalmente non fu (it was not) possibile di scrivere delle lettere piene di dettagli. Dovè (he had to) lasciare alle loro future conversazioni a Nuova York molti soggetti interessanti.

Il 31 agosto il signor Cabot ritornò (returned) negli Stati Uniti. Aveva fatto davvero un viaggio piacevolissimo, e lo aveva goduto immensamente. Ora spera di ritornare in Italia, ma questa volta porterà la sua famiglia con sè.

Grammar Notes and Practical Exercises

1. The Past Definite. *What happened.* Regular Verbs.

parlare		vendere		finire	
parlai	I spoke	vendei (etti)	I sold	finii	I finished
parlasti	you spoke (*fam.*)	vendesti	you sold (*fam.*)	finisti	you finished (*fam.*)
parlò	{you spoke (*pol.*) / he, she, it spoke}	vendè (ette)	{you sold (*pol.*) / he, she, it sold}	finì	{you finished (*pol.*) / he, she, it finished}
parlammo	we spoke	vendemmo	we sold	finimmo	we finished
parlaste	you spoke (*fam.*)	vendeste	you sold (*fam.*)	finiste	you finished (*fam.*)
parlarono	{you spoke (*pol.*) / they spoke}	venderono (ettero)	{you sold (*pol.*) / they sold}	finirono	{you finished (*pol.*) / they finished}

Note that the endings in the third person of regular –are, –ere and –ire verbs are –ò, –è and –ì respectively.

Note that all the other endings are the same for regular –are, –ere and –ire verbs, except that each verb retains the vowel of the infinitive as the first letter of the endings. Thus: **parlaste, vendeste, finiste.**

Esercizio No. 204. Translate these verbs. Where more than one subject pronoun is possible, give all the possibilities. Thus: **comprò** = you, he, she, or it bought.

1. comprai	7. visitasti	13. vendè	19. confessò?	25. lasciò
2. imparammo	8. non credemmo?	14. non ripetemmo	20. riceveste	26. potemmo
3. capirono	9. preferirono	15. salutaste?	21. aiutammo	27. dovei
4. viaggiaste	10. non aspettò	16. non differimmo	22. sperarono	28. domandarono
5. ricevè	11. non lavorammo	17. non restarono	23. partì	29. preferii
6. servii	12. sentirono?	18. non seguì	24. giocaste?	30. perdesti

2. The Past Definite. Irregular. rispondere

risposi	I answered	rispondemmo	we answered
rispondesti	you answered (*fam.*)	rispondeste	you answered (*fam.*)
rispose	{you answered (*pol.*) / he, she, it answered}	risposero	{you answered (*pol.*) / they answered}

Note that the first person singular, and the third person singular and plural, are irregular as to stem and ending. The other three forms are regular. This is the pattern for most irregular verbs. The first person of irregular verbs must be memorized.

3. Frequently Used Verbs Irregular in the Past Definite.

avere to have	ebbi, avesti, ebbe	avemmo, aveste, ebbero
bere to drink	bevvi, bevesti, bevve	bevemmo, beveste, bevvero
cadere to fall	caddi, cadesti, cadde	cademmo, cadeste, caddero
chiedere to ask	chiesi, chiedesti, chiese	chiedemmo, chiedeste, chiesero
chiudere to close	chiusi, chiudesti, chiuse	chiudemmo, chiudeste, chiusero
conoscere to know	conobbi, conoscesti, conobbe	conoscemmo, conosceste, conobbero
correre to run	corsi, corresti, corse	corremmo, correste, corsero
decidere to decide	decisi, decidesti, decise	decidemmo, decideste, decisero
difendere to defend	difesi, difendesti, difese	difendemmo, difendeste, difesero
dire to say, tell	dissi, dicesti, disse	dicemmo, diceste, dissero
discutere to discuss	discussi, discutesti, discusse	discutemmo, discuteste, discussero
dividere to divide	divisi, dividesti, divise	dividemmo, divideste, divisero

fare to make, do	feci, facesti, fece	facemmo, faceste, fecero
giungere to arrive	giunsi, giungesti, giunse	giungemmo, giungeste, giunsero
leggere to read	lessi, leggesti, lesse	leggemmo, leggeste, lessero
mettere to put	misi, mettesti, mise	mettemmo, metteste, misero
piangere to weep	piansi, piangesti, pianse	piangemmo, piangeste, piansero
prendere to take	presi, prendesti, prese	prendemmo, prendeste, presero
ridere to laugh	risi, ridesti, rise	ridemmo, rideste, risero
rimanere to remain	rimasi, rimanesti, rimase	rimanemmo, rimaneste, rimasero
rispondere to answer	risposi, rispondesti, rispose	rispondemmo, rispondeste, risposero
sapere to know	seppi, sapesti, seppe	sapemmo, sapeste, seppero
scegliere to choose	scelsi, scegliesti, scelse	scegliemmo, sceglieste, scelsero
scendere to go down	scesi, scendesti, scese	scendemmo, scendeste, scesero
scrivere to write	scrissi, scrivesti, scrisse	scrivemmo, scriveste, scrissero
spendere to spend	spesi, spendesti, spese	spendemmo, spendeste, spesero
valere to be worth	valsi, valesti, valse	valemmo, valeste, valsero
tenere to hold	tenni, tenesti, tenne	tenemmo, teneste, tennero
vedere to see	vidi, vedesti, vide	vedemmo, vedeste, videro
venire to come	venni, venisti, venne	venimmo, veniste, vennero
vincere to win	vinsi, vincesti, vinse	vincemmo, vinceste, vinsero
volere to want	volli, volesti, volle	volemmo, voleste, vollero
dare to give	diedi, desti, diede	demmo, deste, diedero
stare to stand, to be	stetti, stesti, stette	stemmo, steste, stettero
essere to be	fui, fosti, fu	fummo, foste, furono

Esercizio No. 205. Translate these sentences.

1. L'anno scorso decisi di fare un viaggio in Italia.
2. Volle Lei fare una visita al suo amico?
3. Parlò italiano il signor Cabot prima di partire per l'Italia?
4. L'anno scorso imparammo l'italiano.
5. Riceverono lezioni in italiano due anni fa?
6. Dove s'incontrarono ieri l'altro?
7. Trovasti un buon maestro d'italiano?
8. Perchè non prendeste un tassì?
9. Riservarono questa camera cinque giorni fa.
10. Il signor Vitelli presentò il commerciante ai suoi figli.
11. Furono felici di fare la sua conoscenza.
12. Fui contento di passare un giorno a Ostia.
13. Quanto tempo rimasero Loro a Roma?
14. Quando il signor Cabot venne in Europa, sua moglie rimase a casa.
15. Facesti un giro in altre città?
16. Scriveste diverse lettere ai vostri genitori quando eravate in Italia?
17. Dappertutto vedemmo turisti che erano venuti a godere lo spettacolo.
18. L'entusiasmo fu molto grande.
19. Scesero dall'automobile ed entrarono nella sala d'aspetto.
20. Non fummo contenti perchè dovemmo restare a casa.
21. Non ebbi bisogno di niente.
22. Leggesti i libri di guida prima di partire per Roma?
23. Ci furono molte persone alla festa.
24. Mia madre mi diede un bel regalo nell'occasione del mio compleanno.
25. Non sapevo niente d'italiano quando giunsi a Roma. Ora so parlare benissimo l'italiano.
26. L'anno scorso spesi mille dollari in Italia.

SUMMARY OF VERBS IRREGULAR IN THE PRESENT TENSE

andare to go	vado, vai, va	andiamo, andate, vanno
avere to have	ho, hai, ha	abbiamo, avete, hanno
bere to drink	bevo, bevi, beve	beviamo, bevete, bevono
condurre to take, lead	conduco, conduci, conduce	conduciamo, conducete, conducono
dare to give	do, dai, dà	diamo, date, danno
dire to say, tell	dico, dici, dice	diciamo, dite, dicono
dovere to have to, must	devo (debbo), devi, deve	dobbiamo, dovete, devono (debbono)
essere to be	sono, sei, è	siamo, siete, sono
fare to make, do	faccio, fai, fa	facciamo, fate, fanno
porre to put, place	pongo, poni, pone	poniamo, ponete, pongono
potere to be able, can	posso, puoi, può	possiamo, potete, possono
rimanere to remain	rimango, rimani, rimane	rimaniamo, rimanete, rimangono
salire to go up	salgo, sali, sale	saliamo, salite, salgono
sapere to know (how)	so, sai, sa	sappiamo, sapete, sanno
scegliere to choose	scelgo, scegli, sceglie	scegliamo, scegliete, scelgono
sedere to sit	siedo, siedi, siede	sediamo, sedete, siedono
stare to stay, be	sto, stai, sta	stiamo, state, stanno
tenere to hold, have	tengo, tieni, tiene	teniamo, tenete, tengono
tradurre to translate	traduco, traduci, traduce	traduciamo, traducete, traducono
udire to hear	odo, odi, ode	udiamo, udite, odono
uscire to get out	esco, esci, esce	usciamo, uscite, escono
valere to be worth	valgo, vali, vale	valiamo, valete, valgono
venire to come	vengo, vieni, viene	veniamo, venite, vengono
volere to wish, want	voglio, vuoi, vuole	vogliamo, volete, vogliono

SUMMARY OF VERBS IRREGULAR IN THE FUTURE AND CONDITIONAL

Infinitive	Future	Conditional	Infinitive	Future	Conditional
andare to go	andrò, etc.	andrei, etc.	potere to be able	potrò, etc.	potrei, etc.
avere to have	avrò, etc.	avrei, etc.	rimanere to remain	rimarrò, etc.	rimarrei, etc.
bere to drink	berrò, etc.	berrei, etc.	sapere to know	saprò, etc.	saprei, etc.
cadere to fall	cadrò, etc.	cadrei, etc.	stare to stay, be	starò, etc.	starei, etc.
dare to give	darò, etc.	darei, etc.	tenere to hold	terrò, etc.	terrei, etc.
dire to say, tell	dirò, etc.	direi, etc.	valere to be worth	varrò, etc.	varrei, etc.
dovere to have to	dovrò, etc.	dovrei, etc.	vedere to see	vedrò, etc.	vedrei, etc.
essere to be	sarò, etc.	sarei, etc.	venire to come	verrò, etc.	verrei, etc.
fare to make, do	farò, etc.	farei, etc.	vivere to live	vivrò, etc.	vivrei, etc.
parere to seem	parrò, etc.	parrei, etc.	volere to want, wish	vorrò, etc.	vorrei, etc.

SUMMARY OF VERBS WITH IRREGULAR PAST PARTICIPLES

Infinitive	Past Participle	Infinitive	Past Participle	Infinitive	Past Participle
accendere to light	acceso	essere to be	stato	rimanere to remain	rimasto
aprire to open	aperto	fare to make, do	fatto	rispondere to reply	risposto
bere to drink	bevuto	frangere to break	franto	rompere to break	rotto
chiedere to ask	chiesto	giungere to arrive	giunto	scegliere to choose	scelto
chiudere to close	chiuso	leggere to read	letto	scendere to go down	sceso
cogliere to gather	colto	mettere to put	messo	scrivere to write	scritto
correre to run	corso	morire to die	morto	spendere to spend	speso
condurre to lead	condotto	nascere to be born	nato	stringere to press	stretto
cuocere to cook	cotto	offrire to offer	offerto	succedere to happen	successo
decidere to decide	deciso	parere to appear	parso	tradurre to translate	tradotto
difendere to defend	difeso	piangere to weep	pianto	valere to be worth	valso
dire to say, tell	detto	porre to put, place	posto	vedere to see	visto (veduto)
dirigere to direct	diretto	prendere to take	preso	venire to come	venuto
discutere to discuss	discusso	rendere to render	reso	vincere to win	vinto
dividere to divide	diviso	ridere to laugh	riso	vivere to live	vissuto

DICTIONARY — ENGLISH–ITALIAN

A

able abile
able (to be) potere (posso)
about circa, a proposito di
above sopra
absent assente
abundant abbondante
accept (to) accettare
accompany (to) accompagnare
according to secondo
acquaintance la conoscenza
actor l'attore
admirable ammirabile
admire (to) ammirare
advertisement avviso, annunzio
advice il consiglio
affection l'affetto
afraid (to be) aver paura
after dopo
afternoon il pomeriggio; in the afternoon (p.m.) di pomeriggio
afterward poi, dopo
again di nuovo
against contro
ago fa
aid l'aiuto
aid (to) aiutare
air l'aria
air mail (by) per posta aerea
airplane l'aeroplano
all tutto; pl. tutti, tutte
almost quasi
alone solo
already già
always sempre
also anche, pure
American l'americano
among fra, tra
amuse (to) divertire; (oneself) divertirsi
and e; ed (before a word beginning with e)
annoy (to) disturbare
answer la risposta
answer (to) rispondere
any di + def. art.; qualche
anybody qualcuno
anything qualche cosa
anywhere dovunque
apartment l'appartamento
appetite l'appetito
appetizers l'antipasto
apple la mela
appointment l'appuntamento
appreciate (to) apprezzare
approach (to) avvicinare
appropriate del momento
April aprile m.
arithmetic l'aritmetica
arm il braccio
around intorno a
arrange (to) arrangiare
arrival l'arrivo
arrive (to) arrivare, giungere
art l'arte f.; art object l'oggetto d'arte

article l'articolo
artisan l'artigiano
artist l'artista m.
as ... as così ... come
as much ... as tanto ... quanto
as far as fino a
ash tray il portacenere
ask (to) domandare, chiedere
asleep addormentato
asleep (to fall) addormentarsi
assure (to) assicurare
at a, ad
attentively attentamente
attract (to) attirare
attraction l'attrazione f.
attractive attraente
aunt la zia
autumn l'autunno
await (to) aspettare, attendere
awake sveglio

B

bad cattivo
badly male
bag il sacco, la borsa
baggage i bagagli pl.
bank il banco (money); la riva (river)
basket il cestino, il paniere
bath il bagno
bathroom la stanza da bagno
be (to) essere; stare
bear (to) sopportare, soffrire
beat (to) battere
beautiful bello
beauty la bellezza
because perchè, poichè
because of a causa di
become (to) divenire, diventare
bed il letto
bedroom la camera da letto
beef il manzo
beer la birra
before (time) prima di; (place) davanti a
beg (to) pregare
begin (to) cominciare
beginning il principio
behind dietro a
believe (to) credere
bell la campana; (small) il campanello
belong to (to) appartenire (a)
belt la cintura
besides inoltre
best adj. il migliore; adv. il meglio
better adj. migliore; adv. meglio
better (to) migliorare
between fra; tra
big grande, grosso
bill (money) il biglietto; (account) il conto

birthday anniversario, compleanno
black nero
blackboard la lavagna
blue azzurro, blu
boat la barca
boiling bollente
book il libro
bookcase lo scaffale
both tutti e due
bottle la bottiglia
box la scatola
boy il ragazzo; little boy il bambino
bracelet il braccialetto
branch (of business) la succursale
breakfast la colazione or la prima colazione
breathe (to) respirare
breeze il venticello
bridge il ponte
bright lucente
bring (to) portare
broad largo
brother il fratello
building l'edificio
burn (to) bruciare
business l'affare m.
businessman l'uomo d'affari
busy occupato
but ma, però
butter il burro
buy (to) comprare

C

cake la torta
calculate (to) calcolare
call (to) chiamare; to be called (named) chiamarsi
calm calmo
caress la carezza
carry (to) portare
catch (to) cogliere
cease (to) cessare
celebrate (to) festeggiare
center il centro
cereal il cereale
certain certo
certificate il certificato
chain la catena
chair la sedia
change (to) cambiare
change: in change di resto
charm (to) incantare
charming incantevole
chauffeur l'autista m.
cheap a buon mercato
cheese il formaggio
chicken il pollo
child bambino (a); ragazzo (a); fanciullo (a)
church la chiesa
Christmas Natale
cigar il sigaro
city la città; in or to the city in città
clasp (to) stringere
class la classe

clean pulito
clerk l'impiegato
climate il clima
clock l'orologio
close (to) chiudere
clothes abiti, vestiti
coffee il caffè
coin la moneta
cold freddo; it's cold (weather) fa freddo; I am cold ho freddo; I have a cold ho raffreddore
collection la collezione
color il colore
come (to) venire (vengo)
comedy la commedia
comfortable comodo
comic comico
commerce il commercio
commercial commerciale
common comune, ordinario
communicate (to) comunicare
complete (to) completare
complicated complicato
compose (to) comporre
concern (to) riguardare
conclusion la conclusione
confess (to) confessare
confused (to be) confondersi
congratulate (to) congratularsi
consequently perciò, dunque
contain (to) contenere
continue (to) continuare
contribute (to) contribuire
conversation la conversazione
converse (to) conversare
cook il cuoco, la cuoca
cook (to) cucinare
cooked cotto
cooking la cucina
cool fresco
cordial cordiale
corner l'angolo
correct corretto, giusto
correctly correttamente
correspondence la corrispondenza
cost il costo
cost (to) costare
costly costoso
costume il costume
count (to) contare
country la campagna (opposite of city); il paese (nation)
countryman il compatriotta
courage il coraggio
course il corso
course: of course naturalmente
courteous cortese
courtesy la cortesia
cross (to) attraversare
crowded affollato
cry (to) = to weep piangere
cry out (to) gridare

cup la tazza
curious curioso
custom l'abitudine f., il costume
customer il cliente
customs la dogana
cut (to) tagliare

D

daddy il papà
daily giornaliero, quotidiano
dance (to) ballare
dark scuro
date la data
daughter la figlia
day il giorno, la giornata (*duration*); all day tutto il giorno
dear caro
death la morte
decide (to) decidere
dedicate (to) dedicare
delicious delizioso
dense denso
departure la partenza
descend (to) scendere
describe (to) descrivere
design il disegno
desire il desiderio
desire (to) desiderare
desk la scrivania
dictate (to) dettare
dictionary il dizionario
die (to) morire
difference la differenza
differ (to) differire
different differente
difficult difficile
difficulty la difficoltà
dignified dignitoso
diligent diligente
dine (to) pranzare
dinner il pranzo
discuss (to) discutere
discussion la discussione
dish il piatto
disposition la disposizione
distance la distanza
distraction la distrazione
disturbed disturbato
divide (to) dividere
do (to) fare
doctor il dottore; (*medical*) il medico
doll la bambola
donate (to) donare
door la porta
doubt il dubbio
dough la pasta
down giù; down there laggiù
dozen la dozzina
drama il dramma
dream (to) sognare
dress l'abito, il vestito
dress (to) vestire; to dress oneself vestirsi
drink (to) bere (bevo)
drive (to) guidare
dry secco, asciutto
dry (to) asciugare
during durante

E

each *adj.* ogni; each, each one *pron.* ciascuno, ognuno
ear l'orecchio
early presto, di buon'ora
earn (to) guadagnare

earring l'orecchino
earth la terra
east l'est m.
easy facile
eat (to) mangiare
egg l'uovo m.; pl. le uova f.
eight otto
eighteen diciotto
eighth ottavo
eighty ottanta
either...or o...o
elevator l'ascensore m.
eleven undici
embrace (to) abbracciare
emotion l'emozione f.
empty vuoto
enchanted incantato
end la fine
end (to) terminare
engineer l'ingegnere m.
England Inghilterra
English inglese
Englishman l'inglese
enjoy (to) godere
enough abbastanza; basta!
enter (to) entrare
enthusiasm l'entusiasmo
entire intero
entirely interamente
entrance l'entrata, l'ingresso
envy (to) invidiare
equal equivalere
equal uguale
equally ugualmente
error lo sbaglio
especially soprattutto, specialmente
essential essenziale
etc. e così via, ecc.
eternal eterno
evening la sera, la serata (*duration*); in the evening di *or* a sera; this evening stasera
event l'evento
ever mai
every ogni
everything tutto
everywhere dappertutto, dovunque
examination l'esame m.
exceed (to) superare
excellent ottimo, eccellente
except eccetto
exceptional eccezionale
excited eccitato
exciting eccitante
excuse (to) scusare; excuse me mi scusi
exist (to) esistere
experience l'esperienza
explain (to) spiegare
explanation la spiegazione
express (to) esprimere
extraordinary straordinario
extreme l'estremo
eye l'occhio

F

face la faccia
fact il fatto; in fact infatti
factory la fabbrica
fail (to) mancare di
fall la caduta
fall (to) cadere
fall asleep (to) addormentarsi
family la famiglia

famous celebre; famoso
far lontano
farmer il contadino
fascinating affascinante
fast rapido
fatiguing faticoso
father il padre
fear la paura
feel (to) sentire
fever la febbre
few pochi, poche; a few alcuni, alcune
fifteen quindici
film la pellicola
fine bello
finish (to) finire (finisco)
fifth quinto
fifty cinquanta
fill (to) riempire
finally finalmente
find (to) trovare
finish (to) finire
firm la ditta
first *adj.* primo; *adv.* prima
fish il pesce
five cinque
flag la bandiera
flight il volo
floor il pavimento; (*story*) il piano
flower il fiore
fluently correntemente
follow (to) seguire
following seguente
food il cibo
foot il piede; on foot a piedi
for per, perchè
forget (to) dimenticare
fork la forchetta
form la forma
form (to) formare
formality la formalità
fortunate fortunato
forty quaranta
foundation la fondazione
fountain pen la penna stilografica
four quattro
fourteen quattordici
fourth quarto
France Francia
free libero
French francese
Frenchman il francese
friend l'amico, l'amica
Friday venerdì m.; on Fridays il venerdì
from da
front: in front of davanti a
fruit la frutta
full pieno
furnished ammobiliato

G

gain (to) guadagnare
garage la rimessa, il garage
garden il giardino
gay allegro
general generale
generous generoso
gentleman il signore
geography la geografia
get along (to) arrangiarsi
get up (to) alzarsi
gift il regalo
girl la ragazza; little girl la bambina
give (to) dare, donare

give back (to) restituire
glad lieto
glass (*drinking*) il bicchiere; (*window*) il vetro
glove il guanto
go (to) andare (a); to go away andar via, partire; to go down andar giù, scendere; to go out uscire (esco); to go to bed andare a letto, coricarsi; to go up andar su; salire; montare; to go with accompagnare
gold l'oro
good buono, bravo
good-bye arrivederci, addio
goodness! perbacco!
grandeur la grandezza
gray grigio
great grande
green verde
greet (to) salutare
greeting il saluto
group il gruppo
guess (to) indovinare
guide la guida

H

habit l'abitudine f.
hair il capello; pl. capelli
half la metà; adj. mezzo
ham il prosciutto
hand la mano
handbag la borsetta
handkerchief il fazzoletto
happen (to) succedere, avvenire
happy felice, lieto
hard difficile
haste la fretta
hat il cappello
hate l'odio
have (to) avere
he egli, esso; he himself lui stesso
head la testa
headache mal di testa
healthy sano
hear (to) udire
heart il cuore
heat il caldo
heavy pesante
height l'altezza
help (to) aiutare
her *pers. pron.* la, lei, essa; to her le; *poss. adj.* suo, sua (*etc.*)
here qui, qua, ci, vi; here is *or* here are ecco
hide (to) nascondere
high alto
him lo, lui; to him gli
hire (to) noleggiare
his suo, sua (*etc.*)
history la storia
hold (to) tenere
home la casa; at home a casa; at *or* to the home of da
hope la speranza
hope (to) sperare
horse il cavallo
hospitable ospitaliero
hour l'ora
house la casa; at *or* to the house of da
housewife la padrona di casa
how come

however però
how many quanti (e)
how much quanto (a)
humor l'umore *m.*
hundred cento
hunger la fame
hungry: to be hungry aver fame, aver appetito
hurry (to) affrettarsi; to be in a hurry aver fretta

I

I io
ice cream il gelato, lo spumone
idea l'idea
idiom l'idioma *m.*
if se
ill malato
imagine (to) immaginare
immediately subito
immense immenso
impatient impaziente
import (to) importare
important importante
importer l'importatore *m.*
in in
indeed davvero, infatti
indicate (to) indicare
indispensable indispensabile
individual individuale
industrious industrioso
industriously industriosamente
industry l'industria
influence l'influenza
inform (to) informare
information l'informazione *f.*; to get information domandare delle informazioni
inhabitant l'abitante *m.*
ink l'inchiostro
inn l'osteria
instead invece; instead of invece di
intelligent intelligente
intend (to) contare (di)
interest l'interesse *m.*
interest (to) interessare
interesting interessante
into in
introduce (to) presentare
invitation l'invito
invite (to) invitare (a)
it esso, essa; lo, la
Italian italiano

J

jack il cricco
jacket la giacca
jewel il gioiello
joke (to) scherzare
journey il viaggio
joy la gioia
joyous allegro
juice il succo
June giugno

K

keep (to) tenere
kilo il chilo
kilometer il chilometro
kind la categoria
kind gentile
kindness la gentilezza
kiss (to) baciare
kitchen la cucina
knife il coltello

know (to): to know how sapere (so)
know (to): to be acquainted with conoscere (conosco)
knowledge la conoscenza
known conosciuto

L

labor union il sindacato
lacking (to be) mancare
lady la signora; young lady la signorina
lamp la lampada
landscape il paesaggio
language la lingua
last ultimo, scorso
last (to) durare
late tardi; to be late essere in ritardo
laugh (to) ridere
lawyer l'avvocato
lazy pigro
lead (to) menare, condurre
leaf la foglia
learn (to) imparare, apprendere
least: at least almeno; the least il meno
leather la pelle
leave (to) lasciare, partire
leg la gamba
lend (to) prestare
less meno
lesson la lezione
letter la lettera
library la biblioteca
life la vita
light la luce; *adj.* chiaro
like (to) piacere; I like mi piace
list la lista
listen (to) ascoltare
literature la letteratura
little (*small*) piccolo; (*not much*) poco; a little of un po' di
live (to) abitare (*dwell*); vivere (*to be alive*)
living room salotto
load il carico
long lungo
look (to) guardare
look for (to) cercare
love l'amore *m.*
love (to) amare
low basso
luck la fortuna
lucky fortunato
luggage trunk (*of car*) il portabagagli
lunch la colazione

M

madam la signora
magazine la rivista
maid la domestica, la cameriera
mail la posta
mail (to) imbucare
majority la maggioranza
make (to) fare
man l'uomo (*pl.* gli uomini)
manner la maniera
many molti, molte; so many tanti, tante
mark (to) segnare
market il mercato
masterpiece il capolavoro

match il fiammifero
mathematics la matematica
me mi, me
meal il pasto
means il mezzo
meantime il frattempo; in the meantime nel frattempo
measure (to) misurare
meat la carne
medicine la medicina
meet (to) incontrare
member il socio
memory la memoria, il ricordo
mend (to) accomodare
menu la lista
merchandise la merce
merchant il commerciante
method il modo
midnight mezzanotte
mild mite
mile il miglio; *pl.* le miglia
milk il latte
million il milione
mirror lo specchio
misfortune la sfortuna, la disgrazia
Miss signorina
missing (to be) mancare
mistake lo sbaglio
mistaken (to be) sbagliarsi
moderate moderato
modern moderno
modest modesto
moment il momento
Monday lunedì *m.;* on Mondays il lunedì
monetary monetario
money il danaro, il denaro
month il mese
more più
morning la mattina; this morning stamattina, stamani
most il più
mother la madre
mountain la montagna, il monte
mouth la bocca
movement il movimento
movies il cinema, il cinematografo
Mr. signor
Mrs. signora
much molto; too much troppo; so much tanto
museum il museo
music la musica
musical musicale
musical comedy l'operetta
must (have to) dovere
my mio, mia, *etc.*

N

name il nome; his name is Richard si chiama Riccardo
nap il sonnellino
narrow stretto
natural naturale
near vicino a, presso
necessary necessario; it is necessary bisogna
necklace la collana
necktie la cravatta
need il bisogno; to need aver bisogno di

neither...nor nè...nè
never non *verb* mai
new nuovo
news la notizia
newspaper il giornale
newspaper dealer il giornalaio
next prossimo, venturo
nice simpatico, gentile
night la notte
nine nove
nineteen diciannove
ninety novanta
ninth nono
no no
nobody nessuno
noise il rumore
noisy rumoroso
noon mezzogiorno
north il nord
not non
nothing niente, nulla
notice l'avviso
now adesso, ora
number il numero

O

object l'oggetto
observe (to) osservare
obtain (to) ottenere
occasion l'occasione *f.*
occupied occupato
of di
offer (to) offrire
office l'ufficio
often spesso
oil l'olio
old vecchio, antico
older maggiore (*referring to persons*)
olive l'oliva
on su, sopra
once: at once subito
only *adj.* solo; *adv.* solo, solamente, soltanto
only: not only...but also non solo...ma anche
open (to) aprire
opportunity l'occasione *f.*
or o, od (*before a word beginning with a vowel*)
orange l'arancia
order: in order to per
other altro
over sopra
overcoat il soprabito
outside fuori
owe (to) dovere
own proprio

P

package il pacco
pain il male, il dolore
painting la pittura
pair il paio; *pl.* le paia
paper la carta
pardon (to) perdonare
parent genitore
Paris Parigi
park il parco
park (to) parcare
part la parte
participate (to) partecipare
pass (to) passare
passer-by il passante
passport il passaporto
past scorso
pay (to) pagare

peak la cima
pen la penna
pencil la matita
people il popolo, la gente
perfect perfetto
performance lo spettacolo
perfume il profumo
perhaps forse
period il periodo
permit (to) permettere
person la persona
personal personale
pharmacy la farmacia
photograph la fotografia
piano il pianoforte
picture il quadro
piece il pezzo
place il posto, il luogo
plate il piatto
play (to) (*instruments*) suonare; (*games*) giocare
pleasant piacevole
pleasure il piacere
plus più
pocket la tasca
point il punto
point to (to) indicare
policeman la guardia
police station la questura
politely educatamente
poor povero
pope il papa
populated popolato
porcelain la porcellana
port il porto
porter il facchino
portion la porzione
portrait il ritratto
possible possibile
post card la cartolina
poster il cartello
postman il postino
post office la posta
pound la libbra
pour (to) versare
practice la pratica
pray (to) pregare
preceding precedente
precious prezioso
precise preciso
prefer (to) preferire (preferisco)
prepare (to) preparare
present presente
present (to) presentare
press (to) stringere
pretty carino, bello
price il prezzo
prize il premio
problem il problema
product il prodotto
professor il professore
profit (by) (to) approfittare (di)
profitable profittabile
profound profondo
program il programma
progress il progresso
project il progetto
prolong (to) prolungare
proud orgoglioso
public pubblico
pull (to) tirare
pupil l'alunno
puncture (to) bucare
purchase la spesa
pure puro
put (to) mettere

Q

quality la qualità
quantity la quantità
question la domanda; to ask questions fare domande
quickly presto
quite proprio; quite good proprio buono

R

radio la radio
rain la pioggia
rain (to) piovere
raincoat l'impermeabile *m.*
rapidly rapidamente
rather piuttosto
raw crudo
read (to) leggere
ready pronto
reason la ragione
rebirth il risorgimento
receive (to) ricevere
recent recente
recognize (to) riconoscere
recommend (to) raccomandare
record (*phonograph*) il disco
recount (to) raccontare
recreation lo svago
red rosso
rejoin (to) raggiungere
region la regione
religious religioso
remain (to) rimanere, restare
remember (to) ricordare (di)
render (to) rendere
repeat (to) ripetere
representative il rappresentante
require (to) esigere, richiedere
resemble (to) assomigliare a
reserve (to) riservare, prenotare
residence la residenza
respect il rispetto
respectful rispettoso
rest (to) riposarsi
restaurant l'albergo, il ristorante
retain (to) ritenere
retire (to) ritirarsi
return (to) ritornare
rice il risotto (*prepared*)
rich ricco
riches la ricchezza
right giusto
rigorous rigido
ring l'anello
ring (to) suonare
rise (to) alzarsi
road la strada
roll il panino
roof il tetto
room la stanza, la sala, la camera
row la fila
rubber (*overshoe*) la soprascarpa
rule la regola

S

sad triste
safe salvo
salad l'insalata
salesclerk il commesso
saleslady la commessa

salt il sale
same stesso
sample il campione
sandwich il ripieno
satisfied (with) contento (di)
Saturday sabato *m.*; on Saturdays il sabato
saucer il piattino
save (to) (*money*) fare delle economie; salvare (*person*)
say (to) dire
scarcely appena
scene la scena, la vista
school la scuola
science la scienza
scream (to) gridare
screen lo schermo
sea il mare
seashore la spiaggia
season la stagione
seat la sede, il posto
seated seduto
second il secondo (*unit of time*)
second *adj.* secondo
see (to) vedere
see again (to) rivedere
seem (to) sembrare
seize (to) cogliere
sell (to) vendere
send (to) inviare, mandare
sentence la frase
serious serio
seriously seriamente
servant la domestica
serve (to) servire
service il servizio
seven sette
seventeen diciassette
seventh settimo
seventy settanta
she ella, essa
shine (to) brillare
shirt la camicia
shoe la scarpa
shop la bottega, il negozio
shopping (to go) fare delle spese
short corto, breve
show (to) mostrare
show window la vetrina
sick malato
side il lato
silver argento
simple semplice
since siccome
sincere sincero
sing (to) cantare
sir signore *m.*
sister la sorella
sit down (to) sedersi, accomodarsi
situated situato
six sei
sixteen sedici
sixth sesto
sixty sessanta
skin la pelle
sky il cielo
sleep il sonno
sleep (to) dormire
sleepy (to be) aver sonno
slow lento
slowly lentamente, adagio
small piccolo
smile (to) sorridere
snow la neve
so così

sock il calzino
sofa il divano
some di + *definite article*; qualche; alcuni *m. pl.*; alcune *f. pl.*
somebody qualcuno
sometimes qualche volta
something qualche cosa
son il figlio
song il canto, la canzone
soon presto; as soon as possible al più presto
soon: as soon as appena
sorrow il dolore
sorry: I am sorry mi dispiace
south il sud
Spanish spagnolo
speak (to) parlare
speed la velocità
spend (to) (*time*) passare; (*money*) spendere
spite: in spite of malgrado
spoon il cucchiaio
spread (to) spandere
spring la primavera
square la piazza
staircase la scala
stamp il francobollo
stand (to) stare in piedi
star la stella
station la stazione
stay la permanenza, il soggiorno
steamer il piroscafo
steering wheel il volante
stenographer la stenografa
step il passo
still ancora
stocking la calza
stomach-ache mal d'stomaco
stone la pietra
stop (to) fermare; the bus stops l'autobus si ferma
store il negozio
story la storia
straight diritto; straight ahead diritto
stranger lo straniero
street la strada, la via
strike (to) colpire
strong forte
student lo studente, la studentessa
study lo studio
study (to) studiare
style lo stile
subject il soggetto
suburb, suburbs il sobborgo
succeed (to) riuscire
success il successo
such tale
sudden: all of a sudden tutto d'un tratto
sugar lo zucchero
suggest (to) suggerire
suit l'abito, il vestito
sum la somma
summer l'estate *f.*
sun il sole
Sunday domenica *f.*; on Sundays la domenica
supper la cena
supper (to have) cenare
sure sicuro, certo
surprise la sorpresa
surprise (to) sorprendere
surround (to) circondare

surroundings i dintorni
sweet dolce; **sweets** (*candy*) dolci
system il sistema

T

table la tavola; **little table** tavolina
take (to) prendere
talk (to) parlare
task il compito
taste il sapore, il gusto
taxi il tassì
teach (to) insegnare
teacher maestro, maestra
teaspoon il cucchiaino
telephone il telefono
telephone (to) telefonare
television la televisione
temperature la temperatura
ten dieci
tenth decimo
terrible terribile
than di, che
thanks grazie *f. pl.*; ringraziamenti *m. pl.*
that ciò
that is cioè
that (*conjunction*) che; (*relative*) che
that *dem. adj.* quel, quella, quell', quello
the il, lo, la, i, gli, le, l'
theatre il teatro
them li, le, essi, esse, loro
themselves stessi
then poi
then allora, dunque
there là, lì, ci, vi; **there is** c'è, v'è; **there are** ci sono *or* vi sono; **there is** *and* **there are** (*pointing*) ecco; **over there** laggiù
therefore perciò
these questi, queste
they essi *m.*, esse *f.*, loro
thing la cosa
think of (to) pensare (a)
third terzo
thirteen tredici
thirty trenta
this questo(a)
those *dem. adj.* quei, quelle, quegli
thousand mille; *pl.* mila
three tre
through per
throw (to) gettare
Thursday giovedì *m.*; **on Thursdays** il giovedì
ticket il biglietto

time il tempo, la volta, l'ora
tip la mancia
tire la gomma
tired stanco
to a, ad (*before word beginning with a vowel*)
today oggi
together insieme
tomorrow domani; **day after tomorrow** domani l'altro; **tomorrow morning** domattina
too (= **also**) anche, pure; **too much** troppo
toothache mal di denti
top: on top of in cima a
topic il tema
total il totale
touch (to) toccare
tour il giro
tourist il turista
tourist agency l'agenzia di viaggi
toward verso
tower la torre
town la cittadina
trade il mestiere
tragic tragico
tranquil tranquillo
translate (to) tradurre
travel (to) viaggiare
traveler il viaggiatore
tree l'albero
trip la gita, il viaggio
trousers i calzoni
truck driver il camionista, l'autista
true vero
truly veramente
trunk (*of car*) il portabagagli
truth la verità
Tuesday martedì *m.*; **on Tuesdays** il martedì
turn (to) girare
twelve dodici
twenty venti
two due
typewriter la macchina da scrivere

U

umbrella l'ombrello
uncle lo zio
under sotto
understand (to) capire (capisco)
unforgettable indimenticabile
unfortunate sfortunato
until fino a
unusual insolito

up su
up to fino a
upon su, sopra
us ci; **to us** ci
use l'uso
use (to) usare
useful utile
usually d'abitudine, di solito

V

vacation la vacanza
vaccination la vaccinazione
valise la valigia
value il valore
varied vario
various diversi
vary (to) variare
vase il vaso
veal il vitello
vegetable il legume, la verdura
very molto, assai
view la vista
vigorously vigorosamente
visit la visita
visit (to) visitare
voice la voce

W

wait for (to) aspettare
waiter il cameriere
waiting room sala d'aspetto
wake up (to) svegliarsi
walk la passeggiata
walk (to) camminare, passeggiare
wall il muro, la parete
want (to) desiderare
war la guerra
warm caldo
warm (to) riscaldare
wash la biancheria
wash (to) lavare; **to wash oneself** lavarsi
watch l'orologio
watch (to) guardare
water l'acqua
way: by the way a proposito
we noi
wear (to) portare
weather il tempo
Wednesday mercoledì *m.*; **on Wednesdays** il mercoledì
week la settimana
weigh (to) pesare
weight il peso
welcome benvenuto
well bene; (*exclamation*) ebbene
wet bagnato

what quale, quali
what che cosa, che
what = **that which** ciò che, quello che
whatever qualunque
when quando
where dove; **where is...?** dov'è...?
wherever dovunque
which quale *sing.*; quali *pl.*
which che
while mentre
white bianco
who chi (*inter. pron.*); che (*rel. pron.*)
whose di cui
why perchè
wide largo
wife moglie
win (to) vincere
wind il vento
window la finestra; (*of an office*) lo sportello
wine il vino
winter l'inverno
wise saggio
wish (to) volere (voglio)
with con
without senza
woman la donna
wonderful meraviglioso
word la parola
work il lavoro
work (to) lavorare
workingman l'operaio
world il mondo
worse *adj.* peggiore; *adv.* peggio
worst *adj.* il peggiore; *adv.* il peggio
worth (to be) valere
worthy degno
write (to) scrivere
writer lo scrittore
writing paper carta da lettere
written scritto

Y

year l'anno
yellow giallo
yes sì
yesterday ieri
yet ancora
you tu, voi, Lei, Loro; ti, te, vi, ve; La, Li, Le
young giovane
young man giovanotto
your, yours tuo, suo, vostro

Z

zero zero

DICTIONARY — ITALIAN-ENGLISH

A

a, ad (*used before words beginning with a vowel*) to, at
abbastanza enough
abbondante abundant
abbracciare to embrace
abile able, skillful
abitante *m.* inhabitant
abitare to dwell, live
abito dress, suit
abitudine *f.* habit, custom; d'abitudine usually
accettare to accept
accomodare to mend, repair
accomodarsi to sit down; si accomodi sit down, make yourself comfortable
accompagnare to accompany
accordo agreement; d'accordo agreed
acqua water
adagio slowly
addormentarsi to fall asleep
adesso now
aeroplano airplane
affare *m.* business, affair; negli affari in business
affascinante fascinating
affatto not at all
affetto affection
affollato crowded
affrettarsi to hurry
agenzia di viaggio tourist agency
agitato agitated, excited
aiutare to aid, to help
aiuto aid
albergo hotel, inn
albero tree
alimenti (*pl.*) food
allegria joy, gaiety
allegro gay, jolly
alcuno some, any; *pl.* a few
allora then; d'allora in poi from then on
almeno at least
altezza height
alto high; ad alta voce in a loud voice
altro other; altro che! I should say so! senz'altro at once
altrui another's; la casa altrui another's house
alunno pupil
alzarsi to get up, to rise
amare to love
amico *m.*, amica *f.* friend
ammirare to admire
ammobiliato furnished
amore *m.* love
anche also, too; anch'io I also
ancora still, yet
andare to go; andare via to go away; andare a piedi to go on foot; L'orologio va avanti (dietro). The watch is fast (slow).
andarsene to go away
anello ring
angolo corner
anno year; Quanti anni ha? How old are you?
appartenire (a) to belong (to)
anniversario birthday, anniversary
annoiare to annoy
anticipo: in anticipo in advance
antico ancient, old
antipasto appetizers
aperto open
appartamento apartment
appena scarcely, as soon as
appetito appetite; avere appetito to be hungry, to have an appetite
apprendere to learn, to hear
apprezzare to appreciate
aprile *m.* April
aprire to open
approfittare (di) to profit (by)
appuntamento appointment
arancia orange
argento silver
aria air
aritmetica arithmetic
arrangiare to arrange; arrangiarsi to get along
arrivare to arrive
arrivederci good-bye
arrivo arrival
arte *f.* art
articolo article
artigiano artisan
artista *m.* artist
artistico artistic
ascensore *m.* elevator
asciugare to dry
asciutto dry
ascoltare to listen
aspettare to wait for
assai very much, enough
assente absent
assicurare to assure
assomigliare a to resemble
attendere to await, to wait, to expect
attirare to attract
attore *m.* actor
attraente attractive
attraversare to cross
attuale current, present, actual
augurare to wish
autista *m.* chauffeur, driver
autunno autumn
avanti ahead, before; Avanti! Forward! Come on!
avere to have; aver bisogno di to need; aver caldo to be warm; aver dolore a to feel pain in; aver fame to be hungry; aver freddo to be cold; aver paura to
be afraid; aver ragione to be right; aver sonno to be sleepy; aver torto to be wrong; aver venti anni to be 20 years old
avvenire to happen
avvicinarsi to approach
avviso notice
avvocato lawyer
azzurro blue

B

baciare to kiss
bagaglio baggage, luggage
bagnato soaked, wet
bagno bath
ballare to dance
bambina child, little girl
bambino child, little boy
bambola doll
banco bank, counter, bench
bandiera flag
barba beard; farsi la barba to shave
barca boat
basso low
basta! enough!
battere to beat, to strike, to knock
bellezza beauty
bello beautiful, fine, handsome
bene well; star bene to be well
benissimo very well
benvenuto welcome
benzina gasoline
bere to drink; bevo I drink
biancheria wash, linen
bianco white
biblioteca library
bicchiere *m.* glass
biglietto ticket, bill (*money*)
birra beer
bisogna it is necessary
bisogno need; aver bisogno di to need
blu blue
bocca mouth
borsetta handbag
bottega shop
bottiglia bottle
braccialetto bracelet
braccio *m.* arm; braccia *f. pl.*
bravo good, clever, skillful, brave
breve short, brief
brillare to shine
bruciare to burn
bucare to puncture
buono good; buonissimo very good
burro butter

C

cadere to fall
caduta fall
caffè *m.* coffee, café
calcolare to calculate
caldo heat, warmth; *adj.* warm; fa caldo it's warm (*weather*); ho caldo I am warm
calza stocking
calzino sock
calzoni trousers
cambiamento change
cambiare to change; cambiarsi to change (*one's clothes*)
camera room, bedroom; camera da letto bedroom
cameriera maid
cameriere *m.* servant, waiter
camicetta blouse
camicia shirt
camminare to walk
campagna country (*opposite of city*)
campanello bell
campidoglio capitol
campione sample
cantare to sing
canto song
canzone *f.* song
capello hair (*one*); *pl.* capelli
capire (capisco) to understand
capolavoro masterpiece
cappello hat
carezza caress
carico load
carino pretty, nice
carne *f.* meat
caro dear
carta paper
cartolina post card
casa house, home; a casa mia at my house
castello castle
catena chain
cattivo bad
causa cause; a causa di because of
cavallo horse
celebre famous
cena supper
cenare to have supper
cento one hundred
centro center, downtown
cercare to look for; to try
certamente surely
certificato certificate
certo certain, sure
cessare to cease
cestino basket
che *adj.* which, what; *rel. pron.* that, which, who, whom; *conj.* that
che cosa what
chi who? whom? di chi whose?
chiamare to call; Come si chiama? What's your name?
chiaro light, clear
chiedere to ask

chiesa church
chiudere to close
ci *pron.* us, to us, each other; *adv.* here, there; c'è there is; ci sono there are
ciascuno each, each one
cibo food
cielo sky
cima peak; in cima a on top of
cinema *m.* movies
cinquanta fifty
cinque five
cintura belt
ciò this, that
cioè that is, namely
circa about, nearly, concerning
circondare to surround
città city; in città in *or* to the city
cittadina town
classe *f.* class
cliente *m.* customer
clima *m.* climate
cogliere to seize, to catch; cogliere l'occasione to take the opportunity
colazione *f.* breakfast, lunch; fare colazione to eat breakfast, to eat lunch
collana necklace
collina hill
colore *m.* color; Di che colore è ...? What color is ...?
colpire to strike, to impress
coltello knife
come how, as, like
cominciare to begin
commerciale commercial
commerciante *m.* merchant
commercio commerce
commessa saleslady; commesso salesclerk
comodo comfortable
compatriotta fellow countryman
compito task
compleanno birthday
completare to complete
complicato complicated
comporre to compose
comprare to buy
compratore buyer
comprendere to understand, to comprise
comune common
comunicare to communicate
con with, by, by means of
condurre to conduct, to take
confessare to confess
confondersi to be confused
congratularsi to congratulate
conoscenza knowledge, acquaintance; fare la conoscenza di to make the acquaintance of
conoscere to know, to be acquainted with, to meet
conosciuto well-known
consiglio counsel, advice
contadino farmer, peasant
contare to count; contare (di) to intend (to)
contenere to contain
contento (di) glad, pleased (with)

continuare to continue
conto bill, account
contorno side dish
contribuire to contribute
contro against
conversare to converse
coperto covered
coraggio courage
coricarsi to go to bed, to lie down
correntemente fluently
correre to run
corretto correct
corrispondenza correspondence
corso course, race
cortese courteous
cortesia courtesy
corto short
cosa thing, matter
così so, thus; e così via and so forth, etc.; così ... come as ... as
costa coast
costare to cost
costo cost
costoso costly
costume *m.* custom, costume, habit
cotto cooked; ben cotto well done
cravatta necktie
credere to believe; credo di sì I think so
crespo crisp
cricco jack
crudo raw
cucchiaino teaspoon
cucchiaio tablespoon
cucina kitchen, cooking
cucinare to cook
cui (*rel. pron. after prep.*) whom, whose, of which
cuoca cook
cuore *m.* heart

D

da from, at the house of; since
danaro *or* denaro money
dappertutto everywhere
dare to give
data date
davanti a in front of
davvero indeed
decidere to decide
decimo tenth
dedicare to dedicate
degno worthy
delizioso delicious
denso dense
dente *m.* tooth; ho mal di denti I have a toothache
descrivere to describe
desiderare to want, to desire
desiderio desire
destra right, right side; a destra to the right
dettare to dictate
di of, from; di + *definite article* some, any
diciassette seventeen
diciannove nineteen
diciotto eighteen
dieci ten
dietro behind
differente different
differenza difference

differire (–isco) to differ
difficile difficult
diligente diligent
dimenticare to forget
dintorni surroundings
dire to say
diritto *adv.* straight ahead
disco phonograph record
discussione *f.* discussion
discutere to discuss
disegno design
disgrazia misfortune, accident
dispiacere to be displeasing; mi dispiace I am sorry
disposizione *f.* disposition, arrangement
distanza distance
distinto distinct
distrazione *f.* distraction
ditta firm
divano sofa
divenire to become
diverso various, different, some
divertire to amuse; divertirsi to amuse oneself, to have a good time
dividere to divide
dizionario dictionary
dodici twelve
dogana customs, custom house
dolce sweet; dolci sweets, candy
dolere to ache
dolore sorrow
domanda question; fare domande to ask questions
domandare to ask; domandare delle informazioni to ask for information
domani tomorrow; domani l'altro day after tomorrow; domani a otto a week from tomorrow
domattina tomorrow morning
domenica Sunday
domestica servant, maid
donare to present, to donate, to give
donna woman
dopo after
dormire to sleep
dottore *m.* doctor
dove where; dov'è ...? where is ...?
dovere must, have to, be obliged to, be supposed to, to owe
dovunque wherever, anywhere
dozzina dozen
dramma *m.* drama
dubbio doubt
due two
dunque consequently, then
durante during
durare to last
duro hard

E

e, ed (*before a word beginning with* e) and
è (*from* essere) he, she, it is
ebbene well (*exclamation*)
eccetto except

eccezionale exceptional
eccitante exciting
eccitato excited
ecco here is, here are, there is, there are; eccomi here I am
edificio building
educatamente politely
egli he
elegante elegant
ella she
emozione *f.* emotion
entrare to enter
entrata entrance
entusiasmo enthusiasm
epoca epoch
eppure yet, and yet, nevertheless
equivalere to equal
esame *m.* examination; fare un esame to take an examination; superare un esame to pass an examination
esempio example
esigere to require
esistere to exist
esperienza experience
espresso express; treno espresso express train
esprimere to express
essa she, it *f.*
esse they *f.*
essenziale essential
essere to be; io sono I am
essi they *m.*
esso he, it *m.*
est east; ad est to the east
estate *f.* summer
estivo (*adj.*) summer
estremo extreme
età age
evento event

F

fa ago
fabbrica factory
facchino porter
faccia face; di faccia facing
facile easy
fame *f.* hunger; aver fame to be hungry
famiglia family
fanciullo boy
fare to make, to do; fare colazione to have breakfast, lunch; fare conoscenza di to make the acquaintance of; fare il giro to take the tour; fare una gita to take a trip; fare una passeggiata to take a walk; fare delle spese to go shopping; fare una visita a to pay a visit to; fare l'avvocato (dottore) to be a lawyer (doctor)
faticoso fatiguing
fatto fact; infatti in fact
fazzoletto handkerchief
febbre *f.* fever
felice happy
fermare to stop (*somebody or something*); fermarsi (oneself); l'autobus si ferma the bus stops
ferrovia railroad
fiammifero match

figlia daughter, child
figlio son, child
fila row
fine *f.* end
finestra window
finestrino car window
finire (finisco) to finish
fino a until, as far as, up to
fiore *m.* flower
fisico physical
fiume *m.* river
foglia leaf
fontana fountain
forchetta fork
forma form
formaggio cheese
formare to form
foro forum
forse perhaps
forte strong
fortuna fortune, luck
fortunato lucky, fortunate
fotografia photograph
fra between, among
francese Frenchman, French
Francia France
francobollo stamp
frase *f.* sentence
fratello brother
frattempo: nel frattempo in the meantime
freddo cold; fa freddo it's cold (*weather*); ho freddo I am cold
fresco cool; fa fresco it's cool (*weather*)
fretta haste; aver fretta to be in a hurry
frutta fruit
fuori outside

G

gabinetto toilet
gamba leg
garage *m.* garage
gelato ice cream
generale general
generoso generous
genitore parent
gente *f.* people
gentile kind, nice
gentilezza kindness
gettare to throw
già already
giallo yellow
giardino garden
giocare to play (*games*); giocare a scacchi to play chess
giocatore player, gambler
gioia joy
gioiello jewel
giornalaio newspaper dealer
giornale *m.* newspaper
giornaliero daily
giornata day (*in the course of*)
giorno day; tutto il giorno all day
giovane young; a young man, a young woman
giovanotto young man
giovedì *m.* Thursday
giro tour; fare un giro to take a tour
gita trip; fare una gita to take a trip
giù down
giungere to arrive
giusto right, correct, just

gli *pron.* to him; *def. art. pl.* the
glorioso glorious
godere to enjoy
gomma tire; gomma di ricambio spare tire
grande big, great
grandezza grandeur
grattacielo skyscraper
grazioso graceful, pretty
gridare to scream, to shout
grigio gray
grosso big, bulky
gruppo group
guadagnare to earn, to gain
guanto glove
guardia policeman
guardare to look, watch
guerra war
guida guide, guide-book
guidare to drive, to steer
gusto taste; di buon gusto in good taste; di mio gusto to my taste

I

idea idea; che idea! the idea!
ieri yesterday
il the *m.*
illustrato illustrated
imbucare to mail
immaginare to imagine
imparare (a) to learn; imparare a memoria to learn by heart
impaziente impatient
impermeabile *m.* raincoat
impiegato clerk
importante important
importare to import
importatore importer
in in, into
incantare to charm, to enchant
incantevole charming
inchiostro ink
incontrare to meet
indicare to point to, to indicate
indimenticabile unforgettable
indispensabile indispensable
individuale individual
indovinare to guess
industria industry
industrioso industrious
infatti in fact
influenza influence
informare to inform
informazione *f.* information
ingegnere engineer
Inghilterra England
inglese Englishman, English
ingresso entrance
innamorato enamored
inoltre besides
insalata salad
insegnare to teach
insieme together
insolito unusual
interamente entirely
interessante interesting
interessare to interest
interesse *m.* interest
intero entire, whole
intorno a around
invece instead; invece di instead of

inverno winter
inviare to send
invidiare to envy
invitare (a) to invite
invito invitation
io I
isola island
italiano Italian

L

la *art.* the; *obj. pron.* her, it, you
là there
laggiù over there
lago lake
lampada lamp
lana wool
largo wide, broad
lasciare to leave
latte *m.* milk
lattiera milk pitcher
lavagna blackboard
lavare to wash; lavarsi to wash oneself
lavorare to work
lavoro work
le *art.* (*pl.* of la) the
le *pron.* them, to her, to it
leggere to read
legume *m.* vegetable
Lei you *polite singular;* lei her (*with prepositions*)
lento slow
lettera letter
letteratura literature
letto bed; a letto in bed
lezione *f.* lesson
lì *adv.* there
li *obj. pron.* them
libbra pound
libero free, vacant
libro book
lieto glad, happy
lingua language
lira lira (*monetary unit of Italy*)
lista list, menu
lo *art.* the; *obj. pron.* him, it
lontano far
loro they, them, to them; *poss. adj.* their, theirs, your, yours; Loro you, to you, yours
lotteria lottery
luce *f.* light
lui him (*with preps.*)
lunedì *m.* Monday
lungo long, along
luogo place; *pl.* luoghi; aver luogo to take place

M

ma but
madre mother
maestro, maestra teacher
maggiore older; il maggiore the older
magnifico magnificent
mai ever; non . . . mai never
malato sick, ill
male *m.* pain, evil, harm; mal di testa headache; mal di denti toothache
male *adv.* badly
malgrado in spite of
mancare to fail, to be lacking, to be missing
mancia tip

mandare to send
mangiare to eat
maniera manner, way
mano *f.* hand; stringere la mano to shake hands
manzo beef
mare *m.* sea
martedì *m.* Tuesday
matita pencil
matrimonio marriage
mattina morning
me me, to me
medico doctor (*medical*)
meglio *adv.* better; il meglio the best
mela apple
memoria memory; a memoria by heart
menare to lead
meno less, minus
mentre while
meraviglioso wonderful
mercato market; a buon mercato cheap, cheaply
merce *f.* merchandise, goods
mercoledì *m.* Wednesday
mese *m.* month
mestiere *m.* trade
metà half; a metà di in the middle of
mettere to put
mezzanotte midnight
mezzo *n.* means
mezzo *adj.* half
mezzogiorno noon
mi me, to me
miglio mile; *pl.* le miglia
migliorare to better, to improve
migliore *adj.* better; il migliore the best
milione *m.* million
mille one thousand; *pl.* mila
mio my
misurare to measure
mite mild
modo way, method
moglie *f.* wife
molto *adj.* much; *pl.* many; *adv.* very
momento moment; del momento appropriate
mondiale *adj.* world(ly)
mondo world
moneta coin
monetario monetary
montagna mountain
montare to go up
morte *f.* death
mostrare to show
movimento movement
museo museum
musica music

N

nacque was born
nascondere to hide
naso nose
Natale Christmas
naturale natural
ne of it, *etc. See Grammar Notes Chap. 20*
nè . . . nè neither . . . nor
neanche not even, not either
necessario necessary
negozio shop, store
neppure not either, not even = neanche

nero black
nessuno nobody, no one
neve *f.* snow
niente nothing; niente affatto nothing at all
no no
noi we, us
noleggiare to hire
nome *m.* name
nominare to name
non not
nonno grandfather
nonna grandmother
nono ninth
nord *m.* north
nostro our
notizia news; le notizie attuali current news
notte *f.* night
novanta ninety
nove nine
nulla nothing; di nulla don't mention it, you're welcome
numero number, numeral
nuovo new; di nuovo again

O

o or; od (*before a word beginning with a vowel*)
occasione *f.* occasion, opportunity
occhio eye
occupare to occupy; occuparsi (di) to be busy with
odio hate
offrire to offer
oggetto object; oggetto d'arte art object
oggi today
ogni each, every
ognuno each one, everyone
olio oil; olio d'oliva olive oil
ombrello umbrella
opera opera, work
operaio workingman
operetta musical comedy
ora time, hour; di buon'ora early; da ora in poi from now on
ordinario common
orecchino earring
orecchio ear
orgoglioso proud
oro gold
orologio watch
ospitale hospitable
osservare to observe
osteria in
ottanta eighty
ottavo eighth
ottenere to obtain
ottimo very good, excellent
otto eight
ovest west

P

pacco package
padre *m.* father
padrone *m.* landlord, owner
paesaggio landscape
paese *m.* country (*nation*), small town
pagare to pay
paio pair; *pl.* le paia
palazzo palace
pane *m.* bread
panino roll
panna cream

pantaloni trousers
papà daddy
papa pope
parata parade
parcare to park
parco park
parecchio a lot; *pl.* several
parete *f.* wall
Parigi Paris
parola word
parlare to speak, to talk
parte *f.* part, side, place; fare la parte to play the part
partecipante participant
partecipare to participate, to take part
partenza departure
partire to leave
passante passer-by
passaporto passport
passare to pass, to spend (*time*)
passeggiare to walk
passeggiata walk, ride
passione *m.* passion
passo step
pasta dough, pastry
pasto meal
patata potato
paura fear; aver paura to be afraid
peccato: Che peccato! What a pity!
peggio *adv.* worse; il peggio the worst
peggiore *adj.* worse; il peggiore the worst
pelle *f.* skin, leather
pellicola film
penna pen; penna stilografica fountain pen
pensare (a) to think (of)
per for, by, through, in order to
perbacco! goodness!
perchè why, because
perciò therefore
perdere to lose
perdonare to pardon, to excuse
perfetto perfect
periodo period
permanenza stay
permettere to permit, to allow
però but, however
persona person
pesante heavy
pesare to weigh
pescare to fish
pescatore fisherman
pesce *m.* fish
peso weight
pezzo piece
piacere *m.* pleasure
piacere to be pleasing; mi piace il libro I like the book
piacevole pleasant, nice
pianista *m. or f.* pianist
piano *n.* floor, story; *adv.* slowly, in a low voice
pianoforte *m.* piano
piattino saucer
piatto plate
piazza square; in piazza on the square

piccolo small
piede *m.* foot; andare a piedi to walk; stare in piedi to stand
pieno full
pietra stone
pioggia rain
piovere to rain; piove a catinelle it is raining buckets
piroscafo steamer
pittoresco picturesque
pittura painting
più more, most, plus
piuttosto rather
po' (*shortened form of* poco) un po' di a little of
poco little, not much; *pl.* pochi, poche few
poema *m.* poem
poeta *m.* poet
poi then, afterwards
poichè because, for, since, as
pollo chicken
pomeriggio afternoon; di pomeriggio in the afternoon
ponte *m.* bridge
popolo people (*of a country*)
porta door
portare to carry, to bring, to wear
portabagagli luggage trunk (*of car*)
portacenere *m.* ash tray
porto port
porzione *f.* portion
possibile possible
postino postman
posta post office
posto place, seat
potere (posso) to be able, can, may
povero poor
pratica practice
prato field
pranzare to dine
pranzo dinner, meal
precedente preceding
preciso sharp, precise
preferire (preferisco) to prefer
pregare to pray, to beg; prego please (I beg)
premio prize
prendere to take
preparare to prepare
presentare to present, to introduce
presente present
presso near
prestare to lend
presto soon, quickly, early; al più presto as soon as possible
prezioso precious
prezzo price; prezzo fisso table d'hote
prima *adv.* first; prima di before
primavera spring
primo *adj.* first
principio beginning
problema *m.* problem
prodotto product
professore *m.* professor, teacher
profondo deep, profound
profumo perfume

progetto project
programma *m.* program
progresso progress; fare progressi rapidi to make rapid progress
prolungare to prolong
pronto ready, prompt
proposito: a proposito by the way; a proposito di about
proprio *adj.* own; la loro propria lingua their own language
proprio *adv.* quite, just, exactly, really; proprio ora just now; sì proprio yes, indeed
prosciutto ham
prossimo next, near
punta point, tip
pure also, too; venga pure do come

Q

qua here
quadro picture
qualche some, any
quale which, which one, who, whom
qualunque any, whatever
quanto (a) how much; quanti(e) how many; in quanto a me as for me
quaranta forty
quarto quarter, fourth
quasi almost
quattordici fourteen
quattro four
quello that, that one
questo (-a, -i, -e) this, these
questura police station
qui here
quindici fifteen
quinto fifth
quotidiano daily

R

raccomandare to recommend
raccontare to recount
radio *f.* radio
raffreddore *m.* cold; ho raffreddore I have a cold
ragione *f.* reason; aver ragione to be right
rapido rapid
rappresentante *m.* representative
recente recent
regalo gift
regola rule
rendere to render, to return; to make
repentino sudden
respirare to breathe
restare to remain
restituire to return, to give back
resto remainder, change; di resto in change
ricchezza riches
ricco rich
ricevere to receive
riconoscere to recognize
ricordare (di) to remember, to recall
ricordo memory, souvenir
ridere (di) to laugh (at)
riempire to fill
riguardare to concern

rimanere to remain
rimessa garage
Rinascimento Renaissance
ringraziamento thanks, gratitude
ripetere to repeat
ripieno sandwich
riposarsi to rest
riscaldare to warm, to heat
riservare to reserve
risorgimento rebirth
risotto rice (*prepared*)
rispetto respect
rispettoso respectful
rispondere to answer
risposta answer
ristorante *m.* restaurant
ritardo delay; essere in ritardo to be late
ritenere to retain
ritirarsi to retire
ritornare to return
ritratto portrait
riuscire (a) to succeed (in)
rivedere to see again
rivista magazine
rompere to break
rosso red
rumore *m.* noise
rumoroso noisy

S

sabato *m.* Saturday
saggio wise
sala hall, room; sala da pranzo dining room; sala d'aspetto waiting room
sale *m.* salt
salire to go up, to get on
salotto living room, parlor
salutare to greet
saluto greeting
salvo safe
sano sound, healthy
sapere to know, to know how
sapore *m.* flavor, taste
sbagliarsi to be mistaken
sbaglio error, mistake
scacchi chess
scaffale *m.* bookcase
scala stairs, staircase
scalino step (*of staircase*)
scarpa shoe
scatola box
scavo excavation
scena scene
scendere to descend, to get off; scendere dell'automobile get out of the car
schermo screen
scherzare to joke
scienza science
scorso past, last; l'anno scorso last year
scrittore *m.* writer
scrivania desk
scrivere to write
scuola school
scuro dark
scusare to excuse; mi scusi excuse me
se if
sè (stesso) yourself, himself, *etc.*
secco dry
secondo second
secondo according to
sede *f.* seat

sedersi to sit down
sedia chair
sedici sixteen
seduto seated
segnale *m.* signal
segnare to mark
segreto secret
seguente following
seguire to follow
sei six
sembrare to seem
semplice simple
sempre always
sentire to feel, to hear, to smell
senza without
sera evening; di *or* a sera in the evening
serata evening (*in the course of*)
serio serious
servire to serve
servizio service
sessanta sixty
sesto sixth
settanta seventy
sette seven
settimana week
settimo seventh
sfortunato unfortunate
sì yes
si *reflex. pron.* oneself, himself, herself, *etc.*
siccome since
sicuro sure
sigaro cigar
signora lady, Mrs., wife
signore *m.* gentleman, Mr., sir
signorina young lady, Miss
simile like, similar, such
simpatico nice, pleasant
sincero sincere
sindacato labor union
sinistra left hand; a sinistra to the left
sistema *m.* system
sobborgo suburbs
socio member
soffio breath of air
soffrire to suffer
soggetto subject
soggiorno sojourn
solamente only
sole *m.* sun
solito usual; di solito usually
solo alone, only; non solo ... ma anche not only ... but also
soltanto only
somma sum
sonnelino nap; fare un sonnelino to take a nap
sonno sleep; aver sonno to be sleepy
sopportare to bear
sopra on, upon, over
soprabito overcoat
soprascarpe *f.* overshoe, rubber
soprattutto especially
sorella sister
sorprendere to surprise
sorpresa surprise
sorridere to smile
sotto under; di sotto below
spagnolo Spaniard, Spanish
spandere to spread

specchio mirror
speranza hope
sperare to hope
spesa purchase; fare la spesa to do the marketing
spesso often
spettacolo performance
spiaggia seashore, beach
spiegare to explain
spirito spirit
sportello window (*of an office*); sportello dei biglietti ticket window
stagione *f.* season
stamani this morning
stamattina this morning
stanco tired
stanza room; stanza da bagno bathroom
stare to be, to stay, to stand
stasera this evening
Stati Uniti United States
statura stature
stazione *f.* station
stella star
stenografa stenographer
stesso same; self, selves; egli stesso he himself; me stesso I myself
stile *m.* style
storia story, history
strada street
straniero stranger
straordinario extraordinary
stretto narrow
stringere to press, to clasp; stringere la mano to shake hands
studente *m.* student
studiare to study
studio study
su *prep.* on, upon; *adv.* up; su e giù up and down
subito at once, immediately
succedere to happen
successo success
succo juice
succursale *f.* branch
sud *m.* south
suggerire to suggest
suo *poss. adj.* his, her, its, your
suonare to play (*an instrument*), to ring
superare to exceed
svago recreation
svegliarsi to wake up
sveglio awake

T

tabacco tobacco
tale such
tanto so, so much; *pl.* so many; di tanto in tanto from time to time
tardi late; a più tardi until later
tasca pocket
tassì *m.* taxi
tavola table
tazza cup
telefonare to telephone
telefono telephone
televisione *f.* television
tema *m.* topic
temperatura temperature
tempo time, weather (*See Chap. 20*)

tenere to hold, to keep
terminare to end, to finish
terra land, earth
terzo third
tesoro treasure
testa head
tetto roof
ti you, to you
tirare to draw, to pull; tira vento it's windy
titolo title
toccare to touch
tornare = ritornare to return
torre *m.* tower
torta cake
torto wrong; aver torto to be wrong
totale *m.* total
tra between
tradurre to translate
tranquillo tranquil
trascorrere to pass, to spend
tratto stroke, gesture; tutto d'un tratto all of a sudden
trattoria eating place
tre three
tredici thirteen
treno train
trenta thirty
triste sad
troppo too, too much
trovare to find
tu you *familiar singular*
tuo your
turista *m.* tourist
tutto all, whole, every

U

udire to hear
ufficio office
uguale equal
ultimo last
umore *m.* humor
undici eleven
unità unit, unity
uno, un, una a, an, one
uomo (*pl.* uomini) man; uomo d'affari businessman
uovo *m.* egg; *pl.* le uova *f.*
usare to use
uscire (esco) to go out
uso use; si fa uso di one makes use of
utile useful

V

vacanza vacation
vaccinazione *f.* vaccination
valere to be worth
valigia valise
valore *m.* value
vaporino small steamer
variare to vary
vario various, different
vaso vase
vecchio old
vedere to see
veduta view
vendere to sell
venditore *m.* seller, salesman
venerdì *m.* Friday
venire (vengo) to come
venti twenty
vento wind; tira vento it's windy
ventunesimo twenty-first
venturo next; coming

veramente truly, indeed
verde green
verdura vegetables, greens
verità truth
vero true; **non è vero?** isn't that so?
versare to pour
verso towards
vertiginoso dizzy
vestire to dress; **vestirsi** to dress oneself, to get dressed
vestito suit, dress
vetro glass

vetrina show window
vi *pron.* you, to you; **vi** *adv.* here, there
via street, way, route
viaggiare to travel
viaggiatore *m.* traveler
viaggio trip, voyage, journey; **fare un viaggio** to take a trip
viavai *f.* hurly-burly
vicino a near
vigoroso vigorous
vincere to win, to conquer

vino wine
visita visit
visitare to visit
vista view, sight
vita life
vitello veal
vivere to live
voce *f.* voice; **ad alta voce** in a loud voice; **a voce bassa** in a low voice
voi you *familiar plural*
volante *m.* steering wheel

volere (voglio) to wish
volo flight
volta time; **quante volte** how many times
vuoto empty

Z

zero zero
zia aunt
zio uncle
zona zone
zucchero sugar

ANSWERS

Exercise No. 1

1. l'	5. l'	9. l'	13. il	17. la	21. la
2. la	6. il	10. la	14. la	18. l'	22. il
3. il	7. la	11. il	15. il	19. l'	23. la
4. la	8. la	12. l'	16. la	20. l'	24. la

Exercise No. 2

1. i ragazzi	7. i figli	13. i fratelli
2. le famiglie	8. gli uffici	14. le sorelle
3. gli americani	9. le madri	15. i signori
4. le donne	10. le signorine	16. le cucine
5. i salotti	11. le americane	17. le figlie
6. le signore	12. i commercianti	18. gli uomini

Exercise No. 3

1. è	3. ci sono	5. lavora	7. ci sono	9. sono
2. ha	4. va	6. abita	8. c'è	10. è

Exercise No. 5

1. un	5. un	9. un'	13. una	17. una	21. un'
2. un'	6. un	10. un	14. un	18. un	22. un
3. una	7. una	11. un	15. un'	19. un	23. un
4. un	8. un	12. una	16. un'	20. una	24. un

Exercise No. 6

1. il; un	5. la; un, una	9. un'
2. il; un	6. la; un'	10. l'
3. la; una	7. i; le	11. i; gli
4. una; la	8. gli	12. l'

Exercise No. 7

1. desidera	4. chiama	7. visita	10. fare
2. lavora	5. abita	8. impara	11. studiare
3. impara	6. va	9. parlano	12. hanno

Exercise No. 9

1. l', un	7. lo, uno	13. la, una	19. lo, uno
2. gli	8. gli	14. le	20. gli
3. la, una	9. la, una	15. il, un	21. la, una
4. le	10. le	16. i	22. le
5. il, un	11. l', un	17. l', un	23. il, un
6. i	12. gli	18. gli	24. i

Exercise No. 10

1. Sì, vedo, No, non vedo, I see, I do not see
2. Sì, abito, No, non abito, I live, I do not live
3. Sì, desidero, No, non desidero, I want, I do not want
4. Sì, imparo, No, non imparo, I learn, I do not learn
5. Sì, lavoro, No, non lavoro, I work, I do not work
6. Sì, visito, No, non visito, I visit, I do not visit
7. Sì, indico, No, non indico I show, I do not show
8. Sì, ho, No, non ho, I have, I do not have
9. Sì, importo, No, non importo, I import, I do not import
10. Sì, chiamo, No, non chiamo, I call, I do not call

Exercise No. 11

1. Che cosa	4. lo scaffale	7. gli studenti	10. le parole
2. la lampada	5. lo specchio	8. Ecco	11. le tavole e
3. questo	6. Ecco	9. una penna e	le sedie
		una matita	12. Chi

Exercise No. 13

1. sulla	8. nel	15. ai
2. delle	9. sul	16. della
3. al	10. nel	17. della
4. nella	11. nello	18. sul
5. con gli	12. dalla; all'	19. negli
6. sullo	13. vicino al	20. nei; sulla
7. agli	14. davanti alla	

Exercise No. 14

1. sul	5. nel	9. con lo	13. dalle
2. nel	6. vicino al	10. allo	14. alle
3. dalla	7. dalla	11. degli	15. vicino agli
4. della	8. alla	12. agli	16. dietro gli

Exercise No. 15

1. Whose pencil is this? It is Bernard's pencil.
2. Whose portrait is this? It is Mrs. Cabot's portrait.
3. Is this Albert's pen or Charles'? This pen is Albert's.
4. Where does the maid live? She lives in Mr. Cabot's house.
5. Where is the girl's watch? It is on the teacher's desk.
6. Who has Richard's books? George has Richard's books.
7. How many rooms has the merchant's house? It has seven rooms.
8. Where are Mrs. Cabot's children? They are in the park.
9. Who is Mr. Facci? He is Mr. Cabot's teacher.
10. Does Paul's father speak Italian? Yes, he speaks Italian and English.

Exercise No. 16

1. Il signor Cabot è seduto in salotto.
2. Il signor Facci è seduto vicino al signor Cabot.
3. Sì. Ci sono molte cose intorno a noi.
4. In Italia bisogna sapere i nomi delle cose in italiano.
5. Il signor Cabot impara rapidamente.
6. La lampada è sul pianoforte.
7. Lo specchio è fra le due finestre.
8. Il ritratto della signora Cabot è alla parete sopra il pianoforte.
9. La moglie del signor Cabot (la signora Cabot) suona bene il pianoforte.
10. Il tavolino è davanti al divano.
11. C'è un vaso italiano sul tavolino.
12. Sulla scrivania ci sono alcuni libri e alcune carte.
13. Dietro la scrivania c'è uno scaffale.
14. È vicino alla scrivania.
15. Sa bene i nomi delle cose nella stanza.

Exercise No. 17

1. h	3. g	5. a	7. l	9. f	11. b
2. i	4. e	6. j	8. k	10. c	12. d

Exercise No. 18

1. tutto il giorno	7. oggetti d'arte	12. basta per oggi
2. per piacere	8. un buon maestro	13. le; le; i;
3. Buona sera	9. rapidamente,	e così via
4. in città	intelligente	14. a domani;
5. Perciò	10. bisogna	a più tardi
6. hanno un	11. fare un viaggio	
appuntamento		

Exercise No. 19

1. d	3. i	5. h	7. c	9. j	11. f
2. e	4. k	6. g	8. a	10. b	

Exercise No. 20

1. nella	11. nell'	21. dalla
2. fra le	12. degli	22. allo
3. vicino alla	13. davanti alla	23. dal
4. sopra il	14. con gli	24. dalla
5. dalla	15. intorno alla	25. la casa del maestro
6. sotto la	16. sotto lo	26. la madre della ragazza
7. coi	17. per la	27. la casa dei ragazzi
8. sul	18. per il	28. l'amico dei bambini
9. sul	19. dietro il	29. la scrivania di Maria
10. con gli	20. vicino all'	30. l'orologio di Paolo

Exercise No. 21

1. Chi è il signor Cabot?
2. È un commerciante di Nuova York.
3. Dove abita egli?
4. Abita in un sobborgo.
5. Perchè impara l'italiano?
6. Perchè desidera fare un viaggio in Italia.
7. Chi è il maestro?
8. Il maestro è il signor Facci.
9. Come sta?
10. Molto bene, grazie.
11. Buon giorno. Arrivederci.
12. Il signor Cabot è americano.
13. Ci sono sette stanze.
14. C'è anche una camera per la domestica.

Exercise No. 22

Mr. Cabot is Learning Italian

Mr. Cabot is a business man who imports art objects from Italy. Therefore he wants to make a trip to Italy in the spring. He wants to talk with his representative. He also wants to visit many interesting places in Italy. But he does not know how to speak Italian. Therefore he is learning the language.

Mr. Cabot has a good teacher. He is an Italian who lives in New York and whose name is Mr. Facci. Every Tuesday and Thursday the teacher takes the train to go to the home of his pupil. There the two gentlemen talk a little in Italian. Mr. Cabot is very intelligent and he learns rapidly.

During the first lesson, for example, he learns by heart the greetings and farewells. He already knows how to say, "Good day. How are you? See you later; and Until to-morrow." He already knows how to say in Italian the names of many things which are in his living room, and he knows how to answer correctly to the questions: "What is this?" "Where is . . . ?"

Mr. Facci is well satisfied with the progress of his pupil and he says, "Very good. That's enough for today; see you later. Au revoir."

Exercise No. 23

1. she converses, they converse
2. we begin, I begin
3. we listen, do you listen?
4. they travel, we travel
5. he studies, we study
6. they call, he calls
7. you play, you play
8. I learn, we learn
9. they visit, we visit
10. does he work? do you work?
11. do you live? do you live?
12. I want, he wants

Exercise No. 24

1. Are you Italian? No, sir, I am not Italian. But you speak Italian well. Thank you sir, you are very kind.
2. Are you studying French? Yes, ma'am, I am studying it. Why are you studying it? I want to take a trip to France.
3. Do you play the piano, Louise? No, ma'am, I do not play it. Does Rose play the piano? Yes, ma'am, she plays it well.
4. Does Mr. Cabot import automobiles? No, sir, he does not import automobiles. Does he intend to take a trip to France? No, he intends to take a trip to Italy.
5. Do the students live in a private house? No, sir, they live in an apartment. In what street? In Salute Street.
6. Do you listen carefully in class, children? Yes, Miss, we listen carefully. Are you learning much? Yes, Miss, we are learning very much.

Exercise No. 25

1. parlano	7. parlano	13. studi	18. domanda
2. studiamo	8. ascoltate	14. parlate	19. studiano
3. importa	9. imparano	15. abita	20. ascoltiamo;
4. desidera	10. suono	16. costa	ascoltano
5. comincia	11. desiderano	17. costano	
6. conta	12. chiama		

Exercise No. 26

1. (Essi) sono seduti in salotto.
2. Il maestro comincia a parlare.
3. Il commerciante ascolta attentamente.
4. Sì, i verbi sono importanti.
5. Il signor Facci fa le domande e il signor Cabot risponde.
6. Egli dice — Non so.
7. Il signor Cabot è un commerciante.
8. Importa oggetti d'arte e altri articoli.
9. Perchè desidera visitare il suo rappresentante a Roma.
10. No, non parla inglese.
11. Egli parte il 31 (trentuno) maggio.
12. Viaggia in aeroplano.
13. Impara rapidamente.
14. Il signor Facci è molto gentile.

Exercise No. 27

1. ha; ho	5. hanno; hanno	8. ha; non ha
2. ha; ha	6. avete; non abbiamo	9. hai; ho
3. hai; non ho	7. hanno; abbiamo	10. ha; hanno
4. hanno; non hanno		

Exercise No. 28

1. è; sono	4. è; sono	7. sono; sono
2. sono; non siamo, siamo	5. è; è	8. sei; sono
3. sono; non sono	6. sono; non sono; sono	9. è; è; sono; è
		10. non sono; sono

Exercise No. 29

1. Il signor Facci suona il campanello e la domestica apre la porta. 2. Aspetto il signor Facci in salotto. 3. Il signor Cabot dice — Come sta, signor Facci? 4. Molto bene, grazie. 5. Ma mia bambina Lucia è malata. 6. Mi dispiace. Che ha? 7. Ha raffreddore e febbre. 8. Quanti bambini ha Lei. 9. Ho quattro bambini. 10. Quanti anni ha il più giovane? 11. Ha cinque anni. 12. Quanti anni ha Lei, signor Cabot? 13. Ho trentotto anni. 14. Conversano ancora un po'. 15. Il signor Cabot invita il signor Facci a visitare il suo ufficio. 16. Il signor Facci dice — Accetto l'invito con piacere.

Exercise No. 30

1. Il signor Facci suona il campanello.
2. La domestica apre la porta.
3. Dice: — Buon giorno. Come sta?
4. La sua bambina Lucia è malata.
5. Sì. Ha raffreddore è la febbre.
6. Ha quattro bambini.
7. Ci sono sei persone.
8. I bambini si chiamano: Paolo, Carlo, Bianca e Lucia.
9. Ha dieci anni.
10. Paolo è il maggiore.
11. Lucia è la più giovane.
12. Sì, tutti i bambini vanno a scuola.

13. Invita il signor Facci a visitare il suo ufficio.
14. Sì. Egli accetta l'invito.

Exercise No. 31

1. to take; we take; you take
2. to write; I write; you write
3. to read; they read; we read
4. to see; they see; he sees
5. to answer; I answer; you answer
6. they write; they read; they take

Exercise No. 32

1. What are you writing? I am writing a letter. To whom are you writing? I am writing to my teacher.
2. What are you reading, children? We are reading an Italian story. Is the story interesting? Yes, ma'am, it is very interesting.
3. Who answers the questions of the teacher well? Richard answers well. Who answers poorly? Henry and Paul answer poorly.
4. What do they sell here? They sell Italian art objects. Are they cheap? No, they are very dear.
5. What are you having, Miss? I'm having coffee. What are you having, sir? I also am having coffee.
6. What do you see on this map, Charles? I see the rivers and mountains of Italy. Do you see the cities of Italy? There are no cities on this map, Madam.

Exercise No. 33

1. vedo
2. legge
3. prendiamo
4. scrive
5. vendono
6. rispondi
7. vende
8. vedete
9. scrivono
10. vendono
11. leggi
12. vendiamo
13. prendono
14. leggete
15. scrivono

Exercise No. 34

1. bello e comodo
2. grigie
3. illustrati
4. tutti; belli
5. gran
6. nuovi
7. intelligenti
8. azzurra e grigia
9. giallo
10. piccole
11. nera
12. quante; presenti
13. questo; grandi
14. breve
15. quale
16. molte
17. nuova
18. presente; malata
19. quali
20. molto

Exercise No. 35

1. Non è grande, non è piccolo.
2. Ci sono dei cartelli alle pareti grigie dell'ufficio.
3. Ci sono molte carte sulla scrivania.
4. Fra le due finestre c'è una lunga tavola.
5. Sulla tavola ci sono dei giornali e delle riviste.
6. Il signor Cabot è seduto alla scrivania.
7. Va alla porta per salutarlo.
8. La carta geografica d'Italia piace molto al signor Cabot.
9. Il castello è bianco.
10. La collina è verde.
11. Sì, è azzurro.
12. I caminetti sono neri.
13. Il signor Cabot comincia ad aver appetito.
14. Sì, anch'egli ha appetito.

Exercise No. 37

1. I prefer; you prefer; they prefer; they feel
2. you feel; you feel; they finish; you finish
3. we finish; they open; you open; he, she, it opens

Exercise No. 38

1. capisci
2. capisco
3. finiscono
4. sentiamo
5. aprite
6. sentono
7. preferite
8. finisce
9. finisce
10. parte
11. capiscono
12. preferisce
13. finisci
14. senti
15. sento

Exercise No. 39

1. Where are my letters? Your letters are on the desk.
2. Is Louise's room large? Her room is large and comfortable.
3. Where are our seats? Here are your seats, gentlemen.
4. Are you making progress in your studies? Yes, I am making rapid progress in my studies.
5. What are the students doing? They are writing their exercises.
6. Mr. Rossi, what is the name of your doctor? My doctor's name is Louis Covello.
7. Mother, who has my doll? Anita has your doll, my child.
8. How many pupils are there in your class? In our class there are 30 pupils.
9. Julia, have you my basket? No, Miss, I do not have your basket.
10. Where is your office, papa? My office is in New York, my child.
11. Is your brother a doctor? No, sir, my brother is a teacher.
12. Gentlemen, have you your passports? Here are our passports, sir.
13. Where do Mr. Facci's parents live? His parents live in Rome.
14. Where is Mr. Vivaldi's watch? His watch is on the table.

Exercise No. 40

1. loro
2. mia
3. mie
4. nostre
5. suoi
6. loro
7. miei
8. suoi
9. suo
10. tua
11. loro
12. sua

Exercise No. 41

1. Abita a Nuova York.
2. Parla bene l'italiano.
3. I suoi genitori sono Italiani.
4. Sa che il suo amico Cabot impara l'italiano.
5. Entra nell'ufficio del signor Cabot.
6. Comincia a parlare italiano.
7. Il signor Cabot impara a parlare, a leggere e a scrivere. l'italiano.
8. Non trova l'italiano (*or* non lo trova) difficile ad imparare.
9. Impara le parole ed espressioni della vita giornaliera.
10. Il signor Facci capisce il signor Cabot (*or* lo capisce).
11. Parla italiano a meraviglia.
12. Conta di partire per l'Italia in primavera.
13. Viaggia sempre in aeroplano.
14. Dice — Buon viaggio e buona fortuna!

Exercise No. 42

1. c
2. e
3. a
4. g
5. i
6. b
7. j
8. d
9. h
10. f

Exercise No. 43

1. No, non ho raffreddore.
2. No, non studio la lezione.
3. No, non aspetto il professore.
4. No, non imparo a scrivere l'italiano.
5. No, non ascolto la radio.
6. No, non leggiamo le riviste.
7. No, non capiamo le domande.
8. No non partiamo per Roma.
9. No, non siamo americani.
10. No, non abbiamo i giornali.

Exercise No. 44

1. Le matite sono rosse.
2. La parete è verde.
3. Gli specchi sono neri.
4. I fiori sono bianchi.

5. Il cielo è azzurro.
6. La casa è bianca e azzurra.
7. Il libro è grigio.
8. Le carte sono bianche.
9. I cartelli sono gialli.
10. La penna è bianca.

Exercise No. 45

1. studi
2. scrivi
3. Lei è
4. Lei è
5. impara Lei
6. siete
7. Loro sono ·
8. ascoltate
9. non siete
10. abitano Loro

Exercise No. 46

1. vendiamo
2. imparano
3. capisco
4. Egli legge
5. scrive
6. prendo
7. non rispondi
8. ha
9. non sono
10. fa
11. aspettano
12. leggete
13. visitano
14. hai
15. ho
16. sono
17. finisco
18. non aprono
19. non viaggiamo
20. entrano

Exercise No. 47

1. i suoi
2. i miei
3. le nostre
4. il suo
5. i loro
6. nostra
7. vostra
8. sua
9. sua
10. il loro
11. il suo
12. il mio

Exercise No. 48

Two Friends of Mr. Cabot

Mr. Cabot already knows the names of all the objects in his house. Now he is beginning to study the verbs because he wants to learn to read, write, and speak Italian. He also wants to learn the numbers in Italian.

Since he wants to visit his representative in Italy who does not speak English, he is learning to speak Italian as quickly as possible. Therefore he needs to practice a great deal with people who speak Italian well. Luckily he has two Italian friends who are in business near his office on Whitehall Street.

One day Mr. Cabot goes to visit these Italian gentlemen. The two gentlemen listen with attention while Mr. Cabot talks Italian with them. After ten minutes of conversation, the gentlemen ask their friend many questions, and they are well satisfied with his progress.

Exercise No. 49

Mr. Cabot is Sick

Thursday, April twenty-second at eight o'clock in the evening Mr. Facci arrives at the house of his pupil, Mr. Cabot. The older son, a boy of ten, opens the door and greets the teacher politely. They go into the living room where Mr. Cabot usually awaits his teacher.

But that evening he is not there. Mrs. Cabot is not there either. Mr. Facci is very much surprised and he asks the boy, "Where is your daddy?" The son answers sadly, "Daddy is sick. He is in bed because he has a cold and fever."

The teacher becomes sad and says, "I am very sorry. Well, next week we must study two hours. Until next Tuesday, then. Good-by, little one." The boy answers "Good-by Mr. Facci."

Exercise No. 50

1. non voglio
2. vuole
3. vuole
4. non vuole
5. vogliamo
6. non vogliono
7. vuoi
8. vogliono
9. vuole
10. volete

Exercise No. 51

1. quell'
2. quegli
3. quell'
4. quegli
5. quello
6. quegli
7. quel
8. quei
9. quella
10. quelle
11. quel
12. quei
13. quella
14. quelle
15. quell'
16. quegli
17. quell'
18. quelle
19. quel
20. quei

Exercise No. 52

1. questi
2. questa
3. quelle
4. quei
5. quella
6. quel
7. quell'
8. questa
9. quest'
10. quest'
11. questi
12. quelle
13. questi
14. quel
15. questa
16. quegli
17. questa
18. quell'
19. quegli
20. quel

Exercise No. 53

1. Sono seduti nella sala da pranzo.
2. Prendono il caffè con torta.
3. Dice — Le piacciono queste tazze e questi piattini?
4. È della ditta Doccia.
5. La porcellana della ditta Doccia è celebre.
6. Viene da Faenza.
7. I disegni sono verdi.
8. Faenza è celebre per la sua ceramica.
9. Sì, è molto carina.
10. Il signor Cabot conosce bene il suomestiere.
11. Ha dei campioni di ceramica ordinaria per la cucina.
12. È molto semplice.
13. No, non prende ancora una tazza.
14. Tutto è delizioso.

Exercise No. 54

1. posso
2. vuole
3. voglio
4. può
5. possono
6. possiamo
7. vogliamo
8. vuoi
9. potete
10. possiamo
11. vogliono
12. vogliono
13. vuole
14. può

Exercise No. 55

1. trenta
2. dieci
3. cinquanta
4. quarantanove
5. dodici
6. quattordici
7. venticinque
8. sessantotto
9. diciotto
10. tredici
11. settanta
12. novantacinque
13. ottantotto
14. undici
15. diciasette

Exercise No. 56

a) quattro più nove = tredici
b) otto più sette = quindici
c) dodici meno tre = nove
d) dieci meno due = otto
e) sette per otto = cinquantasei
f) nove per dieci = novanta
g) sessantanove diviso per tre = ventitrè
h) cinquantacinque diviso per undici = cinque
i) sette per sette = quarantanove
j) nove per nove = ottantuno

Exercise No. 57

2. In un anno ci sono dodici mesi.
3. In una settimana ci sono sette giorni.
4. In un'ora ci sono sessanta minuti.
5. In un minuto ci sono sessanta secondi.
6. Nel mese di settembre ci sono trenta giorni.
7. Ho diciannove anni.
8. Ha sedici anni.
9. Nel garage ci sono quindici automobili.
10. Sullo scaffale ci sono cento libri.
11. Abito in Via Marsala 89 (ottantanove).
12. Negli Stati Uniti ci sono cinquanta stati.

Exercise No. 58

1. Egli sa già che i nomi delle cose sono importanti.
2. I numeri sono così importanti come i nomi e i verbi.
3. Il maestro pensa ai numeri.
4. Abbiamo bisogno di numeri.
5. Pensa subito agli affari.
6. I numeri non valgono molto senza il danaro.
7. Possiamo indicare le date, l'ora del giorno, ecc.

8. Il signor Cabot vuole capire e usare i numeri correttamente.
9. Fa dei progressi rapidi.
10. dieci, venti, trenta, quaranta, cinquanta, sessanta, settanta, ottanta, novanta, cento.

Exercise No. 59

1. sa (Lei)?
2. conosciamo
3. non sappiamo
4. so
5. (egli) sa
6. non conoscono
7. sa Lei
8. conosco
9. conosciamo
10. conosce

Exercise No. 60

a) trecento
b) quattrocento
c) cinquecento trenta
d) duecento quarantasette
e) seicento cinquanta
f) settecento sessanta
g) mille ottocento settanta
h) due mila venticinque
i) sei mila settecento cinquanta
j) dieci mila ottocento ottanta
k) quindici mila seicento venti
l) venticinque mila quattrocento quaranta
m) trenta mila
n) cinquanta mila

Exercise No. 61

$1.00 = 620 (seicento venti) lire
$2.00 = 1240 (mille duecento quaranta) lire
$3.00 = 1860 (mille ottocento sessanta) lire
$4.00 = 2480 (duemila quattrocento ottanta) lire
$5.00 = 3100 (tremila cento) lire
$6.00 = 3720 (tremila settecento venti) lire
$7.00 = 4340 (quattromila trecento quaranta) lire
$8.00 = 4960 (quattromila novecento sessanta) lire
$9.00 = 5580 (cinquemila cinquecento ottanta) lire
$10.00 = 6200 (seimila duecento) lire

Exercise No. 62

1. Ricevo 400 (quattrocento) lire di resto.
2. Pago 1700 (mille settecento) lire.
3. Pago 1000 (mille) lire.
4. Ricevo 70 (settanta) lire di resto.
5. Ho in tasca 3250 (tre mila duecento cinquanta) lire.
6. Un biglietto di dieci dollari ha più valore.
7. Sì signore, egli è milionario.
8. Non lo so!

Exercise No. 63

1. Egli fa delle domande.
2. Gli studenti fanno alcuni esercizi.
3. Il signore Cabot conta di fare un viaggio.
4. La signora Cabot fa delle spese ogni giorno.
5. Che fanno i ragazzi?
6. Fanno le loro lezioni.
7. Faccio pesare i bagagli.
8. Ogni anno facciamo un viaggio in Italia.
9. Cinque per venti fa cento.
10. Lei fa progressi rapidi nei suoi studi.
11. Che cosa fate, ragazzi?
12. Facciamo un problema difficile.

Exercise No. 64

1. prima
2. quarta
3. sesto
4. nono
5. decima
6. secondo
7. undicesimo
8. terza
9. dodicesimo
10. quinta
11. settimo
12. ottavo
13. prime
14. primo
15. tredicesima

Exercise No. 65

a) dieci; ventidue
venti; quarantaquattro
trenta; sessantasei
quaranta; ottantotto
cinquanta; cento dieci
sessanta; cento trentadue
settanta; cento cinquantaquattro
ottanta; cento settantasei
novanta; cento novantotto
cento; duecento venti

b) otto; cinque
sedici; dieci
trentadue; sessantaquattro;
venti; quaranta
quarantotto; ottanta;
trenta; cinquanta

Exercise No. 66

1. Noi pranziamo al ristorante.
2. Il conto per tutti e quattro è di 3700 (tre mila settecento) lire.
3. Lascio 555 (cinquecento cinquantacinque) lire.
4. Porto una valigia pesante alla stazione.
5. Pesa trenta chili o sessantasei libbre.
6. Si contano le distanza in chilometri.
7. Il signor Cabot sa cambiare i chilometri in miglia.
8. Compra tre paia di guanti.
9. Il soggetto della prossima conversazione è «L'ora del giorno.»
10. Meglio tardi che mai!

Exercise No. 67

1. Dove va?
2. Vado alla stazione.
3. Dove va Luigi?
4. Va al lavoro.
5. Dove andate?
6. Andiamo in biblioteca.
7. Vanno a piedi?
8. No. Vanno in autobus.
9. Dove vai, Elena?
10. Vado a scuola.
11. Il mio orologio va indietro.
12. Il suo orologio va avanti.

Exercise No. 68

1. l'una
2. l'una e un quarto
3. l'una e venti
4. le undici
5. le nove
6. le sette e mezza
7. le due e venti
8. le due meno venti
9. le tre meno un quarto
10. all'una e dieci
11. alle quattro meno dieci
12. alle dieci e mezza
13. alle dieci meno un quarto
14. mezzogiorno
15. mezzanotte

Exercise No. 69

1. alle dieci; alle dieci
2. alle tredici, all'una
3. alle quindici e quarantacinque; alle quattro meno un quarto
4. alle diciannove e trenta; alle sette e mezza
5. alle quattordici e cinquanta; alle tre meno dieci
6. alle venti e trenta; alle otto e mezza
7. alle quindici e quindici; alle tre e un quarto
8. alle diciotto e dieci; alle sei e dieci
9. alle ventuno e cinque; alle nove e cinque
10. alle sette; alle sette

Exercise No. 70

1. Tutti vogliono sapere — Che ora è?
2. Il signor Cabot fa la parte del viaggiatore.
3. Il signor Facci fa la parte dell'impiegato allo sportello.
4. Desidera un biglietto di prima classe.
5. Un biglietto d'andata e ritorno costa 18000 (diciotto mila) lire.
6. Il signor Facci fa la parte dell'impiegato al cinema.
7. Il signor Cabot chiede delle informazioni circa lo spettacolo.
8. Ci sono tre spettacoli.
9. Egli compra due biglietti per il terzo spettacolo.
10. Egli paga 600 (seicento) lire.

Exercise No. 71

1. f	2. h	3. a	4. j	5. b
6. i	7. c	8. d	9. e	10. g

Exercise No. 72

1. ho bisogno d'
2. di mancia
3. Che vuole dire
4. Chi fa la parte
5. fanno progressi rapidi
6. ho ragione; ha torto
7. nel frattempo
8. abbiamo fame (appetito)
9. Eccoli
10. fa molte domande
11. fare delle spese
12. abbiamo bisogno
13. Grazie infinite! — Prego.
14. chiedano delle informazioni

Exercise No. 73

1. g	2. e	3. b	4. c	5. a	6. l	7. f	8. d
9. i	10. h	11. j	12. k	13. o	14. p	15. m	

Exercise No. 74

1. vogliono
2. vogliamo
3. Vuole
4. posso
5. possiamo
6. (Loro) possono
7. Può
8. non posso
9. Conosce (Lei)
10. so
11. Vuole
12. Voglio
13. Può
14. non sanno
15. non conosco
16. Può
17. volete
18. volete
19. Non so
20. vogliamo andare; non possiamo

Exercise No. 75

A. 1. Voglio cambiare il danaro.
2. Egli vuole ascoltare la radio.
3. Vogliamo pranzare alle sette.
4. Vuole pagare il conto Lei?
5. Vogliono telefonare al dottore.
6. Vogliono fare delle spese?

B. 1. Posso indovinare la risposta.
2. Può finire il lavoro.
3. Essa può spiegare l'affare.
4. Possiamo fare la parte.
5. Potete lasciare la sala.
6. Possono aver ragione.

C. 1. So dove egli abita.
2. Sai che ora è?
3. Lei sa ciò che vogliono.
4. Sappiamo parlare italiano.
5. Essa sa leggere il francese.
6. Sanno suonare il pianoforte.

D. 1. Non conosco quell'uomo.
2. Conosce (Lei) questi studenti?
3. Conoscete questa città?
4. Conosciamo le stelle del cinema.
5. Non conoscono il nostro sistema monetario.
6. Egli conosce tutti i miei amici.

Exercise No. 76

1. Per piacere (favore), mi dica — Dov'è lo sportello dei biglietti? 2. Ecco lo sportello. 3. Dico all'impiegato — Desidero (Voglio) un biglietto semplice per Siena. 4. Quanto costa? 5. Quando parte il treno per Siena? 6. Quando arriva a Siena? 7. Dove posso trovare un facchino? 8. Facchino, può portare i miei bagagli al treno? 9. È in ritardo il treno? 10. No. È a tempo. 11. È occupato questo posto? 12. No, è vuoto (libero).

Exercise No. 77

The Cabot Family Visits Daddy

It is the first time that the Cabot family comes to see daddy at his office. Mrs. Cabot and her four children enter a big building which is a skyscraper. They go up to the twenty-first floor in the elevator. Lucia, who is the youngest, is only five years old and is very curious. She asks her mother many questions about daddy's office.

When they arrive at the office the father gets up and says, "What a pleasant surprise! How glad I am to see you!" The children admire all the objects that they see in the office: the typewriter, many Italian objects and samples of Italian ceramics, the Italian magazines and especially the colored posters on the walls. Everybody is happy.

Paul, the oldest, looks out the large window and sees the blue sky and the sun which is shining. He sees the automobiles which are passing in the street. From the twenty-first floor, they seem quite small.

When the visit is over, the whole family goes to a restaurant which is not far from the office. They all eat with good appetite, especially the boys because they are hungry.

Exercise No. 78

The Donkey and the Automobile

A Modern Fable

Lucy, the youngest of Mr. Cabot's children, loves the old fables of Aesop very much. She also loves this modern fable which Mr. Facci has written for her. Here is the fable: "The Donkey and the Automobile."

An automobile is passing along the road and sees a donkey. This donkey seems very tired. He is carrying a heavy load.

The automobile stops and says to the donkey, "Good day, why are you going along so slowly? Don't you want to go more rapidly like me?"

"Oh yes, madame. But tell me how is that possible?"

"It is not difficult," says the automobile. "My gasoline tank is full. Drink some and you'll be able to go very fast."

Then the donkey drinks some gasoline. Now he does not go along slowly. He does not go fast. In fact, he does not go at all. He has a stomach-ache.

Poor donkey! He is not very intelligent, is he? He does not know that gasoline is good for automobiles but is of no value for donkeys.

Exercise No. 79

1. How are you? — Very well thank you, and you? — I am not too well.
2. How are the children? — All are well except Mary. She has a cold.
3. Are you going to the theatre this evening? — No, I am staying at home with the family.
4. I don't like to stand at the movies.
5. All the pupils are standing.
6. They are staying at home. We are going to school.
7. How are things?

Exercise No. 80

1. lo	3. la	5. li	7. li	9. ti	11. Li or Le
2. l'	4. l'	6. le	8. l'	10. la	12. l'

Exercise No. 81

1. I bambini non la vogliono.
2. Le conosco bene.
3. Qualche volta lo vedo.
4. Non vogliamo prenderli.
5. Non posso spiegarle.
6. Gli studenti li salutano.
7. Voglio cambiarli . . .
8. Lo conosce Lei?
9. Sappiamo usarli . . .
10. Mia moglie e io lo preferiamo.

Exercise No. 82

1. Il signor Cabot sa chiedere delle informazioni.
2. Preferiscono il teatro.
3. Preferiscono il cinema.
4. L'conoscono bene.
5. Abita in una cittadina.
6. No. È vicino alla sua casa.
7. Li preferiscono alla quattordicesima o quindicesima fila.
8. Di là è possibile vedere e capire bene.
9. Arrivano di buon'ora.
10. Fa dei progressi rapidi.

Exercise No. 83

1. il 12 (dodici) ottobre 1492 (mille quattrocento novantadue)
2. il 18 (diciotto) aprile 1775 (mille settecento settantacinque)
3. il 12 (dodici) febbraio 1809 (mille ottocento nove)
4. l' 11 (undici) novembre 1918 (mille novecento diciotto)
5. il 21 (ventuno) marzo 1959 (mille novecento cinquantanove)
6. il 4 (quattro) luglio 1776 (mille settecento settantasei)
7. il 20 (venti) settembre 1870 (mille ottocento settanta)
8. il 25 (venticinque) dicembre 1958 (mille novecento cinquantotto)

Exercise No. 85

1. I'm going there.
2. They do not live there.
3. We can go there on foot.
4. He goes there in the spring.
5. I go there on foot.
6. We intend to travel there in the summer.
7. They are entering there at this moment.
8. They are studying there.
9. She returns there at 9 o'clock.
10. He is coming today.

Exercise No. 86

1. Il signor Facci dà alcune date importanti. 2. Deve indicare un avvenimento importante per ciascuna delle date. 3. Nomina la fondazione di Roma. 4. Il 1870 è la data de dell'unificazione d'Italia. 5. Quel periodo si chiama «Il Risorgimento». 6. Si chiama Giuseppe Garibaldi. 7. Il 1918 segna la vittoria degli alleati. 8. È una data triste perchè segna il principio della dittatura di Mussolini. 9. Segna la caduta di Mussolini. 10. Conosce bene la storia d'Italia.

Exercise No. 87

1. più moderni	5. così . . . come	9. più . . . del
2. alta; più	6. meno difficile	10. più . . . del
3. più alta	7. di	11. più di
4. più	8. più . . . di	12. meno . . . di

Exercise No. 88

1. Are Italian films better than American films? 2. Some are better, others are worse. 3. In Italy and in the U. S. one finds the best and also the worst films. Generally I prefer the Italian films. 4. George sings badly. Henry sings worse than George. But John sings the worst of all. 5. Philip writes well, but you write better than he. Emily writes the best of all. 6. Where do they make the best porcelain? They make the best porcelain in Faence. 7. Better late than never. 8. Practice is the best teacher. 9. Henry is my older brother. 10. Sylvia is my younger sister.

Exercise No. 89

A. 1. Comincia con la domanda «Su quale fiume è situata la città di Roma?» 2. Perchè questo non è un programma alla radio. 3. Importa molti merci da Genova. 4. Dicono che la loro città è la più bella. 5. Dice «L'esame è finito. Mi congratulo con Lei.» 6. Aspetta il suo diploma. 7. Ora possono cominciare la seconda parte del corso.

B. 1. Il signor Bianchi è il più giovane dei tre.
2. Sì, il signor Ricci è più vecchio del signor Bianchi.
3. Il signor Marino è il più vecchio dei tre.
4. Il più ricco è il signor Bianchi.
5. Il meno ricco è il signor Marino.
6. No. Il signor Ricci non è tanto ricco quanto il signor Bianchi.

Exercise No. 90

1. What is your name, my child? — My name is John, Miss. — And what is your brother's name? — My brother's name is Joseph.
2. How are you? — I don't feel very well. I have a headache. — I'm sorry. Why don't you take an aspirin?
3. What are the children doing? — They are having a good time watching the television. — Isn't it time to go to bed? — I think so. Tomorrow they must get up early.
At what time do you go to bed? — I go to bed at eleven. — Do you get up early? Usually I get up at six-thirty.

Exercise No. 91

2. ci	5. alsarvi	8. ti	11. si	14. si	17. si
3. si	6. s'	9. s'	12. ci	15. s'	18. si
4. mi	7. si	10. si; si	13. vestirci	16. si	19. ci
					20. vi

Exercise No. 92

1. Egli s'alza alle sei e mezza. 2. Poi si lava e si veste. 3. Si lava e si veste in circa mezz'ora. 4. Verso le sette si mette a tavola. 5. Sì, anch'essa s'alza di buon'ora. 6. Sì, fanno la prima colazione insieme. 7. Mangia (or prende) succo d'arancia, caffè, panini e uova. 8. Alle sette è pronto per andare alla stazione. 9. Arriva al suo ufficio alle nove. 10. Fa colazione quasi sempre all'una. 11. Nel pomeriggio dei clienti vengono a vederlo. 12. Finisce la sua giornata alle cinque precise.

Exercise No. 93

1. i	2. e	3. f	4. h	5. g
6. a	7. c	8. j	9. b	10. d

Exercise No. 94

1. e	2. a	3. b	4. f	5. c	6. h
7. d	8. i	9. j	10. g	11. l	12. k

Exercise No. 95

2. No, non lo preferisco.
3. Sì, le conoscono molto bene.
4. Sì, Li aspettiamo. Sono in ritardo.
5. Li finiscono alle tre.
6. Lo finisco alle cinque e mezza.
7. Sì, si vestono subito.
8. Mi chiamo Riccardo Gronchi.
9. Mi alzo (or m'alzo) di buon'ora, alle sei.
10. Mi corico alle undici.
11. Mi diverto ad ascoltare la radio.
12. Di solito si siedono alle sette.
13. Ci (or vi) vanno di tanto in tanto.
14. Ci ritornano il cinque maggio.

Exercise No. 96

1. più grande di	4. più giovane di
2. il fiume più lungo	5. tanto alto quanto
3. più vecchio di	6. la più giovane

7. la più alta cima
8. il primo giorno
9. più danaro di noi
10. il mio migliore amico
11. cattiva; peggiore *or* più cattiva
12. la peggiore

Exercise No. 97

1. stare in piedi
2. di tempo in tempo
3. fanno la colazione
4. a piedi
5. facciamo una visita
6. Lei ha proprio ragione.
7. di nostro gusto
8. stanco; tale
9. qualche volta
10. si divertono

Exercise No. 98

A Visit to the Steamer Christopher Columbus

It is Saturday. Mr. Cabot gets up at eight o'clock, and he looks out of the window. The sky is blue. The sun is shining. He says to his wife, "Today let's visit the steamer Christopher Columbus which arrived this morning. I have some merchandise on board. This is a good opportunity to visit the steamer."

"Fine," says Mrs. Cabot.

At nine o'clock, they leave in the car and in about one hour they arrive at the pier. At the entrance they see a group of boys eating ice cream and talking Italian.

Mr. Cabot greets them and he chats a bit with the nearest one. Here is the conversation.

"Good morning, young man. Are you Italian?"

"No, sir, I am American."

"But you speak Italian very well."

"Well these boys who work at the port on the liner Christopher Columbus are my friends and they teach me how to speak correctly. They are my teachers. Besides, I study Italian in high school and every day I read a few pages of Italian. By the way, are you Italian?"

"Thank you for the compliment. No, young man, I also am an American like you, and like you I am studying Italian. But I have only one teacher."

"But you also speak fluently."

"Thanks again. Good-by and good luck."

"Good-by, sir. Hope to see you again."

Mr. Cabot goes back to his wife, who is waiting for him smiling, and they continue on their way to visit the steamer.

"È simpatico, quel giovanotto," says Mr. Cabot to his wife, and then he translates the sentence because she doesn't understand Italian: That's a nice boy.

Exercise No. 99

3. del burro e delle uova
4. dei panini
5. dei clienti
6. legumi, latte, burro e formaggio
7. dell'inchiostro rosso
8. inchiostro
9. delle torte
10. dei libri
11. dei negozi
12. delle
13. lettere
14. carta

Exercise No. 100

1. alcuni
2. qualche
3. alcuni
4. qualche
5. qualche
6. alcune
7. alcuni
8. qualche

Exercise No. 101

2. Sì, essa ne compra.
3. Ne ha due.
4. Loro ne hanno abbastanza.
5. Sì, ne parlano.
6. No, non ne voglio.
7. Sì, ne ho dieci.
8. Sì, ne hanno molti.
9. Sì, ce n' è uno all'angolo.
10. Sì, ne ho un poco.
11. Sì, voglio comprarne.
12. No, non ne parla.

Exercise No. 102

1. Il signor Facci è ancora curioso. 2. Egli sa già che il signor Cabot ritorna a casa piuttosto tardi. 3. La famiglia Cabot non finisce il pranzo prima delle otto (*or* alle otto circa). 4. Dopo il pranzo parlano, leggono, guardano la televisione. 5. Si chiama «supermercato». 6. Si può comprare frutta, legumi, latte, formaggio, burro, ecc. 7. Là non si trovano soprabiti. 8. Sì. Hanno delle grandi succursali. 9. Amano le loro maestre. 10. Sì. Hanno dei buoni amici.

Exercise No. 103

2. Loro	6. ti	10. darle	14. mi
3. loro	7. ci	11. m'	15. ci
4. le	8. loro	12. Loro	16. vi
5. mi	9. gli	13. Le	

Exercise No. 104

1. Piove a catinelle. 2. La domestica apre la porta. 3. Gli dice: — Buona sera, signor Facci. 4. Lascia l'ombrello e le soprascarpe (*or* li lascia) nell'ingresso. 5. Le dà il suo cappello e il suo impermeabile. 6. Il signor Cabot è molto contento di vederlo. 7. Entrano nella sala da pranzo. 8. Ella mette sulla tavola due tazze, due piattini, ecc. 9. Poi ella lascia la sala da pranzo. 10. Il signor Cabot serve il tè col rum. *or* Il signor Cabot lo serve. 11. Continuano a conversare con voce animata.

Exercise No. 105

1. mangiando
2. insegnando
3. studiando
4. dando
5. imparando
6. mettendo
7. prendendo
8. piovendo
9. essendo
10. avendo
11. aprendo
12. sentendo
13. finendo
14. capendo
15. servendo

Exercise No. 106

1. sta piovendo
2. stanno conversando
3. sta aspettando
4. Sta imparando . . . Lei?
5. Sta mettendo . . . ?
6. Sta servendo.
7. Sto leggendo.
8. non state mangiando
9. non stanno ascoltando
10. sta chiamando
11. scrivendo
12. non avendo

Exercise No. 107

2. Ti portano dolci, bambino mio. 3. Ella lo sta servendo. 4. Le sto mostrando il mio nuovo orologio. 5. Mandano Loro le riviste. 6. La vostra mamma vi sta chiamando. 7. Il professore Facci m'insegna a parlare italiano. 8. Mi piace. 9. Non ci piacciono. 10. Gli lascio 200 (duecento) lire di mancia.

Exercise No. 108

1. D'estate fa caldo a Nuova York. 2. D'inverno fa freddo a Nuova York. 3. In primavera comincia a far bel tempo. 4. Il signor Facci preferisce l'autunno. 5. Il signor Cabot preferisce la primavera. 6. Egli vuole parlare del clima d'Italia. 7. Le quattro stagioni in Italia sono in generale moderate. 8. L'inverno del nord è assai freddo a causa dell'influenza delle Alpi. 9. Dalla costa azzurra francese fino al Golfo della Spezia l'inverno è mite. 10. A Taormina in Sicilia la primavera è eterna.

Exercise No. 110

1. Non apra; Non aprano
2. Non chiuda; Non chiudano
3. Non dica; Non dicano
4. Non mangi; Non mangino
5. Non faccia; Non facciano
6. Non compri; Non comprino
7. Non ascolti; Non ascoltino
8. Non guardi; Non guardino
9. Non vada; Non vadano
10. Non risponda; Non rispondano
11. Non legga; Non leggano
12. Non le dia; Non le diano

Exercise No. 111

1. L'apra!
2. Le scriva!
3. Non lo prenda!
4. Li finiscano!
5. Li comprino!
6. Li inviti!
7. Le leggano!
8. Non la scriva!
9. Lo chiami!
10. Non l'ascolti!
11. La guardino!
12. Lo faccia!
13. Lo diano!
14. La dica!
15. Lo facciano!

Exercise No. 112

1. Il clima di Roma l'interessa di più. 2. D'estate fa caldo ma c'è sempre un buon venticello di mare. 3. Sì. Il clima assomiglia un po' a quello della Florida. 4. Non fa mai molto freddo eccetto nelle montagne vicine. 5. Dalla spiaggia sono visibili le alte montagne delle Alpi Marittime. 6. Deve andare a Rapallo e al suo famoso promontorio di Portofino. 7. Conta di passare a Roma (*or* passarci) tre o quattro settimane. 8. La primavera e l'autunno sono le stagioni più piacevoli. 9. Il cielo è azzurro. L'aria è dolce. I prati sono verdi. La Riviera è bella. 10. Tutta la città sorride.

Exercise No. 113

1. f   2. j   3. c   4. n   5. a   6. h   7. b
8. d   9. e   10. l   11. k   12. g   13. i   14. m

Exercise No. 114

1. ho freddo
2. ho caldo
3. fa caldo
4. fa freddo e tira vento
5. fa fresco
6. piove molto
7. porto l'impermeabile
8. porto il soprabito
9. a catinelle
10. quattro stagioni
11. tutte le stagioni
12. Ma preferisco la primavera.

Exercise No. 115

1. c   2. f   3. a   4. g   5. i
6. h   7. e   8. b   9. j   10. d

Exercise No. 116

1. gli
2. le
3. l'
4. vederlo
5. la; riscaldarsi
6. mi; servirla
7. le
8. la
9. m'
10. loro
11. mi
12. ci

Exercise No. 117

1. — What do you have for breakfast, coffee or chocolate? — I take neither coffee nor chocolate. I drink a glass of milk.
2. — Do you want some milk and sugar in your coffee? — I want some milk, but I do not want any sugar.
3. — Have you any black ink? — No. I haven't any. But I have some red ink.
4. — What does one eat for breakfast in Italy? — One eats very little; in general rolls with butter and coffee.
5. — What does one eat for breakfast in the United States? — Usually one begins with orange juice. Then one eats cereal, eggs or ham, often both; also toast and coffee.

Exercise No. 118

1. Quella lettera mi piace. 2. Non piace loro viaggiare. 3. Questi aeroplani ci piacciono. 4. Le piacciono quelle pitture, signora? 5. Queste pitture ci piacciono molto. 6. Questo stile non le piace. 7. Ti piace suonare il pianoforte, Maria? 8. Non gli piace lavorare molto. 9. Bambini, vi piacciono queste bambole? 10. I loro posti non piacciono loro.

Exercise No. 119

Charles Does Not Like to Study Arithmetic

One day upon returning from school Charles says to his mother, "I don't like to study arithmetic. It's so difficult. Why do we need to do so many exercises and so many problems? We have calculating machines, don't we? Well, then?"

Mrs. Cabot looks at her son and says, "You are wrong, my child. One can do nothing without numbers. For example, one always needs to change money, to go shopping, measure distances, and ... many, many other things." The mother stops speaking, seeing that her son is not paying attention to what she says.

"By the way, dear," she continues, smiling, "baseball doesn't interest you either?"

"What an idea, mother! You're joking."

"Well then if the Dodgers win eighty games and lose thirty do you know what percentage of the games they win?"

On hearing this Charles exclaims, "You're right, mother. Numbers and arithmetic are very important. I believe that from now on I shall study more."

Exercise No. 120

1. beve Lei
2. bevo
3. essa beve
4. non bevo mai
5. Bevono
6. Egli beve
7. non beviamo mai
8. Bevete
9. Beviamo
10. non bevi
11. beva
12. non bevano

Exercise No. 121

1. buon
2. buon
3. buon
4. buona
5. buon
6. buon'
7. buono
8. buona
9. grand'
10. grande
11. gran
12. gran

Exercise No. 122

1. Si dice
2. si parla
3. si pagano
4. si vende
5. si vedono
6. si può
7. Si può
8. si parla
9. si comprano
10. si fa
11. si amano
12. si salutano

Exercise No. 123

1. La buona cucina italiana è uno dei più grandi piaceri dei turisti. 2. Vi sono tre segreti. 3. La cosa più importante è di amare l'arte della cucina. 4. Le varietà più conosciute della pastasciutta sono gli spaghetti, i vermicelli e i maccheroni. 5. Il risotto, il pollo, il vitello, il manzo, ecc. sono molto importanti. 6. Ogni regione ha la sua specialità. 7. In generale si serve una gran varietà di legumi. 8. Alla fine del pranzo si serve la frutta. 9. Durante i pasti gl'Italiani bevono vino. 10. Lo bevono in quantità moderata.

Exercise No. 124

1. vengono
2. non vieni
3. non viene
4. viene
5. viene Lei
6. Vengo
7. Venite
8. vengono
9. Non veniamo
10. vengano
11. non venga
12. venire

Exercise No. 125

1. quel
2. bei
3. bel
4. bella
5. bei
6. bell'
7. quell'; bella
8. quella bella
9. begli
10. Bell'
11. belle
12. quel; bello

Exercise No. 126

1. che
2. che
3. di cui
4. ciò che
5. in cui
6. che
7. che
8. che
9. che
10. che
11. ciò che
12. ciò che

Exercise No. 127

1. Il signor Cabot è impaziente di andarci. 2. I poeti, gli scrittori, gli artisti, ecc. hanno sentito la stessa cosa (*or*

l'hanno sentita). 3. Menziona le bellezze naturali del paese. 4. È il clima di cui hanno già parlato. 5. Si trova la sede dell'antica civiltà di Roma. 6. Si vedono i monumenti dell'antica grandezza romana. 7. S'interessa molto del periodo del Rinascimento? 8. Leonardo da Vinci, Michelangelo Buonarroti e Raffaello. 9. Perchè s'interessa di tante cose, d'arte, di pittura, di scultura, ecc. 10. Sì, infatti, si ammirano molto.

Exercise No. 128

1. — Where will you go next summer? — I shall go to Italy. — When will you leave N. Y.? — I shall leave May 31.
2. — How much time will you spend in Italy? — I shall spend two months there. — Will you travel by steamer or by airplane? — I shall travel by plane.
3. — Will you see your representative in Rome? — Yes, indeed, he will wait for me at the airport. — How long will you stay in Rome? — I shall stay there three or four weeks.
4. — Will you take a trip to Sicily? — Yes, I shall take a trip to Sicily if I have time. — Will Mr. Facci accompany you? — Alas! He will not be able to accompany me.

Exercise No. 129

2. Faremo i nostri compiti stasera. 3. La scriverà più tardi. 4. Porterò Loro i libri domani. 5. Ritorneremo alle nove. 6. Daranno Loro il danaro domani a otto. 7. Domattina mi alzerò alle sette. 8. Uscirò da casa alle nove. 9. Sarò a Roma l'anno prossimo. 10. No, ma potrò incontrarla domani. 11. Le diremo domani. 12. Li faranno domani l'altro.

Exercise No. 130

1. Sì. Ci sono delle differenze fisiche e di temperamento. 2. La gente del nord è generalmente più alta. 3. Sono scuri. 4. Generalmente non è vero. 5. È più lenta a causa del clima. 6. Le maggiori industrie sono nel nord. 7. Sono intelligenti, industriosi e soci di sindacati. 8. Si, differiscono da essi in molti aspetti. 9. Si osserva l'entusiasmo che hanno della vita. 10. Amano esprimerli con vigore e con passione. 11. Li troverà ospitali, generosi e intelligenti. 12. Il tema sarà: Quali Luoghi Visiterà, Signor Cabot?

Exercise No. 131

2. visiterò
3. vedrà
4. passeranno
5. cercherà Lei
6. non dimenticheremo
7. faranno Loro
8. Loro saranno
9. dovrò
10. prenderà
11. ritorneranno
12. non mancherò
13. vorrà
14. non dimenticherai

Exercise No. 132

1. La scriverò. Non la scriverò.
2. Lo comprerò. Non lo comprerò.
3. Li porterò. Non li porterò.
4. Lo prenderò. Non lo prenderò.
5. Li domanderò. Non li domanderò.
6. La venderemo. Non la venderemo.
7. Le vorremo. Non le vorremo.
8. Dovremo andarci. Non dovremo andarci.
9. Le sapremo. Non le sapremo.
10. Ci viaggeremo. Non ci viaggeremo.

Exercise No. 133

1. Partirà per Italia la settimana prossima. 2. Non ha che due mesi a sua disposizione. 3. Non pensa a niente altro. 4. Legge molto nella sua collezione di guide. 5. Il suo rappresentante abita a Roma. 6. Resterà a Roma tre o quattro settimane. 7. Spera di sentire una o più opere nelle Terme di Caracalla. 8. La Cappella Sistina e nella città del Vaticano. 9. Egli non dimenticherà di vedere i dintorni di Roma. 10. Farà una gita a Ostia per osservare gli scavi recenti. 11. Visiterà Firenze, Milano, Genova, Venezia e Napoli. 12. Tre bellissimi laghi sono Como, Garda e Maggiore. 13. Se ha tempo il signor Cabot farà una gita in Riviera. 14. Visiterà la piccola isola di Murano. 15. Il signor Facci ha gran desiderio d'accompagnarlo.

Exercise No. 134

1. e
2. h
3. a
4. i
5. j
6. b
7. c
8. f
9. d
10. g

Exercise No. 135

2. Costerà tremila lire.
3. Andrò in Italia.
4. Ritornerò il 2 settembre.
5. Mi coricherò a mezzanotte.
6. Mi alzerò (m'alzerò) alle sei di mattina.
7. C'incontreremo alla stazione.
8. Lo finiremo alle tre.
9. Li cercheremo nella sala d'aspetto.
10. Saremo a casa.
11. Domattina avremo tempo.
12. Ci rimarremo cinque giorni.

Exercise No. 136

1. farò
2. non andremo
3. Lei potrà
4. cercheranno
5. chi vedrà
6. offriremo?
7. discuterà
8. Loro mangeranno
9. ripeterò
10. essa vorrà
11. verrà egli?
12. pagherò
13. vorrai
14. non farà
15. avrò
16. non darà
17. porterà?
18. usciranno?
19. dovrò
20. sapremo
21. non avrai

Exercise No. 137

1. I shall put on my hat.
2. I like this hat because it is becoming to me.
3. I never wear a hat in summer.
4. She is putting on her suit.
5. The suit is becoming to her.
6. She often wears this blue suit.
7. He is putting on his overcoat.
8. The overcoat does not fit (become) him.
9. Henry does not wear his overcoat every day.
10. He is putting his handkerchief in his pocket.
11. He is taking his handkerchief from his pocket.
12. Why don't they wear their raincoats?
13. I always wear my raincoat when it rains.
14. We don't like these gloves.
15. We never wear white gloves.
16. I like this shirt but it is too dear.

Exercise No. 138

1. L'Italia è un bel paese. È un gran paese.
2. La gente ci viene da tutte le parti del mondo.
3. Ci sono molte belle città in Italia.
4. Gli abitanti di ciascuna città dicono che la loro città è la più bella.
5. Grandi montagne separano l'Italia dal resto dell'Europa.
6. Il più gran fiume è il Po.
7. I più bei laghi si trovano nel nord.
8. Dappertutto si vedono i monumenti dell'antica civiltà di Roma.
9. Si dice che la Riviera italiana è così bella come la Riviera francese.
10. Si parla inglese in tutti i grandi negozi.
11. L'Italia ha un bel clima.
12. Molti alberghi si trovano nelle grandi città.

13. Si possono comprare molti belli articoli nelle botteghe italiane.
14. Le donne italiane sono belle.

Exercise No. 139

1. farò	6. Visiterà
2. Vorrò	7. dovrà
3. Avrete	8. Saremo
4. Potranno	9. pagherai
5. Cercheremo	10. vedranno

Exercise No. 140
Mrs. Cabot's Birthday

It is March 22, the birthday of Mrs. Cabot. Today she is thirty-five years old. To celebrate this festive day the Cabot family goes to dine in a fine restaurant on 52nd Street in New York.

When they enter the restaurant they see on the table reserved for Mr. and Mrs. Cabot a pretty basket full of white roses. Naturally Mrs. Cabot is surprised. She thanks and embraces her dear husband with affection and tenderness.

At the end of a delicious dinner Lucy, the youngest, says in a low voice to the other children, "Now!" And each of the four children takes out from under the table a pretty little box. In the boxes there are gifts for the mother.

Lucy gives her a silk handkerchief; Blanche, a linen blouse; Charles, a pair of gloves; and Paul, a woolen scarf.

The following week, Mr. Cabot figures out the bill for that day.

Dinner	$14.86
Tip	2.00
Flowers	5.75
Gifts	12.39
Total	$35.00

"What a coincidence," says Mr. Cabot. "Thirty-five dollars, thirty-five years."

Exercise No. 141

1. When did Mr. Cabot write a letter to his agent? — He wrote the letter ten days ago. 2. When did he receive the answer? — He received the answer today. 3. To whom did Mr. Cabot read a copy of his own letter? — He read it to Mr. Facci. 4. Did Mr. Facci find many errors in the letter? — He did not find even a single mistake. 5. What book has helped Mr. Cabot a great deal? — The book "Commercial Correspondence" helped him a great deal. 6. Where did he obtain this book? — He took it from the library.

Exercise No. 142

1. ricevuto	8. risposto
2. deciso	9. fatto
3. capito, detto	10. preso
4. contribuito	11. finito
5. scritto	12. servito
6. comprato	13. perduto
7. letto	14. potuto

Exercise No. 143

1. Da quando abita Lei a Nuova York?
2. Ci abito da due anni.
3. Da quando studiano l'italiano?
4. Lo studiano da sei mesi.
5. Da quando lo conosce?
6. Lo conosco da tre anni.
7. Da quando lavora egli in quest'ufficio?
8. Ci lavora da sette settimane.

Exercise No. 144

1. Sono seduti nel salotto.

2. Ha in mano una copia della sua propria lettera e la risposta del suo rappresentante.
3. Legge ciò che a scritto al signor Vitelli.
4. Partirà da Nuova York il 31 maggio.
5. Passerà due mesi in Italia.
6. Resterà tre o quattro settimane a Roma.
7. Dopo la partenza da Roma farà delle gite per vedere i luoghi più interessanti.
8. Sì, spera di andarci in aeroplano.
9. Il signor Vitelli è molto occupato.
10. Desidera fare la conoscenza del signor Vitelli.
11. Scrive in anticipo perchè il signor Vitelli è molto occupato è viaggia tanto.
12. Riceve delle lezioni d'italiano da sei mesi.

Exercise No. 145

1. Che cosa tiene Lei in mano? 2. Tengo in mano una lettera. 3. Egli tiene in mano una penna stilografica. 4. Dove possiamo ottenere una guida? 5. Può ottenere una guida all'agenzia di viaggi. 6. Hanno ottenuto i loro biglietti? 7. Abbiamo già ottenuto i nostri biglietti. 8. Che cosa contiene questa scatola? 9. Contiene della carta da lettere. 10. Ha Lei ritenuto il danaro. 11. Tenga questa portacenere, signore. 12. Tengano queste lettere, signore.

Exercise No. 146

1. Have you recommended these guides? I have recommended them. 2. Has he written the answer? He has written it. 3. Where did you find the money? I found it at the office. 4. Have you understood the question? I have understood it. 5. Has she learned the proverb? She has learned it. 6. Who reserved the two seats? My father reserved them yesterday. 7. When did you see your friend? I saw her yesterday evening. 8. When did they finish the examination? They finished it at 2 o'clock. 9. When did the postman bring the letters? He brought them this morning. 10. Did you hear the bell? No, sir, I didn't hear it. 11. Has Mr. Cabot studied all the guide books? He has studied them all. He has found them very useful. 12. What letter is he reading to Mr. Facci? He is reading the letter which he has received from Mr. V.

Exercise No. 147

1. Le ho scritte. 2. Non l'abbiamo veduta. 3. Li hanno letti. 4. Chi non l'ha capita? 5. L'ha raccomandato Lei? 6. Li ho reservati. 7. L'abbiamo finito. 8. L'hanno ammirata. 9. Lei non l'ha pagato. 10. Non li avete ascoltati. 11. Le hanno portate? 12. Carlo l'ha fatto. 13. Maria non le ha incontrate. 14. Oggi le ho ricevute. 15. Li abbiamo venduti. 16. Essa non l'ha aperta. 17. Chi l'ha preso? 18. Egli l'ha studiata.

Exercise No. 148

1. Il signor Cabot gli ha scritto una lettera. 2. Ha letto una copia della lettera al signor Facci. 3. Non ha trovato neanche uno sbaglio. 4. Sarà a Roma durante i mesi di giugno e di luglio. 5. L'incontrerà all'aeroporto di Ciampino. 6. Parlerà con lui in italiano. 7. Vuole congratularsi col signor Cabot e col suo maestro. 8. È orgoglioso del popolo italiano. 9. È sicuro che sarà felice in Italia. 10. L'avranno giovedì prossimo. 11. Essi s'incontreranno nell'ufficio del signor Cabot. 12. Gli darà degli ultimi consigli.

Exercise No. 149

1. con me 2. per te 3. senza di essi *or* loro 4. vicino a lei *or* essa 5. intorno a noi 6. per Loro 7. di lui 8. con Lei 9. con esso 10. in essa 11. dal 12. da lui 13. da noi 14. da voi *or* da Loro 15. da Lei 16. da me

Exercise No. 150

1. illustrati	6. perduti	11. promesso
2. aperte	7. promesso	12. permesso
3. conosciuta	8. finiti	13. messo
4. rotti	9. sedute	14. perduto
5. riservata	10. veduto (visto)	

Exercise No. 151

2. ha portato
3. abbiamo apprezzato
4. non ha risposto Lei
5. ha messo
6. hanno lasciato
7. ha venduto
8. avete fatto
9. Non l'hai conosciuto?
10. Hanno chiuso
11. Non ho avuto
12. ha reso
13. Abbiamo aperto
14. Ha riservato Lei

Exercise No. 152

1. Si trovano nell'ufficio del signor Cabot.
2. Fa caldo.
3. Dalla finestra si sentono i rumori della strada.
4. Il signor Cabot è contento di lasciare la città.
5. Il signor Facci ha desiderio d'accompagnarlo.
6. Risponde — sfortunatamente non è possibile.
7. Si fanno con più formalità di qui.
8. Significa che ogni persona è degna di rispetto.
9. La vita è più tranquilla di qui.
10. Deve fare un sonnellino dalle tredici alle quattordici.
11. Parlerà italiano coi facchini, camerieri, ecc.
12. Passerà l'estate a Nuova York.
13. Penserà spesso al suo maestro.
14. Gli scriverà delle lettere di tanto in tanto.
15. Essi si stringono la mano.

Exercise No. 153

2. passo, passerò, ho passato
3. leggiamo, leggeremo, abbiamo letto
4. scrive, scriverà, ha scritto
5. Promette, prometterà, ha promesso
6. dormono, dormiranno, hanno dormito
7. Prepara Lei, Preparerà Lei, Ha Lei preparato
8. Fate, Farete, avete fatto
9. risponde, risponderà, ha risposto
10. guarda, guarderà, ha guardato
11. hanno, avranno, hanno avuto
12. decide, deciderà, ha deciso
13. voglio, vorrò, ho voluto
14. abbiamo, avremo, abbiamo avuto
15. chiudono, chiuderanno, hanno chiuso
16. apre Lei, aprirà Lei, ha aperto Lei
17. rompe, romperà, ha rotto
18. finisce, finirà, ha finito
19. preferisce Lei, preferirà Lei, ha preferito Lei
20. capisco, capirò, ho capito

Exercise No. 154

3. Egli li ha aiutati.
4. Le vedremo.
5. Li hanno scritti.
6. Noi le abbiamo lette.
7. Ella l'ha perduto.
8. Lo mostrerà.
9. Le hanno aperte.
10. Non li hanno chiusi.
11. Lo visiterò.
12. La studieremo.

Exercise No. 155

1. Andrò
2. Ha passato Lei?
3. Abbiamo sentito.
4. Ha preso?
5. Chi ha scritto?
6. Passerò.
7. Vedrà Lei?
8. Hai promesso.
9. Non ho permesso.
10. Avrete?
11. Saranno.
12. Potremo.
13. Dovrò
14. Hanno trovato?
15. Abbiamo mangiato.
16. Avrò.
17. Non ho dato.
18. Egli ha detto.
19. Vorrò.
20. Verrà Lei?
21. Rimarrò.
22. Non hanno perduto.
23. Mangeranno Loro?
24. Nessuno ha potuto.

Exercise No. 156

1. Sono sei mesi che studia l'italiano.
2. Ha passato molto tempo col signor Facci.
3. Ha imparato le regole essenziali della grammatica.
4. Ha lavorato seriamente e molto.
5. Ora parla bene l'italiano.
6. Ha ottenuto il passaporto, il visto e il certificato di vaccinazione.
7. Ha scritto una lettera al suo rappresentante.
8. Gli ha promesso d'incontrarlo all'aeroporto.
9. Il giorno della partenza arriva.
10. Parte alle 17.00 precise.
11. Sono svegli e vestiti alle sette e mezza.
12. La famiglia non l'accompagna in Italia.
13. Devono finire l'anno scolastico.
14. Deve restare a casa ad occuparsi dei ragazzi.
15. La famiglia lo guarda con emozione.

Exercise No. 157

1. coprire to cover		14. rendere to give back
2. leggere to read		15. offrire to offer
3. vedere to see		16. decidere to decide
4. portare to carry, wear		17. fare to make, do
5. dormire to sleep		18. dare to give
6. apprezzare to appreciate		19. dire to say
7. salire to go up, mount		20. vedere to see
8. chiudere to close		21. sentire to feel
9. mettere to put		22. vendere to sell
10. aspettare to wait for		23. rispondere to answer
11. capire to understand		24. contenere to contain
12. sapere to know		25. spendere to spend
13. volere to wish		(*money*)

Exercise No. 158

1. g	2. e	3. a	4. h	5. c
6. i	7. d	8. j	9. b	10. f

Exercise No. 159

2. Salgono in automobile
3. si mettono in viaggio
4. scendono dall'automobile
5. Gli farò sapere
6. Coglierò ogni occasione
7. si alzano
8. Avrò il piacere
9. Abbiamo fatto la conoscenza
10. ha detto addio

Exercise No. 160

2. L'ha scritta al signor V.
3. Sì signore, l'ha sempre apprezzato.
4. Il signor Cabot le ha preparate.
5. Sì signore, m'hanno aiutato molto.
6. Sì, l'ha servito.
7. No, non l'ho capita.
8. Carlo non le ha fatte.
9. No, non l'ho veduta (*or* vista).
10. Sì, li ha portati.

Exercise No. 161

1. Da quando
2. da due anni

3. Ho passato molto tempo
4. Lei ha imparato pure (*or* anche) — non è vero?
5. ho lavorato
6. sa che Lei viene
7. Gli ho scritto
8. Gli ho fatto sapere — del mio arrivo
9. Ha già ricevuto Lei
10. l'ho ricevuta
11. che m'aspetterà
12. Ha già ottenuto Lei
13. l'ho ottenuto
14. La sua famiglia andrà
15. la mia famiglia non potrà andare
16. devono finire
17. ella dovrà
18. lei coglierà l'occasione — con tutti
19. rimarrà (*or* resterà) Lei
20. Ci rimarrò (*or* resterò) — ritornerò
21. Ha comprato Lei
22. Sì, l'ho comprato.
23. Ha imparato Lei
24. Sì, le ho imparate.
25. Passeranno loro (essi)
26. Non. No la passeranno

Exercise No. 162

An Exceptional Program at the Movies

This evening Mr. and Mrs. Cabot are going to the movies. They don't like the majority of Hollywood films, especially "Westerns" in which cowboys continually fire shots at everybody and gallop without stop. Dramas also do not interest them.

But this evening there is an exceptional program in a theatre very near their home. The picture is called "A Voyage in Italy." It is a documentary film on the country to which Mr. Cabot will go within a few months. There are some scenes which represent the history of Italy, others which show its landscapes, its rivers, its mountains, its large cities, etc. It is a most interesting film for tourists.

Mr. and Mrs. Cabot arrive at the theatre at 8:30. Almost all the seats are taken. Therefore they have to sit in the third row. Mrs. Cabot does not like this because the movements on the screen hurt her eyes. Fortunately, after a quarter of an hour, they are able to change seats and sit down in the thirteenth row.

The Cabot family likes this picture very much. They find it interesting.

Leaving the theatre Mr. Cabot says to his wife, "Do you know, Alice, I think that I'll get along well in Italy. I understood almost all that the actors and actresses said."

Exercise No. 164

2. andati (e)
3. nata
4. morto
5. divenuti, salito
6. ritornata
7. uscita
8. entrati
9. rimasto (a)
10. partiti (e), arrivati (e)
11. scesi (e)
12. stato

Exercise No. 165

1. è arrivato
2. sono scesi
3. è salita
4. sono usciti
5. siamo venute
6. sono entrato
7. è rimasta
8. è stata bene
9. è corso
10. sono stati
11. non siete stati
12. sei rimasta

Exercise No. 166

1. Ha passato la dogana ed è andato in sala d'aspetto.
2. Un bell'uomo si è avvicinato.
3. Mi perdoni signore, è Lei il signor Cabot?
4. Ha risposto — Sì, sono io.
5. No signore, è andato in città a velocità vertiginosa.
6. Ha gridato. — Non ho affato fretta!
7. L'autista ha risposto — Neppure io, signore.
8. Sono scesi davanti all'albergo.
9. Il prezzo è quattro mila lire, servizio incluso.
10. Il numero della sua camera è cinquantacinque.
11. Non gli manca niente.
12. Egli ripete — Sarò molto felice in Italia.

Exercise No. 167

1. Did the children go to bed early? — Yes, they went to bed early.
2. Did John get up late? — He did not get up late.
3. Did Mary dress quickly? — Yes, she dressed quickly.
4. Where did the travelers sit down? — They sat down in the restaurant.
5. Where did they make themselves comfortable? — They made themselves comfortable in the living room.
6. Did you have a good time, Anna? — No, I did not have a good time.
7. Where did you meet, gentlemen? — We met at the office.
8. Did the boys retire? — Yes, they retired.
9. Where did the bus stop? — It stopped on that corner.
10. Was Mrs. Cabot busy with the children? — Yes, she was busy with them.
11. Did Mr. Cabot feel happy in Rome? — Yes, he felt very happy.
12. In what other way can one say: "Essi si sono coricati?" One can say: "Essi sono andati a letto."

Exercise No. 168

1. egli si è alzato
2. noi ci siamo accomodati (e).
3. Maria si è ritirata.
4. io mi sono coricato (a).
5. essi si sono avvicinati.
6. esse si sono divertite.
7. noi ci siamo sentiti (e).
8. voi vi siete vestiti (e).
9. essi si sono incontrati.
10. loro non si sono seduti (e).
11. Si è vestito Lei?
12. I ragazzi si sono coricati.

Exercise No. 169

1. Essa s'è avvicinata.
2. Tu ti sei coricato.
3. Io mi sono ritirato.
4. Il tassì s'è fermato.
5. Le ragazze si sono vestite.
6. I ragazzi si sono divertiti.
7. Noi ci siamo lavati.
8. Voi non vi siete seduti.
9. Esse si sono sentite.
10. Lei si è alzata.

Exercise No. 170

1. Il signor Vitelli l'ha chiamato al telefono.
2. L'ha accettato con piacere.
3. Il tassì è arrivato alle sette e mezza.
4. È salito al quarto piano.
5. Una giovane cameriera l'ha aperta.
6. Il signor Vitelli si è avvicinato per salutarlo.
7. Sono entrati in un salotto ammobiliato a stile moderno.
8. Sono i figli del signor Vitelli.
9. Studiano al ginnasio.
10. Il maggiore vuol fare il dottore.
11. Il minore vuol fare l'avvocato.
12. Hanno parlato della vita italiana, dell'arte e della musica.
13. Si sono ritirati nelle loro camere.
14. Ha portato con sè un indimenticabile ricordo di una brava famiglia italiana.

Exercise No. 171

1. What was Mr. Cabot doing when you entered the living room? — He was reading aloud a letter which he had received from his agent in Rome. — What was Mr. Facci doing? — He was listening to him.
2. Were there many tourists at Ostia when you visited it? — There were not many (of them). — What were they doing? — They were walking among the excavations.
3. What were you thinking while the taxi was running at great speed through the streets of Rome? — I was thinking: "Life in Rome is not at all tranquil." — Looking around you what did you see? — I saw that the cars, taxis, buses, all were going at dizzy speeds.
4. Do you play tennis? — Formerly, I used to play almost every day, but this year I have played only once.

Exercise No. 172

1. (gridavano) The vendors were shouting when I arrived at the market.
2. (ascoltavo) While I was listening to the radio, they telephoned me.
3. (facevamo) While we were doing our homework, they entered our room.
4. (scendeva) She fell while she was getting out of the car.
5. (andava) While the taxi was going at great speed, I shouted: "Don't go so fast!"
6. (era) We paid him a visit when he was sick.
7. (C'erano) There were many people at the airport when our plane arrived.
8. (aspettavamo) While we were waiting for the bus it began to rain.
9. (ritornavano) We met them when they were coming back from the movies.
10. (dormivano) Mr. Cabot returned while the children were sleeping.

Exercise No. 173

1. cominciavamo
2. rispondeva
3. portava
4. venivano
5. Guardavate
6. Facevano
7. correva
8. C'era
9. C'erano
10. Finivi
11. diceva
12. mangiavano
13. preparava
14. capiva
15. vendevano
16. beveva

Exercise No. 174

1. Il signor Cabot li ha invitati.
2. Hanno accettato con piacere.
3. Portavano un paniere.
4. C'era una buona colazione nel paniere.
5. La signora Vitelli l'aveva preparata.
6. Li aspettava davanti all'hotel.
7. Il signor Cabot l'aveva noleggiata.
8. Il signor Cabot guidava tranquillamente.
9. Avevano bucato una gomma.
10. Perchè non c'era cricco nel portabagagli.
11. Passava a gran velocità.
12. Un camion si è fermato.
13. «Avete una gomma a terra?»
14. Ha prestato loro il suo proprio cricco.
15. L'hanno cambiata in cinque minuti.
16. Ha proposto di pagarlo per il suo aiuto.

Exercise No. 175

2. (erano) At what time had the children come from the movies?
3. (avevamo) We had really worked hard.
4. (ero) I had gone into the waiting room.
5. (avevo) I had not yet obtained my tickets.
6. (era) The truck had approached fast.
7. (Aveva) Had you written a letter to your friend?
8. (eravamo) We had not gone out together.
9. (avevate) You had promised to meet them.
10. (era) The taxi had stopped before the hotel.
11. (erano) They had arrived safe and sound.
12. (avevi) You had forgotten your umbrella.

Exercise No. 176

2. io ero rimasto
3. avevamo continuato
4. si erano fermati
5. mi aveva colpito
6. Ti avevo considerato
7. si erano incontrati
8. Aveva gettato Lei
9. Chi non aveva salito
10. avevano noleggiato
11. Essa l'aveva invitato
12. Noi eravamo stati

Exercise No. 177

1. Egli aveva comprato
2. Avevo veduto
3. Avevamo mangiato
4. Avevamo ricevuto
5. Ero entrato (a)
6. Non avevano dormito
7. si era seduto
8. si era avvicinato
9. Eravamo arrivati (e)
10. Aveva letto Lei
11. Eravate ritornati (e)
12. Erano partiti (e)

Exercise No. 178

1. È seduto al Caffè Doney.
2. Il signor Facci l'aveva raccomandato.
3. Il signor Vitelli è venuto a prenderlo.
4. Sono rimasti un po' sul ponte S. Angelo.
5. Pensa che deve essere una tra le più belle del mondo.
6. Si sono fermati al Caffè Rosati.
7. L'importanza del caffè nella vita quotidiana l'ha colpito.
8. Gli amici s'incontrano al caffè.
9. È vero.
10. I passanti sono gli attori e le attrici.
11. Si sono fermati in Via del Babuino.
12. Sono saliti in cima a Trinità dei Monti.
13. Ha gettato una moneta nella fontana.
14. Si dice: «Chi fa così ritornerà certamente a Roma!»

Exercise No. 179

2. ricordi
3. scusi
4. permetta
5. passi
6. Continui
7. Prenda
8. Attraversino
9. Si accomodino
10. Passino
11. Scendano
12. Aspettino
13. Finiscano
14. Salgano

Exercise No. 180

1. Ascoltate
2. Scrivete
3. Imparate
4. Mangiate
5. Finite
6. Scendete
7. Salite
8. Lasciate
9. Guardate
10. Leggete

Exercise No. 181

1. Ciminciamo
2. Andiamo
3. Vediamo
4. Saliamo
5. Scendiamo
6. Passiamo
7. Finiamo
8. Studiamo
9. Aspettiamo
10. Facciamo

Exercise No. 183

1. Andiamo
2. Andiamoci
3. Studiate
4. Studiatela
5. Non la studiate
6. Prendi
7. Prendilo
8. Non lo prendere
9. Compriamo
10. Non li compriamo
11. Venite
12. Non mangiare
13. Non mangiate
14. Non li mangiate
15. Mangiamoli

Exercise No. 184

1. Il mestiere del turista esige molto riposo. 2. Vuole descrivere la sua gita a Castel Gandolfo. 3. Guardava pei finestrini. 4. I contadini lavoravano nei campi. 5. L'autobus attraversava la zona dove si produce il vino detto dei Castelli. 6. La prima fermata importante è stata a Frascati. 7. Servivano il vino bianco secco del luogo. 8. Sono rimasti una mezz'ora a Frascati. 9. Finalmente sono giunti in vista del magnifico Castel Gandolfo. 10. Il Papa ha la sua residenza al Castel Gandolfo. 11. Vendevano ricordi del luogo. 12. Dopo una breve colazione hanno ripreso il loro viaggio di ritorno.

Exercise No. 185

1. Mr. Cabot has left for Rome.
2. His wife has remained at home.
3. Mrs. Cabot went out an hour ago.
4. She has not yet returned.
5. We went up in the elevator.
6. They got off the airplane.
7. Why have you returned so late, Mary?
8. I went to the market to shop.
9. His grandfather died this morning.
10. My grandmother was born June 5, 1900.

Exercise No. 186

2. incontrati (e)
3. preso
4. usciti (e)
5. fermato
6. arrivata
7. sceso
8. riservato
9. nata
10. messo
11. detto
12. fatto
13. chiesto
14. aperte
15. aperte
16. chiuse

Exercise No. 187

1. pioveva a catinelle
2. Ero molto contento
3. quando il signor C. ha ricevuto
4. quando il mio rappresentante mi ha telefonato (chiamato al telefono)
5. andavamo
6. Non ho saputo
7. Non potevamo
8. Hanno voluto (*or* desiderato)
9. Essa non ha avuto tempo
10. Doveva

Exercise No. 188

1. faremo
2. parlava
3. ha passato
4. vedrò
5. giocavano
6. sono andati
7. pioveva
8. farete
9. ha prestato
10. si sono alzati

Exercise No. 189

3. (io) capisco; capirò; capivo; ho capito, avevo capito
4. (tu) vendi; venderai; vendevi; hai venduto; avevi venduto
5. (egli) prende; prenderà; prendeva; ha preso; avevà preso
6. (voi) viaggiate; viaggerete; viaggiavate; avete viaggiato; avevate viaggiato
7. (io) parto; partirò; partivo; sono partito (a); ero partito (a)
8. (esso) costa; costerà; costava; ha costato; aveva costato
9. (tu) sali; salirai; salivi; sei salito (a); eri salito (a)
10. (Loro) conoscono; conosceranno; conoscevano; hanno conosciuto; avevano conosciuto

11. (io) so; saprò; sapevo; ho saputo; avevo saputo
12. (essa) serve; servirà; serviva; ha servito; aveva servito

Exercise No. 190
Venice, Queen of the Adriatic

Venice seems a great miracle born of the sea. An old city of mystery and romance, it still keeps the grandeur of its past in its palaces, in its gondolas, in its fascinating people, in its canals, and in its churches, foremost of which is the famous San Marco.

Venice is constructed on numerous little islands which are connected to each other by small bridges. The sea touches the threshold of the very lovely palaces, many of which unfortunately are by now in a state of decay.

The gondolas pass silently in the canals. Every once in a while their silence is broken by the soft voice of a gondolier or by the romantic melodies of an accordion.

From spring to summer, tourism is great; there is always a great hurly-burly of people who come from all parts of the world. Piazza San Marco often resembles an anthill, especially when many tourists amuse themselves there by feeding the pigeons. Venice has everything to make the traveler happy.

Exercise No. 191

1. non — niente (nulla)
2. non — mai
3. non — niente (nulla)
4. non — neppure (neanche)
5. non — mai
6. non — nè — nè
7. non — mai
8. nessuno
9. nulla (niente) — nulla (niente)
10. mai
11. non — nè — nè
12. non — niente
13. non — nessuno
14. non — che
15. non — niente; non — niente
16. niente
17. non — affatto
18. non — che
19. nessuno
20. non — nessun

Exercise No. 192

1. Ha osservato un annunzio a bei colori.
2. Si è fermato a leggerlo.
3. Sì, ne aveva già sentito parlare.
4. Ha deciso di andare a Siena per vedere questo spettacolo.
5. Ha luogo due volte l'anno.
6. Sì. C'erano molte persone (*or* Ce n'erano molte).
7. Li ha veduti su tutti i muri.
8. Il Palio e una corsa dei cavalli.
9. Sono vestiti in abiti medioevali.
10. Un gran corteo ha aperto la festa.
11. Tutte le più vecchie famiglie hanno participato nella festa *or* ci hanno participato.
12. Tutti i turisti facevano fotografie.
13. Ha fatto il giro di Siena.
14. Non aveva difficoltà a capirla.
15. Domani partirà per Firenze.

Exercise No. 193

1. He has spent five unforgettable days in Florence. 2. He passed the time there visiting the magnificent palaces, churches and museums. 3. Because to do that, a whole book and not a letter would be necessary. 4. He will write some of his impressions and experiences. 5. It is said that the glory and riches of all civilization may be found in Florence. 6. He thinks that this statement is true. 7. He spent many hours in the Uffizi Gallery. 8. It contains one of the most famous collections of Italian and foreign art of the 13th to the 18th centuries. 9. He admired the paintings of Raphael and Titian. 10. In the National Museum he saw the famous sculptures of Donatello and Lucia della Robbia. 11. The works of Michelangelo are found in the Academy of Fine Arts. 12. Via Tornabuoni is most important for its elegant

stores and cafés. 13. The house where Dante Alighieri was born is on a narrow street. 14. Mr. Cabot hopes to read the "Divine Comedy" in Italian some day. 15. Some of the objects are: bracelets, rings, earrings, necklaces and leather objects. 16. The river Arno flows under the Ponte Vecchio. 17. He has been able to get along very well speaking to people in the Italian language. 18. He found the people of Florence courteous, and always ready to aid the foreigners who visit their city.

Exercise No. 194

1. Have you sent the letters to Mr. Cabot? Yes, I have sent them to him.
2. Have you returned the raincoat to Mr. Amato? I have returned it to him.
3. Please send me the Italian newspapers. I shall send them to you tomorrow.
4. Has the waiter given you the bill? No, he has not yet given it to me.
5. Have you asked the clerk for the tickets? No, I haven't asked him yet, because he is too busy.
6. How many plates are there in this case? There are twenty-five dozen (of them).
7. Have you returned to him the money he lent you? I shall return it to him tomorrow.
8. Has the maid shown you the vases which Mr. Cabot has received from Rome? Yes, she has shown them to us.
9. Can you lend me your umbrella? Yes, I shall lend it to you, but you will return it to me tomorrow, won't you? Many thanks. I shall return it to you tomorrow.
10. Please show me the new suit you have bought. I am sorry, I cannot show it to you because it has not yet come from the store.
11. When will you bring us the suits? I shall bring them to you tomorrow.
12. When will you write the letter to Anita? I shall write it to her the day after tomorrow.
13. Here is the pen. Give it to me.
14. Here is the watch. Give it to us.
15. Here is the picture. Give it to them.
16. Will you give me the hats? Yes. I shall give them to you this evening.

Exercise No. 195

2. Gliela presterò. 3. Egli glielo ha dato. 4. Me lo restituirà Lei? 5. Ve li porteremo. 6. Glielo compriamo. 7. Te la leggerò. 8. Ce ne comprerà Lei? 9. Ne comprerò Loro. 10. Glielo ho mandato. 11. Me li mandi. 12. Lo insegno loro. 13. Essi glieli mandano. 14. Prestiamoglielo! 15. Non glieli dare! 16. Mandateglièle.

Exercise No. 196

1. Mr. Cabot had never been a gambler. 2. When he came to Rome, he noticed that everyone was very much interested in the National Lottery. 3. He dreamed of winning the first prize. 4. He would then have enough money to travel everywhere in Europe the following year. 5. His family would come with him. 6. The children would go to a good Italian school to study the language. 7. His wife would become acquainted with the Vitelli's. 8. All would perhaps make a trip together. 9. One day, a rather old and badly-clothed man approached Mr. Cabot. 10. He said to him, "Sir, buy this ticket. It will win." 11. The number of the ticket ended in three zeros. 12. Next morning, Mr. Cabot asked for his coffee, rolls and the newspaper. 13. The only thing that interested him was the newspaper. 14. He was not calm. His heart was beating rapidly. 15. The number which won the first prize ended in three zeros. 16. He was building castles in the air. 17. The number that won the first prize was 26,000. 18. The number that Mr. Cabot

had was 25,000. 19. Mr. Cabot was laughing at himself as he ate his breakfast. 20. He decided that the emotions of a gambler were not for him.

Exercise No. 197

2. Egli visiterebbe ... He would visit ...
3. Noi impareremmo ... We would learn ...
4. La mia familia non m'accompagnerebbe. My family would not accompany me.
5. Essa potrebbe comprare ... She would be able to buy ...
6. Avrebbe egli ...? Would he have ...?
7. Essi comprerebbero ... They would buy ...
8. Sareste voi contenti ...? Would you be glad ...?
9. Essa non vi riconoscerebbe. She would not recognize you.
10. Essi non farebbero ... They would not do ...
11. Io ti manderei ... I would send you ...
12. Essi non verrebbero ... They would not come ...
13. Mi piacerebbe andare ... I would like to go ...
14. Ti piacerebbe fare ... You would like to take ...
15. Avrei bisogno di ... I would need good advice.
16. Sarebbero contenti ... They would be glad ...

Exercise No. 198

1. Comprerà Lei?	7. Sarebbero; non possono
2. comprerei; non ho	8. Sarei
3. Comprerà; ritornerà	9. non l'accompagnerà
4. Potrebbe	10. Piacerebbe loro
5. Potrò; avrò	11. Dovreste
6. Uscirei; piove	12. Potremo

Exercise No. 199

1. He had read books on the history and customs of the country. 2. In his letters, he was able to describe only a little of all that he had seen and learned. 3. Most of all, he liked the Italian people. 4. He likes their enthusiasm for life, their sense of dignity, their humor, etc. 5. He has taken every opportunity to converse with porters, waiters and salespeople, etc. 6. He finds life in Italy more quiet than in New York. 7. He had a different impression when the taxi was taking him to his hotel at a dizzy speed. 8. He finished his business affairs quickly. 9. He did not have time to go to Sicily. 10. He will be able to tell much about the people he has learned to know and the places he has visited. 11. His family will go with him on his next trip. 12. He is sure that he will be able to act as a guide. 13. He is leaving for New York August 1st. 14. He will be glad to telephone Mr. Facci upon his arrival and to invite him to dinner. 15. They will spend many hours speaking of Italy and of Rome, which they love so much.

Exercise No. 200

1. We left Rome early.
2. I have often discussed the climate with him.
3. Did you know how to speak Italian?
4. I would visit many places.
5. I cannot describe all the museums.
6. What had you learned in Italy?
7. I liked that postcard very much.
8. We shall leave the rest for tomorrow.
9. We had finished our business matters early.
10. I returned in the spring.
11. I would be glad to telephone you, sir.
12. Would you have time to visit us?
13. Tomorrow we shall take a trip to Siena.
14. I shall want to go shopping in the afternoon.
15. The automobile stopped at once.
16. The children had gotten up at six.
17. Don't get into the automobile.

18. Let's get out of the bus.
19. Make yourselves comfortable, gentlemen.
20. We had not remained in Florence.
21. He is on the point of going away from Rome.
22. I shall go away the day after tomorrow.
23. When did Mr. Cabot go away from New York?
24. All the tourists had gone away.
25. They were going away while we were arriving.

Exercise No. 201

1. Conosce Lei bene l'Italia?
2. Sì, ho letto molte libri su quel paese.
3. È stato mai in Italia Lei?
4. Sì, ci ho passato due mesi.
5. Sa parlare italiano Lei?
6. Sì, posso parlarlo molto bene.
7. Può descrivere in italiano i luoghi (posti) che ha visti?
8. Sì, ma, posso descriverli meglio in inglese.
9. Le piacciono gl'Italiani?
10. Li amo.
11. È più tranquilla la vita in Italia che negli Stati Uniti?
12. È veramente più tranquilla *or* Sì infatti, è più tranquilla.
13. C'è molto da vedere in Italia?
14. Altro che! C'è tanto da vedere, da fare, d'apprendere.
15. Ci ritornerà l'anno prossimo?
16. Certamente, ci ritornerò.
17. Andrà solo?
18. No. Porterò la famiglia con me.
19. Io potrò fare da guida.
20. Conosco molte persone e molti luoghi interessanti in Italia.

Exercise No. 202

1. They have gone to the market to do some shopping. 2. The Italians made a good impression on Mr. Cabot. 3. He went to the station to ask for information. 4. I will be able to get along in Italy because I speak Italian pretty well. 5. The day after tomorrow we will pay a visit to Mr. Vitelli. 6. The young man had already filled the gas tank and checked the oil. 7. Next summer Mr. Cabot will be able to act as guide for the whole family. 8. I would have made a trip to Sicily but I did not have time. 9. I didn't lack anything at the Hotel Savoy. 10. After having finished the business, Mr. Cabot dedicated himself completely to recreation. 11. I am writing a letter to my agent to tell him the date of my arrival. 12. After having greeted everyone, we got into the plane. 13. I was thinking of my teacher's advice while the taxi went at great speed through the streets of Rome. 14. Formerly, Mr. Cabot used to have his Italian correspondence translated, but from now on he will translate it himself. 15. The boys were amusing themselves by playing chess. 16. If you find the overshoes that I left in your house, please return them to me. 17. I will not forget to return them to you. 18. I have never seen such a show. 19. When Mr. Cabot was traveling, Mrs. Cabot was taking care of their boys. 20. I have never been in Italy, but I plan to go there next summer. 21. My business affairs are taking me to Rome and to other Italian cities. 22. We are dreaming of taking another trip to Italy next summer!

Exercise No. 203

1. è un uomo d'affari di Nuova York. 2. un viaggio in Italia per vedere il suo rappresentante. 3. conoscerlo. 4. aveva imparato a parlare italiano passabilmente (abbastanza bene). 5. Egli aveva anche letto molti libri. 6. molte lettere al suo amico e maestro. 7. molti luoghi interessanti di cui essi avevano parlato nelle loro conversazioni. 8. aveva trovato la vita in Italia più tranquilla che negli Stati Uniti. 9. che l'aveva condotto al suo albergo. 10. La velocità vertiginosa del tassì. 11. egli aveva subito finito i suoi affari. 12. la loro cortesia, il loro umore e la loro passione della discussione. 13. non ha avuto tempo per andare in Sicilia e in Corsica. 14. tanto da vedere, tanto da fare, tanto da imparare. 15. sui costumi, la vita, la lingua e le arti d'Italia. 16. ritornerà in Italia. 17. lo accompagnerebbe. 18. Egli non ha vinto il primo premio nella lotteria ... abbastanza danaro. 19. che il signor Cabot scriverà prima di partire dall'Italia. 20. egli inviterà il signor Facci a pranzare con la sua famiglia.

Exercise No. 204

1. I bought
2. we learned
3. you (*pol.*), they understood
4. you (*fam. pl.*) traveled
5. he, she, it, you (*pol.*) received
6. I served
7. you (*fam. sing.*) visited
8. did we not believe?
9. you (*pol.*), (they) preferred
10. he, she, it, you (*pol.*) did not wait
11. we did not work
12. did you (*pol.*), did they hear?
13. he, she, it, you (*pol.*) sold
14. we did not repeat
15. did you (*fam. pl.*) greet
16. we did not differ
17. you (*pol.*), they did not stay
18. he, she, it, you (*pol.*) did not follow
19. did he, she, it, you (*pol.*) confess?
20. you (*fam. pl.*) received
21. we helped
22. you (*pol.*), they hoped
23. he, she, it, you (*pol.*) left
24. did you (*fam. pl.*) play?
25. he, she, it, you (*pol.*) left
26. we were able
27. I had to
28. they, you (*pol.*) asked
29. I preferred
30. you (*fam. sing.*) lost

Exercise No. 205

1. Last year I decided to take a trip to Italy. 2. Did you want to visit your friend? 3. Did Mr. Cabot speak Italian before leaving for Italy? 4. Last year we learned Italian. 5. Did they take Italian lessons two years ago? 6. Where did they meet the day before yesterday? 7. Did you find a good Italian teacher? 8. Why do you not take a taxi? 9. They reserved this room 5 days ago. 10. Mr. Vitelli presented the merchant to his children. 11. They were happy to meet him. 12. I was glad to spend a day at Ostia. 13. How long did you stay in Rome? 14. When Mr. Cabot went to Europe, his wife stayed home. 15. Did you take a trip to other cities? 16. Did you write several letters to your parents when you were in Italy? 17. Everywhere we saw tourists who had come to enjoy the show. 18. The enthusiasm was very great. 19. They got out of the car and went into the waiting room. 20. We were not happy because we had to stay home. 21. I did not need anything. 22. Did you read the guide books before leaving for Rome? 23. There were many people at the party. 24. My mother gave me a lovely present for my birthday. 25. I didn't know any Italian when I arrived in Rome. Now I can speak Italian very well. 26. Last year I spent a thousand dollars in Italy.